新疆维吾尔自治区"天山英才"基金资助

中亚俄罗斯经济发展研究报告（2015 年）

李金叶 等著

中国财经出版传媒集团
经济科学出版社
Economic Science Press

图书在版编目（CIP）数据

中亚俄罗斯经济发展研究报告.2015年/李金叶等著.
—北京：经济科学出版社，2016.10
ISBN 978－7－5141－7440－3

Ⅰ.①中…　Ⅱ.①李…　Ⅲ.①经济发展－研究报告－
中亚－2015②经济发展－研究报告－俄罗斯－2015
Ⅳ.①F136.04②F151.24

中国版本图书馆 CIP 数据核字（2016）第 257974 号

责任编辑：王东岗
责任校对：徐领柱
版式设计：齐　杰
责任印制：邱　天

中亚俄罗斯经济发展研究报告（2015 年）
李金叶　等著
经济科学出版社出版、发行　新华书店经销
社址：北京市海淀区阜成路甲 28 号　邮编：100142
总编部电话：010－88191217　发行部电话：010－88191522
网址：www.esp.com.cn
电子邮件：esp@esp.com.cn
天猫网店：经济科学出版社旗舰店
网址：http://jjkxcbs.tmall.com
北京万友印刷有限公司印装
710×1000　16 开　21.25 印张　400000 字
2016 年 10 月第 1 版　2016 年 10 月第 1 次印刷
ISBN 978－7－5141－7440－3　定价：50.00 元
（图书出现印装问题，本社负责调换。电话：010－88191502）
（版权所有　侵权必究　举报电话：010－88191586
电子邮箱：dbts@esp.com.cn）

课题组主要成员

顾　问：何伦志

主持人：李金叶

主要参与人（按姓氏汉语拼音排序）：

陈娜娜　杜　梅　谷明娜　葛　涛　高亚奇

孙梦健　孙景兵　随书婉　温会丽　肖　英

杨韵韵　赵　军　杨　欢　赵举星

目录

第一篇
中亚俄罗斯 2015 年经济形势分析

总体低迷，缓中有升：2015 年中亚经济形势分析

1. 中亚国家总体经济运行

1.1 总体经济运行趋势

2015 年国际贸易增速严重放缓，外部需求持续下降，世界经济形势呈现出复杂多变的态势，这反映出全球经济复苏之路崎岖艰辛。加之国际油价持续下跌、卢布兑美元疲软、中国市场需求下降，中亚五国经济增速总体呈现不同程度的下降趋势，但经济总量依旧保持缓慢增长（2005～2015 年 GDP 变化率见图 1–1）。

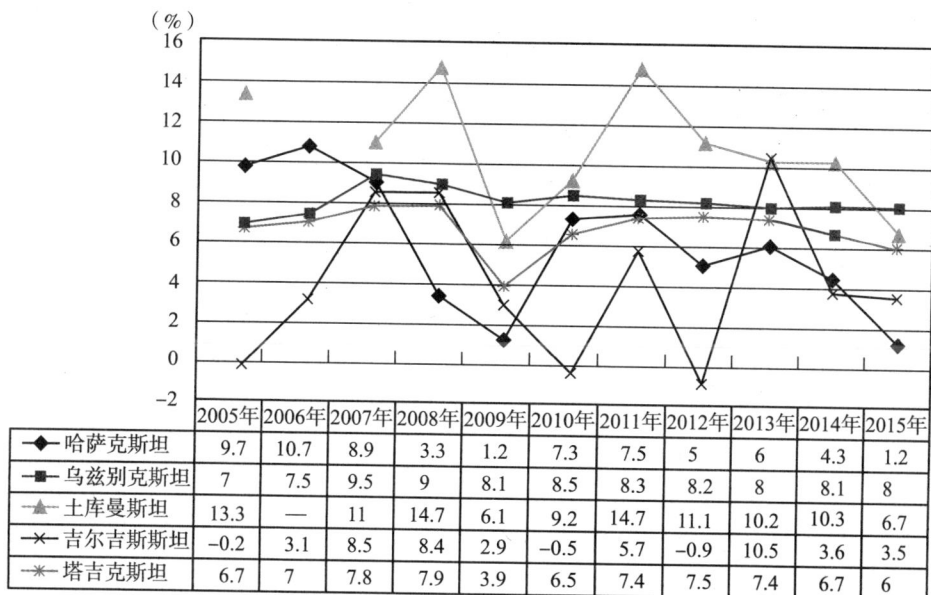

	2005年	2006年	2007年	2008年	2009年	2010年	2011年	2012年	2013年	2014年	2015年
哈萨克斯坦	9.7	10.7	8.9	3.3	1.2	7.3	7.5	5	6	4.3	1.2
乌兹别克斯坦	7	7.5	9.5	9	8.1	8.5	8.3	8.2	8	8.1	8
土库曼斯坦	13.3	—	11	14.7	6.1	9.2	14.7	11.1	10.2	10.3	6.7
吉尔吉斯斯坦	-0.2	3.1	8.5	8.4	2.9	-0.5	5.7	-0.9	10.5	3.6	3.5
塔吉克斯坦	6.7	7	7.8	7.9	3.9	6.5	7.4	7.5	7.4	6.7	6

图 1–1 2005～2015 年 GDP 变化率

资料来源：中亚各国统计年鉴。

1.1.1　哈萨克斯坦增速直线下滑

目前，国际市场需求疲软，工业与服务业增长水平有限，加之油价下跌等诸多因素对哈的影响，为了弱化国际经济形势对哈国的不良影响，哈萨克斯坦（简称：哈或哈国）陆续实施了工业化方案、"光明大道"和"百步走"民族计划等一系列举措，但哈经济仍处于较低增长水平。

从 2013 年开始，哈萨克斯坦经济总量缓慢增长，而增速持续走低，2015 年哈萨克斯坦国内生产总值约为 2236.1 亿元，同比仅增长了 1.2%，相比 2014 年下降了 3.1 个百分点，下降幅度在中亚五国中仅次于土库曼斯坦。其中，工业产值为 18.2 万亿坚戈，同比下降 1.6%；农产品产值为 2.7 万亿坚戈，同比增长 4.4%；对外贸易 759.1 亿美元（汇率 365.23 坚戈/1 美元），同比下降 37.1%；固定资产投资约为 7.03 万亿坚戈，同比增长 3.7%。此外，由于哈货币供应量增长了 34.3%，导致哈萨克斯坦通货膨胀猛升至 13.6%，高于 2014 年 6.2 个百分点。

1.1.2　乌兹别克斯坦经济增速平稳

虽然国际贸易增速严重放缓，外部需求持续下降，乌兹别克斯坦（简称：乌或乌国）最重要的出口商品价格下滑，但 2015 年乌兹别克斯坦经济仍保持和 2014 年基本相同的增速平稳发展。2015 年乌兹别克斯坦国内生产总值约为 678 亿美元，同比增长 8%，其增速在中亚国家中居于首位。其中，工业产值约为 81.2 万亿苏姆，同比增长了 8%；农业产值约为 37.6 万亿苏姆，同比增长了近 7%；投资额为 158 亿美元，同比增长了 9.5%；建筑安装工程同比增长了近 18%。通货膨胀率为 5.6%，相比 2014 年下降 0.5 个百分点，处于计划范围之内。

1.1.3　土库曼斯坦经济增速大幅下降

由于 2015 年国际经济形势复杂，土库曼斯坦（简称：土或土国）遇到困难，但土库曼坚持实行经济多元化的发展政策，使得国家货币马纳特汇率保持稳定，因而在社会经济发展方面仍取得巨大成就。2015 年国内生产总值约为 473.4 美元，同比增长了 6.7%，但相比 2014 年增速下降了 3.6 个百分点，增速在中亚五国中降幅最大，由此可见国际经济形势对土库曼斯坦的影响。其中，建筑业同比增长了 9.3%；贸易同比增长了 10.4%；交通通信业同比增长了 9.8%；农业同比增长了 85%；固定资本投资同比增长了 8.2%，达 530 亿马纳特。各类产品生产与 2014 年同期相比，增长 4.8%。

1.1.4 吉尔吉斯斯坦经济增速小幅下降

由于吉尔吉斯斯坦（简称：吉或吉国）的高开放性，其经济深受世界经济的影响，因而经济增速时高时低，2015年吉国内生产总值为4236亿索姆（约合66亿美元，按2015年全年平均汇率为1美元兑64.46索姆计算），同比增长3.5%，这与2014年增速基本持平。2015年由于库姆托尔金矿减产导致工业产值有所下降，若不计库姆托尔金矿，吉国内生产总值同比增长4.5%。其中，工业产值同比下降4.4%；农业同比增长6.2%；建筑业同比增长13.9%；批发零售及汽修业同比增长6.9%。值得注意的是，由于吉政府与吉国家银行通力合作，采取特殊的金融信贷政策，成功将通货膨胀控制在3.4%的较低水平，这相比2014年的10.5%通货膨胀率有大幅下降。

1.1.5 塔吉克斯坦经济增长趋缓

虽然塔吉克斯坦（简称：塔或塔国）在中亚国家中基础较为薄弱，但从2005~2014年的GDP增速来看，塔吉克斯坦基本以6%~7%的增速平稳发展，2015年塔吉克斯坦国内生产总值约为484亿索莫尼（约合71亿美元），同比增长6%，其增速相比去年有小幅下降。其中，工业产值超过121亿索莫尼，工业产值按可比价格计算较2014年增长11.2%；对外贸易总额超过43亿美元，同比下降18%；2015年塔吉克斯坦通货膨胀率为5.1%。

1.2 工业生产变化有升有降

2015年中亚国家的工业发展除哈萨克斯坦和吉尔吉斯斯坦呈下降趋势外，其余3个国家保持增长态势，尤其是塔吉克斯坦增幅居中亚各国首位；而乌兹别克斯坦虽然相比2014年增速略有下降，但仍旧保持着8%的增速平稳发展；土库曼斯坦作为资源出口型国家，由于全球能源形势危急，因而土库曼斯坦工业发展不如2014年，2015年1~11月工业增速仅为2.6%；而哈萨克斯坦工业2014年时还有小幅增长，而2015年受国际形势的冲击，国内工业处于下降趋势；吉尔吉斯斯坦工业相比2014年下降趋势更为明显，其国内工业发展形势严峻（中亚国家2014~2015年工业增速变化见图1-2）。

2000年以来，哈萨克斯坦经济对石油出口收入的依赖性持续增加。由于国际油价一路下跌，2015年哈三大炼油厂生产总量降低2.4%，加之中国市场需求下降，国内采矿业下降2.5%，导致采油量下降1.7%，采煤下降5%，铁矿开采下降22%，哈工业依旧呈现低迷态势，2015年哈萨克斯坦工业产值为18.2万亿坚戈（372.89坚戈=1美元），工业产值下降1.6%。

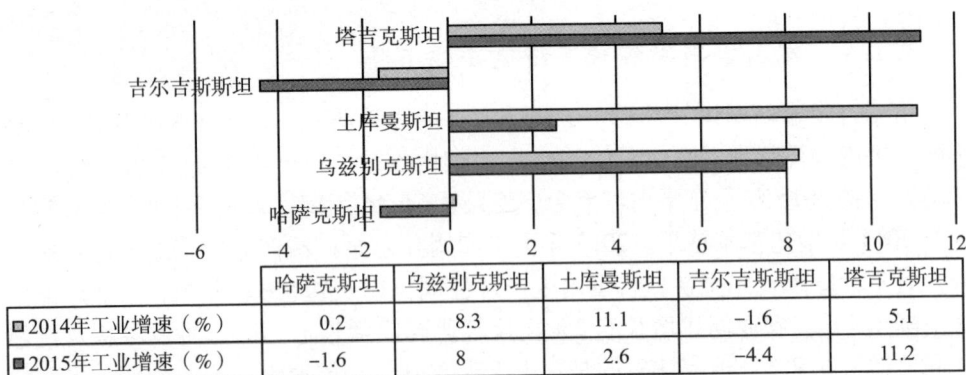

	哈萨克斯坦	乌兹别克斯坦	土库曼斯坦	吉尔吉斯斯坦	塔吉克斯坦
□2014年工业增速（%）	0.2	8.3	11.1	-1.6	5.1
■2015年工业增速（%）	-1.6	8	2.6	-4.4	11.2

图1-2　2014~2015年中亚国家工业增速变化

资料来源：中国驻中亚各国经商参处。

虽然国际形势不容乐观，但乌兹别克斯坦逆势而上，使其工业发展与2014年持平，2015年乌兹别克斯坦工业产值约为81.2万亿苏姆，同比增长了8%。其中，黄金开采量扩大，乌全国黄金开采量约90吨。铀产量为2400吨。发电总量达573亿千瓦时，较2014年增长4.2%。

2015年由于库姆托尔金矿减产导致工业产值有所下降，其增速下降4.4%，虽工业整体形势严峻，但吉国内矿业领域发展势头强劲，1~11月吉国矿业领域产值达71亿索姆（约合1.12亿美元），同比增长70%，这归功于"博泽姆恰克"铜金矿（自2015年8月1日起）和"塔尔德布拉克-左岸"金矿（自2015年7月29日起）竣工投产。此外，2015年前11个月吉国煤炭开采量164.7万吨，同比增长7.5%；油气开采产值19.54亿索姆（约合0.31亿美元），同比增长30%，其中开采石油9.64万吨，同比增长34.6%，开采天然气2790万立方米，同比下降5.7%。

2015年塔吉克斯坦工业增势迅猛，其工业生产总值约为121亿索莫尼，同比增长11.2%，相比2014年增加了6.1个百分点，增速居中亚五国首位。

1.3　农业生产日渐趋好

2015年中亚各国的农业发展状况令人欣慰，都呈增长趋势，其中土库曼斯坦的增长最为迅猛，2015年农业增速达85%，其余4国都有小幅增长。此外，吉尔吉斯斯坦摆脱了2014年的农业下滑态势，在2015年大幅增长，增速达6.2%（中亚国家2014~2015年农业增速变化见图1-3）。

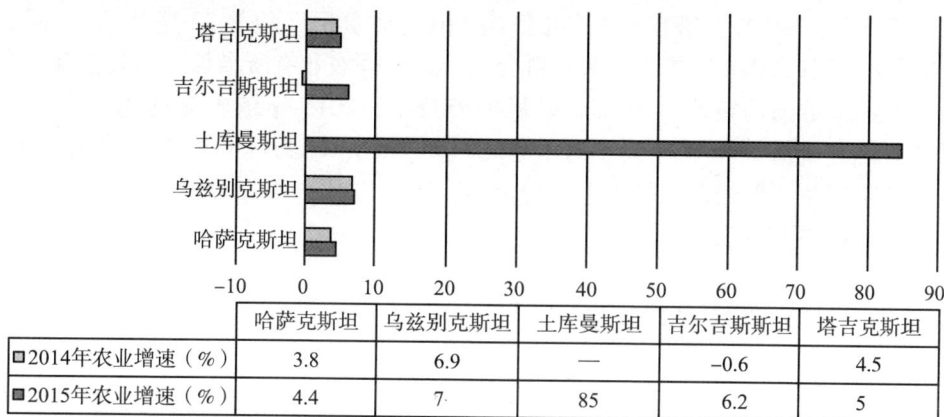

	哈萨克斯坦	乌兹别克斯坦	土库曼斯坦	吉尔吉斯斯坦	塔吉克斯坦
■2014年农业增速（%）	3.8	6.9	—	-0.6	4.5
■2015年农业增速（%）	4.4	7.	85	6.2	5

图 1-3　2014~2015 年中亚国家农业增速变化

资料来源：中国驻中亚各国经商参处。

　　由于国家粮食控股公司对农工综合体的大力投资，2015 年哈萨克斯坦农业得到良好发展，国内农产品产值约为 2.75 万亿坚戈，同比增长 4.4%。其中，畜牧产品 1.26 万亿坚戈，同比增长 3.2%；种植产品产值 1.479 万亿坚戈，同比增长 5.6%。

　　2015 年乌兹别克斯坦农业获得了大丰收，农业产值约为 37.6 万亿苏姆，同比增长了近 7%。其中，谷物产量 750 多万吨，棉花产量 335 万多吨。收获蔬菜 1259.2 万吨（包括土豆）、瓜类 185 万吨、葡萄 155.6 万吨、水果 273.1 万吨。因为乌在 2015 年间成立并改造了 230 家农产品加工企业，总容量为 7.78 万吨的 114 个新冷库投入使用。这使得国内蔬果产品储藏能力达到了 83.2 万吨，能够在一年四季为居民不间断地、价格稳定地供应主要农产品，扩大出口，保持价格稳定。

　　土库曼斯坦各地区新建了一批食品厂，同时对旧厂进行了升级改造，食品产量逐年增长，2015 年土库曼斯坦农业取得了令人惊讶的成就，农业同比增长了 85%，2015 年小麦产量 140 万吨，棉花 110 万吨。此外，畜牧业增长迅速，2015 年 1~11 月，土国营企业畜牧业产品获大幅增长，肉类产量比去年同期相比增长 117%，超过 1.42 万吨；牛奶产量同比增长 5.7%，超过 5260 吨；鸡蛋产量创历史新高，超过 204.5 万个，同比增长 664.2%；羊毛和骆驼毛产量同比增长 13.9%，达 3840.9 吨。

　　与 2014 年吉尔吉斯斯坦农业发展相比，2015 年农业收获颇丰，农业产值约为 2064.47 亿索姆，同比增长 6.2%。除了由于种植面积缩减而减产的棉花和烟草外，其主要经济作物小麦、大麦和玉米等收成都有所增长。而粮食的增产也能大大缓解吉国粮食对外依存度仍然较高的困境。

2015 年 1 ~ 9 月，塔农业生产总值达 146 亿索莫尼（约合 22 亿美元），同比增长 5%。相比 2014 年增长 0.5 个百分点，虽然塔农业有所增加，但其粮食产量仍不能够满足国内需求，因而需要从国外进口，2015 年塔吉克斯坦小麦进口85.9 万吨，价值 2.45 亿美元，同比增长 11%；面粉 14 万吨，价值 5710 万美元，同比下降 26%。但棉花产量可以实现出口，2015 年塔吉克斯坦棉花出口 10.8 万吨，总值 1.45 亿美元。

1.4　对外贸易下降明显

2015 年世界整体经济形势放缓，国际原油价格持续走低，这对于以资源为主的中亚国家而言，仿佛进入了寒冬，随着美国停止了实施量化宽松的货币政策，使得美元兑各国货币强势走强，而卢布兑美元的持续贬值，又使得俄罗斯（简称：俄）经济依旧难以崛起，从而对于中亚的资源进口逐年减少，而紧邻中亚的另一位重要伙伴中国在进行着经济体制改革，对于中亚的商品需求也没有过去那么高，因而 2015 年是中亚国家外贸艰难的一年，几乎所有中亚国家对外贸易都呈现下降趋势。

由于俄罗斯在发电和供暖中使用的燃料煤炭需求降低，且实行了进口替代政策，哈煤炭出口有所减少。2015 年，哈煤炭出口为 2920 万吨，同比减少 4%；煤炭开采约为 1.07 亿吨，同比减少 6.4%。

虽然国际贸易增速严重放缓，外部需求下降，乌兹别克斯坦最重要的出口商品价格下滑，但乌兹别克斯坦仍然实现了外贸顺差，这保障了国家外汇储备的增加，其债务额未超过国内生产总值的 18.5%。

土库曼斯坦是资源出口型的国家，而俄罗斯一直为土库曼天然气的主要买家，随着俄罗斯经济的萧条，对土库曼斯坦天然气进口量也逐年减少，这对于土库曼斯坦的外贸产生严重的影响。2014 年土库曼斯坦外贸额为 364 亿美元，而2015 年外贸额下降 28%，降至 262 亿美元；其中出口下降 38.5%，降至 122 亿美元；进口下降 15.5%，降至 140 亿美元。

2015 年 1 ~ 11 月，吉尔吉斯斯坦对外贸易总额为 49.86 亿美元，同比下降23.7%。其中，吉方出口额为 13.04 亿美元，同比下降 10.7%；吉方进口额为36.82 亿美元，同比下降 27.4%。吉外贸极不平衡，出口额和进口额分别占外贸总额的 26.2% 和 73.8%，逆差达 23.78 亿美元。吉外贸出口下降的主要原因是服装服饰、煤油、无机化学品、蔬菜和玻璃等商品出口金额大幅下滑；而进口下降主要是由于交通工具、矿产品、化工品、食品等进口金额下跌严重。此外，还由于俄罗斯经济的不景气以及中国需求的下降，而俄罗斯和中国都是吉尔吉斯斯坦排在前两位的重要贸易伙伴，分别占吉外贸额的 26.7%（俄罗斯第一）和

18.9%（中国第二）。

2015 年塔吉克斯坦对外贸易额为 43 多亿美元，较 2014 年减少了 18%，全年贸易逆差 25 多亿美元。其中出口额为 8.9 亿美元，同比下降 8.9%；进口额 34 多亿美元，同比减少了 20.1%。2015 年塔与世界上 88 个国家有外贸关系，其中主要伙伴分别是：俄罗斯（11 亿美元），中国（7.93 亿美元）。

1.5　通货膨胀有张有弛

虽然 2015 年中亚各国面对美元等诸多因素的强势冲击，但相比 2014 年，中亚各国基本较好的控制住了其国家的通货膨胀率，除哈萨克斯坦通胀率有较大幅度上升外，乌、吉、塔通胀率都有所降低（中亚部分国家 2014～2015 年通货膨胀率见图 1－4）。

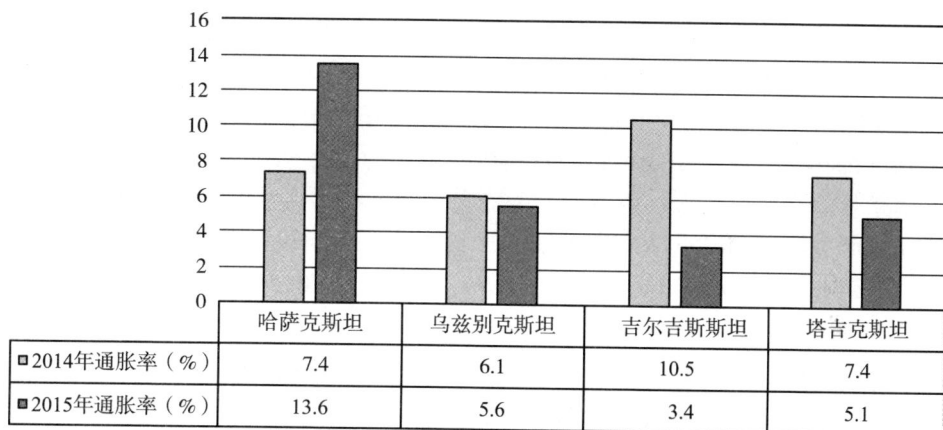

	哈萨克斯坦	乌兹别克斯坦	吉尔吉斯斯坦	塔吉克斯坦
■2014年通胀率（%）	7.4	6.1	10.5	7.4
■2015年通胀率（%）	13.6	5.6	3.4	5.1

图 1－4　中亚部分国家 2014～2015 年通货膨胀率

资料来源：中国驻中亚各国经商参处。

从 2013 年起，哈萨克斯坦的通货膨胀率逐年上升，而且上升幅度非常大，2015 年达到 13.6%，居中亚五国首位，其中，食品类商品上涨 10.9%，非食品类商品上涨 22.6%，有偿服务上涨 8.1%。高通胀率的原因除了受国际形势的影响外，最主要的是哈国货币供应量的大幅增长，2015 年哈货币供应量约为 17.21 万亿坚戈，同比增长了 34.3%。

自 2014 年 1 月以来乌兹别克斯坦中央银行将关键利率再融资利率从 12% 下调至 9%，使得贷款保持高速增长。与贸易伙伴国相比，乌兹别克斯坦本国货币苏姆汇率下行的速度相对较低。2015 年初，政府的大量投资以及将天然气出口从俄罗斯转向中国的战略，使乌兹别克斯坦的经济避免了像其他中亚国家一样增长缓慢。这一系列的举措使 2015 年乌兹别克斯坦通货膨胀率保持在 5.6% 的水平，相比 2014 年 6.1% 的通胀率有小幅的下降，处于预期范围内。

2015 年由于吉政府与吉国家银行通力合作，采取特殊的金融信贷政策，成功将通货膨胀率控制在 3.4% 的较低水平，这相比 2014 年 10.5% 的通胀率下降超过 2 倍。其通胀率不仅在中亚国家中处于最低水平，在欧亚经济联盟中也处于最佳水平。

虽然塔吉克斯坦 2015 年也受到国际形势影响，但塔将通货膨胀率控制在5.1%，相比 2014 年略有下降。其中，食品价格上涨了 4.3%，非食品价格上涨了 7.8%，居民服务价格上涨了 2.3%。

2. 俄罗斯经济对中亚国家的影响

由于预算赤字、汇率波动、投资积极性下降和需求萎缩和地缘政治危机给俄经济带来不利影响，2015 年国内生产总值（GDP）下滑 3.7%，2015 年俄罗斯通胀率达 12.9%，几乎所有经济数据一路飙红，而作为中亚国家的首要外贸伙伴，俄罗斯（简称：俄）经济走入低谷使得中亚各国的经济也处于低迷状态。

对于哈萨克斯坦而言，俄罗斯合并克里米亚还有乌克兰东部的战争这些严重损害了哈萨克斯坦和乌克兰之间的贸易。根据哈萨克斯坦国家统计委员会统计，双边贸易营业额从 2014 年 1 ~ 8 月的 19.7 亿美元降至 2015 年的 12.9 亿美元，与2014 年同期相比下降了 34.5%。

乌兹别克斯坦是俄罗斯在中亚地区国家中的重要贸易伙伴之一。俄罗斯和乌兹别克斯坦之间的经济和投资合作正在逐步发展。但不利的外部经济形势影响了两国的经济关系和贸易额。2015 年在区域间合作上俄乌也取得了丰硕成果。俄罗斯约 70 个地区与乌兹别克斯坦进行了经济合作。俄罗斯各地区代表团访问乌兹别克斯坦。约 19 个商务代表团，其中包括来自 23 个地区的 70 家代表，访问了乌兹别克斯坦，其中 2/3 首次进入乌兹别克斯坦市场。

俄罗斯在土库曼斯坦最大外国贸易伙伴的排名中占有领先地位。俄罗斯在土库曼斯坦投资超过 190 家公司，实施 240 多个投资项目。土库曼斯坦外交政策的一个重要方向是与战略合作伙伴——俄罗斯合作的发展。土库曼斯坦正准备利用其庞大的外汇储备在国际经济、贸易和投资合作中获益。

随着 2015 年 8 月吉尔吉斯斯坦加入欧亚经济联盟，如今吉国公民到俄罗斯务工和居留手续不断简化，因此来到俄罗斯务工的吉尔吉斯斯坦公民数量持续增加，目前总人数约为 55.4 万。但是，由于俄罗斯经济不景气、卢布大幅贬值，尽管吉国在俄务工人员增加，但 2015 年其侨汇总金额却下降约 1/3。

　　俄罗斯是塔吉克斯坦最大的贸易伙伴和主要外资来源国之一，且塔年均自俄侨汇收入占其 GDP 超过 40%。塔经济形势仍将高度依赖于俄罗斯经济走势。作为俄罗斯外来劳工最多的塔吉克斯坦，因其为非欧亚经济联盟成员国，其公民在俄务工和居留方面受到更多政策"歧视"，在俄公民数量已呈不断减少趋势，而劳工的侨汇下降幅度也更大。目前在俄的塔吉克斯坦公民总人数为 86.2 万，2015 年其侨汇总金额同比下降 44%。

3. 中亚国家与中国经济贸易合作

　　随着中国向世界发布了"一带一路"的愿景与行动纲领，对于中国来说，中亚可望成为中国新国际主义原则实施的首要地区以及探索新大陆主义区域经济合作新模式的试验区、示范区和前期成果的展示区。而对于中亚来说，俄罗斯是中亚国家的首要贸易伙伴，但随着其经济的颓废，使得中亚国家面临着寒冬的来临，由此可见中国的发展对于中亚的帮助日益显得重要。

3.1　中哈合作领域关系得以拓展

　　2015 年中国是哈第二大贸易伙伴，中哈双边贸易额 105.67 亿美元（占比 13.9%），同比下降 38.4%；哈对中国出口额 54.84 亿美元（占比 12.0%），同比下降 44.0%；哈自中国进口额 50.83 亿美元（占比 16.8%），同比下降 30.9%。俄罗斯是哈第一大贸易伙伴，哈俄贸易额 145.76 亿美元（占比 19.2%），同比下降 27.8%；哈对俄出口额 43.43 亿美元（占比 9.5%），同比下降 32.0%；哈自俄进口额 102.32 亿美元（占比 33.9%），同比下降 25.9%。

　　自 2011 年以来，集装箱从中国经哈萨克斯坦运往欧洲的运输就已经开始。2015 年 7 月第一趟集装箱列车，是通过欧洲－高加索路线，经过石河子（中国）－多斯特克（哈萨克斯坦）－阿克套港（哈萨克斯坦）－基士里（kishly 音译，阿塞拜疆）。这一经中国到欧洲和土耳其国家的短路线进行货物运输，已经被实践，也促进丝绸之路经济带建设。

　　此外，中哈两国进一步扩大各个领域的互利合作，哈国也一直坚持与中国合作，维护两国关系顺利发展。双方协议在生产能力方面加强合作与沟通，加快相关融资，促进基础设施建设（包括公路和铁路），更好地利用位于中国新疆的霍尔果斯边境口岸和国际物流合作基地江苏连云港港口。

3.2　中乌工业领域合作大力发展

2015 年 1~11 月我国与乌兹别克斯坦双边贸易额约 31.75 亿美元，同比下降 17.1%。其中，中方出口 20.56 亿美元，同比下降 14.4%；中方进口约 11.19 亿美元，同比下降 21.6%。中方贸易顺差 9.37 亿美元。

从进出口商品结构上看，首先我国对乌出口主要商品为工程机械、空调、冰箱等机械设备及器具，金额 4.86 亿美元，占我国对乌出口额的 23.64%，同比下降 8.13%；其次为电机、电气、音像设备及其零附件，金额 3.03 亿美元，占我国对乌出口额的 14.74%，同比增长 22.17%；最后为塑料及其制品，金额 1.44 亿美元，占我国对乌出口额的 7%，同比下降 11.66%；其他还包括钢板、钢丝等，金额 1.28 亿美元，占我国对乌出口额的 6.22%，同比下降 25.58%；天然气管道等钢铁制品，金额 1.26 亿美元，占我国对乌出口额的 6.12%，同比下降 51.16%。

我国自乌进口主要商品为棉花，1~11 月共进口 22.745 万吨，同比增长 21.63%，金额 4.53 亿美元，占我国自乌进口额的 40.48%，同比增长 5.1%；天然气，金额 3.72 亿美元，占我国自乌进口额的 33.24%，同比下降 49.8%；天然铀，金额 2.22 亿美元，占进口额的 19.84%，同比增长 7.88%。

3.3　中土非资源型合作有所加强

由于当前世界经济危机和西方国家对俄罗斯的经济制裁，俄罗斯天然气工业股份公司已经无力偿还俄土双方天然气买卖合同。自 2015 年初以来，俄罗斯天然气工业股份公司未支付任何天然气费用。土库曼斯坦和俄罗斯的能源伙伴关系一直是有争议的。目前中国是土库曼斯坦天然气的最大进口国，预计到 2017 年，土库曼斯坦出口至中国的天然气年运输能力将达 800 亿立方米/年。中国石油天然气集团公司（CNPC）与土库曼国家天然气集团（Turkmengaz）已签署协议，预计到 2021 年底土库曼斯坦将向中国供应 650 亿立方米/年。

此外，随着中国 - 哈萨克斯坦 - 土库曼斯坦 - 伊朗铁路的建成，土国也将丝绸之路振兴提升到一个新的高质阶段，现代化的公路、铁路、航空运输契合了丝绸之路的发展方向，加强了对外经济联系，扩大了陆地过境运输、文化和旅游交往。该交通运输走廊项目的实施，加强了包括上海合作组织、独联体、经济合作组织在内的国际和地区组织之间的合作。

3.4　中吉金融资本合作实现跨域

2015 年 1～12 月，吉尔吉斯斯坦与中国贸易额为 10.65 亿美元，同比下降 13.7%。其中，吉方出口 0.36 亿美元，同比增长 9.4%；吉方进口 10.29 亿美元，同比下降 14.3%。吉中贸易额占吉尔吉斯斯坦整体外贸总额的 18.5%，中国是吉第二大贸易伙伴和进口来源国。在吉中贸易结构中，吉方出口占 3.4%，吉方进口占 96.6%，吉方贸易逆差为 9.93 亿美元，占吉整体外贸逆差额的 41.5%。

此外，吉国一直希望推动中吉乌铁路建设项目。因为中吉乌铁路的修建将为吉尔吉斯斯坦打开出海口，使吉国转变为物流运输中转国，一旦建成每年从吉尔吉斯斯坦过境的货物量可达 1500 万～2000 万吨，同时可以推动吉国整体经济发展，带动沿线基础设施建设，未来还有望将该铁路延伸至伊朗等国。

2015 年中国人民银行准备用人民币与吉尔吉斯斯坦进行支付交易，这对加强双方金融意义重大。双方合作的第一大方面就是货币互换，这对宏观经济稳定至关重要。第二大方面就是支付系统的合作，这会使贸易和旅游更加便利。第三大方面就是实现本币结算。这将促进双方银行在对方国家分支机构的发展。金融服务水平的提高将更好地促进实体经济的发展，对双方旅游和投资有巨大帮助。同时促进了人民币国际化的进程。

3.5　中塔战略合作关系日渐深入

2015 年中塔双边贸易总额为 18.47 亿美元，同比下降 26.62%，其中我国对塔出口 17.97 亿美元，同比下降 27.23%；我国自塔进口 5020 万美元，同比增长 5.26%。我国对塔出口主要商品有：机械设备、纺织品、电机电器、鞋类、车辆及零备件等；我国自塔进口主要商品有：矿砂矿渣、棉花、生皮及皮革、食用水果及坚果等。截至 2015 年 10 月初，塔政府外债余额为 20.5 亿美元，其中近 50% 来源于中国，中国成为塔吉克斯坦第一大贷款来源国；截至 2015 年上半年，中国政府通过中国进出口银行已对塔发放超过 9.42 亿美元贷款，主要用于在塔实施各类投资项目，这也能降低塔经济对美元的依赖性。

中塔是睦邻友好的战略伙伴，双方高水平战略互信是各领域互利合作的坚实政治基础。中塔在开展产能合作方便有潜力、有基础，双方可进一步落实好在能源、建筑材料、工程机械等领域的大项目合作，助力塔方产业升级和工业化进程，在中国投资企业的推动下，塔吉克斯坦首次实现水泥出口。2015 年塔吉克斯坦首次实现向阿富汗出口水泥 500 吨。

4. 中亚国家 2016 年经济展望

据世界银行预测，2016 年中亚地区经济增长将达 3%，届时石油价格将缓慢下跌且趋于稳定，俄罗斯经济将好转，乌克兰经济也将复苏。形势是否好转取决于本地区是否能克服所面临的地缘政治压力、低油价和财政不利条件等问题。此外，世界经济发展预期与原材料价格密切相关，因而发展前景并不乐观。目前普遍认为，由于世界原材料价格下降，许多进口国大幅提高其生产，但是并非如此，当前市场供大于求。因而，中亚国家的经济有望小幅提升，但发展任务仍然艰巨。

4.1　哈萨克斯坦争取经济复苏

哈开始开采卡沙干油田、石油价格将趋于稳定、俄罗斯经济复苏等将对哈经济产生积极影响。但国际经济形势仍将错综复杂，石油价格和开采量上涨势头不明显，卢布兑换美元汇率持续疲软，卡沙干油田开采进程并不顺利，使得 2016 年市场需求疲软，工业与服务业增长水平有限，哈经济仍将处于较低增长水平。哈经济正在进入一个新的发展阶段和新的现实情况，政府和央行正在重新制定中长期政策。

世界银行将哈 2016 年 GDP 增速预测为 1.1%，欧洲开发银行预测 2016 年哈 GDP 增速 1.5%，哈萨克斯坦政府将 2016 年哈 GDP 增长预测降至 0.5%，通货膨胀率依然预测在 6% ~ 8%。预计，采矿工业产值下降 5%，加工业产值下降 0.4%，农业产值增长 3.5%。

据标普国际评级机构预测，2016 年哈银行负面展望数量将超过正面展望数量。目前，在 19 家商业银行中，12 家银行获得"稳定"展望，7 家获得"负面"展望。哈银行与类似国际金融机构比较，整体评级水平较低，长期信用评级平均水平为 B，且平均水平显著低于主权借贷评级 BBB。

为使哈萨克斯坦经济有所复苏，哈国在 2016 年第二个五年计划框架内哈将新开发 157 个项目，总投资额将达 9000 亿坚戈。其中阿克托盖矿区三期项目将作为框架内的重要国家项目，其他主要国家项目还包括乌拉尔斯克机油生产项目和阿特劳炼厂改造项目。

4.2　乌兹别克斯坦保持经济稳定发展

乌兹别克斯坦一直是中亚国家中发展最为稳定的国家，由于从俄罗斯到乌兹别克斯坦的汇款数量将下降，俄罗斯的情况会影响到乌兹别克斯坦经济。2016 年俄罗斯经济将逐渐走出低谷，这也会给乌国的发展带来利好。据世界银行预测 2016 年国内生产总值预计增长 7.5%，而乌兹别克斯坦最高会议参议院（议会上院）2015 年 12 月 3 日通过了 2.2 万亿苏姆的 2016 年国家预算赤字，约占国内生产总值（GDP）的 1%。2016 年国家预算收入为 40.5 万亿苏姆（GDP 的 18.4%），支出为 42.7 万亿苏姆（GDP 的 19.4%）。预算方案旨在实现明年 GDP7.8%、工业生产 8.2%、农业生产 6.1% 以及资本投资 9.6% 的增长。

2016 年税收政策方案的落实将使税收负担从 2015 年的 20.7% 下降到 19.1%。特别是，预算收入的实施将使法人所得税的基本税率从 8% 降到 7.5%。提供服务的小微企业缴纳的单一税率从 6% 减少到 5%，此举将为这些企业节省 584 万亿苏姆。

2016 年，在社会基础设施的改善和发展基础上的现行税率，包括单一税、增值税、其他税以及强制支付将会保持。个人所得税税率由 8.5% 减少到 7.5%，而居民养老保险基金的强制保险金率则由 7% 提高到 7.5%。此外，许多税收的指数被明确，包括个人财产税、土地税、对酒精和烟草产品的消费税等。

2016 年，在预算总支出中 59.2% 的资金计划投入民生领域，2015 年预计为 58.7%。教育支出计划占国内生产总值的 6.8%，卫生支出计划占 2.8%，用于经济的支出将占国内生产总值的 2.1%，来自政府预算的集中投资占国内生产总值的 1%。

2016 年公共信托基金收支已经被确定为 23.4 万亿苏姆。参议院通过的预算将由乌兹别克斯坦总统批准。2015 年乌兹别克斯坦通过的预算赤字为 1.8 万亿苏姆，预计占国内生产总值的 1%。其中，预算收入为 36.2 万亿苏姆（GDP 的 20.2%），支出为 38 万亿苏姆（GDP 的 21.2%）。

4.3　土库曼斯坦争取经济提升

世界银行在每年出版的"全球经济展望"报告中，相对于去年的 8.5%，预测土库曼斯坦 2016 年 GDP 增速为 8.9%。2016 年土库曼斯坦对农业和油气领域进行改革，将诸多部委、机构进行整合，同时进行了新一轮的政府人事变动，为 2016 年的土经济发展做一系列的铺垫。此外，2016 年土库曼斯坦仍将实施其多元化的发展战略。

2016 年土库曼斯坦和美国将持续在农业机械、民用航空、电力等领域合作。美国支持土区域性天然气管道项目，包括 TAPI（土库曼斯坦 - 阿富汗 - 巴基斯坦 - 印度）和跨里海天然气管道（经阿塞拜疆和土耳其到欧洲）。

土库曼斯坦是奥地利和欧盟在能源安全和天然气供应方面的合作伙伴之一，双方合作最可能的方案即是建设跨里海天然气管道抵达阿塞拜疆，经土耳其到欧洲。此外，奥地利企业对进口土库曼斯坦纺织品、参与土农产品加工和食品生产、土畜牧业综合体建设项目及供应肉奶加工设备等项目兴趣浓厚。

4.4　吉尔吉斯斯坦经济上行压力大

由于俄罗斯和哈萨克斯坦等主要经贸伙伴国经济衰退、本币贬值等外部因素的影响，以及税收乏力、财政赤字高、通胀压力大、库姆托尔金矿计划在 2016 年上半年连月减产的内部冲击，2016 年吉尔吉斯斯坦的经济形势将比 2015 年更为严峻，欧亚发展银行称吉尔吉斯斯坦宏观经济将维持低速增长趋势，预计使得吉尔吉斯斯坦经济 2016 年只能维持低速增长趋势，同时有可能导致吉国外债占 GDP 比重超过 60% "红线"。但根据世界银行最新公布的"全球经济前景年度报告"，世界银行调高了对吉尔吉斯斯坦的经济增长预期，2016 年、2017 年和 2018 年的经济增幅预计分别为 4.2%、3.4% 和 4.3%。

4.5　塔吉克斯坦经济缓中上升

2016 年对全世界，特别是对独联体国家将是艰难的一年。受俄罗斯经济下滑影响，2015 年塔吉克斯坦侨汇将下降 40%。2015 年塔政府实行谨慎的财政和货币政策，使塔通胀率保持较低水平。因而国际基金组织最新预测 2016 年塔吉克斯坦经济增长 3.4%，通胀率为 8.2%。

对于艰难的经济形势，塔总统号召各部门采取有效措施发展国内生产，提高进口替代商品产量，节约使用国家预算资金。采取有效措施稳定本币汇率，保障塔消费市场的物资供应。进一步研究经济增长协调发展的机制，以应对全球经济下滑对塔影响。

此外，塔也将注重民生领域的发展，2016 年塔吉克斯坦将从国家预算中拨付约 75 亿索莫尼用于塔社会民生领域的发展。其中，31 亿多索莫尼用于教育领域，30 亿多索莫尼用于居民社会保障领域，约 12 亿多索莫尼用于卫生领域的发展。

5.　结　　语

简言之，2015 年对中亚国家来说是艰难的一年，对于 2016 年，世界各预测机构都较为保守的对中亚国家进行评估，而中亚国家也是小心翼翼地试探着世界的形势、谨慎地制订计划以求稳中有进。而经济发展的规律总是波浪式前进，这也就意味着以处于低谷中的中亚五国在 2016 年必将披荆斩棘，创造出一番新气象。

（执笔：高亚奇）

经济下滑严重，走入寒冰时期：
2015 年哈萨克斯坦经济形势分析

2015 年上半年哈萨克斯坦经济增速虽有所放缓，但较各国际银行及其他金融机构预期相对较好。2015 年下半年经济较上半年有明显下滑趋势，不但低于政府年初的预测且低于重新下调的计划。2015 年哈萨克斯坦 GDP 达 4076 亿坚戈，增长 1.5%，较 2014 年（4.1%）增速明显放缓。其中农业产值增长 4.4%，工业指数下降 1.5%，服务业产值增长 2.3%，建筑业产值增长 4.3%[①]。

1．2015 年哈整体经济形势分析

1.1 农业整体状况均衡发展

哈萨克斯坦 2015 年 1 ~ 11 月哈农业产值达 2.58 万亿坚戈，同比增长 3%，种植业和畜牧业均衡发展，其中畜牧业产值 1.107 万亿坚戈，种植业产值 1.464 万亿坚戈（2015 年 1 ~ 11 月哈萨克斯坦农业产值及结构见图 1 – 5），增速均为 3% 左右。牛存栏量 631.5 万头，较去年同期有所增长，山羊存栏量 246.8 万只，同比增长 1.5%，猪 92.15 万头，增长 0.6%，马 203.7 万匹，增长 8.2%，羊 1650 万只，增长 1.5%，禽类 3720 万只，增长 2.9%[②]。

---

① 趋势通信社 2016 – 02 – 15 讯，2015 年哈萨克斯坦 GDP 增长 1.5%．http：//en. trend. az/business/economy/2496153. html.

② 中国驻哈萨克斯坦经商参处 2015 – 12 – 24 讯，1 ~ 11 月哈萨克斯坦农产品产量增长 3%．http：//kz. mofcom. gov. cn/article/ddgk/wtoxieding/201512/20151201218157. shtml.

畜牧业1.107（万亿坚戈）
43.06%

种植业1.464（万亿坚戈）
56.94%

□畜牧业 ■种植业

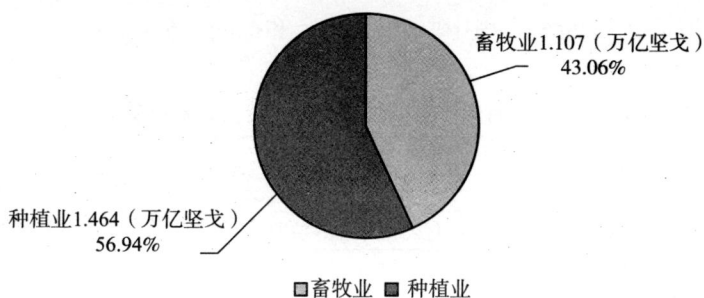

图 1 - 5　2015 年 1 ~ 11 月哈萨克斯坦农业产值及结构
资料来源：中国驻中亚各国经商参处。

尽管 2015 年气候条件不佳，但农业粮食产量较上年有所增加，达 2000 万吨，较去年增长 5.8%，其中小麦 1470 万吨，增长 2%。瓜菜、土豆、棉花收割结束，油料作物收割面积 97.5%，甜菜收割面积 89.9%。本年计划加工后粮食产量为 1750 万吨，出口粮食 700 万吨①。

1.2　工业各行业生产均下降

2015 年 1 ~ 11 月，哈萨克斯坦发电 824.74 亿千瓦时，同比下降 5.8%；生产汽油 260.7 万吨，同比下降 5.8%；生产柴油 419.5 万吨，同比下降 9.8%；燃料油 348.9 万吨，同比下降 4.2%；生产粗钢 352.4 万吨，同比下降 4.8%；生产平轧产品 227.7 万吨，同比下降 2.7%；生产铁合金 159 万吨，同比增长 1.8%；开采煤炭 9688.3 万吨，同比下降 5.7%②。

1.3　对外贸易降幅颇大

基于世界经济增长放缓和国际油价持续走低，哈出口商品受其影响较为严重，导致贸易顺差下降 59.3%，为 137 亿美元（2015 年 1 ~ 10 月哈萨克斯坦进出口、贸易顺差额及增长率见表 1 - 1）。哈对欧亚经济联盟成员国出口额为 42 亿美元，同比下降 30.1%，进口 93 亿美元，同比下降 24.9%③。目前，哈主要出口对象国是意大利（17.9%）、中国（11.7%）和荷兰（11.3%），主要进口

---

① 中国驻哈萨克斯坦经商参处 2015 - 11 - 20 讯，哈萨克斯坦粮仓收获 2000 万吨粮食. http：// kz. mofcom. gov. cn/article/jmxw/201511/20151101191139. shtml.

② 中国驻哈萨克斯坦经商参处 2015 - 12 - 24 讯，1 ~ 11 月哈萨克斯坦工业生产情况. http：// kz. mofcom. gov. cn/article/ddgk/divisoin/201512/20151201218154. shtml.

③ 中国驻哈萨克斯坦经商参处 2015 - 12 - 24 讯，1 ~ 10 月哈萨克斯坦对外贸易顺差下降了 59.3%. http：//kz. mofcom. gov. cn/article/ddgk/zwfengsu/201512/20151201218153. shtml.

来源国是俄罗斯（33.9%）、中国（17.2%）和德国（6.4%）。

表 1 –1   2015 年 1～10 月哈萨克斯坦进出口、贸易顺差额及增长率

出口		进口		贸易顺差（出口减进口）	
出口量	增长率	进口量	增长率	顺差额	增长率
393 亿美元	–42.9%	256 亿美元	–24.9%	137 亿美元	59.3%

1.4   外商对哈直接投资减少

哈在欧亚地区吸引投资能力排名第 2 位，在无出海口国家中吸引投资能力排名第 1 位。自 2015 年上半年以来，外商对哈采矿业、贸易和地质勘查领域的国外直接投资规模较 2014 年均有回落，分别下降 41%、38% 和 29%[①]。

1.5   国家黄金外汇储备下降

2015 年 1～11 月，包括央行总储备和国家基金在内的哈黄金外汇储备达 928.36 亿美元，自年初起下降 9.4%。国家基金资产 642.39 亿美元，自年初起下降 12.3%；央行总国际储备达 285.9 亿美元，自年初起减少 2%；央行净国际储备自年初起减少 1.7%；外汇资产达 211.75 亿美元，自年初起减少 2.9%[②]。

2. 经济放缓原因分析

很长一段时间哈国内经济的增长引擎是建立在石油生产和世界能源价格上涨基础上的，近年来石油产量增长较慢，世界各国油库存货已满，大宗商品价格下滑严重，而国家却尚未做好应对内、外部环境条件变化的准备。哈经济对原材料商品的依赖程度较高以及本国货币坚戈大幅贬值，是导致哈经济增长趋势放缓的主要原因。

2.1   国际油价下跌对哈经济造成的负面影响

受世界商品、金融市场状况以及哈国内外币市场需求情况影响，2014～2015

---

① 中国驻哈萨克斯坦经商参处 2015 – 12 – 01 讯，2015 年上半年以来外商对哈直接投资减少. http：//kz. mofcom. gov. cn/article/ddgk/zwqihou/201512/20151201198875. shtml.
② 中国驻哈萨克斯坦经商参处 20145 – 12 – 10 讯，1～11 月哈萨克斯坦黄金外汇储备下降 9.4%. http：//kz. mofcom. gov. cn/article/jmxw/201512/20151201207666. shtml.

年国际石油价格下跌，导致哈国际收支和国内外汇市场的显著恶化。第一，出口额下降。作为石油和天然气出口大国，油价下跌导致哈预算收入下降 40%[①]，此外包括黑色、有色金属以及煤价格在内的其他类型出口产品也有所下降。第二，相关产业工人失业。石油价格低迷，企业面临利润下降和被迫裁员的艰难处境。目前油价已到 30 美元/桶，如果继续保持较低水平，哈石油和天然气领域将裁员超过 4 万人，石油工人工资薪酬将削减 30% ~31%[②]。第三，对银行业造成一定冲击。2015 年由于油价下跌、经济增长放缓及其货币坚戈的脆弱性，哈萨克斯坦银行系统的中期前景出现恶化，严重的外国货币贷款缺口，坚戈大幅贬值可能对哈银行带来致命一击，企业贷款增速将维持在低水平，零售贷款也可能适度萎缩，不良贷款风险仍然很大。

在石油价格低迷时期，哈政府需要改变其对经济的态度，深刻认识到高的石油价格可能并不会提高哈经济竞争力，而发展非石油领域才是未来经济发展方向。为避免经济波动，国家实施反周期政策并设立安全系数，国家基金、国家黄金和外汇储备共计 1020 亿美元[③]，可靠的资金储备使得哈可以平稳地实施经济政策。

2.2 哈货币坚戈大幅贬值对哈冲击严重

哈于 2015 年 8 月 20 日开始实施浮动汇率制，保持坚戈汇率自由浮动，增加坚戈的流动性，并促进去美元化经济的发展[④]。向通货膨胀目标制的逐步过渡，不仅能够刺激相关产业的发展，提供长期和短期的货币坚戈，也为出口企业、加工企业带来利润和生机。

但实施自由浮动汇率制存在一定弊端，目前对哈经济影响最大的莫过于其货币坚戈的大幅贬值。哈在宣布向通货膨胀目标制过渡时，其货币坚戈随即大幅贬值，2015 年 10 月 28 日 1 美元兑 278.92 坚戈，2014 年同期 1 美元兑 180.87 坚戈，坚戈贬值 35%[⑤]。本国货币贬值对哈经济造成的影响不言而喻，实体经济下滑严重，企业贷款和投资积极性减退，加工行业销售利润下降明显，旅游服务需

---

① 中亚新闻服务通信社 2015 - 10 - 19 讯，由于油价下跌哈预算收入降低 40%. http：//www. aki-press. com/news：570954/.
② 趋势通信社 2015 - 11 - 23 讯，哈萨克斯坦石油工人面临薪水萎缩、裁员. http：//en. trend. az/casia/kazakhstan/2478587. html.
③ 趋势通信社 2015 - 01 - 21 讯，哈萨克斯坦政府为低油价经济发展采取措施. http：//en. trend. az/casia/kazakhstan/2477129. html.
④ 中国驻哈萨克斯坦商参处 2015 - 11 - 05 讯，10 月哈央行从国家基金支出 39 亿美元干预国内外汇市场. http：//kz. mofcom. gov. cn/article/jmxw/201511/20151101156712. shtml.
⑤ 趋势通信社 2015 - 10 - 28 讯，哈萨克斯坦坚戈汇率继续下降. http：//en. trend. az/casia/kazakh-stan/2477453. html.

求下降 60% ~ 70%①，此外，由于企业不愿意承担货币贬值带来的加薪，高薪引进的外国高技术人才希望回国发展，哈面临高级能人才匮乏局面②。坚戈贬值后哈政府实施一系列行动计划如提高关键利率至 16%③、支出 39 亿美元对外汇市场进行干预④、支持实体经济部门等，旨在保持坚戈汇率稳定，但坚戈在政府干预措施中起起伏伏，截至 2015 年 12 月 15 日，1 美元兑 337.80 坚戈，达历史最低。

虽然浮动汇率制和通货膨胀目标制给哈经济带来一定困难，但是哈政府将不放弃货币坚戈的汇率浮动制，确保坚戈汇率浮动下的金融部门的有效运作。目前最重要的任务是尽快稳定金融系统，使之符合新的全球现实。

3. 中哈经贸合作领域逐步延伸

中哈两国经济具有互补性，中国作为能源消费大国，需要进口大量石油和天然气以满足国内需求，哈可以向中国出口石油、天然气等能源资源；中国的设备和技术具有低成本性，适用于正大力推进工业化的哈萨克斯坦。在两国的共同努力下，中哈全面战略合作伙伴关系飞速发展，双方加强制造业、金融、服务业、"丝绸之路经济带"建设以及旨在振兴哈国经济的"光明之路"政策领域等重大项目合作，进一步拓宽合作领域，加强经贸合作，促进两国的产业发展和民众就业，同时深化"丝绸之路经济带"建设和哈萨克斯坦"光明大道"计划相衔接以及中哈两国经济发展具有重要意义。

3.1　中哈丝路合作

在"丝绸之路经济带"建设倡议的推动下，中国与哈萨克斯坦合作也不断取得累累硕果，互利共赢的中哈大型合作项目正加速推进，合作领域业也逐步拓宽，涉及农业、制造业加工、新能源、公共基础设施建设等（中哈合作成果简介见表 1 - 2）。

---

① 中国驻哈萨克斯坦经商参处 2015 - 11 - 25 讯，由于坚戈贬值哈萨克斯坦旅游服务需求下降 60% ~ 70%. http：//kz. mofcom. gov. cn/article/jmxw/201511/20151101193946. shtml.

② 中国驻哈萨克斯坦经商参处 2015 - 11 - 18 讯，哈萨克斯坦坚戈大幅贬值迫使外国专家离哈. http：//kz. mofcom. gov. cn/article/jmxw/201511/20151101187724. shtml.

③ 中亚新闻服务通信社 2015 - 10 - 05 讯，哈提高关键利率至 16% 以为稳定坚戈. http：//www. aki-press. com/news：570873/.

④ 中国驻哈萨克斯坦经商参处 2015 - 11 - 05 讯，10 月哈央行从国家基金支出 39 亿美元干预国内外汇市场. http：//kz. mofcom. gov. cn/article/jmxw/201511/20151101156712. shtml.

表 1 – 2　　　　　　　　　　　　中哈合作成果简介

项目名称	项目进展状况	意义
中哈连云港物流合作基地	2014 年 5 月一起投产，2015 年 2 月"连云港 – 阿拉木图"货运班列首发	是"丝绸之路经济带"倡议提出后中哈首个物流国际合作平台项目，使得哈萨克斯坦找到了东出太平洋最近的出海口
铁路网建设项目	目前已有两条铁路接轨并顺利运营，随后将陆续开通渝新欧、汉新欧、郑新欧、义务新欧等国际货运班列	中国的铁路建设为丝绸之路沿线地区带来更多商机
"双西"公路建设	中方企业参与建设哈萨克斯坦境内路段，目前该项目正在加紧施工	公路连接中国西部和欧洲西部，是亚太国家和欧洲最短运输通道
中哈原油管道	西起哈萨克斯坦阿特劳，东至阿拉山口，全长 2800 公里；2006 年全面运营，迄今已向中国出口原油累计超过 7700 多万吨	丰富哈萨克斯坦油气管道，为中国提供进口产品——原油，进一步加深双方能源领域合作
中国 – 中亚天然气管道 A、B、C 三线	全长 1000 多公里，穿越哈萨克斯坦全境，向中国运输天然气逾千亿立方米	将哈萨克斯坦天然气运输至中国千家万户，哈萨克斯坦也可以将其部分天然气出口至中国，土天然气运输至中国还可获得不菲的国境费
霍尔果斯国际边境合作中心	预计 2016 ~ 2018 年建成多功能商务中心，集加工制造、货物中转、金融服务和旅游休闲为一体	是中哈两国商贸往来桥梁

3.2　中哈产能合作

　　在中哈两国政府、企业以及金融机构等各方积极努力下，双方签署中哈产能与投资合作政府间框架协议，达成 52 个产能合作项目，其中汽车组装、聚丙烯项目已经开工，阿斯塔纳轻轨项目将于 2015 年年底前开工，钢铁、冶炼、水泥等领域十余个项目有望于 2016 年启动①，此外，丝路基金也与哈金融机构进行对接，并设立产能合作专项基金，为两国的产能合作提供资金保障。

　　经济合作是当今世界发展的趋势，任何国家都需要和他国进行多边合作，包括经济、政治、文化等各方面的交流，通过合作相互帮助、相互发展、相互提高。随着中哈产能合作的逐步开展，中哈产能合作为中国与相关国家合作提供示范，对"一带一路"的建设极具示范意义（部分中哈合作项目简介见表 1 – 3）。

---

　　① 新中国政府网 2015 – 12 – 15 讯，中哈产能合作对"一带一路"建设极具示范意义 . http：// news. sina. com. cn/c/2015 – 12 – 15/doc – ifxmnurf8493901. shtml.

表 1 - 3　　　　　　　　　　　部分中哈合作项目简介

合作内容	中方合作者	哈方合作者
在中国寻求 30 亿美元中国贷款以发展哈萨克斯坦铜、铝项目	中信集团、中国进出口银行	哈萨克斯坦矿业公司、哈萨克斯坦欧亚自然资源集团公司
中哈合作生产江淮品牌汽车，同时打造民族品牌的战略合作伙伴关系	中国江淮汽车公司以及中国机械进出口集团有限公司	哈汽车企业
中方银行将对哈工业创新发展项目投资 50 亿美元进行可行性分析	中国银行	—
中哈双方合作将在哈萨克斯坦乌里宾冶金厂生产核燃料组件	中国广东核电集团有限公司、中信集团	哈原子能工业公司
签署 4 亿美元的保险框架协议①，协议规定，中国出口信用保险公司为中国制造的机电产品和成套设备对哈出口合同提供保险	中国出口信用保险公司	哈开发银行

3.3　基础设施建设

中国将在哈免费建设多条道路，包括阿拉木图至乌斯季卡缅诺戈尔斯克、乌斯季卡缅诺戈尔斯克至大阿拉木图环形公路、与中国接壤的道路，以及连接至阿拉湖和阿拉山口的道路建设。此外，通过亚洲基础设施投资银行和丝绸之路基金两个平台，合理利用霍尔果斯边境口岸和连云港港口，积极促进双方经贸合作，实现双赢共赢。

3.4　能源领域合作

哈萨克斯坦传统碳氢原料储量巨大，中哈丝绸之路合作的一个重要方面是对哈萨克斯坦页岩气潜力进行研究。中国与哈萨克斯坦的页岩气潜力研究一旦有了实质性进展，无论是对哈还是对中，将是革命性的进步。另一个重要方面是实施"欧亚"项目②，该项目能够为世界地质科学带来根本性的新贡献，就长远而言，将加强哈萨克斯坦在亚洲地区能源安全方面的能力。

---

① 中国驻哈萨克斯坦经商参处 2015 - 12 - 28 讯，哈开发银行和中国出口信用保险公司同意为哈中合同提供 4 亿美元保险. http：//kz. mofcom. gov. cn/article/zxhz/tzwl/201512/20151201221043. shtml.
② "欧亚"项目计划 6 年内投资 5. 23 亿美元。

4. 2016 年哈经济预测仍低位运行

世界经济增长放缓削减了对哈主要出口商品（石油、煤炭、金属、化学制品和粮食）的需求，使得哈经济增长由 2014 年的 4.3% 放缓至 2015 年的 1.5%。油价急剧下跌、本国货币贬值以及哈主要贸易伙伴俄罗斯经济下滑导致发展环境恶化，同样加剧了经济放缓势头。随着国家对宏观经济采取的一系列措施和计划，国际性银行及其他金融机构对哈 2016 年经济发展状况预测较 2015 年均有所提升，随着哈反危机计划的实施以及其他应对项目的启动，未来哈萨克斯坦经济发展较 2015 年可能逐步回暖。

4.1　GDP 预测

哈 GDP 实际增长将大大低于哈经济潜力，国际货币基金组织预测 2016 年哈萨克斯坦经济增长为 2.2%，内外部风险并存，由于经济增长缓慢和此前坚戈汇率下跌造成金融部门的脆弱性，哈萨克斯坦需要加强银行监督活动。

世界银行预测 2016 年哈 GDP 增长将达 1%，2017 年可能增至 3.3%[①]。复杂的外部经济环境将继续影响哈中期发展，包括卡沙干油田开采时间推迟，俄罗斯经济持续下滑和中国经济增速下降。2016 年石油价格将维持低位，在 2017 年价格可能会逐渐提升，因此在未来长期范围内，有必要实现国家经济多样化，以提高对外部震荡的稳定性。

由于坚戈贬值政府修改 2016~2018 年的国家预算。预计 2016 年 GDP 增速为 2.1%，通胀率将保持在 6%~8%，到 2020 年将降至 3%~4%[②]。

4.2　人均 GDP 预测

哈政府预测 2016 年本国名义 GDP 将达 45.53 万亿坚戈，2020 年将增至 63.99 万亿坚戈。人均 GDP 从 2014 年的 1.3 万美元，降至 2016 年的 8600 美元，

---

①　中国驻哈萨克斯坦经商参处 2015 - 12 - 07 讯，世界银行调低对哈萨克斯坦 2015~2016 年 GDP 预测。http://kz. mofcom. gov. cn/article/jmxw/201512/20151201204668. shtml.

②　中国驻哈萨克斯坦经商参处 2015 - 11 - 18 讯，哈萨克斯坦政府修改 2016~2018 年国家预算。http://kz. mofcom. gov. cn/article/jmxw/201511/20151101187722. shtml.

而 2020 年将达到 1.15 万美元①。

4.3　农业增长预测

2016～2020 年农业产值年均增长 2.8%②。农业部与阿塔梅肯国家企业家协会签署未来农业发展的合作备忘录，双方将于 2016 年组织成立 4 个农业合作社③试点，农业部计划通过对现有农业领域补贴机制的修改和提高合作社补贴标准推动合作社的发展，为农业发展注入新的活力。

4.4　工业增长预测

2016 年工业生产将增长 0.4%，2020 年通过采矿工业增长 6.8%，从而实现工业生产增长 4%。采油量将保持在目前水平，即 2016 年 7700 万吨，2017 年 7900 万吨。

4.5　进出口预测

出口额从 2016 年的 400 亿美元提高至 2020 年的 522 亿美元，进口额从 2016 年的 289 亿美元增长至 2020 年的 361 亿美元④。

4.6　国外投资预测

2016 年外国投资者将投运总额 1.04 亿美元的 8 个项目，增加 360 个工作岗位。当前世界趋势表明，世界范围内的直接投资流量减少了 16%，但是亚洲发展中国家的直接投资保持增长。哈吸引投资方面在发展中国家排名第 16 位，世界排名第 28 位⑤。

---

① 中国驻哈萨克斯坦经商参处 2015 - 11 - 20 讯，2016 年哈萨克斯坦人均 GDP 将降至 8600 美元. http://kz. mofcom. gov. cn/article/jmxw/201511/20151101191103. shtml.
② 中国驻哈萨克斯坦经商参处 2015 - 11 - 20 讯，哈萨克斯坦计划 2016 年工业生产增长 0.4%. http://kz. mofcom. gov. cn/article/jmxw/201511/20151101191123. shtml.
③ 包括阿拉木图州的蔬果合作社、江布尔州的乳业合作社、阿克纠宾州的肉制品合作社和北哈州的油料作物合作社.
④ 中国驻哈萨克斯坦经商参处 2015 - 12 - 02 讯，哈萨克斯坦总统签署了《2016～2018 年国家预算法》. http://kz. mofcom. gov. cn/article/jmxw/201512/20151201199902. shtml.
⑤ 中国驻哈萨克斯坦经商参处 2015 - 12 - 08 讯，2016 年外国投资者将在哈萨克斯坦实施项目总金额 1.04 亿美元. http://kz. mofcom. gov. cn/article/jmxw/201512/20151201205646. shtml.

4.7　油气勘探开发预测

哈国家油气勘探开发股份公司计划通过提升地质作业效率将 2016 年奥津油气公司和恩巴油气公司的开采总量提高至 843.4 万吨（17 万桶/天），较 2015 年开采量增长 1%，预计到 2020 年开采总量较 2015 年增长 4%[①]。

（执笔：温会丽）

[①]　中国驻哈萨克斯坦经商参处 2015 - 12 - 07 讯，哈萨克斯坦国家油气勘探开发公司计划提升开采量。http：//kz. mofcom. gov. cn/article/jmxw/201512/20151201204676. shtml.

多元举措，稳定增势：2015 年乌兹别克斯坦经济形势分析

2015 年世界经济增长低于普遍预期，发达经济体回升势头减缓，新兴市场与发展中经济体增长加速下滑。而乌兹别克斯坦政府采取的应对措施保障了该国宏观经济的稳定和增长，如对银行系统的改革、基础设施的完善、对外经济关系的发展等。

1. 乌整体经济继续保持 8% 的增长速度

2015 年，乌兹别克斯坦国内生产总值 156.5 万亿苏姆（约合 628 亿美元），同比增长 8%，国家预算盈余占 GDP 的 0.2%。工业生产总值 91.6 万亿苏姆（约合 327.8 亿美元），同比增长 8.1%；农业生产总值 35.2 万亿苏姆（约合 141.4 亿美元），同比增长 6.5%；固定资产投资 36.2 万亿苏姆（约合 145.4 亿美元），同比增长 9.8%；建筑业产值 23.6 万亿苏姆（约合 94.8 亿美元），同比增长 18%；零售业产值 63.4 万亿苏姆（约合 254.6 亿美元），同比增长 14.8%。服务业产值 80.4 万亿苏姆（约合 322.8 亿美元），同比增长 13.1%；通货膨胀率 9%，较预期数值有所减少。

乌 2015 年外贸总额 252 亿美元，其中出口 128 亿美元，进口 126 亿美元，贸易顺差 1.7 亿美元（近年乌兹别克斯坦经济发展状况见表 1 – 4）。

表 1 – 4　　　　　　　　　　近年乌兹别克斯坦经济发展状况　　　　　　　　单位：万亿苏姆

类别＼年份	2012	2013	2014	2015
GDP	96.59	118.99	144.90	156.5
农业	16.87	27.34	37.00	35.2
工业	23.13	28.79	75.20	91.6

续表

类别 ＼ 年份	2012	2013	2014	2015
建筑业	5.73	—	19.80	23.6
零售业	—	—	58.60	63.4
固定资产投资	—	—	33.70	36.2

资料来源：俄罗斯中亚国家经济发展研究报告（2014 年）。

2. 乌各行业发展情况

2.1 农业发展状况

农业是乌兹别克斯坦的基础经济部门，渐进的改革保证了乌兹别克斯坦农业的稳定发展，2015 年农业生产总值较 2014 年增长了 6.5%，达到了 35.2 万亿苏姆。

2015 年，乌兹别克斯坦继续调整农产品结构，分阶段优化棉花种植面积，腾出部分耕地种植果蔬、土豆和其他作物，使得果蔬和土豆规模不断扩大。采取措施发展种植业，优选抗盐碱和抗干旱棉种及谷物。同时，继续实施 2013～2017 年土壤改良计划，建设和改造水利设施，使农业发展有了较大提高。其中，棉花作为除粮食外乌兹别克斯坦最主要的农产品，2015/2016 年度产量约 92 万吨，出口量 59 万吨，消费量 35 万吨。中国是乌兹别克斯坦棉花出口主要目的国。2014/2015 年度，乌兹别克斯坦对中国出口棉花 19.4 万吨。[①]

同时，为加快农业发展，促进农产品出口，乌积极参与柏林年度国际农博会果蔬展并签署 1.3 亿美元合同，向欧盟出口各类新鲜蔬菜、瓜果、酒和油、干果、药材和香料、果酱、果汁和罐头制品等；首次参加乌鲁木齐国际食品展，展出农产品、酒类、水果蔬菜、天然饮料、甜点、凉茶、杏仁油、蜂蜜等，并签署 1.1 亿美元合同。

2.2 能源开采

乌兹别克斯坦拥有丰富的石油和天然气资源，约 60% 的土地下埋藏着石油和天然气资源。在 5 个石油天然气区块中，已开发出 211 个石油和天然气田，其

---

① 中亚科技经济信息网，http：//www.zy.gov.cn/news.asp? newsid＝46652.

中天然气田占 108 个，油田为 103 个。目前，50% 的油气田已经进入开采，35%
的油气田准备开发，15% 正在勘探之中。乌兹别克斯坦能源产量约为 8600 万标
准吨，其中天然气年产量为 630 亿 ~650 亿立方米，位列世界十大天然气生产国；
石油产量约 350 万吨，基本能保障本国消费自给。

2.3　矿山开采

2015 年，乌兹别克斯坦铀产量为 2400 吨，与过去几年基本持平。大多数铀
矿分布在纳沃伊州，有铁路通往该地区。纳沃伊矿山冶金联合体为国有控股公司
（Kyzylkumredmetzoloto）的子公司，负责国内所有铀矿的经营。2015 年 4 月，纳
沃伊矿山冶金联合体宣布，在 2019 年以前将开发 27 个项目。

2015 年，乌兹别克斯坦黄金开采量扩大。乌全国黄金开采量约 90 吨。纳沃
伊矿山冶金联合体是中亚最大的黄金生产企业。该企业在近年来黄金开采量为
60 ~65 吨，纳沃伊矿山冶金联合体将于 2014 ~2016 年投资 1. 123 亿美元用于扩
大该企业位于萨马尔罕州扎米尔坦的水法冶金厂黄金开采量。[1]

2.4　电力生产

2015 年乌兹别克斯坦发电总量达 573 亿千瓦时，较 2014 年增长 4. 2%。其
中乌兹别克国有股份公司发电 558 亿千瓦时（包括火电 506 亿千瓦时，水电 52
亿千瓦时），阿尔马雷克矿业冶金联合体热电站生产 2 亿千瓦时，农业水利部水
电站生产 13 亿千瓦时电力。出口电力约 15 亿千瓦时。

乌通过加强对能源系统的投资，实施 2011 ~2015 年现代化建设和改造低压
电网项目，几年间修建输送电网 8600 公里，66 个分站，7756 个变压器，重建和
现代化电网 664 公里，529 个变压器，新建 570 公里高压线和 430 个变压器；并
引入现代化的技术和设备，重建和新建 600 公里 0. 4 千伏低压输电网络。

目前，乌开始实施 2015 ~2019 年低压电网现代化改造项目。该项目将建设
或重建 2. 5 万公里电力网络和 5259 个变压器。其中，仅 2015 年便维修配电网
9300 公里，变电站 73 座，变压器 4772 个；改造配电网 620 公里，变压器 410
个；新建配电网 310 公里，变压器 260 个。这将确保乌所有行业、私有企业以及
消费者有稳定的可持续的电力供应。保障了电网和地区的可持续发展。[2]

---

① 中华人民共和国商务部，http：//www. mofcom. gov. cn/article/i/jyjl/e/201410/20141000756591.
shtml.

② 中国电力企业联合会，http：//www. cec. org. cn/guojidianli/2015 – 04 – 08/136173. html.

2.5　轻工业

2015 年乌兹别克斯坦轻工企业生产货物总值 15.32 万亿苏姆，较 2014 年增长 16.6%。轻工业产值占据该国 GDP 的 16.7%，比 2014 年增长 1.2%[①]。

纺织业是支撑乌兹别克斯坦经济的主要产业，其中纺织企业约 180 余家，占全国 30% 的劳动力，纺织品产值占乌兹别克斯坦工业总产值的 26%。在乌兹别克斯坦政府的大力支持下，预计未来几年会有更多的国外企业投资建厂，促进乌兹别克斯坦棉花消费和纺织品生产、出口。据统计，每年乌兹别克斯坦的棉纱、纺织品和服装出口总额约 10 亿美元。中国和俄罗斯是乌兹别克斯坦棉纱的主要出口市场。

2015~2019 年，乌将在轻工业领域实施 78 个项目，总额 9.952 亿美元。这些项目主要集中在籽棉加工、成衣制造，鞋袜生产、牛仔与混合纱织造，以及纺织机械和锁边机制造等领域。其中，在籽棉加工领域，乌计划通过对"乌兹别克轻工"国家联合股份公司下属企业重建及对更换设备等方式，在未来五年将籽棉加工能力提高到 140 万吨。乌年产籽棉约 350 万吨，加工后可获得 100 万~120 万吨皮棉和 170 万吨籽棉。当前，乌国内籽棉年加工能力约 128 万吨，皮棉加工能力约 50 万吨。"乌兹别克轻工"拥有 300 多家生产棉纱、布匹、鞋袜等产品的企业，出口额超过 10 亿美元，在欧盟、独联体和亚洲国家设有 50 多家销售代表处，其产品销售扩大到阿根廷、巴西、委内瑞拉、哥伦比亚、秘鲁、智利、南非等国。

2.6　银行业

2015 年，乌兹别克斯坦共有 26 家商业银行，设立有 847 个分支机构，4294 个迷你银行和专柜。从 2002~2015 年的 13 年间，乌银行总资产增长了 42 倍。

2015 年，乌 26 家商业银行在各类国际评级机构均被评为"稳定"。较 2010 年，乌达到这一标准的银行增加了一倍。

目前，乌银行系统资本充足率 24.3%，超过巴塞尔银行监管委员会设立标准（8%）2 倍。截至 2015 年 7 月 1 日，银行资本总额 28.9 亿美元。流动性水平达到 64.58%，是国际最低标准的一倍多。银行总资产同比增长 27.6%，达 239 亿美元（近三年苏姆与主要货币间的汇率及变化见图 1-6）。

---

① 中国驻乌兹别克斯坦经济参赞处，http：//www. uzdaily. com/articles - id - 34895. html.

	美元/苏姆	欧元/苏姆	人民币/苏姆	卢布/苏姆
□2013年	2202.2	3031.9	363.17	65.14
■2014年	2422.4	2987.74	389.33	45.55
■2015年	2728.78	2974.79	426.5	40.33

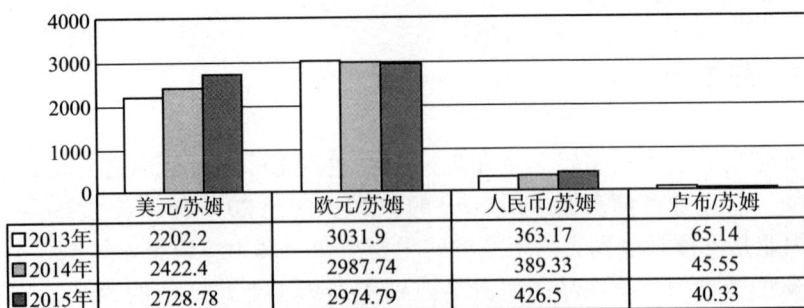

图 1-6　近三年苏姆与主要货币间汇率

3. 贸易及对外经济关系发展情况

为了应对全球金融和经济危机的影响，乌兹别克斯坦积极吸引外国投资、扩大对外经贸。2015 年前三季度乌共使用外国投资和贷款 24 亿美元，占使用投资总额的 21.1%，同比增长 11%，其中 18 亿美元为外国直接投资，同比增长 7.4%。

此外，乌兹别克斯坦积极拓展对外关系，推动各领域加快发展：与阿联酋洽谈投资及技术领域合作；与巴基斯坦讨论石油天然气领域合作，特别是勘探和开发乌兹别克斯坦天然气的最新技术；与阿塞拜疆商讨出口新产品，包括粮食、纺织品，特别是地毯等；与韩国签署舒尔坦天然气化工综合体现代化建设及石油热解项目；与智利商讨在旅游领域的合作；与伊朗商讨在经贸领域的合作；与日本促进贸易、经济、投资、文化等多领域合作；与白俄罗斯讨论汽车运输合作；与拉脱维亚和欧盟探讨交通走廊的发展等。

3.1　与俄罗斯经贸关系发展

2015 年乌兹别克斯坦和俄罗斯之间的贸易额同比下降了 29.2%——21.4 亿美元。贸易额因为卢布汇率降低而下降，但贸易量仅下降 1.8%。而且在一些领域，贸易是增长的。如 2015 年前三个季度乌对俄蔬菜和水果的出口了增加 78.4%。

乌俄之间的汇款总额从 2014 年第三季度的 22.27 亿美元减少到 2015 年的 7.97 亿美元，同比下降 2.79 倍。其中，俄向乌的汇款总额为 7.25 亿美元，同比下降 2.83 倍；乌向俄的汇款总额为 7200 万美元，同比下降 2.44 倍。俄向乌的平均汇款金额从 648 美元下降到 482 美元，乌向俄的平均汇款金额从 2058 美元下降到 1572 美元。

尽管乌俄双边贸易额有所下滑，但乌仍为俄在独联体地区第四大贸易伙伴，俄仍为乌第一大贸易伙伴，俄乌贸易额占乌外贸总额的 21.8%。俄是最大的投资合作伙伴。俄企业在乌投资超过 60 亿美元。乌大约有 900 家与俄合资企业，而俄有 500 家乌企业。

3.2　与中亚其他国家经贸关系发展

乌兹别克斯坦和土库曼斯坦之间的贸易额不断增长，在过去 6 年中翻了 3 倍。两国之间的贸易额 2014 年为 4.13 亿美元，2015 年 1~8 月为 2.45 亿美元。乌向土出口汽车、化肥、农产品、建筑材料、电气和机械设备、金属产品以及各领域的服务等。而土向乌出口成品油、丙烯等化工产品。

2015 年前 7 个月，乌兹别克斯坦与吉尔吉斯斯坦双边贸易额为 7844.2 万美元，比上年同期减少 6416 万美元，减幅 45%。其中，乌对吉出口 4098.4 万美元，比上年同期减少 2486.86 万美元。乌从吉进口 3834.36 万美元，比上年同期减少 3840.64 万美元。目前对乌贸易占吉外贸贸易额的 2.5%。

2014 年乌兹别克斯坦与塔吉克斯坦贸易量增长 5.5%，达到 1.6 亿美元。2015 年 1~4 月，双方贸易额达 4920 万美元。乌有意向塔供应包括汽车、卡车、公交、农业机械、化工与电力等产品。与其他中亚国家相比，乌兹别克斯坦的运输成本更低，双方可能达成一致协议。

3.3　乌兹别克斯坦与中国经贸关系发展

中国是乌兹别克斯坦第二大贸易伙伴，双方都处在"丝绸之路经济带"上，在很多领域都有合作。

①贸易合作：2015 年 1~11 月中国与乌兹别克斯坦双边贸易额约 31.75 亿美元，同比下降 17.1%。其中，中国出口 20.56 亿美元，同比下降 14.4%；中国进口约 11.19 亿美元，同比下降 21.6%。中国贸易顺差 9.37 亿美元（2014 年中国与乌兹别克斯坦双边贸易状况见表 1-5）。

表 1-5　　　2015 年 1~11 月中国与乌兹别克斯坦双边贸易状况

乌进口商品种类	金额（亿美元）	占比（%）	变化（%）
工程机械、空调、冰箱等机械设备及器具	4.86	23.64	-8.13
电机、电气、音像设备及其零附件	3.03	14.74	22.17
塑料及其制品	1.44	7	-11.66
钢板等钢铁制品	1.28	6.22	25.58
天然气管道等钢铁制品	1.26	6.12	-51.16

续表

乌出口商品种类	金额（亿美元）	占比（%）	变化（%）
棉花	4.53	40.48	5.1
天然气	3.72	33.24	-49.8
天然铀	2.22	19.84	7.88

资料来源：中国驻乌兹别克斯坦参赞处。

②能源合作：2015年1~11月，乌兹别克斯坦向中国出口天然气价值3.72亿美元，占中国自乌进口额的33.24%。中亚国家正在重建布哈拉（乌兹别克斯坦）-江布尔（哈萨克斯坦）-比什凯克（吉尔吉斯斯坦）-阿拉木图（哈萨克斯坦）天然气管线，该管线预计年输气能力为120亿立方米。此外，乌总统批准实施的石油和天然气的项目中包括价值8亿美元的中亚天然气管道四线乌兹别克段，11月，乌总统再次提出乌将在2016~2017年实施中该建设项目。

继中亚天然气管道A线、B线相继成功投运后，第三条由境外经新疆向国内供输天然气的大口径跨境长输天然气进口管道中亚天然气管道C线，也于2015年6月15日点火通气。目前，C线输气能力达到70亿立方米/年。随着中亚天然气管道A线、B线、C线、D线相继建成投产，中亚天然气资源将随着西气东输二线、三线、四线和五线等管道通向内地，成为连接中国与中亚各国的重要能源通道，届时，中国从中亚进口气输气规模将达到850亿立方米/年，中亚天然气管道将成为中亚地区规模最大的输气系统。

③铁路合作：乌铁公司与中铁隧道集团有限公司合作实施19公里安格连-帕普隧道项目，乌国家领导人和政府对该项目寄予厚望。2016年7月隧道建成后可有效连接费尔干纳盆地与乌中部地区，进而形成全国铁路交通系统，是"中国-中亚-欧洲"国际过境运输走廊最重要环节，同时可保证费尔干纳盆地社会发展。

④企业合作：中国进出口银行为安格连-帕普隧道项目隧道设计和修建提供资金3.5亿美元；中国中车同乌兹别克斯坦国家铁路公司签订了约2.8亿元人民币的机车出口合同；中国保利科技公司就在乌兹别克斯坦兴建橡胶厂举行奠基仪式。橡胶生产设施是国家主席习近平正式访问期间与乌兹别克签署的合作协议的关键项目之一，该设施对乌经济发展具有重要意义。

4. 乌兹别克斯坦经济变化分析

2015年在全球经济放缓、乌最大贸易伙伴经济面临危机等外部环境下，乌通过实施一系列措施，如加大投资力度、增加社会支出、减轻各种税负等，使得国内经济连续 11 年保持 8% 以上的高速增长。

4.1　外部环境的影响

2015 年世界经济增长低于普遍预期，发达经济体增速继续回升，但回升势头减缓，新兴市场与发展中经济体增速加速下滑，尤其是俄罗斯等国陷入负增长，对乌兹别克斯坦经济产生了一定的负面影响。由于卢布贬值、俄经济不景气，乌通用汽车在俄罗斯销量下降 55.2%，达到 1.2 万辆，在俄罗斯的市场份额为 1.3%，较 2014 年同期下降 0.6%。

4.2　改善国内基础设施

2015 年乌兹别克斯坦继续扩大对国内交通基础设施的投资、改善。前 9 个月投资 1.039 万亿苏姆用于现代化道路建设，同比增长 32.4%。同时，乌向世行贷款 3.05 亿美元。其中 2 亿美元贷款用于修复改善乌兹别克斯坦 300 公里的公路，预计将于 2021 年 9 月完成；1.05 亿美元贷款用于实施布哈拉和撒马尔罕污水管网的改造项目。另外，乌政府将投资约 35 亿美元用于 2015~2019 年道路的现代化。这些投资将为乌新建、重建 2400 公里的高速公路、购买 993 个道路维修装备以及 38 套沥青和水泥铺设设备。

4.3　金融的改革

银行的改革与支持。近年来，乌兹别克斯坦银行体系一直被国际评级机构评定为"稳定"，2015 年全国 26 家商业银行在各类国际评级机构更是均被评为"稳定"。乌银行体系继续实施改革，巩固发展，根据 2015 年货币政策，同时兼顾乌经济实际通胀水平和通胀预期，乌政府决定将再融资利率继 2014 年由 12% 下降至 10% 之后，继续降低至 9%，以促进乌国内实体经济获得资金支持。乌银行的投资主要致力于现代高科技行业、经济的现代化、加速技术创新等领域。同时银行采取各种措施增加、改善银行对公众和企业的服务质量。

4.4　扩大投资力度

乌国内积极的、有针对性的投资政策，是乌经济动态协调增长，改革经济结构，多样化经济体制的有力工具。

①固定资产投资和国外投资。2015 年乌实施了一批大型生产设备工艺改造、道路交通及基础设施项目。2015 年上半年，乌固定资产投资 72.7 亿美元，占国内生产总值的 25%，其中外国直接投资和贷款占投资总额的 11%，即 8 亿美元，同比增长 0.3%。①

②小、私企业投资。乌高度重视简化小企业和私营企业注册程序，为企业提供最宽松的政策环境，鼓励和扶持小企业和私营企业投资。乌小企业和私营企业占国内生产总值的比重从 2000 年的 31% 提高至目前的 56%，增幅为 25%，全国劳动力的 77% 在小企业和私营企业中从业。2015 年上半年乌小企业数量比 2014 年同期增长 31.8%。与此同时，小企业零售营业额占总营业额比重从 2014 年上半年的 86.3% 上升至 2015 年上半年的 85.9%。仅 2015 年上半年，便有 1.52 万家小企业在乌兹别克斯坦注册，较 2014 年同期上涨 6.3%。

4.5　其他各种政策的实施

农业方面采取多样化措施，实施现代农业技术和加强农场的物质和技术基础，采取大量措施分阶段优化粮食作物结构，刺激私人农场、农场畜牧业增加、大力发展节水灌溉，乌兹别克斯坦拟于 2018 年前使用国家优惠贷款广泛推广滴水灌溉技术，届时，全国总滴灌面积将达 2.5 亿公顷。

工业方面乌花费大量资金用于工业企业的现代化改造。2015 年乌投资大量资金用于铁路的新建、改造、电气化项目，包括完成了安格连－帕普电气化铁路项目建设。采取进口替代和出口导向的措施确保轻工业的蓬勃发展。乌轻工业公司采取积极措施落实乌政府确定的缝纫针织领域优先发展方向，用高质量制成品丰富消费品市场，采取先进工艺提高生产效率。

工商业方面实施系统措施，改善商业环境、为小企业和私人企业发展创造有利条件，包括为企业设立、实施的"单一窗口"原则，最大限度简化小企业进行统计、税务报告的程序，扩大民营企业家获得原材料的途径。

5.　经济前景及预期

5.1　2016 年乌经济发展预测

世界银行 1 月 6 日发表的最新《全球经济展望》报告指出，乌兹别克斯坦

---

① 山东省商务厅，http://www.shandongbusiness.gov.cn/public/oufei/news.php? sid=350290.

2016 年国内生产总值增长 7.5%。在 2015 年 6 月，世行预测乌兹别克斯坦 2016 年的国内生产总值将增长 7.8%。

乌兹别克斯坦政府预测，该国的经济将在 2016 年增长 7.8%。

本文使用 2015 年与 1996 年两年的 GDP 增长率，求出 GDP 增长率的年均增长率为 8.3%，初步预测 2015 年的 GDP 增长率为 8%（1996～2015 年乌兹别克斯坦 GDP 状况见表 1-6）。

表 1-6   1996～2015 年乌兹别克斯坦 GDP 状况

年份	GDP（亿苏姆）	增长率（%）	年份	GDP（亿苏姆）	增长率（%）
1996	5590.716	1.7	2006	211249	7.5
1997	9768.3	5.2	2007	281900	9.5
1998	14161.573	4.3	2008	389698	9.0
1999	21286.597	4.3	2009	493756	8.1
2000	32555.667	3.8	2010	623883	8.5
2001	49252.698	4.2	2011	787642	8.3
2002	74502.35	4.0	2012	965898	8.2
2003	98440	4.2	2013	1189869	8.0
2004	122610	7.4	2014	1449000	8.1
2005	159234	7.0	2015	1575000	8.0

资料来源：亚洲发展银行，乌兹别克斯坦统计委员会。

5.2 经济前景

2016 年乌兹别克斯坦政府通过吸引外国投资者、实行积极投资政策、提高居民收入、增加社会保障资金、减少企业和个人税收负担等措施，刺激国内经济的发展，相信在这些措施下，乌经济实现 8.08% 的增长是有可能的。

①吸引外国投资者，创建股份制公司。2015 年 12 月 21 日，乌兹别克斯坦总统签署"关于进一步吸引外国投资者创建合资证券公司的措施"法令。规定从 2016 年 7 月 1 日起成立的股份制公司，只能以外国投资者不低于 15% 的股本的利益形成，外资占比达到 15%～33% 的股份公司将根据外资比例享受不同的税收优惠政策，并且 2020 年 1 月 1 日前外商股份分红收入给予免税优惠。①

②提高最低工资，促进居民收入。在世界经济危机的影响下，尽管世界经济不景气，但乌国家预算保证居民实际收入不降低，工资和补贴的增长速度超过通

①　中国驻乌兹别克斯坦参赞处，http://uz.mofcom.gov.cn/article/jmxw/201601/20160101232569.shtml.

胀的速度。规定员工工资、退休金、津贴和补贴增长 15%，境内最低工资为 13.024 万苏姆/月，养老金 25.473 万苏姆/月，残障儿童津贴 25.473 万苏姆/月，老年人和没有工作能力的残疾人福利 15.631 万苏姆/月。

③实行积极的投资政策，扶持发展重点经济领域。2016 年国家预算基础设施建设投资将增长 9.6%。为了扶持发展重点经济领域，国家预算将拿出 4.5 万亿苏姆（约合 16 亿美元），占国内生产总值的 2.1%，用于扶持优先发展的经济部门。

④进一步减少企业和个人的税收负担。个人收入税将从 8.5% 减少到 7.5%，这将为个人新增收入达 2350 亿苏姆，约 8703 万美元。服务行业小公司和小企业的统一税将从 6% 减少到 5%，这一措施将使服务行业在国内生产总值中的比重从 54.5% 提高到 55.5%。①

⑤增加用于社会保障的资金。用于社会保障的资金在国内生产总值的比重确定为 59.2%，这些资金将主要用于居民社会帮助、学校和幼儿园的修建、改造和装备等。2016 年的民生支出也要高于 2015 年，占总支出的 59.1%。

参考文献

[1] 林远，章静怡. 世界经济黄皮书：明年全球经济形势依然不乐观 [N]. 经济参考报，2015 - 12 - 24.

[2] 李金叶. 俄罗斯中亚国家经济发展研究报告（2014 年）[M]. 新疆：经济科学出版社，2014：56 - 71.

[3] 李垂发. 乌兹别克斯坦扩大向俄罗斯出口天然气 [N]. 经济日报，2016 - 01 - 07.

[4] 杨建宏. 乌兹别克斯坦优势和特色产业发展现状 [J]. 国际经济，2012（3）.

[5] 王海燕. "一带一路"视域下中亚国家经济社会发展形势探究 [J]. 新疆师范大学学报（哲学社会科学版），2015（5）.

（执笔：葛涛）

---

① 中国经济网，http://intl. ce. cn/specials/zxgjzh/201512/04/t20151204_7316126. shtml.

经济回暖，亮点凸显：2015 年土库曼斯坦经济形势分析

尽管 2015 年风云多变，但土库曼斯坦仍然保留了居民原有的一切社会福利，如免费用电和天然气，象征性地缴纳公共事业服务费，采取各种措施控制物价上涨等。土库曼斯坦继续实行经济多元化发展政策，努力实现能源出口多元化，产业多元化，完善出口结构，增加民营企业份额，刺激非资源经济综合实力增长，减少国民经济对油气行业的依赖，消费市场物价基本稳定。可以肯定的是，2015 年对于土库曼斯坦是顺利的一年。

1. 宏观经济处于增长趋势

自 2015 年 1 月 1 日起美元兑土库曼斯坦马纳特上涨 23%，即 1 美元兑换 3.5 马纳特而不是以前的 2.84 马纳特①。与此同时，自 1 月 1 日起，土汽油价格也上涨了 60%，此前，1 升 95 号汽油 62 坚戈（约合 22 美分），自 1 月 1 日起上涨为 1 马纳特（92 号汽油为 94 坚戈），即使油价上涨 60%，土仍然是独联体油价最低的国家之一。

在 2015 年 1~11 月土库曼斯坦 GDP 增加了 7.1%。工业部门的 GDP 增长达 2.6%，建筑业增长达 10.1%，交通和通信领域增长达 10.2%，贸易增长达 11.1%，农业增长达 10.4%，服务业增长达 11%。与 2014 年同期相比，土库曼斯坦的生产率增长达 5.4%；2015 年 11 个月的零售业交易额增长 18.2%；全国大中型企业的月平均工资增长了 9.5%②。

土 2015 年小麦产量为 140 万吨，计划 2016 年在 76 万公顷麦田收获 160 万吨小麦。棉花产量为 110 万吨，种植面积为 54.5 万公顷，超额卖给国家的部分，按国家收购价 130% 支付。2015 年 1~11 月，土国营企业畜牧业产品大幅增长，肉类产量比 2014 年同期相比增长 117%，超过 14229 吨；牛奶产量同比增长

① http：//tm. mofcom. gov. cn/article/jmxw/21.
② http：//en. trend. az/casia/turkmenistan/2466706. html.

5.7%，超过 5260 吨；鸡蛋产量创历史新高，超过 204.5 万个，同比增长 664.2%；羊毛和骆驼毛产量同比增长 13.9%，达 3840.9 吨①。

2. 经贸及对外经济关系发展情况

2.1　与伊朗经贸合作

伊朗是土库曼斯坦最大的经贸伙伴之一，土每年通过两条管线向伊朗出口 160 亿立方米天然气，双方准备逐年增加到 200 亿立方米。2015 年 1～9 月土和伊朗贸易额达 26.2 亿美元，比 2014 年同期增加 2%。双方计划未来 10 年间将贸易额提高到 600 亿美元。伊朗愿意过境运输阿塞拜疆和土库曼斯坦天然气到欧洲，进口土库曼斯坦电力。

2.2　与土耳其经贸合作

土耳其为土库曼斯坦第二大贸易合作伙伴，双边贸易额可观。目前，大约有 600 家土耳其公司活跃在土库曼斯坦，双方在能源、建筑、交通、加工业、食品工业等领域合作广泛。为进一步发展两国经贸关系，双方决定继续就土库曼斯坦天然气出口运输及能源领域项目进行合作，并签署联合声明。

2.3　与俄罗斯经贸合作

俄罗斯是土第二大贸易贸易伙伴，在土拥有重要的经济利益，俄罗斯企业向土出口的产品以 10 亿美元计。两国经贸合作进展顺利，包括农业、交通等领域合作；双重国籍问题也正在解决。但在天然气领域的合作摩擦不断，2015 年中讯，俄气公司把土天然气康采恩告上斯德哥尔摩仲裁法院，主张变更合同条款，土天然气公司指责俄自 2015 年开始就没有为已供应的天然气支付。俄罗斯天然气工业股份公司减少从土进口天然气，2015 年俄购买土天然气不足 40 亿立方米，2014 年为 100 亿立方米。12 月底，俄气公司与乌兹别克斯坦达成协议，增加购买乌兹别克天然气。

---

① 中国人民大使馆驻土库曼斯坦大使馆经济参赞处。

2.4　与日韩经贸合作

土与日本签署 180 亿美元合作协议，并由日本国际协力银行（JBIC）提供融资贷款。与日本合作是土对外经济战略的主要优先方向之一，具有很大的发展前景，双方在经贸、燃料和能源领域展开合作，加快了土社会经济发展。

土与韩两国合作紧密，双边贸易额从 2 亿美元扩大到 19 亿美元。韩国公司获签在土建液体燃料厂，该厂通过加工天然气的方式合成液体燃料，该项目耗资将超过 38 亿美元。两国在阿什哈巴德举办土库曼斯坦 – 韩国商务论坛。

2.5　与阿富汗经贸合作

土为增加向阿富汗出口电力，正在建设 500 千伏的架空输电线，工程目前已进入收尾阶段。土将向阿富汗出口电力的期限延长到 2017 年底，目前，土以优惠条件向阿北部省份供电。阿富汗确保过境运输土天然气和电力到其他国家。

3.　土国发展亮点

3.1　吸引外资指数位列前茅

2015 年土油气项目外国投资超过 35 亿美元，2014 年为 30 亿美元。已进入吸引直接外国投资指数世界前 10 名国家。国际货币基金组织预测，未来几年内土 GDP 将保持高速增长，有利于实施投资政策，保障大量外国投资流入。最近 20 年，土共获得外国投资 1172 亿美元。目前，全国正在建设的大型项目有 2000 多个①。

3.2　油气管道建设彰显

土是中亚及里海地区能源市场的重要国家之一，土天然气储备居世界第四位，位于俄罗斯、伊朗和卡塔尔之后，主要出口到中国和伊朗，管道年运输能力超过 380 亿立方米，每天运输 9000 万立方米，每年开采 700 亿～800 亿立方米天

---

① http://tm.mofcom.gov.cn/article/jmxw/6.

然气。到 2030 年土天然气产量将达 2300 亿立方米，石油产量将达 3000 万吨。据估计，里海土库曼大陆架蕴藏有 120 亿吨石油和 6.5 万亿立方米天然气。

中土天然气管道项目已有 A、B、C 三条管道在运营，中土 D 线管道正在准备中，计划于 2017 年交工，每年可增供 250 亿立方米天然气，使土向中国总供气能力达到每年 800 亿立方米。据此，中土双方协定到 2021 年每年向中国供气量为 650 亿立方米。

土库曼斯坦－阿富汗－巴基斯坦－印度（塔比）天然气管道建设将耗资 76 亿美元，于 2015 年 12 月 13 日开工。该项目由上述四国签署合作协议，管线全长 1814 公里，土境内长 214 公里，计划年输气量 330 立方米，2019 年 12 月交工，将创造 12000 个就业岗位。该大型能源项目的实施可以实现土天然气出口路线多元化，喀布尔可以得到投资，发展阿富汗经济；伊斯兰堡和新德里将获得经济发展所必需的能源。

土库曼斯坦"东西"天然气管道连接马雷州"沙特雷克"和巴尔坎州"别列克"两个天然气站，于 12 月 23 日开始接气。该管道自西向东全长 800 公里，计划年输气能力为 300 亿立方米，能满足向世界各地出口土天然气的条件。

3.3 交通运输领域扩大

土航空公司进行企业重组，使土航空企业管理结构符合国际标准，并进一步提高其经营能力；大幅上调机票价格，原来以美元销售的票价价格不变，提高当地马纳特销售价格，国内航线票价没有改变；欧洲航空公司增加经土港口城市土库曼巴什的定期货运航班，每周 4 个航班；乌克兰航空公司开通飞往土直飞航班，每周 2 个航班；土开通吉隆坡、安卡拉和里加国际航线。

"南北"交通运输走廊将伊朗、阿塞拜疆和俄罗斯连接起来，建设总投资将达 4 亿美元。该走廊第一阶段计划货物运输量每年将达到 600 万吨，未来达到 1500 万~2000 万吨。

3.4 国际地位有所提升

在 2015 年 6 月联合国大会第 69 届会议上，土库曼斯坦的中立被确认并通过审议，迎来中立 20 周年纪念，土经济的发展是建立在土永久中立的政治基础上；在通信领域实现重要突破，发射本国第一颗通信卫星；在国际组织 GS1 大会上，土产品获得国际条形码，以 483 开头，目前已经约有 2 万种土产品指定标签；世界卫生组织公布土烟民比例世界最低，吸烟者只占 8%，为全世界最低比例；联合国大会通过了土倡议的创建过境运输走廊决议，决议获协商一致通过，84 个国家附议；2015 年土政府代表团共出访 17 次，接待 22 次外国国家和政府首脑的访问。

3.5　社会领域成就显著

通过 2015~2020 年国家公民性别平等计划，提高妇女权益；土库曼斯坦将义工纳入新的行政处罚形式；对国内天然气消费流量进行有效监控，开始普及安装天然气计量表监控流量收费；通过《土库曼斯坦组织和举行会议、集会、游行及其他群体活动法》，规定公民自 7 月 1 日起可举行集会和示威游行；为改善首都供电系统，加快以地下电缆替代空中架线工程建设；加强劳动就业措施，确保劳动人口就业率，完善提供劳动就业服务程序；发现新型防震构造材料；批准实施首都第 15 期城市建设计划；为加快通信业市场化，成立"阿什哈巴德市电话网"股份公司；积极推进无线网络通信系统，确保高速接入互联网。

3.6　反危机措施应对世界原油下跌和经济危机

允许企业法人、私人业主出口生皮、皮革和秋剪羊毛，以从根本上扩大出口产品的品种和数量，增加出口收入；为振兴民族工业、生产进口替代产品，土私营企业迅速崛起；对某些种类食品征收关税，限制进口，生产进口替代品；减少农产品进口以节约外汇；为维持货币稳定，规定每人每月限购外汇 1000 美元；自 8 月 1 日起禁止进口低于 1300 立方米的小排量汽车，同时禁止进口德国奥迪、宝马、奔驰汽车；为加快国企私有化步伐，土成立"海上商船"股份公司，开始将重大建筑项目交给私营企业执行，不同于以往降价出售，国有企业拍卖价格开始走高；调整货币法规，规定居民和非居民之间在土境内进行的与财产转移和相关的货币业务，只能以本国货币进行，但土货币法、土油气资源法、土总统令另有规定的除外；通过《土库曼斯坦工商会法》，以推动出口型产业的发展，提高产品及服务出口量。

4. 2016 年经济形势预测

由于土采取一系列措施促进经济多元化发展，且效果显著。2015 年 1~11 月土 GDP 增速为 7.1%，世界银行预测土库曼斯坦 2016 年 GDP 增速为 8.9%。故笔者认为 2016 年土库曼斯坦经济增速将保持在高水平上。

（执笔：王彩雲）

整体平稳，增速前高后低：2015年
吉尔吉斯斯坦经济形势分析

2014年吉尔吉斯斯坦由于受到周边外部环境急剧恶化的影响，经济增速出现大幅下滑，仅为3.6%，同时通货膨胀率达到10.2%。可以说，彼时鉴于内外部环境在可预期的时期范围内不会有太大改善，甚至会有继续恶化的趋势，各方包括吉国自身都对吉尔吉斯斯坦2015年经济社会发展形势不抱乐观态度。

2015年上半年，吉尔吉斯斯坦经济发展关键数据超出预期，同比增速达到7.3%，经济状况表现良好。但这一时期吉国高涨的经济很大部分是受到季节因素的影响，波动性很大，不具有可持续性。然而，2015年下半年吉尔吉斯斯坦经济增速出现大幅下滑，拖累全年整体表现，结构性矛盾依然突出。梳理2015年吉尔吉斯斯坦经济发展历程，我们从中看到不少亮点，同时也存在很多的问题。由于各方面因素复杂多变，吉尔吉斯斯坦2016年经济到底是触底反弹，还是深陷泥潭？我们持谨慎乐观态度。

1. 宏观经济概况

1.1 吉尔吉斯斯坦2015年经济总体呈现增长趋势

根据吉尔吉斯斯坦国家统计委员会数据，2015年1～11月，吉尔吉斯斯坦国内生产总值为3731亿索姆（约合60亿美元），同比增长3.6%；若不计库姆托尔金矿的产值，则吉国内生产总值为3455亿索姆（约合55亿美元），同比增长3.8%。其中，工业产值增长0.7%（若不计库姆托尔金矿，则工业产值仅增长0.2%），农业产值增长6.2%，建筑业产值增长6.3%，批发零售及汽修业产值增长6.3%。此外，2015年1～11月吉国通货膨胀率为2.3%。其中，食品价格同比下降4.8%，非食品类商品价格增长10.7%，烟酒价格增长10.3%，服务类价格增长6.1%。

总体而言，吉国宏观经济相对稳定，各行业保持稳步增长趋势，但随着冬季来临，建设项目停工、农耕季结束，主要经济行业，尤其是工业等领域的增幅与2015 年前几个月相比逐渐放缓。

1.2　农业增长喜人，出口前景可期

2015 年吉尔吉斯斯坦农业发展取得可喜的成绩，从表 1 我们可以看到，主要粮食作物小麦、大麦增速迅猛，经济作物蔬菜、瓜果类产量也得到大幅提升，但由于种植面积缩减，棉花和烟草的收成较去年有所减少。

加入欧亚联盟，一方面吉尔吉斯斯坦可以更加方便地进口联盟内国家的粮食；另一方面随着其自身供给能力得到提高，一直以来困扰吉国的粮食安全终于得到缓解，但还不能认为粮食问题已经安全无虞。政府要更加重视和关心农业发展。应该解决面向农牧民的贷款保障、农机租赁问题，提供良种和种畜，同时协调理顺高质量的动植物检疫系统。同时，加入欧亚经济联盟，积极参与"丝绸之路经济带"建设，同包括中国在内的周边国家搞好关系，加强经济合作交流，为吉尔吉斯斯坦农作物（主要是蔬菜、瓜果）出口打开了更加广阔的市场，面对俄罗斯、中国、哈萨克斯坦巨大的需求，吉国农产品的出口潜力巨大（2015 年吉尔吉斯斯坦主要农业作物收成见表 1-7）。

表 1-7　　　　　　　　2015 年吉尔吉斯斯坦主要农业作物收成

项目	小麦	大麦	玉米	蔬菜	油料作物	甜菜	瓜类作物	棉花	烟草
产量（万吨）	76.78	40.05	59.7	97.6	4.87	13.3	23.5	4.07	0.15
增量（万吨）	10.38	19.5	13.46	15.5	0.02	4.5	2.68	-1.71	-0.11
增速（%）	15.63	9.49	2.91	18.88	0.41	5.11	12.87	-29.58	-42.31

资料来源：吉尔吉斯斯坦农业部。

1.3　建筑业持续增长，服务业稳中有升

2015 年，吉建筑业总产量 589.37 亿索姆（约合 9.02 亿美元），同比增幅6.3%。建筑业产量增长源于建筑承包商完成工程量以及各类建筑的维修修复费用的增长。但我们明显看到相比于 2014 年 24.9% 的增速，建筑业增速可以说是断崖式下降。这说明吉尔吉斯斯坦大规模的苏联老旧建筑拆除，建设工程已进入尾声，以后建筑业发展更多要依靠互联互通基础设施建设。

2015 年吉国整个第三产业呈现出欣欣向荣的局面。短期内，吉尔吉斯斯坦仍是中国商品面向中亚地区的集散地，以巴扎为特色的中亚地区特殊贸易形式，

决定了吉国批发零售业仍将保持持续增长；吉尔吉斯斯坦是中亚著名休闲旅游地，近几年随着进境游客的增加，带动依靠旅游延伸的服务业增长；吉尔吉斯斯坦在中亚五国中开放程度最高，其通信业一直发展不错，其相对健康的人口结构更是确保了通信服务业未来的发展。

1.4　采矿业强势增长，工业经济平稳

吉尔吉斯斯坦矿产资源丰富，尤其是黄金。其中单库姆托尔金矿产值就约占吉国国民生产总值的10%～15%，工业产值的50%，可见该金矿的生产状况可以直接影响到吉尔吉斯斯坦国家的经济发展状况，所以称为吉"国民经济发动机"也真不为过。

在结束2014年冬季矿区休整之后，库姆托尔金矿开始全面生产，发挥最大产能，得益于采矿业的狂飙突进，从而以金属加工业为主的制造业也大幅增长。全年，金属矿开采业产值增长4.3倍，除了库姆托尔金矿产量持续增长外，"博泽姆恰克"铜金矿（自2015年8月1日起）和"塔尔德布拉克－左岸"金矿（自2015年7月29日起）也竣工投产。2015年前11个月吉国煤炭开采量164.7万吨，同比增长7.5%；油气开采产值19.54亿索姆（约合0.31亿美元），同比增长30%，其中开采石油9.64万吨，同比增长34.6%，开采天然气2790万立方米，同比下降5.7%。但过分依赖一个行业甚至一个企业的工业经济本身就是不健康发展的，2015年整个工业经济仅增长0.7%。吉尔吉斯斯坦采矿业一家独大，其他制造部门孱弱，工业经济已陷入低端锁定的困局。

1.5　外贸持续萎缩，外债逼近红线

2015年1～9月，吉尔吉斯斯坦对外贸易总额为41.595亿美元，同比下降18.2%；其中，吉出口10.375亿美元，同比下降5.3%，吉进口31.22亿美元，同比下降21.8%。吉国出口商品中，黄金出口额同比增长28.7%，占出口总额的49.9%；若不计黄金出口，则吉国外贸出口额同比下降达25%，主要是由于对独联体国家出口额下滑24.2%，而出口额下降幅度较大的商品为：服装与服饰（下降47.4%）、蔬菜与水果（下降41.2%）以及牛奶与奶制品（下降14.4%）等。吉国进口商品中，金额下滑幅度较大的为：汽车（下降47.4%）、服装与服饰（下降41.2%）、化肥（下降41.2%），肉制品与奶制品（下降26%）和石油产品（下降18.1%）。

截至2015年10月底，吉尔吉斯斯坦外债总额约为34.56亿美元，若按照预估的2015年国内生产总值计，其占GDP比例为55%，高于2014年底的50.9%。

吉国的前三大债权方为：中国进出口银行，贷款余额约 11.5 亿美元，占吉外债总额的 33.4%；世界银行下属的国际开发协会，约 6.4 亿美元，占 18.7%；亚洲开发银行，约 5.8 亿美元，占 16.8%。2015 年以来该比例不断提高主要原因是外借大额贷款实施国家级大型项目，以及本币兑美元的大幅贬值。吉尔吉斯斯坦国家议会此前曾为吉国外债占 GDP 比例设置 60% 的红线，一旦超过，则吉国政府或不能再外借贷款，或设法修改该限制性红线，这的确是一个两难选择。

2. 全年经济焦点

2.1 成功加入欧亚经济联盟，进入适应调整期

2015 年 1 月 1 日起，欧亚经济联盟协议正式生效，该协议由俄罗斯、白俄罗斯和哈萨克斯坦于 2014 年 5 月在阿斯塔纳签署。根据 2014 年 12 月 23 日吉尔吉斯斯坦总统阿塔姆巴耶夫在莫斯科签署的入盟协议，吉尔吉斯斯坦将在 2015 年 5 月正式成为该联盟全权成员国，7 月 1 日，亚美尼亚、白俄罗斯、俄罗斯和哈萨克斯坦四国议会已全部完成《关于吉尔吉斯斯坦加入欧亚经济联盟的条约》的内部审批程序。2015 年 8 月 12 日吉尔吉斯斯坦加入欧亚经济联盟条约生效，正式成为继哈萨克斯坦、俄罗斯、白俄罗斯以及亚美尼亚之后的第五个联盟成员国。

为加入该组织，吉尔吉斯斯坦在政策制定等方面做出了诸多努力。对国内经济秩序、法律条款和海关基础设施等进行了符合联盟标准的改革。入盟成功后，一方面给吉尔吉斯斯坦带来了巨大的好处。如吉尔吉斯斯坦的贸易往来和人员流动便利性将大幅增加。目前，吉尔吉斯斯坦与哈萨克斯坦之间的 8 个边境口岸已经取消海关检查，所有货物均可自由通行，吉对外将采用欧亚经济联盟的统一关税和质检标准，有利于扩大吉国优势产品出口。作为吉的第一大贸易伙伴和其外出劳工的主要接收国，俄罗斯已取消了本国劳动力市场对吉的各种限制，对于 50 多万在俄工作的吉公民来说其学历认证、子女就地教育、社会保障等各方面权力都得到了很大保护与改善。另一方面，面对联盟内成员国优势商品的冲击，吉尔吉斯斯坦民族制造业雪上加霜，固有的产业结构问题会得到进一步的加深、加固，经济长远健康发展不容乐观。同时，吉尔吉斯斯坦农业发达，劳动力成本相对低廉，这也将会给其他成员国带来一定冲击。对于走私和质检等问题的磨合过程也需要一段时间。更紧迫的是怎么处理好盟内国家与盟外国家，世贸组织成员与一般国家或地区间错综复杂的关税税率、海关监管问题，对吉国政府来说是一个巨大的挑战。这段过渡适应期可能长达一年到一年半。

2.2　积极融入"丝绸之路经济带"，与中国加强合作

吉尔吉斯斯坦在地理上位于古"丝绸之路"中段，处于多条道路和不同文明的交汇处，处在历史上首条跨国道路的中段，这条道路数千年前就用单一的交通枢纽将东西方连接起来。2013 年中国领导人提出建设"丝绸之路经济带"的构想，希望重新复兴丝路的繁荣，吉尔吉斯斯坦对这一倡议非常感兴趣，吉国领导人在不同场合都申明对"丝绸之路经济带"的期盼与支持，希望借助这一新型区域合作模式，实现共同发展。

2015 年，由于炼油厂、金矿等大型投资项目逐渐结束建设期，并进入运营期，中国企业对吉投资金额和比重锐减，但过去几年，中国一直都是吉尔吉斯斯坦第一大的直接投资来源国。整个大环境的不利，也导致中吉两国贸易额出现了8 年来首次下跌。然而，不可否认，过去的一年内，在共建"丝绸之路经济带"倡议下，中吉双方仍做了许多实际且富有长远意义的工作。在上海合作组织框架内中国优惠贷款重点项目和中国进出口银行重点支持项目以及援助项目在多方面资金支持下，中国企业在吉尔吉斯斯坦建设了多个基础设施工程项目，有比什凯克道路改造项目、"北-南"公路二期项目、农业灌溉改造项目、达特卡——克明输电线项目、塔尔德布拉克左岸金矿等。吉尔吉斯斯坦也积极探索与中国的合作新方式，尝试出口肉类，蔬菜和瓜果等。

与此同时，一直以来进展不顺的中吉乌铁路建设也在 2015 年也出现重大转机。吉国政府高层明确表示希望尽快推动该条铁路的建设，实现与中国及更广大区域的互联互通，共享丝路新发展。中吉乌铁路的修建将为吉尔吉斯斯坦打开出口，使吉国转变为物流运输中转国，一旦建成每年从吉尔吉斯斯坦过境的货物量可达 1500 万~2000 万吨，同时可以推动吉国整体经济发展，带动沿线基础设施建设，此外，未来还有望将该铁路延伸至伊朗等国。吉尔吉斯斯坦正与中方就轨距等问题进行磋商，中国国内各地区已通过高速铁路相互联通，吉方期盼中吉乌铁路建设项目的初始工作能于 2016 年启动，尽早利用中方的资金和能力在短期内实施该项目，共建"丝绸之路经济带"。

2.3　首次实现电力独立，大力发展小型水电站

2015 年 9 月 30 日，在吉尔吉斯斯坦独立 40 周年纪念日之际，吉总统阿坦巴耶夫宣布，吉尔吉斯斯坦独立以来首次实现了电力独立。一直以来，吉尔吉斯斯坦（主要是北部地区）都存在着冬季电力供应短缺的问题，不得不寻求向邻国哈萨克斯坦和塔吉克斯坦进口电力，且国内电力输送还需要借道邻国，作为基础工

业的电力能源供应若做不到完全自主，经济发展就要受制于人。在中国新疆企业特变电工的帮助下，吉尔吉斯斯坦首先建成了达特卡变电站，然后建成了克明变电站，连接两者的是达特卡——克明输电线。整个项目工程构建了吉国电网南北主干线，使得南部丰富的水电直接输送到缺电的北部和首都比什凯克地区，满足那里经济社会发展和人民生活改善的紧迫需要。它帮助该国结束了国内电力输送依赖他国电网的历史，实现了国家电网独立输电和国内外互联，大大提高了电网长距离大容量现代化输变电的水平和规模，是该国实施"电网独立"、"水电外送"战略的重要步骤。

吉尔吉斯斯坦南部地区水能资源丰富，通过大力发展水电，实现电力出口，为国家创汇，一直是吉国政府极力推动的经济发展之策，在 2015 年，在这方面我们看到一些积极的信号。除了继续与中国、俄罗斯保持水电方面的合作外，吉尔吉斯斯坦积极引进区外国家参与本国水电站建设，已经与捷克签署了四座小型水电站的建设合同。2015 年 4 月 24 日吉尔吉斯斯坦、塔吉克斯坦、阿富汗和巴基斯坦四国能源部长在伊斯坦布尔共同签署了 CASA – 1000（中亚 – 南亚）输变电线项目的总协议，以及吉、塔、阿、巴四国企业间的购电协议。11 月底召开的 CASA – 1000（中亚 – 南亚）输变电线项目跨国理事会上，签署了项目实施文件，项目将于 2016 年春季开工建设，2018 年完工。

3. 2016 年经济展望

总体来说，虽然吉尔吉斯斯坦在 2015 年经济增速出现了前高后低的不稳状况经济，但总的发展取得了还算不错的成绩。一方面，其加入欧亚经济联盟后，接下来要面对的各种适应调整肯定伴随着阵痛；美元进入加息周期，打压国际黄金价格，需求疲软，在一定程度上影响吉国采矿业进一步增长；主要贸易伙伴经济不振、索姆兑美元持续贬值、大量外资流出，以及侨汇收入减少导致内需不振。另一方面，吉尔吉斯斯坦积极融入欧亚经济联盟和"丝绸之路经济带"建设，加强与周边邻国经济合作；寻求区外新的贸易伙伴，开辟发展新路径；面对本国经济问题，持续深入改革，发掘自身发展原力。总之，结合各方机构包括吉方政府对吉尔吉斯斯坦 2016 年经济发展的预测，我们持谨慎乐观态度，预计经济将保持平稳发展，保守估计在 3.5% 左右。

（执笔：赵举星）

经济增长迟缓，发展任重道远：
2015 年塔吉克斯坦经济形势分析

在世界经济增长乏力，不同经济体政策分化，国际市场波动明显的大背景下，塔吉克斯坦承接 2014 年经济发展颓势，2015 年经济进一步放缓。塔主要合作伙伴俄罗斯的政治经济局势动荡，主要出口商品铝、棉花等的国际市场价格疲软，塔自俄罗斯外劳汇款减少，国内消费需求减弱及国家财政预算收入减少是塔经济下滑的主要原因。2015 年塔汇率受俄影响出现较大波动，外债压力大，劳动移民问题愈发突出，经济发展任重而道远。

1. 塔经济发展概况

1.1 国内经济发展总体状况

2015 年塔经济进一步放缓，国内生产总值（GDP）为 484 多亿索莫尼（约合 71 亿美元），同比增长 6%。其中，农业、狩猎业、林业、渔业共占 GDP 的 21.9%；贸易、汽车服务业、商品零售业、酒店服务业共占 14.2%；工业和能源占 12.8%；税务占 12.3%；建筑业占 11.8%。塔经济基础薄弱，结构单一。苏联解体后的政治经济危机以及多年内战使塔国民经济遭受严重破坏，经济损失总计超过 70 亿美元。1995 年确立了以市场经济为导向的国家经济政策，并推行私有化改制。1997 年国民经济开始步出低谷，呈现出恢复性增长。2000 年 10 月成功发行国家新币索莫尼，初步建立国家财政和金融系统，开始逐步完善税收、海关政策。2008 年全球金融危机对塔经济造成一定冲击，塔政府采取系列应对措施，随后塔经济逐渐增长。但是塔吉克斯坦 GDP 总量和人均 GDP 在中亚垫底。

1.2　外汇市场波动剧烈

截至 2015 年 11 月底，索莫尼兑美元官方汇率下降 37.5%，从 2015 年年初的 5.31：1 下降为 7.3：1。塔本币汇率下跌，索莫尼大幅贬值，主要是由于受俄罗斯经济等外部因素影响，此外，国内实体经济不景气，外贸逆差严重也是重要原因。但据塔央行表示，塔近来外汇市场的波动较大，主要与非法外汇买卖有关。为稳定外汇市场，塔央行通过《关于进行外币外汇交易程序》的第 211 号决议，该决议规定，塔将关停所有外币兑换点，包括买卖外币的外汇业务须在银行服务中心、各银行分行及贷款组织本部进行，在其他地方进行外币交易视为违法行为，买方、卖方、将受到同等行政或刑事责任处罚。

1.3　外债占塔 GDP 比重大幅提升

塔外债压力增大。虽然 2015 年塔全部偿还对乌兹别克斯坦和哈萨克斯坦的外债，其中塔对乌债务为 800 万美元，对哈债务为 1220 万美元，但据国际货币基金组织预测，由于索莫尼兑美元汇率显著下跌，2015 年年底塔外债占 GDP 比重将达 30%，较 2014 年同期增长了 7.4 个百分点。据塔财政部消息，截至 2015 年 10 月初，塔外债总额为 20.5 多亿美元。

目前，对塔提供贷款的主要机构为：中国进出口银行、世界银行、亚洲开发银行和伊斯兰发展银行。中国仍然是塔吉克斯坦第一大债权国，占塔外债总额的 43.1%；世行占塔外债总额的 15.6%；亚行占 13.3%。如塔进一步实施能源、交通、工业等领域的项目，塔对中国债务将超过塔外债余额的 50%。

1.4　劳务移民问题愈演愈烈

劳务移民汇款大幅减少。国际劳动移民已成为世界发展的主要引擎之一。移民影响发展的一个方式是劳动移民汇款。劳动移民汇款对于中亚地区的许多家庭来说至关重要。据联合国开发计划署（UNDP）最新发布的关于中亚地区的劳动移民、汇款及人力发展报告称，相对于 GDP，流入贫困的中亚国家的汇款在全球占比很高，其中自 2011 年起塔吉克斯坦一直占比最高，排名全球第一。劳动力流动并非仅仅支持经济发展，还使得成千上万的人脱离了贫困。报告还显示，2014 年移民及其汇款的流动下降的主要原因是俄罗斯经济下滑和卢布下跌导致移民的实际收入降低以及俄罗斯更加严格的移民政策的实施，造成汇款数额减少。2015 年劳动移民汇款降幅愈发迅猛，2015 年塔吉克斯坦侨汇下降 40%，下降幅度历史最大。这些趋势将持续，并会产生更大的影响。

劳务移民回归是塔目前不能回避的问题。据塔吉克斯坦劳动、移民及就业部资料统计。截至2014年底，返回塔吉克斯坦的劳务移民共45.4万人。因违反俄移民法禁止入俄境3~5年的塔吉克斯坦居民超过10万人。2015年1月1日俄罗斯实施的新移民法，这些非法劳务移民被迫离开俄罗斯返塔，而塔国内由于经济发展若就业形势十分严峻，导致塔失业人口增加，收入下降导致贫困人口增加。2015年1~2月塔居民收入总额为37亿索莫尼（约合6.1亿美元），同比减少6%。早前，塔国家坚定承诺的每年会让居民的平均工资和最低工资增长不少于20%的计划也遭遇搁浅。

2. 塔国内各行业发展状况

受限于历史及自然等因素长期制约，塔经济结构单一并且发展严重失衡。塔农业基础较好，但是由于资金和技术支持缺乏，且农业生产以经济作物为主，使得一些粮食产品仍严重依赖进口；塔工业基础也较好，拥有丰富的矿产资源，但偏重于重工业，惠及民众生活的轻工业极不发达，致使人们生活用品长期依赖进口；作为衡量国家经济现代化重要指标的服务业在塔国内生产总值的比重很小。从2015年来看，塔农业发展缓慢，工业发展相对较好，服务业发展缓慢，但金融业与旅游业呈现出新的增长点，交通运输业也面临良好的发展机遇。

2.1 农业增长缓慢

2015年1~9月塔农业生产总值达146亿索莫尼（约合22亿美元），同比增长5%。其中，农作物产量增长5.3%，畜牧业增长4.3%，粮食增长8.4%，土豆增长13.5%。

但塔粮食生产不能满足本国需求，主要从哈萨克斯坦进口；塔每年土豆收成约50万吨，但为了满足本国市场需求土豆还需要进口，主要进口国是巴基斯坦。据世界粮食政策研究院和国际人道主义组织"救济世界饥饿"和"关注世界"最新联合公布的一份《2015年度世界饥饿指数》报告中称，目前仍是中亚地区饥饿问题最严重的国家，2015年塔因饥饿导致营养不良的人口比例为30.3%，较2005年下降5%；而哈萨克斯坦人口中该比例为8%，吉尔吉斯斯坦为9.4%，土库曼斯坦为12.9%，乌兹别克斯坦为13.3%。塔吉克斯坦10%的农民（约50万人）长期在挨饿，他们的口粮不到少于最低规定限额。塔吉克斯坦大部分的居民在食品上的花费超过了个人收入的50%。有20%~27%的居民在食品上的花费甚至占个人收入的 70% ~80%。

对此，塔也在不断加大举措力度，改善农业生产条件，提高农民收入。2015年 1~10 月塔进口 1200 台农业机械，其中包括 344 台各种型号的拖拉机，21 台收割粮食的康拜因，16 台割草机及其他农业机械设备。新的农业机械设备主要从白俄罗斯进口。2015 年 10 月 14~16 日塔首都杜尚别举行第三届国际农产品展览会，主要展品有：农业机械、食品加工机械、种子、肉蛋奶产品、蔬菜、水果、饮料等。

2.2　工业增势良好

塔工业主要包括有色冶金、能源工业、建材工业、机械加工和制造业等，铝制品生产是塔国民经济支柱产业。2015 年塔工业生产保持较快增长，工业生产总值逾 121 亿索莫尼，同比增长 11.2%。塔工业结构中，采掘业占比为 11%，加工制造业占比为 62.7%，能源工业（电力、天然气和水产值）占比为 26.3%。

2015 年 1~10 月，塔吉克斯坦采煤量为 88.5 万吨，同比增加 26%。塔吉克斯坦煤产量增加主要是由于本国大型工业企业加大使用煤炭代替天然气作为生产燃料，且目前塔全国仅依靠煤炭运行的企业已超过 200 家。2015 年 1~9 月，塔黄金生产量同比增加一倍，贵金属、半宝石及金属的进出口量大幅增长。2015年 1~9 月塔吉克斯坦非金属矿物制品产值为 9.11 亿索莫尼（约合 1.39 亿美元），同比增长了 42.6%。其中，增长的份额主要是：水泥同比增长了 50%，建筑用砖 28.1%，建筑石灰 26.2%，大理石板 4.5%。目前，在塔共有 10 家水泥生产企业。塔方计划于近两年内新建并投产 6 个水泥生产厂。塔国内水泥年需求量为 350 万吨，且对其需求以年增长为 20% 的速度递增。

塔年产棉花十余万吨，但当地企业加工能力仅占产量的 8% ~10%，绝大部分都出口国外，主要原因是企业缺少流动资金、市场销路不畅以及工艺设备老化等。

2.3　服务业发展新亮点

塔服务业发展薄弱，但 2015 年金融业与旅游业取得可喜发展。

金融领域新突破。塔吉克成立第一家证券交易所。金融部门改革是稳定经济增长的关键，金融部门改革为其他部门提供发展机会，证券交易所可改善塔吉克斯坦的金融服务渠道，促进塔吉克斯坦经济增长。

旅游业发展态势强劲。目前塔有 90 家旅行社，其中 60 家从事境外游业务，30 家从事境内游业务。2015 年上半年赴塔吉克斯坦旅游的外国游客有 14.7 万人，来自 69 个国家，同比增长一倍。

2.4　交通运输业逢新机遇

塔吉克斯坦 93％国土面积为山地，铁路建设不完善，主要依靠汽运。2015 年 1～9 月塔运输货物 5800 多万吨，同比增加 2.8％。其中，汽运 5360 多万吨，占总量的 92％，同比增长 3.9％；铁路运输 440 多万吨，占总量的 8％，同比降低 9％。

2015 年塔吉克斯坦开启铁路建设新时代，交通运输业面临新的发展机遇。2015 年 4 月 30 日，由中国铁建承建的瓦赫达特－亚万铁路正式开工建设，预期 2016 年 9 月建成。瓦赫达特－亚万铁路项目是沟通塔国中北部经济发达区和南部资源重地的重要铁路，铁路建成后，塔吉克斯坦有望向南通过库尔干秋别修通连接下喷赤市的铁路。下喷赤市临近阿富汗边界，与阿富汗北部城市昆都士直线距离不到 60 公里。瓦赫达特—亚万铁路的建成，将优化和完善塔国地区间的路网结构，大大缩短运距，大幅提升塔国的整体运输能力，对塔吉克斯坦铁路网络和沿线经济的发展意义重大。这是中国铁路施工企业首次进入中亚铁路市场，也是中国在塔吉克斯坦"一带一路"建设的重点项目，其建成意义非凡。

3.　塔对外经济合作情况

3.1　营商环境年度排名大幅上升

据 2015 年世界营商环境报告，哈萨克斯坦排名第 41 位，吉尔吉斯斯坦排名第 67 位，乌兹别克斯坦排名第 87 位，塔吉克斯坦排名第 132 位，可见塔营商环境在中亚五国中排名最差。但在 2015 年塔营商环境仍有所改善，2015 年较 2014 年（166 位）上升了 34 位。排名上升的主要原因为塔采取了一些税收及国际贸易领域调控改善措施，以及使用电子报关等贸易便利化措施。2015 年 8 月 7 日塔吉克斯坦首都杜尚别举行了投资环境改善会议。

3.2　国际援助硕果累累

2015 年上半年塔接受外国援助 2110 万美元，共计 8600 吨，主要有面粉、植物油、药品等。对塔主要援助国家及其占比有：德国 39.8％，荷兰 12.4％，丹麦 8.7%，阿富汗 4%。

2002～2014 年的 13 年，塔吉克斯坦共计收到外国捐助 27 多亿美元。中国是塔吉克斯坦主要援助国之一。2002～2014 年，对塔吉克斯坦的金融资金援助累计 10.4 亿美元，中国占塔吉克斯坦双边援助总额的 38%，占比最高。其次是欧盟国家，超过 3.5 亿美元，占比为 12.8%，其中在欧盟成员国当中，德国援助最多，约 2.7 亿美元，占欧盟对塔援助总额的 77.1%。美国、日本和俄罗斯也是塔重要的援助国，2002～2014 年，援助总额分别为 3.4 亿美元、2.72 亿美元和 0.16 亿美元，占比分别达 12.4%、10% 和 5.8%（2002～2014 年各国对塔援助资金累计数额及占比情况见图 1－7 和 2015 年塔接受国际援助主要项目一览见表 1－8）。

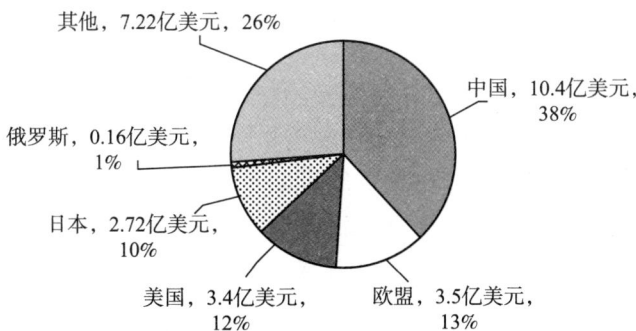

图 1－7　2002～2014 年各国对塔援助资金累计数额及占比情况

表 1－8　　　　　　　　　　　2015 年塔接受国际援助主要项目一览

项目名称	投资单位	项目内容
帮助塔吉克斯坦实施农业商业化	世界银行	塔农业部在联合国农业组织的支持下制定了该项目的实施细则，对五种农产品（杏、柠檬、西红柿、牛奶和肉制品）进行价值链分析
关于稳定塔农业发展和水资源管理领域就业问题计划二期	世界银行下属国际开发协会	提高农业领域生产力，并创造临时就业岗位。可为塔 12 个地区的 77 万人口提供临时就业机会，并帮助实施灌溉和排水设施重建。截至目前，二期项目已为 1.1 万人提供了临时就业岗位
俄罗斯在塔"喷赤河"自由经济区建棉纺厂	俄罗斯企业	将为经济区的发展吸引大量投资，增加当地棉花的加工量，并可创造新的就业机会
"塔中工业园区"	中国塔中矿业集团	计划年采选 200 万吨铅锌矿石，可保障 2000 塔居民就业
中泰新丝路公司丹加拉纺织	中泰新丝路公司	选用瑞士立达环锭纺设备，自动化程度高、产品质量稳定
可口可乐建厂	土耳其可口可乐公司	一期建成，年产 1 亿升饮料，创造 120～500 个就业岗位，预计该企业运营 5 年可上缴税收 2100 万美元

续表

项目名称	投资单位	项目内容
十大交通项目，主要是公路和铁路的建设和改造	国际金融机构——亚行、阿拉伯基金及中国政府	包括首都杜尚别至乌兹别克斯坦边境公路的重建，瓦赫达特至亚湾段的铁路重建及其他公路、铁路桥梁和隧道的建设，具有国际重要意义，可使塔吉克斯坦有机会与邻国相连并提供通向海洋的通道
瓦赫达特—亚万铁路	中国中铁十九局集团公司	打通阻隔塔中部和南部的高山，帮助塔建立和完善全国铁路网络
市政基础设施完善	世界银行	新项目将向这些城市的居民提供帮助，包括改善供水服务、当地卫生及固体废弃物的有效利用、路灯及道路的修复，提高塔吉克斯坦市政基础设施服务

3.3 国际贸易合作趋缓

2015 年塔对外贸易额为 43 亿美元，同比下降了 18%，全年贸易逆差约 25 亿美元。出口总额为 8.9 亿美元，同比减少 8.9%；进口总额达 34 亿美元，同比减少了 20.1%，其中石油产品和面粉各下降了 21.3% 和 35.2%。石油产品进口下降 21.3%。塔吉克斯坦进口石油产品 90% 左右来自俄罗斯。其他国家所占份额很少，其中哈萨克斯坦占 8.4%，土库曼斯坦占 2.8%。

前三季度塔与其他上合组织成员国之间贸易额为 19 亿美元，俄罗斯、中国、哈萨克斯坦为塔主要贸易伙伴，塔与三个国家贸易额为 18.79 亿美元，其中，塔俄贸易额为 8.42 亿美元，中塔贸易额为 5.3 亿美元，塔哈贸易额为 5.06 亿美元。

2015 年 1~10 月中塔双边贸易总额为 14.6 亿美元，同比下降 28.14%，其中中国对塔出口 14.19 亿美元，同比下降 28.76%；中国自塔进口 4149 万美元，同比增长 1.66%。中国对塔出口主要商品有：机械设备、纺织品、电机电器、鞋类、车辆及零备件等；中国自塔进口主要商品有：矿砂矿渣、棉花、生皮及皮革、食用水果及坚果等。

2015 年与塔开展对外贸易的有 88 个国家，其中塔主要贸易伙伴国及与其贸易额为俄罗斯 11 亿美元，中国 7.93 亿美元，哈萨克斯坦 7.02 亿美元。

4. 经济发展预测

总体来看，2015 年塔吉克斯坦经济发展缓慢，且有持续减缓的态势。塔总统拉赫蒙在 2016 年 1 月 20 日举行的政府扩大会议上指出，2016 年对全世界特别是对独联体国家将是艰难的一年。据世界银行 2016 年 1 月期《全球经济展望》显示，随着能源价格不断下跌，预计 2016 年俄罗斯的经济活动继 2015 年收缩 3.8% 之后将会进一步收缩 0.7%。此外，据中国科学院预测科学研究中心发布的《2016 年中国经济预测报告》称，2016 年，在全球经济复苏疲弱、美元小幅升值的基准情景下，2016 年全球大宗商品价格预计将维持低位震荡走势。虽然塔国内有新的经济增长点，营商环境也大幅提升，但由于塔经济规模相对较小，其发展对国际社会尤其是俄罗斯的依赖甚重，所以结合上述塔总统意见及权威机构预测，笔者认为 2016 年塔吉克斯坦经济发展前景不容乐观，将继续 2015 年疲软态势，预计 GDP 增速在 4% 左右。

（执笔：随书婉）

持续探底，回升困难：2015 年
俄罗斯经济形势分析

2015 年俄罗斯经济形势不容乐观，俄罗斯政府积极作为，努力调整经济结构，但效果显微；受乌克兰问题持续发酵、油价可能跌至新低，俄经济回升困难重重。

1. 俄经济指标齐"亮红灯"

2015 年，卢布贬值、国际油价暴跌、因乌克兰危机引发的制裁影响，俄经济深陷衰退旋涡，俄 GDP 持续失速下探，2015 年国内生产总值（GDP）下滑 3.7%，通货膨胀率已超政府预期，达到 12.7%[①]。

2015 年俄工业生产降幅约为 3.3%[②]；1~10 月俄进出口贸易 4481 亿美元，同比下降 34.4%[③]；2015 年俄固定资产投资完成值为 140054 亿卢布（按现行 1∶78 汇率约 1796 亿美元），同比下降 8.4%[④]；1~9 月俄固定资本投资同比下降 5.8%；零售额同比下降 8.5%；2015 年预算赤字占 GDP 的比重升至 3.7%；1~11 月俄居民实际收入较 2014 年同期下降 3.5%，实际支付能力下降 9.2%，俄居民实际工资下降 9%[⑤]。

俄罗斯经济持续萎缩，其主要原因有以下几点：一是由于乌克兰危机引起的西方对俄的制裁成为俄罗斯经济下滑的客观原因，其中的金融制裁对俄罗斯的经济影响最大，导致银行资金缩水，形成恶性循环。二是油价的下跌直接导致卢布贬值，俄罗斯是以出口石油为主的，油价的下跌必然会恶化其贸易环境。三是俄罗斯经济结构过度单一是俄罗斯经济下滑的根本原因，俄罗斯经济长期以来石油天然气，几乎没有采取任何的措施实现现代化和多样化，经济结构高度依赖资源

---

① 中国驻俄罗斯经商参处，http：//ru. mofcom. gov. cn/article/jmxw/201511/20151101159252. shtml.
② 中国驻俄罗斯经商参处，http：//ru. mofcom. gov. cn/article/jmxw/201512/20151201225071. shtml.
③ 俄联邦国家统计局。
④ 中国驻俄罗斯经商参处，http：//ru. mofcom. gov. cn/article/jmxw/201601/20160101244246. shtml，2016－01－27.
⑤ 俄国家统计局。

出口、资本形成过于单一也导致俄经济承受能力比较弱。

2. 产业总体发展情况

2.1 农业产量略有上升

2015 年 1～11 月农业产值为 47405 亿卢布（按现行 1∶71 汇率约 667.68 亿美元），同比增长 2.9%。俄 2015 年粮食和豆类作物种植面积 4700 万公顷（同比增长 0.7%）、向日葵——700 万公顷（同比增长 1.4%）、甜菜——100 万公顷（同比增长 11.3%）、土豆——210 万公顷（同比增长 0.8%）、蔬菜——70 万公顷（同比增长 1.7%）①。2015 年粮食净产量约达 1.02 亿吨，2015 年俄奶制品产量增长 26%，肉制品产量增长 5%，鱼类产量增长 6%。俄罗斯本国粮食、糖、土豆、植物油产量充足。国内自产禽肉和猪肉可保障 92%～95% 的需求，而牛奶只可保障 81%，蔬菜和水果仅可保障 3 成需求。俄已拨款 2650 亿卢布（约合 40 亿美元）发展农业进口替代项目，且俄财政部有意向增加对农业的拨款。

2.2 工业总体表现疲软

2015 年俄工业生产降幅约 3.3%。其中，制造业降幅约 5%，农机制造业、制药业、化工业、军工综合体等领域均实现增长。在国家拨款支持下，汽车工业降幅较预期减少 50%②。俄罗斯推行多项计划，通过政策扶持、资金补贴的方式，推动关键领域的发展，争取满足本国需求，摆脱进口。油气部门在俄 GDP 的占比已由 5～7 年前的 14% 下降至 9%。

2.3 能源领域投资正增长

能源领域一直都是俄罗斯经济稳定增长和发展的关键性因素之一，受困于低油价，导致利润大减。但俄总统要求俄能源领域必须保持投资正增长，提高能源设备的本地化生产和国家采购，执行能源出口多元化战略，开辟新的能源市场。

---

① 俄联邦国家统计局，文章来源：驻俄罗斯经商参赞处，http：//ru. mofcom. gov. cn/article/jmxw/201512/20151201225065. shtml，2015－12－31.
② 驻俄罗斯经商参赞处，http：//ru. mofcom. gov. cn/article/jmxw/201512/20151201225071. shtml，2015－12－31.

2015 年，尽管国际油价持续走低，但俄原油开采量仍然达到了 5.34 亿吨，较 2014 年增加 1.4%，创历史纪录，其中大陆架采油量将达 1880 万吨，同比增长 16%。俄天然气开采量为 6353.5 亿立方米，较 2014 年减少 1%，俄汽油产量将达 3890 万吨，同比增长 1.6%①。

2.4　汽车工业获较大补助

2015 年俄使用 430 亿卢布（约合 6.5 亿美元）的国家资金，扶持汽车行业，避免了汽车工业出现大幅降低，汽车工业降幅较预期减少 50%。1～9 月俄境内法人单位共进口 22.28 万辆轻型汽车，同比下滑 53.1%。其中进口量第一的品牌是日本丰田，共进口 4.58 万辆，奔驰和现代分列第 2 位和第 3 位，进口量分别为 3.17 万辆和 2.96 万辆。在进口轻型汽车中，2.8% 为二手车。俄政府向汽车工业拨款 1400 万美元用于进口替代，2015 年共有 19 家汽车生产商和 29 家汽车零配件生产商得到补贴，2016 年俄政府将继续对汽车领域提供拨款，用于继续推进产品现代化和进口替代项目。

2.5　轻工业产值明显下降

2015 年一季度，俄轻工业生产下滑较大，与上年同期相比，纺织业下降 6.4%；缝纫业下降 31.7%；皮革业下降 6.6%；制鞋业下降 19.1%。

2.6　服务业总体表现活力不足

2015 年服务业总体变现活力不足，全年服务业 PMI 指数只有少数月份超过 50%，分别为 4 月 50.7%、7 月 51.6%、9 月 51.3%，根据汇丰银行的数据 12 月俄服务业 PMI 指数再跌至 44.5%。PMI 指数 50 为荣枯分水线。当 PMI 大于 50 时，说明经济在发展，当 PMI 小于 50 时，说明经济在衰退。

金融业遭遇全面危机。卢布暴跌，未来走势消极，为填补预算缺口，不得不动用外汇储备，而俄国外汇储备已近见底，截至 2015 年底，俄外汇储备仅为 1000 亿美元。银行业遭巨亏，据穆迪机构的研究报告称，2015 年俄罗斯银行业的净亏损总额将会达 10000 亿卢布，而 2014 年其净利润总额为 6000 亿卢布，2013 年俄罗斯银行业净利润则为 10000 亿卢布。信用评级再降，在经过 1 月调降俄主权信用评级之后，4 月标准普尔将莫斯科银行、俄罗斯外贸银行和莫斯科信

---

① 俄燃料能源综合体中央调度局。

贷银行评级调降至垃圾级。资金外流规模要低于预期，年初俄经济发展部长乌柳卡耶夫预测 2015 年资金外流规模会达 1150 亿美元，但现实表明 2015 年资金外流规模不会达到千亿美元级别。

境内旅游增加，境外旅游减少。美元和欧元兑卢布升值，使得境外旅游比境内旅游贵近一倍，俄各级政府开展工作积极发展国内和入境旅游。2011～2015 年俄已在 28 个联邦主体的 36 个旅游区兴建 152 个基础设施项目，其中 45 个已投入实用，21 个已近尾声，86 个刚启动建设。俄已超 6.957 亿美元用于旅游基础设施升级。俄积极构建旅游线路和开发联邦级新的跨区域旅游线路，其中包括"俄罗斯白银项链"、"俄罗斯庄园"、"东环"和工业游、极地游、军事爱国主义等新型旅游。2015 年来俄旅游的外国旅游者达到 2000 万人次，国内航空客流量增加了 14%；2015 年俄罗斯市场上的出境游比重将减少 30%～40%。

运输业保持基本稳定。2015 年 1～11 月俄货运周转量 46302 亿吨公里，同比下降 0.1%，其中，铁路运输 21029 亿吨公里，同比增长 0.1%，汽车运输 2110 亿吨公里，同比下降 6%，海运 360 亿吨公里，同比增长 21.6%，内河运输 599 亿吨公里，同比下降 14.6%，空运 49 亿吨公里，同比增长 5.6%，管道运输 22155 亿吨公里，同比增长 0.4%[①]。

2.7　电子商务领域表现强劲

2015 年俄电子商务市场再增长 27.5%，营业额有望达到 130 亿美元，俄罗斯网民数量欧洲第一，已超过 8000 万人，其中的 6200 万用户每天都上网，3100 万网民进行网上购物。在俄罗斯 100 家最大的互联网商店占全部订单的 58%，及与之相当的营业额。其中最大的电商日订单数量达到 1 万。

大多网上零售商已经扩大规模增加商品种类，达到超级市场水平；在细分类别中，"衣服和鞋"脱颖而出，商家总数增加和细化网上商店出现；2015 年俄罗斯儿童电子商务市场营业额达 350 亿卢布，与 2014 年相比下降 5.4%。俄罗斯儿童商品电子商务市场的主要部分在莫斯科地区，其市场比重占到 39%。圣彼得堡市的比重为 9%。其他百万人口城市占儿童商品电子商务市场的 15%。"汽车零部件"和"DIY"类别将超过电子商务市场增加的速度，同时其市场份额将增加（2015～2018 年俄电子商务市场预测增速见表 1-9）。

---

① 俄罗斯联邦统计局，文章来源：驻俄罗斯经商参赞处，http：// ru. mofcom. gov. cn/article/jmxw/201512/20151201215094. shtml，2015 - 12 - 21.

表 1 - 9　　　　　　　　　**2015～2018 年俄电子商务市场预测增速**

分类	增速
消费类电子商务	低于市场增速
超市	高于市场增速
衣服和鞋	低于市场增速
汽车零部件	高于市场增速
DIY	高于市场增速
其他分类	高于市场增速

资料来源：J'son & Partners，http：//www. netconcepts. cn/personal - blog/31992. html.

2015 年俄有 1500 万人会在国外电商网店消费，其中 80% 交易订单是中国商品，2014 年从中国发往俄罗斯的是 7500 万个包裹，2015 年这个数字约达 1.2 亿个，增加近 60%。根据支付系统贝宝（PayPal）分析报告，俄罗斯进入中国最大境外网购客户的前 3 名，进入欧洲境外网购客户的前 5 名，进入美国境外网购客户的前 10 名。87% 的网购中国商品俄公民是因为其价格便宜。

3. 俄罗斯对外贸易情况

2015 年 1～10 月俄进出口贸易额 4481 亿美元，同比下降 34.4%，其中，俄出口 2872 亿美元，同比下降 32%，进口 1609 亿美元，同比下降 38.2%，顺差 1263 亿美元（2014 年同期为 1622 亿美元）。2015 年 1～10 月俄罗斯贸易状况见表 1 - 10。

表 1 - 10　　　　　　　　　**2015 年 1～10 月俄罗斯贸易状况**

类别	产品	金额（亿美元）	同比（%）	2015 年占比（%）	2014 年同期占比（%）
出口	燃料、能源类	1848.99	-38.2	64	70.7
	金属及制品	280.58	-11.2	9.7	8
	化工产品	214.4	-11.7	7.4	5.7
	机械设备	191.2	-4.9	6.6	4.8
	食品及原料	129.31	-17	4.5	3.7
	林材及浆纸制品	80.79	-17.7	2.8	2.3
进口	化工产品	282.42	-28.1	18.8	16.2
	机械设备	666.53	-42.1	44.3	47.5
	食品及原料	214.05	-35.7	14.2	13.7

资料来源：俄海关统计资料。

　　俄贸易商品的结构发生了改善，燃料、能源类的商品在出口贸易占比中同期下降了 6.7%，金属及制品、化工产品、机械设备、食品级原料、林才及浆纸制品占比均有不同程度的上升，这也意味着俄罗斯的产业政策、经济结构的调整还是有一定程度的效果。

4. 2016 年俄罗斯经济展望与预测

　　2016 年俄经济开局不利，1 月 13 日，伦敦布伦特油价收盘价跌至 2004 年 4 月以来的新低，收于 30.86 美元/桶（俄罗斯选择布伦特原油作为基准油）。油价仍有探底空间，卢布汇率跟着下滑，再加上西方制裁依旧，以及俄政府的一些限制资本外流的新规开始严格执行，2016 年开局的俄罗斯经济"雪上加霜"。2016 年俄罗斯经济要实现回升还是困难重重。

　　石油、天然气对俄罗斯经济过于重要。油气等能源产值约占俄罗斯 GDP 的 30%，提供的税收相当于俄罗斯财政收入的 50%，能源占俄罗斯外贸出口的 70%。经济过于依赖油气。而在油价走势消极的情况下，俄罗斯经济要扭转颓势，还是具有很大挑战的。

　　乌克兰危机继续发酵，西方继续对俄罗斯进行制裁，制裁可能不能重伤俄罗斯经济，但是必会是俄经济形势更为严峻，尤其是金融市场。俄罗斯现在的黄金外汇储备为 3640 亿美元，比峰值时期少 1000 亿美元，如果美国西方继续制裁，俄罗斯黄金外汇储备只能支撑到 2018 年。

　　对于俄经济结构的调整，俄总理德米特里·梅德韦杰夫在盖达尔论坛上表示："传统的解决方案不再奏效，惯用的调控制度失灵。面临结构性问题的不仅有发展中国家，还有发达国家，不仅有原料大国，还有资源消费国家。石油市场就是典型的例子，2015 年石油供大于需，而开采量则依然在上升。"俄经济结构的调整还是任重而道远。

　　受美欧制裁和国际油价大幅下跌的影响，俄 2016 年经济形势相当严峻。国际评级机构穆迪预测俄经济负增长 2.5%；奥合银行预测若 2016 年油价在 30 美元/桶左右徘徊，俄 2016 年 GDP 将负增长 3% ~4%；世行预测 2016 年油价在 37 美元/桶，世界银行预测 2016 年俄经济会进一步萎缩 0.7%。

（执笔：谷明娜）

第二篇
中亚国家经济热点问题分析

中亚国家能源地位变化的实证分析

1. 引　言

　　油气资源作为不可再生的重要矿产资源，在全球经济的发展过程中起着不可替代的作用，但其分布与消费格局的不一致性以及稀缺性、不可再生性等使得油气资源存在极大的贸易需求。中亚地区毗邻能源储藏丰富的里海，素有"21世纪的能源基地"之称，自独立以来，各国均将资源产业作为本国重要的支柱产业，油气产业获得快速发展。而油气资源探明储量的提升、生产量和出口量的不断增长，使得该地区日益成为世界关注的焦点，同时也成为改变全球能源贸易格局的重要推动力量。

　　随着国民经济的飞速发展和人民生活水平的显著提高，中国已成为全球最大能源消费国和世界上最大能源进口国。中国对能源，特别是油气资源的需求日益增加。深化与中亚各国的合作，开拓中亚地区能源市场，在一定程度上弥补了我国能源短缺的局面，实现我国能源进口多元化战略，保障能源供应安全具有重要意义。

　　目前，国内学者针对中亚国家能源进行的研究：中亚国家的能源政策（王海燕分析探索了中亚各国能源政策的发展趋势；郭海涛认为中亚国家的能源战略主要是引进外资，加快国内能源开发，构建基础设施，提高出口的独立性）；基于我国能源安全视角研究了与俄罗斯及中亚国家的能源合作（毛汉英从地理学和地缘政治角度在分析了我国与俄罗斯及中亚五国开展能源合作的基础上，预测了未来至2030年不同时间点的能源合作潜力与规模不断上升；杨宇、刘毅、金凤君指出中国与中亚各国之间的能源合作进展顺利，并从单纯的油气贸易向油气产业的上下游拓展，但是与俄罗斯的合作因地缘政治战略、价格因素等一波三折）；能源地缘政治视角下我国与中亚的能源合作及能源安全（张新花提出我国应抓住中亚国家能源出口发展本国经济的基本方针；张辛雨分析了我国无法对中亚有效能源合作的原因并就深化与中亚国家的能源合作提出建议）；"丝绸之路经济带"

框架下我国与中亚国家的能源合作及安全链建设（苏华、王磊探析了我国应在
"丝绸之路经济带"提供了新契机的情况下构建与中亚国家能源多边合作新模式；
柴利、成丽霞分析了共建"丝绸之路经济带"背景下影响我国与中亚国家能源合
作的因素；张新华指出中国需要加快建立以人民币计价的"石油人民币"体系，
建设中国陆上能源安全通道网络）。

　　本文采用聚类分析法，以中亚地区油气资源丰富的哈萨克斯坦、土库曼斯
坦和乌兹别克斯坦为研究对象，并以石油资源探明储量、生产量和出口量在国
际能源贸易中占有重要地位的欧佩克成员国沙特阿拉伯、伊朗、科威特、阿联
酋、卡塔尔，非欧佩克成员国俄罗斯、委内瑞拉、挪威；[1] 以天然气资源在国
际能源贸易中占有重要地位的俄罗斯、加拿大、荷兰、挪威、卡塔尔、阿尔及
利亚、澳大利亚、印度尼西亚及马来西亚等作为样本，从能源经济学角度分析
中亚国家在国际能源贸易格局中的地位变化。中亚及各国 2014 年能源状况如
表 2 - 1 和表 2 - 2 所示。

表 2 - 1　　　　　　　　　　　2014 年各国（地区）石油资源情况

国家（地区）	探明储量（十亿桶）	占世界总量（%）	生产量（千桶/日）	占世界总量（%）	出口量（千桶/日）	占世界总量（%）
中亚	31.2	1.8	2007	2.3	1592	2.8
沙特阿拉伯	267	15.7	11505	12.9	8320	14.7
伊朗	157.8	9.3	3614	4.0	1590	2.8
科威特	101.5	6.0	3123	3.6	2618	4.6
阿联酋	97.8	5.8	3712	4.0	2839	5.0
卡塔尔	25.7	1.5	1982	2.0	1675	3.0
俄罗斯	103.2	6.1	10838	12.7	7642	13.5
委内瑞拉	298.3	17.5	2719	3.3	1895	3.3
挪威	6.5	0.4	1895	2.0	1657	2.9

　　资料来源：《BP 世界能源统计年鉴》。

表 2 - 2　　　　　　　　　　　2014 年各国（地区）天然气资源情况

国家（地区）	探明储量（万亿立方米）	占世界总量比（%）	生产量（十亿立方米）	占世界总量比（%）	出口量（十亿立方米）	占世界总量比（%）
中亚	20.1	10.7	145.9	4.2	63.8	6.4
加拿大	2.0	1.1	162.0	4.7	57.8	5.8
荷兰	0.8	0.4	55.8	1.6	23.7	2.4

---

　　①　本文用一国的生产量减去消费量大致表示该国在这一时期的出口量。

国家 （地区）	探明储量 （万亿立方米）	占世界总量比 （%）	生产量 （十亿立方米）	占世界总量比 （%）	出口量 （十亿立方米）	占世界总量比 （%）
挪威	1.9	1.0	108.8	3.1	64	6.4
俄罗斯	32.6	17.4	578.7	16.7	169.5	17.0
卡塔尔	24.5	13.1	177.2	5.1	132.4	13.3
阿尔及利亚	4.5	2.4	83.3	2.4	45.8	4.6
澳大利亚	3.7	2.0	55.3	1.6	26.1	2.6
印度尼西亚	2.9	2.1	73.4	2.1	35	3.5
马来西亚	1.1	0.6	66.4	1.9	25.4	2.5

资料来源：《BP 世界能源统计年鉴》。

2. 实证分析方法及指标数据

2.1 实证方法——聚类分析法

（1）聚类分析法。聚类分析法基本思想是：从一批样本的多个观测指标中，找出度量样本之间或指标之间相似程度（亲疏关系）的统计量。构成一个对称的相似性矩阵，在此基础上进一步找寻各样本（或变量）之间或样本组合之间的相似程度，按相似程度的大小，把样本（或变量）逐一归类，关系密切的归类聚集到一个小的分类单位。关系疏远的聚集到一个大的分类单位，直到所有样本或变量都聚集完毕，形成一个亲疏关系谱系图，能够更自然、更直观地显示分类对象（个体或指标）之间的差异和联系。

传统的统计聚类分析方法包括系统聚类法、分解法、加入法、动态聚类法、有序样品聚类、有重叠聚类和模糊聚类等。本文根据数据特征以及 SPSS 统计软件的方便性，采用系统聚类法。

（2）聚类分析步骤。假设有 n 个样本，每个样本有 m 个指标，此时每个样本可以看作 m 维空间中的一个点，n 个样品就组成了 m 维空间中的 n 个点。用 x_{ij} 表示第 i 个样本的第 j 个指标，用 d_{ij} 表示第 i 个样本与第 j 个样本之间的距离。系统聚类法的步骤如下：

①使用最常见的欧氏距离计算 n 个样本中任意两者之间的距离 d_{ij} 来衡量样本之间的亲疏程度，其中 $d_{ij} = \left[\sum_{k=1}^{m} (x_{ik} - y_{jk})^2 \right]^{1/2}$。

②构建 n 个类，即把每个样本都单独构建成一个类。

③把距离最近的两个类合并成为一个新的类。

④使用最长距离法计算新类与当前各类的距离。

⑤反复进行步骤④操作，直到样本都被聚成一类为止。

⑥画出聚类图。

⑦决定类的个数和每个类的样本。

2.2　指标选取

本文选取了中亚地区油气资源丰富的哈萨克斯坦、土库曼斯坦和乌兹别克斯坦三国的油气探明储量、生产量、出口量及 GDP 作为分析指标，以分析中亚国家油气资源在国际能源贸易格局中的地位变化。①

2.3　样本数据

2.3.1　聚类样本

本文选取了中亚地区油气资源丰富的哈萨克斯坦、土库曼斯坦和乌兹别克斯坦，以及石油资源探明储量、生产量或出口量在国际能源贸易中占有重要地位的沙特阿拉伯、伊朗、科威特、阿联酋、卡塔尔、俄罗斯、委内瑞拉、挪威；以天然气探明储量、生产量或出口量在国际能源贸易中占有重要地位的俄罗斯、加拿大、荷兰、挪威、卡塔尔、阿尔及利亚、澳大利亚、印度尼西亚及马来西亚等主要供应侧作为聚类分析的样本。

2.3.2　数据来源

本文所有的指标数据均来源于《BP 世界能源统计年鉴》和《中华人民共和国统计局》，分别选取了 2000 年、2004 年、2005 年、2009 年、2010 年和 2014 年的数据，其中 2004 年的数据以 2005 年为基数，2009 年的数据以 2005 年为基数，2014 年的数据以 2010 年为基数，相应地能源地位变化的时间序列长度为 4 年。数据分析使用 SPSS21.0 软件。

---

①　中亚国家的油气资源绝对数量在世界资源总量的比重并不是很突出，因此为了说明其能源地位变化情况，本文在做具体分析时选择了相应指标的增长率。

3. 中亚国家能源地位变化的实证分析

3.1 石油地位变化分析

通过利用 SPSS21.0 软件，以石油探明储量、生产量、出口量和 GDP 发展速度对中亚 3 个主要能源国和世界 8 个主要石油供应侧采用欧氏距离和最远距离法进行分类，以分析其石油地位的变化情况（聚类分析结果见表 2 - 3）。

表 2 - 3　　　　　　　　中亚国家石油地位聚类分析结果

时期	指标	中亚国家	俄罗斯	沙特阿拉伯	伊朗	科威特	阿联酋	卡塔尔	委内瑞拉	挪威
截至 2004 年	储量	1	2	3	1	3	3	2	3	3
	产量	1	1	2	2	2	2	2	3	2
	出口	1	1	2	2	2	2	2	3	2
	总体	1	1	2	2	2	2	2	3	2
截至 2009 年	储量	3	3	3	3	3	3	2	1	3
	产量	2	2	3	2	3	3	1	2	3
	出口	1	2	3	3	3	3	2	2	3
	总体	2	2	3	3	3	3	1	1	3
截至 2014 年	储量	3	1	2	3	2	2	2	1	2
	产量	2	2	2	3	1	1	2	2	3
	出口	2	2	1	3	1	1	1	2	2
	总体	3	1	2	3	2	2	2	2	3

分析发现，截至 2004 年，中亚国家石油探明储量地位、产量地位、出口地位及总体地位均居于第一类，高于其他石油供应侧。截至 2009 年，中亚国家石油探明储量地位低于卡塔尔和委内瑞拉，与其他供应侧大致相同；产量地位与俄罗斯、伊朗、委内瑞拉处于同一水平，但低于卡塔尔；出口地位与卡塔尔同居于第一类，高于其他供应侧；总体地位与俄罗斯大致处于同一水平，低于卡塔尔和委内瑞拉，但是高于其他供应侧。截至 2014 年，中亚国家四个指标地位均有所下降，其中储量和总体地位居于第三类，低于其他供应侧；产量地位与俄罗斯、

委内瑞拉相同，高于伊朗和挪威；出口地位居于第二类，低于沙特阿拉伯、科威特、阿联酋、卡塔尔。

3.2 天然气地位变化分析

以天然气探明储量、生产量、出口量及 GDP 增长速度四个指标，采用相同方法分析研究中亚 3 个主要能源国和世界 9 个主要天然气供应侧其天然气地位的变化情况（聚类分析结果见表 2 - 4）。

表 2 - 4　　　　　　　　中亚国家天然气地位聚类分析结果

时期	指标	中亚国家	加拿大	荷兰	挪威	俄罗斯	卡塔尔	阿尔及利亚	澳大利亚	印度尼西亚	马来西亚
截至 2004 年	储量	2	3	3	3	2	1	3	2	3	3
	产量	3	3	2	1	3	1	3	3	3	2
	出口	3	3	2	2	3	1	3	3	3	2
	总体	2	2	3	3	2	1	2	2	2	3
截至 2009 年	储量	1	2	3	3	2	2	2	2	1	2
	产量	3	3	3	2	3	1	3	2	3	3
	出口	3	3	2	2	3	1	3	2	3	3
	总体	1	1	3	3	1	2	1	1	1	1
截至 2014 年	储量	1	1	2	1	2	1	1	1	1	3
	产量	1	2	3	2	2	1	2	1	3	3
	出口	1	3	3	3	3	2	3	2	3	3
	总体	1	2	3	2	3	1	2	1	2	3

分析发现，截至 2004 年，中亚国家探明储量地位居第二类，与俄罗斯、澳大利亚相同，仅次于卡塔尔；产量地位和出口地位处于第三类，低于荷兰、挪威、卡塔尔、马来西亚，与其他国家相同；总体地位大致与加拿大、俄罗斯、阿尔及利亚、澳大利亚、印度尼西亚处于同一水平。截至 2009 年，中亚国家探明储量地位与印度尼西亚相同，高于其他国家；产量和出口地位都处于第三类，低于挪威、卡塔尔、澳大利亚；总体地位处于第一类，高于荷兰、挪威、卡塔尔。截至 2014 年，中亚国家能源地位有较大上升，四个指标均处于第一类，高于其他供应侧。

4. 中亚国家能源地位变化具体分析

4.1 能源供给份额变化

中亚国家独立后，在十几年的经济波折中借鉴了油气资源富有国家的经验，逐步摸索一条"资源立国"的道路。为了摆脱经济困境和实现经济腾飞，中亚国家在能源领域相继制定了能源发展政策，在能源的带动下各国逐步摆脱了长期以来的经济衰退，个别国家还出现了经济快速增长的势头。

中亚国家自独立以来先后实行"资源立国"策略，将资源产业作为本国重要的支柱产业，油气产业不断获得发展，生产量和出口量不断上升，在国际能源贸易格局中的地位随着供给份额的增长不断凸显。如表2-5、表2-6和图2-1、图2-2所示，中亚国家油气出口量呈现不断增长趋势，在世界主要能源供应国中占比不断上升。[①] 截至2014年时，石油出口量占世界主要石油供应国出口总量的5.34%，较2000年以来增长2.7%，增长幅度仅次于俄罗斯；天然气出口占比由2000年的7.43%上升到2014年的9.91%，增长2.48%，增幅仅次于卡塔尔，高于其他主要天然气供应国。

表2-5　　　　　　　　　　石油主要供应国出口占比　　　　　　　单位：%

年份	中亚国家	俄罗斯	沙特阿拉伯	伊朗	科威特	阿联酋	卡塔尔	委内瑞拉	挪威
2000	2.64	15.1	30.4	9.55	7.66	9.06	3.1	10.48	12.02
2001	2.92	17.16	29.27	9.41	7.42	8.57	3.06	9.93	12.25
2002	3.78	20.02	28.93	8.31	6.97	7.88	2.77	9.05	12.29
2003	3.7	20.81	29.8	9.38	7.35	8.01	2.95	7.29	10.7
2004	4.01	21.93	29.11	8.81	7.88	7.58	2.99	7.87	9.82
2005	3.93	22.38	29.81	8.6	7.91	7.68	3.06	7.72	8.91
2006	4	22.85	28.76	8.68	8.75	8.32	3.32	7	8.32
2007	4.58	24.33	27.01	8.13	7.64	8.11	3.77	8.67	7.75
2008	4.81	23.55	27.55	8.1	7.91	8.06	4.24	8.33	7.44
2009	5.75	26.16	25.14	7.92	7.31	7.5	4.42	8.2	7.51
2010	5.74	26.02	25.36	8.63	7.23	7.84	5.09	7.48	6.62
2011	5.26	24.52	27.44	8.14	8.09	8.58	5.33	6.69	5.95

---

① 世界主要能源供应国指中亚地区和选取的样本国家。

续表

年份	中亚国家	俄罗斯	沙特阿拉伯	伊朗	科威特	阿联酋	卡塔尔	委内瑞拉	挪威
2012	5.12	24.86	28.64	6.01	8.9	8.79	5.69	6.44	5.57
2013	5.41	25.54	28.21	5	8.84	9.62	5.76	6.26	5.36
2014	5.34	25.62	27.89	5.33	8.78	9.52	5.62	6.35	5.56

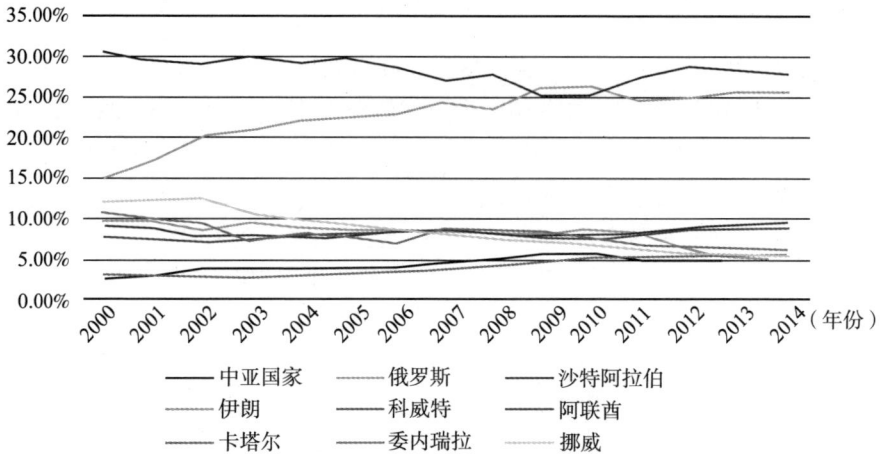

图 2 - 1　石油主要供应国出口趋势

表 2 - 6　　　　　　　　　　天然气主要供应国出口占比　　　　　　　　　　单位：%

年份	加拿大	中亚国家	荷兰	挪威	俄罗斯	卡塔尔	阿尔及利亚	澳大利亚	印度尼西亚	马来西亚
2000	18.11	7.43	3.87	8.1	32.96	2.84	13.08	2.17	7.19	4.25
2001	19.55	7.36	4.45	8.53	32.75	3.18	11.47	2.09	6.42	4.2
2002	18.89	6.94	3.96	10.52	31.23	3.56	11.64	1.97	7.12	4.18
2003	15.95	8.29	3.32	11.16	33.03	3.52	11.26	1.98	6.97	4.53
2004	15.27	7.93	4.76	11.07	31.62	4.17	10.34	2.15	7.14	5.55
2005	15.02	7.78	3.91	11.32	31.57	4.57	10.97	2.56	6.73	5.57
2006	15.55	8.4	3.99	11.74	29.91	5.29	10.33	2.53	6.53	5.73
2007	14.67	8.59	4.01	12.04	28.36	7.42	10.32	2.58	6.39	5.63
2008	12.87	9.63	4.48	12.92	29.7	9.23	9.66	2.05	5.53	3.93
2009	12.49	7.75	4.3	14.37	24.96	12.52	9.47	3.09	6.4	4.64
2010	10.35	6.73	4.29	12.33	27.89	15.36	8.63	3.17	6.75	4.48
2011	9.05	8.39	4.02	9.72	28.08	18.92	8.45	3.08	6.07	4.22
2012	8.5	8.75	4.2	11.25	26.88	19.77	7.71	3.63	5.33	3.98
2013	7.72	9.39	4.69	10.01	28.26	20.03	7.11	3.58	5.26	3.98
2014	8.98	9.91	3.68	9.95	26.34	20.57	7.12	4.06	5.44	3.95

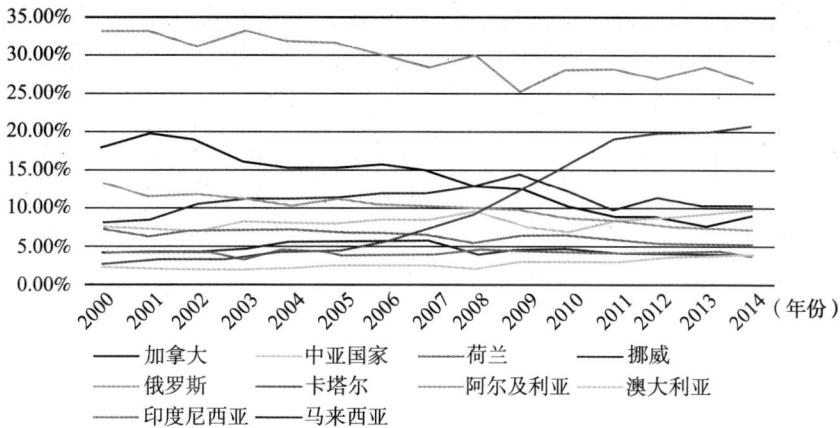

图 2 – 2　天然气主要供应国出口趋势

4.2　能源供给对象国变化

由于中亚各国都是内陆国，中亚的能源运输成为一个非常关键的问题。管道是最便捷的运输工具，中亚国家、石油公司和投资者希望建立安全的运输管道，将油气从该地区运往世界。从这个意义上说，谁掌握了中亚油气管道线路的控制权，谁就在中亚能源政治中占据主导地位。

中亚国家独立初期，能源管道十分有限，仅供于中亚各国的国内市场，而且并不完善。向外运输的管道主要是向北与俄罗斯的油气管道相连，向东的石油输出则必须绕道俄罗斯，油气管道几乎全部依赖俄罗斯。而俄罗斯由于对能源投资不足，能源产量几乎没有增加，为了补充国内能源需要，支撑经济的发展，同时转手买卖天然气谋利，向欧洲和独联体国家长期出口能源，通过签订双边或者多边能源协议，掌控中亚各国的能源生产与运输，努力扩大俄罗斯企业在当地能源事务中的份额和发言权；积极改造苏联时期旧有油气输送管道或者建设新管道，利用其自身地位和优势迫使中亚国家将能源出口到俄罗斯，获取大量的油气资源，导致中亚国家能源出口受限。

为避免对俄罗斯出口通道的过分依赖，摆脱俄罗斯的控制，21 世纪以来，中亚各国纷纷将能源出口多元化定为本国能源发展的重要战略之一。不仅开始完善国内管网，而且积极规划或建设新能源出口管道，以充分利用自身丰富的油气资源，积极参与国际竞争，拉动和促进经济的全面发展。

其中，哈萨克斯坦作为中亚地区最大的石油出口国，认为其石油、天然气最现实、最大的出口市场为俄罗斯、东欧、西欧和亚太地区，近年来设计和实施了多条出口线路。哈萨克斯坦现有以下主要出口管线：北线经阿特劳—萨马拉管道至新罗西斯克港出口到欧洲市场，占总出口量的26.0%；西线经里海国际石油财团管道系统（CPC）出口，占总出口量的 51.4%；南线经由与伊朗达成的协议，占总出口量的 6.7%；东线经中哈原油管道出口到中国，占总出口量的 11.5%。乌兹别克斯坦是独联体第三大天然气生产国、世界上十大天然气生产国之一，也制定了能源出口多元化战略，形成一个较为完备和发达的天然气运输干线和支线网，与苏联时期修建的跨越欧亚大陆的布哈拉—乌拉尔、中亚—中心输气干线网连接在一起，构成了一个四通八达的天然气运输网络，可以将天然气出口到邻国。土库曼斯坦先后与各相关国家开展了一系列合作，拟定了一些可供选择的天然气输出途径，目前已形成向东、西、南、北 4 个方向出口天然气的管道格局，与周边俄罗斯、乌兹别克斯坦、伊朗、哈萨克斯坦等国家均有天然气管道相连接，是中亚地区天然气出口方向最多的国家（土库曼斯坦主要的天然气管道如表 2 - 7 所示）。其中，中国—中亚天然气管道每年输往中国的天然气近 300 亿立方米，占到土库曼斯坦天然气总出口量的 61%，中国已成为土库曼斯坦最大的天然气出口市场。

表 2 - 7   土库曼斯坦主要的天然气管道

管道名称		出口国家	过境国家或地区	输送能力（亿立方米）
中国—中亚天然气管道		中国	乌兹别克斯坦、哈萨克斯坦	300
东—西天然气管道		欧洲各国		300
跨里海天然气管道		欧洲各国	里海地区、阿塞拜疆	300
土伊天然气管道	科尔佩泽—库尔德库伊	伊朗		80
	多夫列塔巴德—汉格兰			125
土阿巴印天然气管道		南亚等国	阿富汗、巴基斯坦、印度	330
中央—中亚天然气管道		俄罗斯、西欧等国	乌兹别克斯坦、哈萨克斯坦	800
沿里海天然气管道		俄罗斯	哈萨克斯坦	300

5. 结　论

5.1　不能忽略的能源供给力量

综上所述，我们可以发现，21 世纪以来，中亚国家能源探明储量、产量和出口呈现上升趋势。虽然由于石油探明储量和产量增长缓慢，导致出口增长有限，石油地位有所下降，但出口量仍然位居全球前十，属于主要的石油供应侧；而天然气更是因为探明储量和产量的快速增长，促使其出口增长迅速，引起中亚国家天然气地位的大幅上升，已经成为全球第三大天然气出口地。

同时，中亚国家经过多年发展，已经实现能源出口多元化，能源运输管道不仅与周边邻国连接，更是通向东欧、西欧和亚太等地区，不再单纯的依赖俄罗斯。能源供给份额进一步增长，供给能力进一步提高，在国际能源贸易中的地位进一步凸显，已经成为能源贸易格局中的重要一极，是不能忽略的能源供给力量。

5.2 不能够改变能源贸易格局

一方面，中亚地区油气资源在全球资源总量中所占比重并不是非常高，不足以改变能源格局。截至 2014 年底，中亚地区天然气探明储量约占全球探明储量总量的 10.8%，而石油在全球的占比更是不足 2%，远远低于同为能源供应侧的沙特、俄罗斯和卡塔尔等国。

另一方面，中亚国家能源供给市场有限，开拓市场较为困难。中亚各国都是内陆国，对于偏远的出口市场管道是最便捷的能源运输工具，而管道修建工作工程量大、耗费时间长，沿途国家也很难达成一致意见。即使协商顺利，也会收取高昂过境费，增加运输成本，迫使需求方转向其他供应侧，很难扩大供给市场。因此，中亚国家虽然能源地位有较大提升，已经是不能忽略的能源供给力量，但是仍然不能够改变当今的能源贸易格局。

5.3 国际能源供给多元化

根据 21 世纪以来世界主要能源供应国出口趋势图，我们发现石油主要供应侧中的中亚国家、俄罗斯、欧佩克成员国卡塔尔和科威特，以及天然气供应侧中的中亚国家、挪威、卡塔尔和澳大利亚能源出口量呈现增长趋势，是未来能源供给增长的生力军。

同时，根据聚类分析，我们又发现中亚国家、挪威、澳大利亚、委内瑞拉等地区能源地位有所上升，这些国家能源地位的上升降低了传统石油供应侧欧佩克成员国和天然气供应侧强国俄罗斯在国际能源贸易中的市场份额，进而削弱了它们在国际能源贸易中的影响力，打破了一家独大的局面，形成中东－北非、中亚－俄罗斯和北美三角形状的能源供应格局，实现国际能源供给多元化。

参考文献

［1］柴利，史小康. 新世纪中亚国家能源地位变化的实证分析［J］. 新疆财经，2012.

［2］张国华. 中国城镇居民消费结构的聚类分析［J］. 重庆工商大学学报，2008.

［3］张新花，中亚国家能源政策及对策分析［J］. 扬州大学学报，2007.

［4］李淑静，贾吉明.“一带一路”战略下我国与中亚国家能源合作的思考［J］. 当代经济，2015.

［5］郭海涛. 中亚部分国家的能源战略及我国的应对方略［J］. 经济纵横，2008.

［6］王海燕. 中亚国家能源工业走向及中国的策略［J］. 新疆社会科学，2007.

［7］谭姝琳，贾向丹. 我国人口老龄化差异的聚类分析［J］. 黑龙江对外经贸，2011.

［8］李金叶. 俄罗斯中亚国家经济发展研究报告（2014年）［M］. 新疆：经济科学出版社，2014.

［9］明海辉. 哈萨克斯坦：石油业发展趋势分析［J］. 石油观察，2014.

（执笔：葛涛）

中亚地区能源博弈分析

1. 引　言

苏联解体为大国进入中亚提供了契机，中亚国家主动与大国发展关系、执行平衡政策，也是促成大国博弈的重要方面。欧俄在中亚的能源竞争随着中亚战略地位的提升愈加激烈，中国对中亚态度则是善字当头、以和为贵，以朋友关系与中亚维持良好的伙伴关系。同时中亚国家对大国的态度不一，对待俄罗斯态度存在矛盾，对待中国则是加强友好合作，同时对待其他国家立场也各有不同。从实质上讲，世界各国针对中亚的一切活动都是围绕着以石油、天然气为中心的能源而展开的。

2. 中亚地区能源状况

中亚地处亚欧大陆的中心地带，地理位置十分重要，重要地区拥有丰富的油气资源，被誉为 21 世纪的"世界能源供应基地"。中亚的能源分布并不均匀，其中哈萨克斯坦、土库曼斯坦和乌兹别克斯坦三国的油气资源尤为丰富。环顾全球能源富饶之地，中亚—里海地区名列前 3 位。据国际能源署发布的信息显示，中亚地区一旦实现石油全面投产将可满足全球 5% 的原油供应。中亚—里海地区巨大的能源资源潜力及其未来输出通道，使该地区越来越成为世界能源地图的焦点。而能源的出口则是中亚国家保持经济稳定的保证；谁控制了这地区的能源谁就掌握了此地区的命运。

据统计，哈萨克斯坦的石油储量达 130 亿吨，天然气 6 万亿立方米；土库曼斯坦的石油储量为 63 亿吨；乌兹别克斯坦的石油和天然气储量分别有 3 亿吨和 2 万亿立方米（2013 年中亚—里海地区各国石油资源及生产情况见表 2 – 8）。丰富的能源，强烈地吸引着世界各国的目光，让中亚成为各大国博弈的场所，各大国在此展开的能源博弈从始至终就未停止。

表 2－8　　　　　　　　　2013 年中亚—里海地区各国石油资源及生产情况

国别	探明储量（万吨）	油井数量（口）	产量（万吨）
哈萨克斯坦	410958.9	1256	8094.5
土库曼斯坦	8219.2	2515	1148.5
乌兹别克斯坦	8137.0	2190	295.0

资料来源：Oil&Gas Journal，2013－12－02.

3. 中欧俄在中亚能源格局中的博弈

3.1　中俄：合作大于竞争

中俄两国在中亚能源格局中的关系，其实在很大程度上是中俄"不冷不热"的能源关系的一个缩影。2013 年中国石油总消费中仅有 3.9% 来自俄罗斯，而俄罗斯对华石油出口也只占其出口总量的 5.4%。

中俄在中亚能源格局中的关系大体体现为合作与竞争并存，合作大于竞争的局面。

3.1.1　中俄合作

近年俄罗斯与中国签订价值 4000 亿美元的天然气合同——《中俄东线供气购销合同》，规定从 2018 年起，俄罗斯开始通过中俄天然气管道东线向中国供气，输气量逐年增长，最终达到每年 380 亿立方米，累计 30 年，总价为 4000 亿美元。这份合同意味着，中俄开始了紧密的利益绑定。

中俄两国在中亚能源的合作主要表现为俄罗斯默许了中国在中亚的能源开发，默许了自身在中亚的垄断地位被打破。对于中亚的能源开发，俄罗斯的态度似乎是：如果中亚的天然气绕过俄罗斯通过其他路线出口，那么俄罗斯宁愿它们运往东方而不是西方。因为欧洲是俄罗斯最重要的能源出口市场，如果上述天然气运至欧洲，俄罗斯将面临激烈竞争。俄罗斯的这一"偏向"在俄气的子公司承建中亚－中国输气管道的土库曼斯坦沿线项目上就已体现无疑。从历史上来看，俄罗斯始终垄断者中亚的能源出口。但自中土天然气管道开通以来，中国已成为土最主要的天然气市场，中石油也已成为土境内最大的国外能源企业。

油气合作一直是中国与中亚能源合作的主流，但近年来多元化的趋势逐渐呈现。中国加大在中亚能源格局中的存在不仅有利于中国，同时也是中亚国家乐于看到的。因为它一方面为中亚国家提供了急需的资金，也帮助它们减轻了对俄罗斯（尤其是俄油气管线）的依赖，中亚国家一直寻求的能源出口多元化战略无疑取得了重大突破。

3.1.2　中俄竞争

中俄在中亚能源格局中的战略合作背后，竞争也是不断。这种竞争关系主要体现在两个方面：

第一，争夺能源定价权。中俄间的能源关系虽然表面上看是简单的消费国和生产国的关系，但实际上这一关系要复杂得多。生产者希望高价，消费者希望低价，这是二者与生俱来的矛盾。至于中俄能源合作领域，可以说石油价格决定着中俄的合作程度。必须就能源价格达成某种平衡或协调，才能保证中俄能源贸易顺利进行，否则很可能因为油价变动而面临违约的风险。一个有力的证据就是，在经过了 14 年的漫长谈判之后，中俄才就石油管道建设艰难达成一致。

第二，争夺中亚能源机制化主导权。目前，能将中俄与中亚国家全部囊括进去的现存机制只有上合组织。因此，中俄对机制主导权的争夺焦点也就落在了上合组织能源俱乐部机制之上。

上合组织能源俱乐部与国际能源署和欧佩克相比都很不同，因为它囊括了能源供应国、能源消费国和能源过境国。这为中国、俄罗斯与中亚间建立起更加制度化的能源合作提供了一个绝佳的平台。

中国在参与中亚能源合作是始终希望绕过俄罗斯，单独与中亚国家达成重要的油气供应协议。而相反，俄罗斯主要是想通过上合组织能源俱乐部将中国纳入欧亚经济共同体的能源框架之中，以协调与中国这个第二大能源消费国的能源政策，并最终使中国参与进俄罗斯主导的能源一体化机制。

上合组织能源俱乐部机制的缺位直接导致了当前中国与中亚的能源合作仍然是以双边合作为主。虽然和中亚国家签署了多个油气合作项目，但基本没有多边的形式，除了中国－中亚天然气管道 D 线外，其余都是多边合作项目。

3.2　中欧：潜在的竞争者

中欧在中亚能源格局中的竞争关系是由双方同为能源消费市场的身份所决定了的。欧盟和中国是中亚国家最为重要的能源出口市场，而且随着近年来巴库－第比利斯－杰伊汉石油管线（BTC）、中哈石油管道、中土天然气管道的建成，再加上在筹划中的纳布科天然气管线，中亚国家与这两大消费市场的联系已变得更加直接、紧密。

　　具体而言，中欧双方在中亚能源格局中的竞争关系主要表现在哈萨克斯坦和土库曼斯坦两国的能源开发上。

3.2.1　中欧在哈萨克斯坦的竞争

　　在哈萨克斯坦，欧洲很早就站住了脚跟。一直以来，欧洲石油公司都占据了哈国大型油田的大部分份额。在哈国最大的油田项目卡莎甘和天然气项目卡拉恰甘纳克中，欧洲石油公司负责这项个项目的开采作业。

　　虽然在所占份额上不如欧洲公司，但中国却在哈能源管线上取得了战略优势。目前，哈萨克斯坦主要有三大石油出口管线，即中哈石油管线、CPC 管线，以及阿特劳至俄罗斯马拉管线，后两者均通向俄罗斯。自中哈石油管道的进一步贯通，中国从哈国的进口量无疑将会提高。中哈石油贸易量的显著提升实际上已经对欧洲对哈的石油需求构成了威胁。据统计，CPC 管道、中哈石油管道和计划中的厉害运输系统的年输油能力达到了 1.35 亿吨，而哈萨克斯坦在 2014 年的产量仅有 8600 万吨，未来激烈的竞争将在中国和欧盟之间上演。

3.2.2　中欧在土库曼斯坦的竞争

　　欧盟一直计划修建跨里海天然气管线，将土库曼斯坦里海地区气田的天然气运抵阿塞拜疆，然后在经过 BTE 管线和纳布科管线输往欧洲市场。对于这条欧洲南部题啊燃气走廊的建设，土库曼斯坦官方也表示出较大的兴趣，表示愿意向欧洲市场出售天然气，实现土能源出口的多元化战略。但由于俄罗斯的缘故，跨里海能源管道的修建计划困难重重，因而欧土间的天然气贸易也就一直没有实现。

　　与欧盟始终在土天然气领域中扮演"边缘人"的角色形成鲜明对比，中国在中土天然气贸易中所表现出来的态度是高效且迅速的。一方面，中土天然气管道修建仅仅花费了很短的时间；另一方面，中国还同时克服了土库曼斯坦与其邻国（尤其是乌兹别克斯坦）渊源已久的对抗。目前看来，欧盟与土库曼斯坦的天然气合作实质性并不强，土天然气向东运往中国的可能性更大。

　　虽然从目前看来中国在中亚能源开发中似乎占据了上风，但中欧双方在这场博弈中其实是各有优劣势。从中国的角度来看，中国有强大的政府后盾保障其能源政策实施的效率。这从中土石油管线的迅速修建中便可见一斑。而相比之下，欧盟的能源政策制定仍受政府间属性的影响。然而欧盟也有自己的优势。虽然至今欧盟在中亚能源的竞争中并未抢得先机，但是欧盟对中亚的援助涉及范围非常广泛，这些援助措施所体现出来的先进能源治理理念已经吸引了中亚国家的注意力，二者的关系也在逐渐拉近。

3.3　欧俄：竞争远大于合作

欧盟为实现能源供应多样化政策，反对俄罗斯能源运输垄断，遵循绕行俄罗斯领土的原则，支持跨里海地区的管道项目，把中亚的石油天然气管道与绕行俄罗斯的石油天然气管道连接。事实上．欧盟为了摆脱对俄罗斯能源的依赖，早在2012年，开始谋划能源供应路线和来源多样化，选中里海及中东地区成为理想的气源地，并开始打造包括多条管道项目在内的"南方天然气走廊"，包括布科天然气管道、跨亚得里海天然气管道（TAP）和跨安纳托利亚管道（TANAP）、土耳其–希腊–意大利管道（ITGI）等多条管道。一旦建成，就可以使欧盟供应路线和来源多样化，可以增加欧盟的能源安全。

欧盟利用俄罗斯与中亚国家的矛盾，联合反俄罗斯国家取消与俄罗斯石油天然气公司的合作，是一些中亚国家的能源政策和外交政策进一步转向西方。俄罗斯也联合一些中亚国家，利用欧盟内部各国能源政策各自为政的矛盾，在能源运输和出口上获得了优势。由于俄罗斯与中亚能源大国哈萨克斯坦的成功合作，使一些反俄罗斯的能源管道无法获得足够的供应源，从而使这些管道方案无法实施。

4.　中亚国家的立场

对于大国中亚博弈，中亚国家有自己的立场。总的来看，它们对多个大国进入中亚并不反对，特别是对到中亚投资持欢迎态度。中国只是在经济方面有竞争，并不追求政治利益，这一点与俄、美两国有所不同。

中亚国家对待俄罗斯的态度存在矛盾，它们在很多方面离不开俄罗斯，包括经济、军事、安全、人文等，但又对俄罗斯表现出的大国主义感到难以接受，担心本国的独立和主权受到威胁。俄罗斯在中亚的利益是全面的，而非局部的。更重要的是，俄罗斯的战略目标是重新回到世界强国的行列，为了实现这个目标，就离不开中亚国家的支持，换言之，中亚国家对俄罗斯具有战略支撑的作用。然而，随着大国进入中亚，有的中亚国家出现脱俄亲美的倾向，是俄罗斯感到竞争的压力，去年由于俄与土在变更合同条款方面存在分歧，俄气公司把土天然气公司告上法院，并减少从土进口天然气，增加购买乌兹别克斯坦天然气。因此，它正在采用多种手段维护自己在中亚的存在和利益。

中亚国家对中国的立场很明确，建立友好关系，发展全面合作，但不会利用中国对俄美两国示威，因为中国在中亚的影响力是局部的，仍不如俄美两国。在中国提出共建"一带一路"的伟大倡议，得到国际社会高度关注。借助"一带一路"建设契机，强化与中亚国家的经济贸易联系的纽带。"丝绸之路经济带"的建设离不开我国与中亚各国的共同参与，加快与中亚各国的区域经济合作是未来实现亚欧经济全面贯通的必经之路，是中亚各国共同的期望，我国与中亚各国之间能源的合作已初具规模。各国在中亚能源领域纷纷展开了各种各样的合作和竞争模式，能源领域的合作成为"丝绸之路经济带"建设的重要抓手和切实内容。"丝绸之路经济带"建设也将以新的姿态、新的共识和新的政策助推中亚地区能源合作。中国－中亚天然气管道 D 线开工建设，是建设"丝绸之路经济带"的具体体现和有效实践。

中亚国家对其他大国的立场是根据本身需要开展合作。独立以来，中亚国家外交走向并不归一，各国对参与博弈各方的立场以及有所变化，例如，哈萨克斯坦与俄罗斯的关系更加紧密一些，乌兹别克斯坦、土库曼斯坦和俄罗斯的关系则若即若离。

（执笔：王彩雲）

卢布实际汇率对中亚地区贸易收支的影响

1. 引　言

自 2013 年俄罗斯经济进入失速的状态。由于俄罗斯自身的经济结构问题，加上油价的下跌、西方对俄罗斯的制裁使得原本就疲软的俄罗斯经济每况愈下，其中之一的表现就是卢布的暴跌。俄罗斯作为中亚国家主要的贸易伙伴，卢布的下跌对中亚国家的影响如何是值得研究的。适逢俄罗斯经济出现危机，加上中亚地区作为中国"一带一路"的战略地带，研究俄汇率与中亚国家贸易收支的关系，对中国对中亚国家的经济政策的制定具有重大的借鉴意义。

理论上，若汇率与贸易收支之间存在稳定的长期均衡关系，那么汇率的变化对一国的贸易收支产生较大的影响；反过来，如果不存在长期的均衡关系，那么汇率的变化对一国的贸易收支产生的影响不大。

2. 基本模型、数据选择与实证方法

2.1　基本模型

传统理论认为，贸易收支取决于汇率、收入等宏观经济变量，贸易收支与各宏观经济变量之间有相互影响、互为因果的关系。本文遵循罗斯（Rose，1990）简化式的贸易收支模型。贸易收支可以表示为实际汇率、实际国内外收入的函数。贸易收支模型可以由标准的进口需求模型（1）和出口需求模型（2）推导：

$$X_t = \left(\frac{P}{P^*E}\right)_t^{\eta} (Y_t^*)^{\varepsilon} \tag{1}$$

$$M_t = \left(\frac{P^*E}{P}\right)_t^{\gamma} (Y_t)^{\pi} \tag{2}$$

其中，X 和 M 分别表示为出口、进口总额，E 为名义汇率，P、P^* 以及 Y、Y^* 分别表示国内外价格水平和国内外收入水平，η 和 γ 分别表示实际汇率对出口需求和进口需求的弹性。贸易收支有两种度量方式：一种是出口总额与进口总额之比；另一种是进出口之差。采用比值的方式可以表示为名义上的贸易收支也可以表示实际上的贸易收支，本文采用比值的方式用 TB 表示，由模型（1）和模型（2）相比并取对数得到：

$$\ln(TB_t^i) = C_0 + C_1\ln(E_t) + C_2\ln(Y_t^i) + C_3\ln(Y_t^*) + \xi_i \qquad (3)$$

其中，$i = (1, 2, 3, 4, 5)$ 分别表示哈萨克斯坦、乌兹别克斯坦、土库曼斯坦、吉尔吉斯斯坦、塔吉克斯坦；即本文实际是对以上五个模型进行检验。

按照传统国际收支理论，本国货币贬值会改善贸易收支，因此当卢布贬值时中亚各国的贸易收支应该改善，C_1 为正值；本国收入增加时，进口需求就会增大，因此 C_2 为负值；外国收入增加时，会利于本国的出口，因此 C_3 为正值。本文是以中亚五国为主体进行研究，因此将俄罗斯看作中亚各国的外国进行处理。本文中的 E 是按照卢布的实际汇率来处理的，以美元兑卢布的实际汇率来表示的。

2.2 数据来源

本文数据中国家收入、名义汇率是 2001～2014 年的年度数据；本文数据中价格指数是月度数据。贸易收支 TB：选取样本中对俄出口与对俄进口的比值；实际汇率 E：选取样本中的名义汇率及价格指数计算得到；国家收入 Y、Y^*：选取样本中的年度数据，Y 分别对应为中亚各国 GDP、Y^* 为俄罗斯 GDP。其中实际汇率数据来源于国际金融网；贸易收支、国家收入相关数据来自世界银行数据库，部分年份数据来自俄罗斯统计局。需要注意的是 E 上升表示卢布贬值、E 下降表示卢布升值。为减少异方差性，对所有的数据进行对数处理。

2.3 实证方法

多数情况下由于时间序列是不平稳的，使用传统回归方程会产生虚假回归的现象。协整分析就是针对非平稳时间序列提出的一种标准分析方法，此方法是恩格尔 - 格兰杰在 20 世纪 80 年代提出的。其思想在于：单独的时间序列是不平稳的，但是同阶时间序列之间的线性组合可能是平稳的，这种平稳性体现了各变量之间存在着一种长期均衡的关系，同时就可以通过误差修正模型来调整短期内各种变量对长期均衡关系的偏离，本文目前不讨论此方面内容。本文采用单位根检验（ADF）进行平稳性检验，中根据各个序列的性质对常数项和趋势项进行灵活选择进行检验。然后对残差协整分析，看变量之间是否存在长期关系；最后对变量之间进行格兰杰因果检验，检验变量间的因果关系。

3. 实证结果

3.1　时间序列的平稳性检验

单位根的检验结果见表 2 – 9。

表 2 – 9　　　　　　　　　　　　　　单位根检验

项目	差分阶数	（CTK）	DW 值	ADF 值	10% 临界值	5% 临界值	结论
lnE	2	（002）	1.35	– 2.25	– 1.60	– 1.98	I(1) *
ln(TB1)	2	（002）	1.37	– 2.27	– 1.60	– 1.98	I(1) *
ln(TB2)	2	（002）	1.84	– 8.09	– 1.60	– 1.98	I(1) *
ln(TB3)	2	（002）	2.00	– 3.38	– 1.60	– 1.98	I(1) *
ln(TB4)	2	（CT2）	2.23	– 3.97	– 3.42	– 3.93	I(1) *
ln(TB5)	2	（CT2）	2.02	– 22.7	– 3.42	– 3.93	I(1) *
lnY *	2	（CT2）	2.39	– 4.54	– 3.42	– 3.93	I(1) *
lnY1	2	（CT2）	2.26	– 4.69	– 3.42	– 3.93	I(1) *
lnY2	2	（002）	1.86	– 2.70	– 1.60	– 1.98	I(1) *
lnY3	2	（CT2）	2.36	– 3.93	– 4.01	– 3.46	I(1) **
lnY4	2	（CT2）	2.27	– 4.20	– 4.01	– 3.46	I(1) **
lnY5	2	（CT2）	2.02	– 3.57	– 4.01	– 3.52	I(1) **

说明：（CTK）表示 ADF 检验是否包括常数项、时间趋势项以及滞后期数；
　　　* 、** 分别表示在显著水平 5% 、10% 下通过 ADF 检验。

从表 2 – 9 可以看出，各个原时间序列是不平稳的，但是在二阶差下是平稳的，因此可以进行协整检验。

3.2　协整检验

本文采用约翰森（Johansen）多元协整分析来进行协整分析并通过 SIC 标准来选取阶数，其协整检验结果见表 2 – 10。

表 2 - 10　　　　　　　　　　　　　协整检验结果

模型	存在协整关系个数 R	迹统计量	5% 临界值	结论
1	0	79.18268	40.17493	至少有 2 个协整关系
	1	42.54745	24.27596	
	2	15.20021	12.32090	
	3	3.722289	4.129906	
2	0	0.941015	81.05174	至少有 2 个协整关系
	1	0.889773	47.08607	
	2	0.789941	20.62346	
	3	0.146368	1.899061	
3	0	129.5472	40.17493	至少有 3 个协整关系
	1	49.28247	24.27596	
	2	20.11225	12.32090	
	3	7.354913	4.129906	
4	0	79.43807	40.17493	至少有 2 个协整关系
	1	31.33970	24.27596	
	2	12.84875	12.32090	
	3	2.601850	4.129906	
5	0	110.8150	40.17493	至少有 1 个协整关系
	1	51.80039	24.27596	
	2	7.130806	12.32090	
	3	0.048054	4.129906	

说明：模型（1）~模型（5）分别表示俄哈贸易收支、俄乌贸易收支、俄土贸易收支、俄吉贸易收支、俄塔贸易收支。

从表 2 - 10 可知，卢布汇率与中亚五国的贸易收支是存在着协整关系，可以进行回归。其中模型（2）、模型（3）中变量 $\ln(E_t)$、$\ln(Y_t)$ 对被解释变量 $\ln(TB_t)$ 影响不显著，因此需要将其剔除；模型（4）中变量 $\ln(E_t)$ 对被解释变量 $\ln(TB_t)$ 影响不显著，因袭需要将其剔除；模型（5）中相关变量对解释变量影响均布显著，因此对于模型（5）回归结果不成立。回归结果如下：

$$\ln(TB_t^1) = 0.078097 + 0.308176\ln(E_t^1) - 0.019010\ln(Y_t^1) + 0.026099\ln(Y_t^*)$$
$$(50.38864^*) \quad (-2.026048^*) \quad (2.083250^*)$$
$$(4)$$

调整后 $R^2 = 0.998959$　$F = 4160.179$

$$\ln(TB_t^2) = 1.559178 + 0.080981\ln(Y_t^*)$$
$$(10.20574^*)$$
$$(5)$$

调整后 $R^2 = 0.888083$　$F = 104.1572$

$$\ln(TB_t^3) = 0.010863 + 0.2638671\ln(Y_t^*) \tag{6}$$
$$(25.80888^*)$$

调整后 $R^2 = 0.980829$　　$F = 666.0982$

$$\ln(TB_t^4) = 1.208461 - 0.048250\ln(Y_t^4) + 0.151296\ln(Y_t^*) \tag{7}$$
$$(-2.199692^*)\qquad(8.220613^*)$$

调整后 $R^2 = 0.983248$　　$F = 382.5127$

式（4）~式（7）分别表示的是在俄与中亚国家贸易收支与各影响变量之间的长期均衡关系。括号内的数字表示各系数的标准差，*表示在5%的显著水平成立。首先看俄哈贸易收支情况，式（4）中的各系数的符号与预期的一致：卢布贬值1%，导致哈萨克斯坦的俄哈贸易顺差上升0.31%；哈国内收入上升1%，则贸易顺差会下降0.02%；俄罗斯国内收入上升1%，则贸易顺差会上升0.03%。以上关系说明汇率、国内外收入对贸易都影响，但是卢布汇率对贸易影响要比国内外收入对其的影响大。对于俄乌贸易而言，俄罗斯国内收入是影响其的原因，当俄国内收入上升1%，乌国贸易顺差上升0.08%。对于俄土贸易，当俄国内收入上升1%，土国的俄土贸易顺差上升26%。就俄吉贸易而言，当吉国内收入上升1%，贸易顺差会下降0.05%；相反若俄国内收入上升1%，贸易顺差将上升0.15%。对于俄哈贸易，卢布汇率、国内外收入对其影响都不是显著的。

3.3　因果关系确定

本文采用格兰杰因果检验来确定变量之间的因果关系。由前面的分析可知，汇率与贸易收支之间存在着长期的均衡关系，但是各变量之间是否存在因果关系还不能确定，因此需要进行格兰杰因果检验，明确各变量之间的关系（检验结果见表2-11）。格兰杰因果关系的检验不是逻辑上的因果关系，而是变量之间的先后关系，是否存在一个变量前期信息会影响到另一个变量的当期。

从表2-11中可知，卢布汇率、俄哈国家收入都不是俄哈贸易收支的格兰杰原因，也就说短期内汇率的变化不会因此俄哈贸易的大幅变化；但是俄哈贸易是俄哈国家收入的格兰杰原因，即俄哈贸易对俄哈国家的GDP都是有影响的。对于哈乌贸易而言，卢布汇率、俄乌国家收入是其贸易收支的格兰杰原因，短期内俄罗斯国内GDP、乌兹别克斯坦国内GDP的变化都可能影响两国贸易；就俄土贸易而言，仅卢布汇率是其贸易收支的格兰杰原因；卢布汇率也是俄吉贸易收支的格兰杰原因，且俄吉贸易收支同时俄国收入的格兰杰原因；对于俄塔而言卢布汇率、国内外收入与其贸易收支之间均不存在格兰杰因果关系。

表 2 – 11   格兰杰检验结果

模型	原假设	F 统计量	P 值
1	$\ln(TB^1)$ does not Granger Cause $\ln E$	1.58353	0.2708
	$\ln E$ does not Granger Cause $\ln(TB^1)$	1.53854	0.2794
	$\ln(TB^1)$ does not Granger Cause $\ln(Y^*)$	13.9564*	0.0036
	$\ln(Y^*)$ does not Granger Cause $\ln(TB^1)$	0.33193	0.7282
	$\ln(Y^1)$ does not Granger Cause $\ln(TB^1)$	0.13323	0.8774
	$\ln(TB^1)$ does not Granger Cause $\ln(Y^1)$	6.92360*	0.0219
2	$\ln(TB^2)$ does not Granger Cause $\ln E$	1.41759	0.3042
	$\ln E$ does not Granger Cause $\ln(TB^2)$	3.93867**	0.0715
	$\ln(TB^2)$ does not Granger Cause $\ln(Y^*)$	0.62256	0.5638
	$\ln(Y^*)$ does not Granger Cause $\ln(TB^2)$	3.29457**	0.0981
	$\ln(Y^2)$ does not Granger Cause $\ln(TB^2)$	4.91465*	0.0464
	$\ln(TB^2)$ does not Granger Cause $\ln(Y^2)$	0.25111	0.7847
3	$\ln(TB^3)$ does not Granger Cause $\ln E$	0.06455	0.9380
	$\ln E$ does not Granger Cause $\ln(TB^3)$	9.06066*	0.0114
	$\ln(TB^3)$ does not Granger Cause $\ln(Y^*)$	0.61447	0.5677
	$\ln(Y^*)$ does not Granger Cause $\ln(TB^3)$	0.24230	0.7911
	$\ln(Y^3)$ does not Granger Cause $\ln(TB^3)$	0.63307	0.5588
	$\ln(TB^3)$ does not Granger Cause $\ln(Y^3)$	0.32548	0.7326
4	$\ln(TB^4)$ does not Granger Cause $\ln E$	0.01227	0.9878
	$\ln E$ does not Granger Cause $\ln(TB^4)$	7.41729*	0.0187
	$\ln(TB^4)$ does not Granger Cause $\ln(Y^*)$	0.53402	0.6084
	$\ln(Y^*)$ does not Granger Cause $\ln(TB^4)$	0.27151	0.7699
	$\ln(Y^4)$ does not Granger Cause $\ln(TB^4)$	1.26190	0.3404
	$\ln(TB^4)$ does not Granger Cause $\ln(Y^4)$	3.36038*	0.0948
5	$\ln(TB^5)$ does not Granger Cause $\ln E$	1.88860	0.2208
	$\ln E$ does not Granger Cause $\ln(TB^5)$	0.72296	0.5183
	$\ln(TB^5)$ does not Granger Cause $\ln(Y^*)$	0.22419	0.8047
	$\ln(Y^*)$ does not Granger Cause $\ln(TB^5)$	0.43012	0.6665
	$\ln(Y^5)$ does not Granger Cause $\ln(TB^5)$	0.43088	0.6661
	$\ln(TB^5)$ does not Granger Cause $\ln(Y^5)$	0.19121	0.8301

注：*、**分别表示显著水平为 5%、10%。

4. 结　　论

本文通过对俄与中亚国家贸易收支的协整分析，可以得出以下结论：

（1）长期内俄与中亚国家间的贸易收支与卢布的实际汇率都存在均衡稳定的长期关系，但是汇率仅对俄哈贸易收支呈显著水平，且汇率弹性为0.31。也就是说，汇率对俄哈贸易之间的影响要远大于俄与中亚其他国家，可能的原因是俄哈同俄与其他国家之间的贸易结构不同。

（2）俄与中亚国家的贸易量仅俄哈的贸易收支是俄国家收入的格兰杰原因，也就是说除了哈国，俄同其他国家的贸易对俄国家的收入影响不大，可能的原因是贸易总量与俄总贸易量的占比不同。

（3）塔吉克斯坦与俄罗斯的贸易收支、卢布汇率、国内外收入之间均不存在因果关系，且卢布汇率、国内外收入对其之间的贸易收支也不呈现显著影响，这可能与塔吉克国家的经济结构有关，事实上塔国的贸易量在国家 GDP 的占比是比较小的。

参考文献

［1］马丹，徐少强．中国贸易收支、贸易结构与人民币实际有效汇率［J］．数量经济技术经济研究，2005（5）.

［2］苏振东．人民币实际汇率与中国进出口贸易结构变迁（1997～2007年）——基于多种模型的动态分析［J］．数量经济技术经济研究，2010（5）.

［3］叶永刚，胡利琴，黄斌．人民币实际有效汇率对对外贸易收支关系——中美和中日双边贸易收支的关系［J］．金融研究，2006（4）.

［4］世界银行数据库．

［5］邓小华，李占风．汇率变动对我国贸易收支影响研究——基于向量自回归模型分析［J］．经济学动态，2014（7）：12-22.

［6］周杰琦，汪同三．人民币实际汇率波动对我国贸易收支的影响——基于非对称协整的实证分析［J］．经济学问题，2010（1）：4-8.

（执笔：谷明娜）

第三篇
中国与中亚经济合作研究

中国对中亚五国直接投资的区位和产业选择研究

1. 绪　　论

1.1　选题背景及意义

1.1.1　选题背景

随着全球经济一体化进程加快，中国经济也得到了飞速发展，经济实力不断增强，国际化的程度越来越深，在世界经济中占有举足轻重的地位。中国从1979年8月国务院提出"出国办企业"开始实施"走出去"战略。2000年中国政府正式将企业"走出去"战略确立为新时期开始的一项开放战略并加以实施。2002年中共中央在关于制定"十五"计划的"建议"中明确要求我国必须要"走出去"，充分利用国外的资源和市场，实现新的突破。从实践看，近几年，我国对外直接投资和跨国经营发展势头迅猛，对外直接投资流出国的地位日益增强。1979年从我国第一家境外企业开办至今，中国对外直接投资的国家和地区逐渐增多，含有丰富的石油、天然气等诸多矿产资源的中亚地区也受到了中国资本的青睐。中国与中亚五国自建交以来，双方政府签订了一系列经贸协定，为中国与中亚五国的相互投资和经贸合作奠定了基础。近年来，随着中国与中亚五国双方经贸合作环境的迅速改善，上海合作组织区域经济合作贸易与投资便利化的深入发展，中国对中亚五国的直接投资快速发展，规模不断扩大。据中国对外直接投资公报显示，2013年，中国对中亚五国直接投资存量净额为88.93亿美元，同比增长13.67%。同时，中国对中亚五国直接投资领域分布广泛，涉及金融业、采矿业、信息传输业、建筑业、制造业、酒店和餐饮等诸多产业。

2013年9月7日，中国国家主席习近平在哈萨克斯坦纳扎尔巴耶夫大学演讲时，提出了共同建设"丝绸之路经济带"。2013年11月12日十八届三中全会《决定》提出，加快同周边国家和区域基础设施互联互通建设，推进"丝绸之路经济带"、海上丝绸之路建设，形成全方位开放新格局。新丝绸之路的建设，推动了中国与中亚国家之间在铁路、航空、电网、电信等方面的互联互通，加速中国与中亚国家在物流、信息流、资金流等方面的合作，有利于我国周边整治、国防环境的稳定，有利于促进中国对外开放，为中国对中亚五国直接投资奠定了良好的基础。

本文在中国"走出去"战略和发展"新丝绸之路经济带"的背景下提出，但是由于中亚五国对外开放程度、市场发展潜力、经济发展水平等各不相同，中国对中亚五国的投资存在很大差异，表现为在五国中哈萨克斯坦是中国直接投资最主要的国家，塔吉克斯坦、土库曼斯坦、乌兹别克斯坦吸引来自中国的对外直接投资能力较弱，而且每年直接投资流量变化差别很大，波动明显。本文希望从中国对中亚五国直接投资的区位和产业选择方面进行系统研究，找出影响因素，从中得到一些中国对中亚五国直接投资的启示，并提出相应的建议。

1.1.2　选题意义

①理论意义。本文通过对中国对中亚五国直接投资的梳理和分析，综合考虑各种因素，选择中国对中亚五国直接投资最优化的数理模型，具有理论意义。

②现实意义。在经济全球化的大背景下，中国必将迎来更加广泛地对外直接投资，通过对中国对中亚五国直接投资的具体研究分析，对中国未来对外投资在产业、区位的选择上有一定的借鉴作用，具有一定的现实意义。

③分析中国对中亚五国直接投资现状，找出其存在的问题；分析基础设施、市场规模、双边贸易等因素与中国对中亚五国直接投资区位选择的相关性，运用多种基准进行产业选择分析，总结出中国对中亚五国直接投资在区位选择、产业选择上的主要影响因素，并提出建议。

2. 中国对中亚五国直接投资现状及问题分析

2.1　中国对中亚五国直接投资的区位分布

在中亚五国中，哈萨克斯坦是经济实力最强的国家，也是吸引外资最多的国家。据哈萨克斯坦央行统计，2013 年哈萨克斯坦吸引外国直接投资流量 241.73 亿美元，从 1993～2013 年的 21 年间，哈萨克斯坦共吸引外国直接投资流量总额已达到 1953.23 亿美元①，是中亚五国吸引外资最多的国家之一。哈萨克斯坦也

---

① 哈萨克斯坦中央银行。

是中国对中亚五国直接投资的主要国家，在中国对外直接投资中占据着重要的地位，尤其是在中亚地区。2005～2013 年中国对哈萨克斯坦的投资占中国对中亚五国投资总额的 70% 左右，位居第 1 位。2013 年中国对外直接投资公报显示，2013 年中国对哈萨克斯坦直接投资流量 8.11 亿美元，占中国当年对外直接投资流量总额的 0.8%，位居中国对外直接投资国第 13 位；2013 年中国对哈萨克斯坦直接投资存量 69.57 亿美元，占中国对外直接投资存量总额的 1.1%，位居中国对外直接投资国第 10 位。

吉尔吉斯斯坦是中国对中亚五国直接投资的另一个重要的国家。受益于吉尔吉斯经济发展水平的升高和宽松的投资政策支持，中国对吉尔吉斯的直接投资不断增加，于 2013 年已成为吉尔吉斯斯坦第一大直接外资来源国。相较于其他中亚国家，中国在吉尔吉斯斯坦的直接投资更为稳定，除少数年份以外均保持了连续的增长，2005～2013 年年均增长率超过 40%，2013 年对外直接投资流量额达到 2 亿美元，较上年增长 26.02%，占到当年中国对中亚五国直接投资流量的 18.51%。从对外直接投资存量看，2005～2013 年中国对吉尔吉斯斯坦的对外直接投资存量保持了 9 年间的连续增长，年均增长率达到 45.11%，2013 年底投资存量达到 8.86 亿美元，较上年增长 33.77%，占中国对中亚五国直接投资存量的 9.96%。

除哈萨克斯坦和吉尔吉斯斯坦外，中亚五国中其余三个国家（塔吉克斯坦、土库曼斯坦、乌兹别克斯坦）吸引来自中国的对外直接投资能力较弱，而且每年直接投资流量变化差别很大，波动明显。各国经济实力、市场对外开放度、国内对外资的投资政策、市场发展潜力、资源禀赋等的差异造成了中亚五国吸引外资的不均衡①。塔吉克斯坦在吸引外资方面强烈依赖中国。据塔吉克斯坦统计署 2013 年的数据显示，2013 年中国对塔吉克斯坦直接投资 1.66 亿美元，占塔国直接投资总量的 48.7%。在对外投资流量上，2012 年塔吉克斯坦吸引中国对外直接投资流量金额达到创纪录的 2.34 亿美元，跃升至上一年的 10 倍，但到了 2013 年又迅速回落至 0.72 亿美元，占当年中国对中亚五国直接投资流量总额的 6.58%；在对外直接投资存量上，除 2009 年受全球金融危机的影响有所降低，其他年份中国对塔吉克斯坦的对外投资存量呈现稳定快速增长的态势，到 2013 年已达到 5.99 亿美元，较上年增长 25.89%，占中国对中亚五国直接投资存量的 6.74%。

土库曼斯坦是中亚五国中经济发展水平除哈萨克斯坦外最高的国家，该国在中亚地区重要的地理位置条件和丰富的矿产、油气资源吸引着来自全世界范围的外资企业争相入驻。从 2006 年开始中国开始扩大在土库曼斯坦国的投资，直接投资流量从 2006 年的 -4.00 万美元迅速扩大到 2010 年的 4.51 亿美元，占到当

---

① 段秀芳. 中国对中亚国家直接投资区位与产业选择 [J]. 国际经贸探索，2010：37 - 42.

年中国对中亚五国直接投资流量的 77.70%。但从 2011 年开始，中国对土库曼斯坦的直接投资流量开始迅速降低，并在 2011 年和 2013 年呈现出直接投资流量为负的情况，阻碍了中国对土库曼斯坦直接投资的继续发展。同对外直接投资流量的趋势一样，中国对土库曼斯坦的投资存量也于 2010 年达到最高峰 6.58 亿美元，占当年中国在中亚五国总投资存量的 22.57%。但从 2011 年开始，由于中国对土库曼斯坦对外直接投资流量变为负值，直接投资存量也开始下降，截至 2013 年底仅为 2.53 亿美元，在中国对中亚五国的投资存量的比例缩减至 2.85%，仅稍高于乌兹别克斯坦。

　　在中亚五国中，中国对乌兹别克斯坦的直接投资一直不温不火，各年投资流量额变化巨大。从 2005～2013 年，最高的直接投资流量额仅为 2011 年的 0.88 亿美元，平均直接投资流量也远落后于其他中亚国家。截至 2013 年底，中国对乌兹别克斯坦的直接投资流量 0.44 亿美元，占当年中国对中亚五国直接投资流量的 4.02%；直接投资存量 1.98 亿美元，仅占中国对中亚五国直接投资存量的 2.22%，为五国最低（2005～2013 年中国对中亚五国直接投资量存量情况分布见表 3-1 和表 3-2）。

表 3-1　　　　　　**2005～2013 年中国对中亚五国直接投资流量情况**　　　　单位：万美元

年份\国家	2005	2006	2007	2008	2009	2010	2011	2012	2013
哈萨克斯坦	9493	4600	27992	49643	6681	3606	58160	299599	81149
吉尔吉斯斯坦	1374	2764	1499	706	13691	8247	14507	16140	20339
塔吉克斯坦	77	698	6793	2658	1667	1542	2210	23411	7233
土库曼斯坦	—	-4	126	8671	11968	45051	-38304	1234	-3243
乌兹别克斯坦	9	107	1315	3937	493	-463	8825	-2679	4417
中亚五国合计	10953	8165	37725	65615	34500	57983	45398	337705	109895

　　注：①—表示该国家该年对外直接投资流量数据缺失。②2005 年、2006 年各年流量为非金融类直接投资流量。

　　资料来源：2013 年度中国对外直接投资公报。

表 3-2　　　　　　**2005～2013 年中国对中亚五国直接投资存量情况**　　　　单位：万美元

年份\国家	2005	2006	2007	2008	2009	2010	2011	2012	2013
哈萨克斯坦	24524	27624	60993	140230	151621	159054	285845	625139	695669
吉尔吉斯斯坦	4506	12476	13975	14681	28372	39432	52505	66219	88582
塔吉克斯坦	2279	3028	9899	22717	16279	19163	21674	47612	59941
土库曼斯坦	20	16	142	8813	20797	65848	27648	28777	25323

年份 国家	2005	2006	2007	2008	2009	2010	2011	2012	2013
乌兹别克斯坦	1198	1497	3082	7764	8522	8300	15647	14618	19782
中亚五国合计	32527	44641	88091	194205	225591	291797	403319	782365	889297

注：①＊表示该国家2013年末存量数据中包含对以往历史数据进行调整部分。②2005年、2006年末数据为中国非金融类对外直接投资存量数据。

资料来源：2013年度中国对外直接投资公报。

2.2 中国对中亚五国直接投资的产业分布

2.2.1 中国对哈萨克斯坦直接投资的产业分布

哈萨克斯坦是利用中国直接投资最高的中亚国家。据哈萨克斯坦国家统计署的数据显示，截至2013年底，在哈萨克斯坦投资并注册的中国企业已达2800多家，中资企业在哈萨克斯坦外资企业总数中位居第3位[①]。哈萨克斯坦对外资并无严格的产业限制，并鼓励外向本国优先发展的领域投资。中国对哈萨克斯坦的直接投资领域广泛分布于各个产业，主要包括：石油勘探开发、加油站经营、电力建设、电信、银行、基础设施建设、食宿餐饮和农副产品制造等（哈萨克斯坦中国企业的产业分布及产业准入规定见表3-3）。中国对哈萨克斯坦的投资主体以大型国有企业为主，如中石油、中石化、建工集团、中国水电等，这些大型国企在哈萨克斯坦的大型项目建设构成了中国对哈国直接投资的主要部分。截至2013年底，中国在哈萨克斯坦投资的大项目有：中哈石油管道项目、PK项目、ADM项目、阿克纠宾项目、KAM项目、北部扎奇项目、曼格斯套项目、中石化FIOC和中亚项目、肯-阿西北管道项目、阿斯塔纳北京大厦项目、里海达尔汗区块项目、中哈铀开采项目、鲁特尼奇水电站项目和阿克套沥青厂项目等。

表3-3　　　　　　　哈萨克斯坦中国企业的产业分布及产业准入规定

所属产业	主要公司名称	产业限制	产业支持
金融业	国家开发银行哈萨克斯坦工作组、中国银行哈萨克斯坦分行	外资银行不得超过国内所有银行总资本的25%	无
采矿业	中石化集团公司、中国石油集团、中石油阿克纠宾油气股份有限公司	企业转让开发权或出卖股份时，哈国有权拒绝发放许可证；国家优先购买转让的开发权或股份	优先发展领域

① 商务部国际贸易经济合作研究院、商务部投资促进事务局、中国驻哈萨克斯坦大使馆经济商务参赞处《对外投资合作国别（地区）指南—哈萨克斯坦（2014年版）》。

续表

所属产业	主要公司名称	产业限制	产业支持
信息传输业	中兴通信	无	优先发展领域
建筑业	建工集团有限责任公司、中国水利电力对外公司、中国地质工程公司	外资在建筑合资企业的持股比例不得超过 49%	优先发展领域
酒店和餐饮业	华油集团阳光酒店集团	无	优先发展领域
制造业	新康番茄制品厂	无	优先发展领域

资料来源：《对外投资国别产业指引》（2011 年版）和相关企业资料整理。

2.2.2　中国对吉尔吉斯斯坦直接投资的产业分布

中国对吉尔吉斯斯坦的直接投资起步较早，从 20 世纪 90 年代初中吉两国就已开展投资合作。吉尔吉斯斯坦投资环境宽松，外国投资者在吉尔吉斯斯坦投资不受产业限制，可在任何经济领域进行投资，在自由经济区注册的外资企业还可享受税收优惠。截至 2013 年底，在吉尔吉斯斯坦注册的中国企业已发展至约 260 家[①]，投资范围涉及贸易、工程承包、通信服务、矿产资源勘探和开发、农业种植、养殖、食品、金属冶炼、建材生产、轻工业、运输、房地产开发、建筑、餐饮、旅游、娱乐等多个领域和产业（吉尔吉斯斯坦中国企业的产业分布及产业准入规定见表 3－4）。除传统优势项目如矿产资源勘探、金属冶炼等资源领域的合作外，中国企业在交通、通信领域市场份额进一步加大，产业领头羊地位突出。2013 年双方在非资源领域合作取得重大突破：由新疆特变电工承建的上合优惠出口买方信贷项目下的比什凯克热电站项目成功签约，总金额 3.86 亿美元；由中国路桥公司承建的"北－南公路"修复项目签署贷款协议，总金额约 4 亿美元，同样采取上合组织框架下的优惠出口买方信贷形式。

表 3－4　　　　　　　吉尔吉斯斯坦中国企业的产业分布及产业准入规定

所属产业	主要公司名称	产业限制	产业支持
建筑业	中国路桥工程有限公司	无	在自由经济区/国家发展规划项下对特定区域进行投资享受优惠
采矿业	中能国际石油化工有限公司、河南灵宝黄金公司、中国神州矿业公司、新疆塔城国际资源有限责任公司、中国石油化工集团、西部矿业公司	无	在国家发展规划项下对特定区域进行投资享受优惠；能源产业属优先发展领域，享受优惠

---

① 商务部国际贸易经济合作研究院、商务部投资促进事务局、中国驻吉尔吉斯斯坦大使馆经济商务参赞处《对外投资合作国别（地区）指南—吉尔吉斯斯坦（2014 年版）》。

所属产业	主要公司名称	产业限制	产业支持
制造业	克兹勒基亚水泥厂	无	在自由经济区/国家发展规划项下对特定区域进行投资享受优惠
批发和零售业	大唐中国商品分拨中心	无	同制造业
信息传输业	华为技术有限公司、中兴通信股份有限公司	无	同制造业

资料来源：《对外投资国别产业指引》（2011 年版）和相关企业资料整理。

2.2.3　中国对塔吉克斯坦直接投资的产业分布

　　中国在塔吉克斯坦投资的企业并不多，主要包括中兴、华为、中铁五局、特变电工、中国水电、中国路桥、紫金矿业、中国环球新技术进出口公司等，投资产业也仅涉及矿业、建筑业和通信等有限领域（塔吉克斯坦中国企业的产业分布及产业准入规定见表 3－5）。相较于其他中亚国家，塔吉克斯坦对外资产业的准入规定较为严格，博彩业是明令禁止的产业，军工、矿藏勘探、金融、航空和法律服务等产业的进入必须获得政府颁发的许可证书。

表 3－5　　　　　　塔吉克斯坦中国企业的产业分布及产业准入规定

所属产业	主要公司名称	产业限制	产业支持
信息传输业	中兴通信股份有限公司、华为技术有限公司	无	无
建筑业	中铁五局（集团）有限公司、新疆特变电工集团、中国水电建设集团公司、中国路桥工程有限公司	无	优先发展领域
采矿业	中国环球新技术进出口公司、紫金矿业西北公司	矿藏勘探必须获得政府主管部门签发的许可证	优先发展领域

资料来源：《对外投资国别产业指引》（2011 年版）和相关企业资料整理。

2.2.4　中国对土库曼斯坦直接投资的产业分布

　　相较于其他中亚国家，土库曼斯坦经济过于封闭。从 2007 年开始土库曼斯坦政府加大了吸引外资力度，利用各种机会宣传土库曼斯坦改革开放政策和良好的投资环境。经过近几年的不断发展，到 2013 年中国已成为土库曼斯坦重要的外资来源国，2013 年底在土库曼斯坦注册的中资企业发展至 37 家，涉及项目总额超过 45 亿美元①，合作范围包括油气、交通通信、农业、纺织、化工、建筑业和食品工业等（土库曼斯坦中国企业的产业分布及产业准入规定见表 3 - 6）。中国企业在当地的投资项目不断增多，已成为土库曼斯坦对外开放建设中的重要外资力量，其中重要的项目包括：中石油承建的中土天然气管道项目、中石化胜利石油管理局执行的当地油井修复和钻井项目、中国石油技术开发公司向土库曼斯坦出口油气设备项目、中信建设有限责任公司向土国出口铁路客车厢项目、华为向土国出口通信设备项目和中机进出口公司向土国出口铁路设备等。

表 3 - 6　　　　　　　　土库曼斯坦中国企业的产业分布及产业准入规定

所属产业	主要公司名称	产业限制	产业支持
采矿业	中国石油天然气集团公司、中石化集团公司胜利石油管理局	能源产品销售/有色金属实行许可证管理制度	优先发展领域
金融业	国家开发银行土库曼斯坦工作组	银行/证券/保险/资产评估实行许可证管理制度	无
交通运输业	中国南方航空公司	航运/海运/公路运输实行许可证管理制度	无
建筑业	中信建设有限责任公司、山西中旭国际贸易公司	建筑业实行许可证管理制度	基础设施建设属优先发展领域
信息传输业	华为技术有限公司、中兴通信股份有限公司	无	基础设施建设属优先发展领域

资料来源：《对外投资国别产业指引》（2011 年版）和相关企业资料整理。

2.2.5　中国对乌兹别克斯坦直接投资的产业分布

中国与乌兹别克斯坦的经济合作主要以建立合资企业的形式完成。截至 2013年 12 月，中国在乌兹别克斯坦注册的企业共计约 488 家，其中 70 家为 100% 中资企业，中方公司代表处 71 家②，其余全为中乌合资企业。这些企业在乌兹别克斯坦主要从事油气勘探开发、铀矿勘探开发、天然气管道建设和运营、电站、泵站、煤站、铁路、通信、化工厂建设、土壤改良、制革制鞋及陶瓷制作等业务。在乌兹别克斯坦投资的中国企业与投资其他中亚国家的中国企业差别不大，主要也是包括中石油、中信建设、中国水电、华为、中兴、特变电工等。除此之外，中国技术进出口总公司、中国电工设备总公司、中国南车集团等从事机械设备或专业设备的批发和零售业公司也在乌兹别克斯坦开展业务往来，显示出乌国较大

---

① 商务部国际贸易经济合作研究院、商务部投资促进事务局、中国驻土库曼斯坦大使馆经济商务参赞处《对外投资合作国别（地区）指南—土库曼斯坦（2014 年版）》。

② 商务部国际贸易经济合作研究院、商务部投资促进事务局、中国驻乌兹别克斯坦大使馆经济商务参赞处《对外投资合作国别（地区）指南—乌兹别克斯坦（2014 年版）》。

的基础设施建设需求。另外，值得注意的是，中国广东核电集团公司在乌兹别克斯坦开展的铀矿勘探业务，这是国际直接投资中的敏感产业，也是中国对其他中亚国家投资中绝无仅有的，这充分体现出两国坚实的合作基础和可靠的互信关系（乌兹别克斯坦中国企业的产业分布及产业准入规定见表 3 - 7）。

表 3 - 7　　　　　　　乌兹别克斯坦中国企业的产业分布及产业准入规定

所属产业	主要公司名称	产业限制	产业支持
采矿业	中国石油天然气集团公司、中国广东核电集团公司	能源及重点矿产品（如铀）开发有股权限制，外资所占股份比例一般不超过50%	税收减免优惠政策
建筑业	中信建设公司、中国机械集团公司、中国水电集团公司	无	同采矿业
批发和零售业	中国技术进出口总公司、中国电工设备总公司、中国南车集团	无	同采矿业
信息传输业	华为技术有限公司、中兴通信股份有限公司	无	同采矿业
制造业	新疆特变电工、亿阳集团、鹏盛工业园区发展公司	无	同采矿业

资料来源：《对外投资国别产业指引》（2011 年版）和相关企业资料整理。

2.3　中国对中亚五国的直接投资特点

2.3.1　投资规模不断增大

自苏联解体，各中亚国家独立以来，我国便开始对中亚五国陆续开始投资，但规模不大。直到 2005 年开始，我国加大对中亚五国的投资力度，直接投资存量金额从 2005 年的 3.25 亿美元跃升至 2013 年的 88.93 亿美元，年平均增长速度高达 51.22%。尤其是 2012 年，增长速度较上年增长飞涨至 93.98%，几乎增长了一倍。但从图 3 - 1 中可以看出，受 2008 年全球金融危机的影响，中国在中亚五国的直接投资金额在 2009 年增幅较小，放缓了中国对中亚五国直接投资的脚步（2005 ~ 2013 年中国对中亚五国直接投资存量情况见图 3 - 1）。

2.3.2　投资区位集中度高

中国对中亚五国的直接投资主要集中于哈萨克斯坦。从历年的直接投资数据中可以看出，哈萨克斯坦在直接投资流量和直接投资存量中的年均占比分别达到 67.68% 和 69.94%，并在直接投资存量上有逐渐向哈萨克斯坦集中的趋势。除哈

（亿美元）

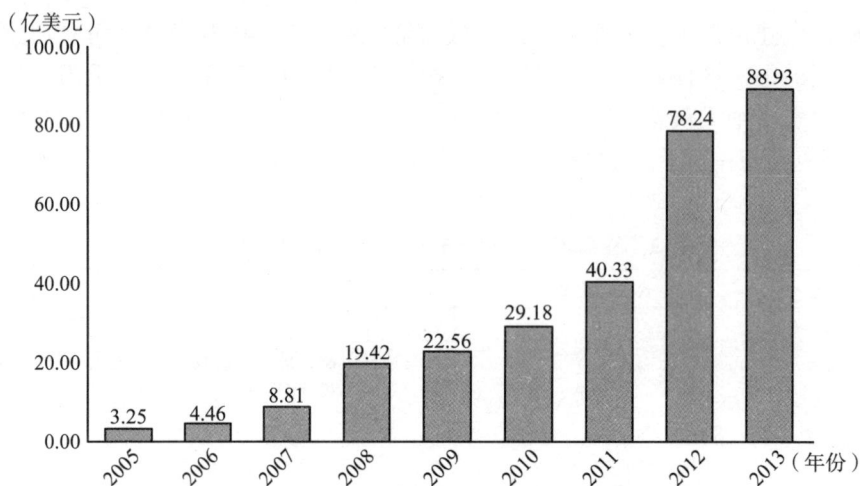

图 3 – 1　　2005～2013 年中国对中亚五国直接投资存量情况

资料来源：根据《2013 年度中国对外直接投资公报》数据整理得出。

萨克斯坦外，中国在其他中亚五国的直接投资所占比例较小且波动很大，按平均直接投资流量/存量排序依次是吉尔吉斯斯坦、塔吉克斯坦、土库曼斯坦和乌兹别克斯坦，其中中国在吉尔吉斯斯坦的直接投资流量和存量都超过 10%，在塔吉克斯坦和土库曼斯坦的直接投资流量和存量都不足 10%，在乌兹别克斯坦甚至少于 5%。从各国的投资区位分布来看，中亚五国的中资企业也主要集中于首都、自由经济区/经济中心或矿产资源和油气资源丰富的区域。如哈萨克斯坦的中国企业主要集中在其经济中心阿拉木图，其次是该国的首都阿斯塔纳，部分采矿业企业集中在资源丰富的阿克纠宾、阿克套和克兹洛尔达州等地区，乌兹别克斯坦的中国企业主要集中于首都塔什干等（中国对中亚五国直接投资的国别分布情况见表 3 –8）。

表 3 –8　　　　　　　　　中国对中亚五国直接投资的国别分布情况

年份	直接投资流量比重（%）					直接投资存量比重（%）				
	哈萨克斯坦	吉尔吉斯斯坦	塔吉克斯坦	土库曼斯坦	乌兹别克斯坦	哈萨克斯坦	吉尔吉斯斯坦	塔吉克斯坦	土库曼斯坦	乌兹别克斯坦
2005	86.67	12.54	0.70	—	0.08	75.40	13.85	7.01	0.06	3.68
2006	56.34	33.85	8.55	−0.05	1.31	61.88	27.95	6.78	0.04	3.35
2007	74.20	3.97	18.01	0.33	3.49	69.24	15.86	11.24	0.16	3.50
2008	75.66	1.08	4.05	13.21	6.00	72.21	7.56	11.70	4.54	4.00
2009	19.37	39.68	4.83	34.69	1.43	67.21	12.58	7.22	9.22	3.78
2010	6.22	14.22	2.66	77.70	−0.80	54.51	13.51	6.57	22.57	2.84

年份	直接投资流量比重（%）					直接投资存量比重（%）				
	哈萨克斯坦	吉尔吉斯斯坦	塔吉克斯坦	土库曼斯坦	乌兹别克斯坦	哈萨克斯坦	吉尔吉斯斯坦	塔吉克斯坦	土库曼斯坦	乌兹别克斯坦
2011	128.11	31.96	4.87	84.37	19.44	70.87	13.02	5.37	6.86	3.88
2012	88.72	4.78	6.93	0.37	-0.79	79.90	8.46	6.09	3.68	1.87
2013	73.84	18.51	6.58	-2.95	4.02	78.23	9.96	6.74	2.85	2.22
年均占比	67.68	17.84	6.35	4.33	3.80	69.94	13.64	7.63	5.55	3.24

注：—表示该国家该年对外直接投资流量数据缺失。
资料来源：根据《2013年度中国对外直接投资公报》数据整理得出。

2.3.3 投资产业以采矿、建筑和信息传输为主

中国对中亚五国的直接投资领域虽较为广泛，但主要的投资产业基本集中于采矿、建筑和信息传输产业，尤其是采矿业，在中亚五国直接投资产业中规模最大，分布面最广。中石化、中石油等跨国能源公司在中亚五个国家都有石油、天然气等能源开采项目，吉尔吉斯斯坦、塔吉克斯坦和乌兹别克斯坦还有大量的中国矿产项目。由于中亚五国基础设施建设整体水平较低，中国在中亚五国也承建了许多重大工程项目，如哈萨克斯坦阿斯塔纳北京大厦项目、里海达尔汗区块项目，吉尔吉斯斯坦比什凯克热电站项目、"北－南公路"修复项目等。在信息传输产业，中国全球领先的信息与通信解决方案供应商华为和中兴已在中亚五国通信市场占据绝对主导位置。除传统优势投资产业外，近年来中国也开始在中亚地区投资金融业和交通运输业等，国家开发银行、中国银行、中国南方航空公司等已在多个中亚国家设立分支机构或办事处，中国在中亚五国投资范围不断扩大。

2.3.4 国有大型企业为投资主体

中国对中亚五国直接投资初期，中方在中亚五国以建立合资企业为主，但投资额并不大，公司规模较小，中国地方企业和小型企业是投资主体，基本没有国有大型企业，这种局面一直持续到20世纪末。直到1997年中国石油天然气公司收购哈萨克斯坦"阿克纠宾斯克"石油天然气公司起，中国的国有大型企业才开始陆续开始对中亚五国投资并逐渐发展成为中国对中亚五国投资的主体。目前，中国的国有大型企业中国石油天然气集团公司、中国石油化工集团、建工集团有限责任公司、中国水利电力对外公司、中信建设公司、中国南车集团、中兴通信股份有限公司、中国南方航空公司、中国银行等已在中亚多国以合资公司、独资公司、设立办事处或分支机构、工程承包等多种投资方式开展业务。除此之外，

在中亚五国投资的中国民营企业的队伍也在不断扩大，如新疆特变电工、新康番茄加工厂、新疆野马经贸公司、凤凰实业等，其中大部分企业来自中国新疆。

2.4　中国对中亚五国直接投资中存在的问题

2.4.1　大国博弈加剧投资竞争

自苏联解体以后，中亚地区一直是大国博弈的焦点。俄罗斯、美国、欧盟和中国都在尽力拉近与中亚各国的距离，加大在中亚地区的投资和贸易，增加各自在该地区的存在感。对中国而言，俄罗斯和美国是中亚地区最主要的对手。

俄罗斯与中亚国家的历史渊源悠久。苏联解体以后，俄罗斯政治实力和经济实力严重削弱。为摆脱困境，俄罗斯对中亚地区实行"甩包袱"的政策，逐渐脱离中亚地区。此后随着俄罗斯经济的不断发展和对外政策调整，俄罗斯又开始重新重视在中亚地区的发展。1995 年，俄罗斯牵头与白俄罗斯、哈萨克斯坦签署关税同盟条约，1996 年和 1997 年吉尔吉斯斯坦和塔吉克斯坦也先后加入该条约。2000 年，欧亚经济共同体（成员国：俄罗斯、白俄罗斯、哈萨克斯坦、吉尔吉斯斯坦和塔吉克斯坦）的成立，标志该地区的一体化进程加速发展。2014 年，俄罗斯、白俄罗斯和哈萨克斯坦签署欧亚经济联盟条约，宣布 2015 年开始欧亚经济联盟正式启动，该联盟计划在 2025 年之前实现三国商品、服务、资本和劳动力的自由流动，进一步推动俄罗斯在中亚地区的经济影响力。

出于对自身地缘战略和能源安全的需求，美国在中亚地区动作频繁。2005 年，美国中亚问题专家斯塔尔提出"大中亚计划"的设想并得到美国政府的认可。该设想以美国控制阿富汗为契机，试图建立以阿富汗为中心，以中亚五国、印度和土耳其等国为辐射区的地缘板块，通过在经济、政治、安全领域的合作促进地区发展，谋求美国在该地区的利益。2011 年，美国又提出"新丝绸之路"计划。该计划力图以阿富汗连接中亚和南亚地区的地理位置优势为出发点，逐步推动阿富汗成为该地区的交通和贸易枢纽，加强阿富汗与邻国的经济联系，最终将阿富汗建成该地区的经济中心，促进中亚和南亚地区的经济和社会发展。目前美国在该地区已建成的项目包括"乌—阿"双回路输电线路、"阿—塔"喷赤河桥梁、"谢尔赫塔巴特（土）—托拉胡迪（阿）"铁路等。

2.4.2　政治动荡影响投资开展

中亚五国在独立之后，普遍选择了西方国家的政治体制，但受外国势力的干涉、国内经济的拖累以及盲目照搬西方体制等因素的影响，中亚五国的国内政治形势普遍不稳定。哈萨克斯坦虽然相较于其他中亚国家政局稳定，但该国的总统纳扎尔巴耶夫自 1991 年哈国独立以来就一直担任总统，存在总统权力过大的现象。从长远看，纳扎尔巴耶夫总统年事已高，但该国总统权力交接的问题至今还没有得到有效解决。后纳扎尔巴耶夫时代，哈国权力如何平稳过渡、哈国社会、经济能否继续发展都存在较大的不确定性。吉尔吉斯斯坦是中亚五国中政治动荡风险最高的国家。从 2005 年至今，吉尔吉斯斯坦国内政权已两次非正常更迭。2010 年 6 月，吉尔吉斯斯坦南部发生严重的民族冲突，社会动荡、经济下滑，给外资企业正常经营造成了巨大的影响。塔吉克斯坦虽然政权稳定，但国内物价飞涨、贫富差距逐渐拉大、贫困人口较多等因素对当局的执政提出了严重挑战，长期拖延养老金发放、物资短缺等问题多次引发民众抗议。土库曼斯坦和乌兹别克斯坦由于政治管理保守、领导个人权威较高，国内政治相对稳定，但受极端势力和恐怖主义的威胁，国内政治也存在着不确定性和风险性，有可能对外国直接投资造成影响。

2.4.3　政策多变阻碍投资决策

中亚五国由于独立时间都不长，法律法规制定还不够完善，经济政策经常调整，法律法规调整也较为频繁。哈萨克斯坦法律法规体制较为健全，但近年来，哈萨克斯坦针对外资及外资企业频繁推出新政策，提高如企业注册、税收、企业采购和劳务许可等方面的要求，有的政策更是直接的限制性措施，这些新政策的频繁出台阻碍了外资企业在该国的进一步投资和发展。吉尔吉斯斯坦虽然积极引入外国资本，但却缺乏相应的优惠政策和法律法规，有些领域虽已建立相应的法律，但在实际执行中也困难重重，难以落实。塔吉克斯坦在吸引外资政策制定方面逐步放宽，如在 1992 年颁布的《投资法》中规定塔国员工总数不得低于 70%，而在 2007 年新的《投资法》中已取消这一规定，但是在实际执行中塔国政府通过投资协议等形式强制增加外资企业塔国人员比例。土库曼斯坦和乌兹别克斯坦在外国投资方面的法律法规不健全，执法的规范性差，政府机构经常通过行政手段干预外资企业，导致外资企业难以科学决策和正常运行。

2.4.4　贪污腐败降低投资效率

中亚五国贪污腐败严重，权力寻租现象普遍。根据"透明国际"① 公布的 2013 年全球清廉指数报告显示，中亚五国在 177 个统计国家的排名是：哈萨克斯坦（排名：140，得分：26）、吉尔吉斯斯坦（排名：150，得分：24）、塔吉克斯坦（排名：154，得分：22）、土库曼斯坦（排名：168，得分：17）、乌兹别

---

① 透明国际：全称国际透明组织，成立于 1993 年，是一个监督世界各国贪污腐败情况的国际性的非政府、非营利性组织。从 1995 年起，该组织每年发布全球清廉指数，满分 100 分（2012 年之前满分 10 分），得分越高，清廉度越高。目前，全球共有约 180 个国家纳入该清廉指数。

克斯坦（排名：168，得分：17）。各中亚国家虽然也致力于治理贪污腐败，权力寻租情况所有改善，但贪污腐败现象仍普遍存在，短时间内难以改变。

2.4.5　社会治安加大投资风险

受金融危机的影响，中亚五国的经济增长速度下降、失业率增加，社会治安环境恶化。例如，在哈萨克斯坦发生的中石油职工被杀、中国工商银行营业部周边持枪抢劫及中国企业项目被抢、被盗等恶性事件；吉尔吉斯斯坦紫金矿业职工与当地居民斗殴事件等。这些针对中国企业和中国公民的刑事案件频发，在吉尔吉斯斯坦最多一年竟有多达 22 名中国公民遇害，中方人员人身安全面临挑战。

3. 中国对中亚五国直接投资区位选择实证分析

3.1　区位选择的影响因素及假设

根据英国学者邓宁（Dunning）（1973）的国际生产折衷理论，影响企业对外直接投资的决定因素主要有三个方面：所有权优势、内部化优势和区位优势。只有满足了这三个方面的条件，企业才具备对外直接投资的资格。此后邓宁又把区位优势细分为东道国资源禀赋、基础设施、市场规模、劳动生产率等。本文以邓宁等学者的研究为理论依据，并在此基础上扩大对外直接投资区位选择的影响因素进行分析，将东道国的市场规模、基础设施、资源禀赋、劳动力成本、外资开放程度、政治情况、东道国和母国的汇率、双边贸易和地理距离等纳入中国对中亚五国直接投资区位选择的影响因素。

3.1.1　东道国市场规模

邓宁（1973）在国际生产折中理论中指出，东道国市场规模是区位优势的重要影响因素，在企业对外直接投资的区位选择中具有重要的作用。东道国市场规模越大，企业越有利扩大投资，发挥规模经济优势。GDP 是一个国家经济综合实力的衡量指标，GDP 越高，该国经济实力越强、经济规模越大。本文以东道国 GDP 作为衡量东道国市场规模的代理变量。因此，本文提出如下假设：

假设 1：中国对中亚五国的直接投资与东道国市场规模正相关。

3.1.2　东道国基础设施

基础设施条件是国家经济活动的保障，也是企业对外直接投资需要考量的重要因素。东道国基础设施完善，企业的原料、能源供应能够得到保障，有利于企业投资活动的正常开展。同时，发达的基础设施也可以降低企业运输、通信、电力方面的成本，提高企业的盈利水平。因此，本文提出如下假设：

假设2：中国对中亚五国的直接投资与东道国基础设备条件正相关。

3.1.3　东道国资源禀赋

科尔克（Kolk）和布林克（Prinkse）（2005）的研究表明，能源、矿产等自然资源是资源寻求型跨国企业对外投资选择的主要目标。中亚五国油气、矿产资源等自然资源丰富，而中国是能源消耗大国，在油气、矿产等自然资源上严重依赖进口。从历史数据看，中国对中亚五国的直接投资也主要集中在采矿业，且以中石油、中石化等大型国有企业为投资主体，所以可以推断中国对中亚五国的直接投资是资源寻求型投资，中亚各国的资源禀赋对中国企业对外投资具有很强的吸引力。因此，本文提出如下假设：

假设3：中国对中亚五国的直接投资与东道国资源禀赋正相关。

3.1.4　东道国劳动力成本

在邓宁的国际生产折中理论中，将生产成本认为是影响区位优势的重要内容，而劳动力成本是生产成本的重要组成部分。东道国劳动力成本低，使得跨国企业在该国获得比其他投资国更高的盈利，从而进一步加大跨国企业对该国的投资。近年来，中国国内的生产成本，尤其是劳动力成本逐年上升，企业成本压力逐渐增大，以往中国企业在国际竞争中所具有的劳动力低成本的优势已逐渐丧失。企业在降低成本，提高国际竞争力的驱动下，会考虑选择劳动力成本相对较低的东道国，以寻求更好的盈利表现。因此，本文提出如下假设：

假设4：中国对中亚五国的直接投资与东道国劳动力成本负相关。

3.1.5　东道国外资开放程度

东道国对外国直接投资的政策和态度也是影响一国吸引外国直接投资的重要因素。以中亚五国为例，由于建国时间不长，各国在制定经济政策时较为保守，在对外开放程度上普遍不高，对外资企业在产业、规模、人员招聘等方面都有政策限制，阻碍了外资企业的自由发展。一般来说，东道国对外资开放程度越高，企业在投资时可选择的产业更多、规模更广，面临的投资风险也更低，企业投资的可能性越大，对外开放有利于东道国提高吸引外资水平。因此，本文提出如下假设：

假设5：中国对中亚五国的直接投资与东道国外资开放程度正相关。

3.1.6　东道国政治情况

政治风险增加跨国企业生产经营的不确定性，加大企业沉没成本，是跨国企业对外投资考虑的重要风险因素之一。布鲁内蒂（Brunetti）和韦德（Weder）（1998）的研究发现，东道国的政权动荡、贪污腐败、法律规则缺失等会极大地损伤外国企业投资的积极性。中亚五国政治不稳定、贪污腐败严重、法律法规仍不健全。从理论上看，这些政治因素抑制了中国企业在中亚五国的长期发展。因此，本文提出如下假设：

假设 6：中国对外直接投资倾向于选择政治情况较好的东道国。

3.1.7　东道国和母国的汇率

阿利伯（Aliber）（1983）的研究认为，在国际投资中，由于强势货币具有不断升值和购买力增加的优势，国际资本会从强势货币国家流出，转而流入弱势货币（相对于强势货币）国家。如果东道国货币具有货币优势，那么母国货币在东道国购买力较弱，从而导致母国对东道国的对外直接投资减少；如果母国货币具有货币优势，那么母国货币在东道国购买力较强，从而增加母国在东道国的对外直接投资。近年来，中国在巨大外汇储备压力及国际环境等因素的影响下，人民币不断升值，逐渐构成了中国对外直接投资的货币优势，推动了中国企业"走出去"的步伐。从东道国和中国的汇率角度来看，人民币的持续升值使得东道国对人民币的汇率不断下降，而中国对东道国的对外直接投资则不断上升。因此，本文提出如下假设：

假设 7：中国对中亚五国的直接投资与东道国对人民币的汇率负相关。

3.1.8　东道国和母国的双边贸易

学者们在对外贸易和国际直接投资的相互关系的研究上目前尚无定论，但综合来看，双边贸易影响对外直接投资。蒙代尔（Mundell）（1957）最早提出对外贸易和国际直接投资之间具有相互关联关系，他提出的贸易与投资替代模型理论认为，由于贸易障碍的存在，会影响东道国和母国之间的资本边际收益，因此一定条件下的贸易障碍会导致国际资本流动或对外直接投资的产生，贸易与投资具有相互替代作用。小岛清（1978）认为，投资国的对外直接投资应该从本国的边际产业开始进行，通过对外直接投资进行边际产业转移，投资国集中精力研发新技术和新产品，东道国承接边际产业的生产，充分发挥两国的比较优势，为大规模双边贸易创造条件，国际投资在一定程度上与对外贸易存在着互补关系。赫夫鲍尔等（Hufbauer etal）（1994）和格拉曼（Gramham）（1996）则认为，"二战"之后世界范围内国际直接投资的迅速增加并没有影响到国际贸易的发展，贸易与对外直接投资之间是相互促进、相互补充的。从中国与中亚五国的双边贸易和中国对中亚五国的直接投资的数据来看，2005～2013 年，中国与中亚五国的双边贸易额（进出口总额）从 2005 年的 87.27 亿美元增长到 2013 年的 502.74 亿美元①，中国对中亚五国的直接投资从 2005 年的 1.10 亿美元增长到 2013 年的 10.99 亿美元②，两者都保持高速增长的态势，可能符合赫夫鲍尔等和格拉曼的结论。因此，本文提出如下假设：

假设 8：中国对中亚五国的直接投资与中国与中亚五国双边贸易正相关。

3.1.9　东道国和母国的地理距离

巴克利（Buckley）和卡森（Casson）（1981）通过研究发现，母国在对外直接投资时，更倾向于选择地理临近的东道国进行投资。母国与东道国的距离越远，两国之间的运输成本、时间耗费和交易成本等都会增加，不利于跨国公司的业务开展。此外，距离因素也会对两国的语言、习惯、文化等方面的差异造成影响，进一步加大了跨国公司对外投资的难度。因此，本文提出如下假设：

假设 9：中国对中亚五国的直接投资与中国与中亚五国的地理距离负相关。

3.2　实证分析

3.2.1　变量选取

本文选择中国对中亚五国各东道国的对外直接投资存量作为应变量。由于中国对中亚五国各东道国的直接投资流量波动很大，直接投资的流量数据难以正确反映自变量对应变量的影响关系。有的年份中国对东道国直接投资流量还是负数，导致实证分析时对变量数据进行对数处理难以进行。综合以上因素，结合数据的可获得性和完整性，本文以 2005～2013 年中国对中亚五国直接投资的存量作为应变量的样本数据，用 OFDI 表示，单位：万美元。

本文选择前文所列的 9 个区位选择影响因素（见本文 4.1 节）作为自变量，具体自变量的确定如下：①东道国的市场规模。GDP 是一国综合实力和经济规模的体现，本文以东道国的国内生产总值 GDP（2005 年不变价美元，单位：亿美元）作为市场规模的代理变量，东道国 GDP 越高，表示东道国的市场规模越大。②东道国基础设施条件。交通运输设施是基础设施建设中重要的组成部分，也是其他基础设施建设的前提。考虑到数据的完整性和可获得性，本文选择用东道国铁路里程数（单位：公里）作为基础设施的代理变量，用 RL 表示。RL 越大，

---

① 《中国统计年鉴》2006～2014 年整理得出。
② 《2013 年度中国对外直接投资公报》整理得出。

表示东道国基础设施条件越好。③东道国资源禀赋。中亚五国主要的自然资源为油气资源及矿产资源，本文以东道国燃料、矿石和金属的出口额占当年该国总出口额的比重（％）作为资源禀赋的代理变量，用 FMM 表示。FMM 比重越高，表示东道国的自然资源越丰富。④东道国劳动力成本。人均国民收入是一国经济发展水平和人民生活水平的重要体现，同时也侧面反映出一国居民的收入情况，即工资水平。本文以东道国人均国民收入（2005 年不变价美元，单位：美元）作为劳动力成本的代理变量，用 GNIP 表示。GNIP 越多，表示东道国劳动力成本越高。⑤东道国外资开放程度。本文以东道国外资流入量（外国直接投资流量，非金融部分）在 GDP 的占比作为外资开放程度的代理变量，用 FI 表示。FI 比例越高，表示东道国的外资开放程度越大。⑥东道国政治情况。一般文献中［Buck（2007），蒋冠宏、蒋殿春（2012）］用政权稳定性、法律法规和腐败控制等指标来衡量东道国的综合政治情况，采用国家风险国际指南①中对各东道国的评分数据作为东道国政治情况的代理变量。但是，国家风险国际指南中并未将中亚五国中的塔吉克斯坦、土库曼斯坦和乌兹别克斯坦纳入统计样本，出于数据完整性的考虑，本文将腐败控制作为衡量东道国政治情况的代理变量，用 CC 表示，代理变量数据采用透明国际每年颁布的全球清廉指数作为依据。CC 数值越大，表示东道国腐败控制越强，政治情况越好。⑦东道国和母国的汇率。本文采用东道国对人民币的汇率作为自变量，用 EX 表示。EX 上升，东道国货币相对升值，人民币相对贬值；EX 下降，东道国货币相对贬值，人民币相对升值。⑧东道国和母国的双边贸易。本文用样本期内中国对东道国的进出口总额（单位：万美元）来表示东道国和中国的双边贸易情况，用 TR 表示。TR 越大，表示东道国和中国的双边贸易越紧密。⑨东道国和母国的地理距离。本文以中国首都北京与东道国首都的直线距离（单位：公里）来衡量两国之间的地理距离，用 DIS 表示。

3.2.2　数据来源

本文选取 2005 ~ 2013 年作为样本期，样本期内各变量的数据来源如下：

中国对中亚五国 OFDI 数据来源于《中国对外直接投资公报》；中亚五国GDP、铁路里程、人均国民收入、哈萨克斯坦和吉尔吉斯斯坦燃料、矿产和金属出口占东道国总出口比来源于世界银行数据库（http：//data. worldbank. org. cn/）；塔吉克斯坦、土库曼斯坦和乌兹别克斯坦燃料、矿产和金属出口占东

---

① 国家风险国际指南：简称 ICRG。ICRG 创立于 1980 年，由美国国际报告集团完成了对 ICRG 评估方法的初创工作。从 1992 年开始，PSR 集团接手 ICRG 的编制工作，并对 ICRG 的评价方法做出进一步的完善，将 ICRG 的评估指标分为政治风险指标、金融风险指标和经济风险指标，对应的评估变量共计 22个。ICRG 每月对 140 个国家进行月度风险评估和对 26 个国家进行年度风险评估。本文所涉及的中亚五国中，仅哈萨克斯坦和吉尔吉斯斯坦在 ICRG 评估的样本国家内，其余国家如塔吉克斯坦、土库曼斯坦和乌兹别克斯坦并未列入 ICRG 的评估。

道国总出口比的数据分别来源于中华人民共和国驻塔吉克斯坦大使馆经济商务参赞处（http：//tj. mofcom. gov. cn/）、中华人民共和国驻土库曼斯坦大使馆经济商务参赞处（http：//tm. mofcom. gov. cn/）、中华人民共和国驻乌兹别克斯坦大使馆经济商务参赞处（http：//uz. mofcom. gov. cn/）；中亚五国的外资流入量、各东道国对人民币的汇率（以美元为中间货币折算）数据来源于联合国贸易与发展会议数据库（http：//unctad. org/en/Pages/Statistics. aspx）；中亚五国腐败控制情况数据来源于"透明国际"《全球清廉指数报告》；中国对中亚五国进出口总额数据来源于《中国统计年鉴》；中国与中亚五国的地理距离数据来源于距离计算工具（Distance Calculator，http：//distancecalculator. globefeed. com/World _ Distance_Calculator. asp）。

3.2.3　模型设定

结合以上中国对中亚五国直接投资区位选择的影响因素的分析和假设，本文将应变量 OFDI 与自变量的回归模型设定为：

$$\ln OFDI_{it} = \ln GDP_{it} + \beta_2 \ln RL_{it} + \beta_3 FMM_{it} + \beta_4 \ln GNIP_{it} + \beta_5 FI_{it} + \beta_6 \ln CC_{it}$$
$$+ \beta_7 \ln EX_{it} + \beta_8 \ln TR_{it} + \beta_9 \ln DIS_{it} + \mu_i + \varepsilon_{it} \tag{1}$$

其中，下角标 i 和表示国家，分别为中亚五国中的哈萨克斯坦（$i=1$）、吉尔吉斯斯坦（$i=2$）、塔吉克斯坦（$i=3$）、土库曼斯坦（$i=4$）和乌兹别克斯坦（$i=5$）；下角标 t 表示时间，$t=2005$，2006，…，2013；下角标 it 表示 i 国家在 t 时期变量对应的相关数值；为不可观测的东道国个体效应。

本文对部分变量数据进行对数处理（FMM 和 FI 数据已经经过百分比处理，此处不再进行对数处理），既可以使变量无量纲化，又可以消除异方差对实证分析造成干扰。

3.2.4　实证结果

本文用斯塔塔（Stata）软件对 2005～2013 年的面板数据进行 FGLS（广义最小二乘法）回归，并在回归过程中对异方差和一阶序列相关进行修正。模型回归后的结果如表 3－9 所示。从中我们可以看出，lnGDP、lnRL、lnGNIP、lnEX 和 lnTR 在 5% 的检验水平下显著，FI 在 10% 的检验水平下显著。

表 3－9　　　　　　　　　　　　　　FGLS 回归结果

自变量	系数	标准误	z	p＞｜z｜
lnGDP	5. 87	1. 30	4. 53	0. 00*
lnRL	－ 3. 60	0. 95	－ 3. 78	0. 00*

续表

自变量	系数	标准误	z	p > |z|
FMM	0.00	0.01	− 0.07	0.94
lnGNIP	− 2.38	0.77	− 3.11	0.00 *
FI	0.03	0.02	1.77	0.08 **
lnCC	0.65	1.04	0.63	0.53
lnEX	0.65	0.15	4.28	0.00 *
lnTR	0.72	0.28	2.59	0.01 *
lnDIS	− 2.41	2.78	− 0.87	0.39

注：*、** 分别表示在 5% 和 10% 的检验水平下显著。

3.3　结论分析

以 GDP 测度的东道国市场规模对中国在东道国的直接投资具有显著的正影响且影响较大。东道国的 GDP 每增加 1%，中国对该国的投资便会增加 5.87%，GDP 的增长成为中国加大在东道国直接投资的重要指标。这与邓宁的结论一致，说明东道国市场规模越大，企业越有利扩大直接投资，发挥规模经济优势，中国对中亚五国直接投资的市场寻求动机明显。

以 RL 测度的东道国基础设施条件对中国在东道国的直接投资具有显著的负影响，这与假设不符。主要原因可能是中亚五国基础设施条件相对较差，从中国对中亚五国投资的产业来看，建筑业和交通运输业等基础设施产业是中国企业投资的重点产业之一，越是基础设施条件差的东道国，越需要加大基础设施的投入和建设。所以中国对中亚五国的直接投资偏向于流向基础设施相对更差的东道国。

以 FMM 测度的东道国资源禀赋对中国在东道国的直接投资几乎没有影响，而且极为不显著，这与假设不一致。究其原因可能是：一方面，虽然中亚五国自然资源丰富，中国对中亚五国的直接投资也主要集中在能源和矿产等领域，但随着能源产业新技术的不断出现，如美国页岩油革命等，造成国际油价的不断下跌，直接降低了能源企业的盈利水平，阻碍了以能源产业为主营业务的外资企业在东道国的发展；另一方面，中国近年来不断加大对环境治理的力度，国内重点支持光伏、风能、电动汽车等清洁能源产业的发展，降低了国内对传统能源的需求。另外，中国企业在"走出去"的产业内容上也已从传统的能源企业和制造业企业逐步向高新技术产业靠拢，如中兴通信、华为、中国南车集团等都已在中亚五国开展业务。这些因素的共同作用使得中国对中亚五国的直接投资已逐渐从能源获取型转向市场寻求型，这也与东道国市场规模对中国在中亚五国直接投资的结论相一致。

以 GNIP 测度的东道国劳动力成本与中国在东道国的直接投资有显著的负相关，这与假设一致，也符合邓宁国际生产折中论的观点，这说明中国在国内劳动力成本上升的压力下，企业为了降低成本，逐渐将劳动密集型产业转移到劳动力成本较低的国家，以获得更高的盈利。

以 FI 测度的东道国外资开放度对中国在东道国的直接投资具有较为显著的影响，这与假设相符，但系数只有 0.03，影响程度很小，说明中国企业在对中亚五国的直接投资倾向于选择外资开放程度更高的东道国，但该因素并不是企业投资区位选择的主要因素。

以 CC 测度的东道国政治情况对中国在中亚五国直接投资的影响系数虽然为正，但并不显著，这说明东道国的政治情况对中国在该国的直接投资有一定的影响，但并不明显，与假设不符，布鲁内蒂和韦德的研究结论在中国对中亚五国的直接投资中并不完全成立，造成这种情况的原因可能是：①代理变量原因。出于对数据完整性的考虑，本文选择东道国腐败控制作为东道国政治情况的代理变量。而在布鲁内蒂和韦德的研究中，将政权稳定、法律法规和腐败控制三个方面作为东道国政治情况的反映。中亚五国除了贪污腐败情况普遍存在外，在政权稳定和法律法规上也存在着不同程度的问题，本文对东道国政治情况代理变量的简化处理可能造成了实证结果上的偏差。②根据前文实证结果的分析，中国对中亚五国直接投资的主要动机是寻求中亚五国市场，而政治情况虽然对东道国的社会和经济发展造成干扰，但对东道国的市场影响并不明显，导致东道国政治情况对中国在中亚五国的直接投资的影响不显著。

以 EX 测度的东道国对母国的汇率对中国在中亚五国直接投资具有显著的正影响，这与假设相反，可能的解释有：①中国对中亚五国投资的企业主要为市场寻求型的企业，这些企业更关注东道国的市场规模，即在东道国投资的总收益状况。在人民币持续升值和东道国货币持续贬值（中亚五国普遍存在高通胀的问题）的情况下，中国企业以人民币衡量的项目收入下降，企业会减少或停止用人民币对已有项目进行追加投资，而新的投资项目也会因为东道国货币贬值造成的市场规模相对下降而搁置（郭坤，2013）。②人民币的持续升值造成货币市场对人民币的长期升值预期。企业为了保值增值，普遍将相对于人民币贬值的货币和外币资产兑换成人民币，导致中国企业在中亚五国的直接投资减少。

以 TR 测度的东道国与母国的双边贸易对中国在中亚五国直接投资具有显著的正向影响，与本文假设一致，赫夫鲍尔等和格拉曼的研究结论适用于中国对中亚五国的直接投资。这说明中国企业在对中亚五国的直接投资符合一般企业对外贸易和对外直接投资的规律：随着企业对东道国贸易的增加，企业对东道国的了解不断深入，出于扩展市场、节约成本等的需要，企业会逐渐从加大商品出口，进而在东道国建立销售子公司，最后转为直接向东道国进行投资，建立独资和合资企业等。可见，双边贸易的增长为中国扩大在中亚五国的增长创造了良好的前期条件，有利于对外直接投资的发展。

以 DIS 测度的东道国与母国的地理距离对中国在中亚五国的直接投资的影响不显著，这与假设不一致。可能的原因是虽然地理距离的增加会降低企业的对外投资的意愿，加大企业的运营成本，但随着现代交通工具和通信手段的发展，经济全球化和全球一体化的进程的不断加速，"地球村"已初步形成，距离对企业"走出去"的影响已越来越弱。

4. 中国对中亚五国直接投资产业选择实证分析

赵乃康（2005）根据传统的对外直接投资理论和各个国家对外直接投资的实践经验，将对外直接投资的产业选择通过一系列基准指标来判断：边际产业基准、产业相对优势基准、对外直接投资对国内相关产业的辐射效应基准（产业内贸易基准）和产业结构高度同质化基准。由于中国对中亚五国的直接投资占中国对外直接投资的比例很小（2013 年仅占 1.01%①），对外直接投资的产业对母国对应产业有关的生产环节交易份额的提升微乎其微。故在本文的研究中，忽略中国对中亚五国直接投资对中国相关产业的辐射效应基准，参照赵乃康的研究结论，将中国对中亚五国直接投资的产业选择基准定为：边际产业基准、产业相对优势基准和产业结构高度同质化基准。

4.1　边际产业基准分析

小岛清（1978）的边际产业扩张理论认为，一国的对外直接投资应该从本国的边际产业开始，即本国已经处于比较劣势或有比较劣势发展倾向的产业开始，将其转移至具有比较优势或具有潜在比较优势的东道国，本国转而专心从事具有比较优势的产业，有助于两国经济共同发展。在一国对外直接投资的产业选择上，边际产业的确定成为一国对外投资产业选择的前提和基础。周新生（2009）结合国际分工的特征及中国的具体情况，将中国的边际产业界定为：①按照中国各产业的生产成本排序已经处于比较劣势或具有比较劣势发展倾向的产业，而在东道国具有比较优势或具有比较优势发展倾向的产业；②在产业内，若大型企业处于比较优势或具有比较优势发展倾向，中小企业处于比较劣势或具有比较劣势发展倾向，则该产业为边际产业。基于以上对边际产业的界定，将四个指标作为

判断边际产业的依据：①各产业产值占中国 GDP 比重的变化情况，由此反映该产业在中国产业结构中所处的地位；②各产业产品销售收入占中国所有产业产品总销售收入比重的变化情况，由此反映该产业产品的销售状况及社会需求；③各产业成本费用利润率的变化情况，反映该产业产品的成本变动和利润变动；④各产业利润总额占中国利润总额比重的变化情况，反映该产业的获利能力变化。

结合前文的分析，在变量选取上，本文选取 2005～2013 年作为样本期，结合数据的可获得性和完整性，各指标的具体变量选择如下：

①指标一：2005～2011 年以按产业分类的规模以上的工业企业产值作为各产业产值的代理变量，与其相对应的将对应年份的规模以上工业企业的工业总产值作为中国 GDP 的代理变量。由于 2011 年以后按产业分类的规模以上的工业企业产值数据无法获取，本文用按产业分类的规模以上的工业企业总资产作为 2012 年和 2013 年各产业产值的代理变量，与其相对应的选择对应年份规模以上工业企业的资产总计作为中国 GDP 的代理变量（见表 3 – 10）。

②指标二：以按产业分类的规模以上工业企业的主营业务收入作为各产业产品销售收入的代理变量，与其相对应的选择对应年份规模以上工业企业的主营业务总收入作为中国所有产业产品总销售收入的代理变量（见表 3 – 11）。

③指标三：以按产业分类的规模以上工业企业的工业成本费用利润率（%）作为各产业成本费用利润率（见表 3 – 12）。

④指标四：以按产业分类的规模以上工业企业的利润额作为各产业利润总额，与其相对应的选择对应年份规模以上工业企业的利润额总计作为中国利润总额（见表 3 – 13）。以上数据均来源于历年中国统计年鉴。

表 3 – 10　　　　　指标一：产业产值/中国总产值比重下降的产业　　　　单位：%

年份 产业	2005	2006	2007	2008	2009	2010	2011	2012	2013
石油和天然气开采业	2.50	2.44	2.05	2.09	1.37	1.42	1.53	2.29	2.22
烟草制品业	1.13	1.02	0.93	0.88	0.90	0.84	0.81	0.92	0.94
纺织业	5.04	4.84	4.62	4.22	4.19	4.08	3.87	2.67	2.55
纺织服装、鞋帽制造业	1.98	1.95	1.88	1.86	1.90	1.77	1.60	1.30	1.30
皮革、毛皮、羽毛（绒）及其制品业	1.38	1.31	1.27	1.16	1.17	1.13	1.06	0.73	0.72
造纸及纸制品业	1.65	1.59	1.56	1.55	1.51	1.49	1.43	1.54	1.52
石油加工、炼焦及核燃料加工业	4.77	4.79	4.41	4.46	3.92	4.19	4.37	2.72	2.74
化学纤维制造业	1.04	1.01	1.02	0.78	0.70	0.71	0.79	0.75	0.73
橡胶和塑料制品业	2.89	2.88	2.86	2.78	2.87	2.83	2.71	2.10	2.09

续表

产业＼年份	2005	2006	2007	2008	2009	2010	2011	2012	2013
黑色金属冶炼及压延加工业	8.53	8.02	8.32	8.81	7.78	7.42	7.59	7.57	7.36
金属制品业	2.61	2.69	2.83	2.96	2.93	2.88	2.77	2.53	2.51
通信设备、计算机及其他制造业	10.73	10.45	9.68	8.65	8.13	7.87	7.56	6.04	5.97
仪器仪表及文化、办公用制造业	1.11	1.12	1.06	0.98	0.93	0.92	0.90	0.76	0.77
工艺品及其他制造业	0.81	0.80	0.84	0.81	0.81	0.81	0.85	0.22	0.23

资料来源：根据 2006～2014 年《中国统计年鉴》整理得出。

　　从表 3－10 可以看出，通信产业（通信设备、计算机及其他制造业）、黑色金属冶炼及压延加工业、纺织业和石油加工产业（石油加工、炼焦及核燃料加工业）在中国总产值中所占比例较高，但近 9 年来基本一直保持着下跌的趋势，且下降速度较快，尤其是通信产业，跌幅达到 44.36％。石油和天然气开采业占中国总产值比重从 2005 年开始一直下跌到 2009 年，但从 2010 年开始其所占比重又逐渐增多，直到 2013 年又降至 2.22％。金属制品业所占比重在 2005～2008 年保持增长，但随后几年一直下降，但下降幅度很小。烟草制品业、纺织服装、鞋帽制造业、皮革毛皮羽毛（绒）及其制品业、造纸及纸制品业、化学纤维制造业、橡胶和塑料制品业、仪器仪表及文化、办公用制造业、工艺品及其他制造业虽占中国总产值的比重较小，但下降趋势还是较为显著的。

表 3－11　　　　指标二：产业产品销售/中国产业产品总销售比重下降的产业　　　　单位：%

产业＼年份	2005	2006	2007	2008	2009	2010	2011	2012	2013
石油和天然气开采业	2.47	2.48	2.13	2.21	1.46	1.52	1.53	1.26	1.14
烟草制品业	1.15	1.01	0.94	0.85	0.90	0.81	0.79	0.81	0.81
纺织业	4.98	4.77	4.54	4.15	4.14	4.03	3.84	3.47	3.51
皮革、毛皮、羽毛（绒）及其制品业	1.33	1.28	1.24	1.14	1.15	1.11	1.04	1.21	1.21
造纸及纸制品业	1.62	1.58	1.54	1.50	1.47	1.46	1.40	1.35	1.31
印刷业和记录媒介的复制	0.56	0.53	0.51	0.52	0.53	0.50	0.45	0.49	0.51
石油加工、炼焦及核燃料加工业	4.84	4.80	4.49	4.53	3.92	4.20	4.43	4.24	3.95
化学纤维制造业	1.03	1.00	1.00	0.78	0.70	0.72	0.79	0.73	0.71
橡胶和塑料制品业	2.85	2.84	2.82	2.75	2.81	2.78	2.68	2.60	2.65
黑色金属冶炼及压延加工业	8.69	8.22	8.74	9.13	8.09	7.81	7.83	7.70	7.42
通信设备、计算机及其他制造业	10.80	10.54	9.76	8.64	8.15	7.91	7.54	7.58	7.50

产业 \ 年份	2005	2006	2007	2008	2009	2010	2011	2012	2013
仪器仪表及文化、办公用制造业	1.10	1.12	1.05	0.97	0.91	0.91	0.89	0.72	0.75
电力、热力的生产和供应业	7.48	7.09	6.56	6.05	6.23	5.81	5.59	5.67	5.33
水的生产和供应业	0.22	0.21	0.19	0.18	0.18	0.16	0.14	0.14	0.14

资料来源：根据 2006～2014 年《中国统计年鉴》整理得出。

　　从表 3－11 可以看出，纺织业、石油加工产业（石油加工、炼焦及核燃料加工业）、黑色金属冶炼及压延加工业、通信产业（通信设备、计算机及其他制造业）、电力热力的生产和供应业都是中国产业产品总销售占比较大的产业，虽表现出逐渐下降的趋势，但下降幅度并不大。烟草制品业、皮革毛皮羽毛（绒）及其制品业、造纸及纸制品业、印刷业和记录媒介的复制、化学纤维制造业、橡胶和塑料制品业、仪器仪表及文化办公用制造业、水的生产和供应业除所占销售比重较小之外，其变化趋势与占比较大的产业基本相同。仅石油和天然气开采业表现出了较快的下降速度，销售占比从 2005 年的 2.47% 下降至 2013 年的 1.14%，降幅超过 100%。

表 3－12　　　　　　　指标三：产业成本费用利润率下降的产业　　　　　单位：%

产业 \ 年份	2005	2006	2007	2008	2009	2010	2011	2012	2013
石油和天然气开采业	102.76	100.00	77.79	83.22	34.54	46.52	58.75	64.19	55.36
黑色金属矿采选业	16.88	14.97	21.25	24.77	14.35	17.33	6.86	14.81	12.25
有色金属矿采选业	23.35	26.83	24.39	18.18	13.81	17.65	20.04	16.39	11.58
石油加工、炼焦及核燃料加工业	-1.00	-2.09	1.25	-4.30	5.20	4.81	1.22	0.81	1.30
黑色金属冶炼及压延加工业	5.25	5.63	6.42	3.61	3.25	4.09	3.39	2.36	2.29
有色金属冶炼及压延加工业	5.80	7.40	7.15	4.34	4.64	5.90	5.84	4.39	3.21

资料来源：根据 2006～2014 年《中国统计年鉴》整理得出。

　　从表 3－12 可以看出，石油和天然气开采业的产业成本费用利润率最高，基本超过 50%，在 2005 年甚至超过 100%，但下降趋势极为明显。黑色金属矿采选业和有色金属矿采选业的产业成本费用利润率较高，也呈现出逐渐下跌的趋势，但下降幅度不大。石油加工、炼焦及核燃料加工业的产业成本费用利润率变化最不稳定，在 2005 年、2006 年和 2008 年甚至出现了负值，直到 2009 年以后才保持了较为稳定的发展，但也表现出不断下降的趋势。黑色金属冶炼及压延加工业的产业成本费用利润率在 2005～2007 年连续增长，但随后又逐渐下跌。有色金属冶炼及压延加工业的产业成本费用利润率虽在个别年份有所增长，但总体的趋势仍是下降的。

表 3-13　　　　　指标四：产业利润总额/中国利润总额比重下降的产业　　　单位：%

产业＼年份	2005	2006	2007	2008	2009	2010	2011	2012	2013
石油和天然气开采业	19.98	18.72	13.02	15.06	5.51	5.71	7.00	6.54	5.82
有色金属矿采选业	1.42	1.82	1.58	1.33	0.98	1.08	1.33	1.31	1.01
烟草制品业	2.75	2.39	2.24	2.33	1.88	1.38	1.37	1.73	1.95
造纸及纸制品业	1.31	1.35	1.40	1.42	1.46	1.37	1.24	1.25	1.19
黑色金属冶炼及压延加工业	7.21	7.01	7.69	5.15	3.98	4.05	3.65	2.74	2.70
有色金属冶炼及压延加工业	2.88	4.50	4.33	2.78	2.68	3.05	3.37	2.84	2.30
通信设备、计算机及其他制造业	6.02	5.83	5.32	5.05	5.08	5.42	4.61	5.16	5.27

资料来源：根据 2006~2014 年《中国统计年鉴》整理得出。

从表 3-13 可以看出，石油和天然气开采业在中国利润总额中所占比例最大，但下跌速度极快，利润占比已从 2005 年的 19.98% 下跌至 2013 年的 5.82%，年平均跌幅为 14.29%，累计跌幅已达 70.87%。黑色金属冶炼及压延加工业和通信设备计算机及其他制造业在中国利润总额的比重较高，而且都呈现出逐渐下降的趋势，但黑色金属冶炼及压延加工业下降速度很快，9 年内的跌幅已接近 2/3。而通信设备计算机及其他制造业的利润比重下降缓慢，甚至在 2011~2013 年还有小幅的增长。有色金属矿采选业、烟草制品业、造纸及纸制品业、有色金属冶炼及压延加工业占中国利润总额比重较小，虽然每年的利润总额占比波动较大，但也基本呈现出下降的态势。

在上述边际产业的界定指标中，仅凭单一指标来判定边际产业可能造成结果的不准确。本文综合四个指标对边际产业进行界定，将边际产业划分为：如果边际产业的四个指标全部呈现出下降的趋势，则认为该产业已经处于衰退期，属于处于比较劣势的边际产业；如果边际产业的四个指标中的两项或两项以上的指标呈现出下降的趋势，则认为该产业有逐渐走向衰退期的趋势，属于具有比较劣势发展倾向的边际产业。

由表 3-14 可知，石油和天然气开采业、黑色金属冶炼及压延加工业属于中国处于比较劣势的边际产业，烟草制品业、纺织业、皮革毛皮羽毛（绒）及其制品业、造纸及纸制品业、石油加工炼焦及核燃料加工业、化学纤维制造业、橡胶和塑料制品业、通信设备计算机及其他制造业、仪器仪表及文化办公用制造业、有色金属矿采选业和有色金属冶炼及压延加工业属于中国具有比较劣势发展倾向的边际产业。在中国对外直接投资的产业选择时，应优先投资以上边际产业，发挥比较优势，促进中国和东道国的经济共同发展。

表3-14 边际产业界定指标统计情况

产业	指标一	指标二	指标三	指标四
石油和天然气开采业	√	√	√	√
烟草制品业	√	√		√
纺织业	√	√		
纺织服装、鞋、帽制造业	√			
皮革、毛皮、羽毛（绒）及其制品业	√	√		
造纸及纸制品业	√	√		√
石油加工、炼焦及核燃料加工业	√	√	√	
化学纤维制造业	√	√		
橡胶和塑料制品业	√	√		
黑色金属冶炼及压延加工业	√	√		√
金属制品业	√			
通信设备、计算机及其他制造业	√	√		√
仪器仪表及文化、办公用制造业	√	√		
工艺品及其他制造业	√			
印刷业和记录媒介的复制		√		
电力、热力的生产和供应业		√		
水的生产和供应业		√		
黑色金属矿采选业			√	
有色金属矿采选业			√	√
有色金属冶炼及压延加工业			√	√

4.2 产业相对优势基准分析

一国的企业若想对外直接投资成功，具备核心竞争力和特殊优势是有必要的，但这种优势并不是绝对的，而是相对于东道国的企业而言的相对优势，这种相对优势也是一国对外直接投资产业选择的衡量标准。本文选用显示性比较优势指数（RCA）作为中国产业相对优势的评价指标，以选出中国在对外直接投资中具有相对竞争优势的产业。

显示性比较优势（RCA）是一国某产业的产品出口额占全世界该产业的产品出口额的比重与该国家所有产品的出口总额占全世界对应年份全部产品总出口额

的比重的比率。计算公式为：

$$RCA = (X_{it}/W_{it})/(X_t/w_t) \tag{2}$$

其中，是一国 i 产品 t 时刻的出口额，是全世界 i 产品 t 时刻的出口额，是该国全部产品 t 时刻的总出口额，是全世界所有产品 t 时刻的总出口额。RCA 反映了一国某产业的产品相对于全世界该产业的产品的竞争优势。按 RCA 的数值大小，结果可分为：若 $RCA \geqslant 2.5$，说明该国该产业的产品在国际市场具有极强的竞争力，产业相对优势显著；若 $1.25 < RCA \leqslant 2.5$，说明该国该产业的产品在国际市场上具有较强的竞争力，产业相对优势较显著；若 $0.8 < RCA \leqslant 1.25$，说明该国该产业的产品在国际市场上竞争力一般，无产业相对优势；若 $RCA \leqslant 0.8$，说明该国该产业的产品在国际市场上缺乏竞争力，产业处于相对劣势。

从表 3 - 15 可以得出：①电子设备制造业、通信设备计算机及其他制造业、纺织业、服装业、制鞋业、建筑业（预制建筑、卫生、取暖和照明灯具）、旅游商品制造业和家具制造业具有极强的比较优势，其中通信设备计算机及其他制造业和建筑业比较优势逐渐加大，表明这两个产业的国际竞争力逐渐增强，这也与中国对中亚五国直接投资的产业分布现状相符。②木制品业（不含家具业）、仪器仪表制造业和金属制品业具有较强的比较优势，且比较优势较为稳定。③橡胶制品业、非金属矿物制造业和黑色金属冶炼及压延加工业无比较优势可言，但橡胶制品业和非金属矿物制造业的 RCA 指数逐渐增大，尤其是橡胶制品业，RCA 指数已经接近 1.25，说明其国际竞争力逐渐增加，比较优势开始积累。④其他产业的产品在国际市场上无竞争力可言，处于相对比较劣势，概括起来主要包括矿石和金属业、燃料业、化工产品制造业、烟草制品业和电力生产和供应业。

表 3 - 15　　　　　　　　2005 ~ 2013 年中国主要产业产品的 RCA 指数

产业 \ 年份	2005	2006	2007	2008	2009	2010	2011	2012	2013
矿石和金属业 *	0.53	0.51	0.41	0.40	0.32	0.30	0.31	0.29	0.30
有色金属业	0.75	0.74	0.61	0.63	0.52	0.51	0.55	0.52	0.54
其他矿石和金属业	0.25	0.16	0.12	0.14	0.09	0.10	0.08	0.08	0.07
燃料 *	0.17	0.12	0.12	0.13	0.12	0.11	0.10	0.08	0.08
煤炭、焦炭和煤饼	1.70	1.26	1.19	1.13	0.31	0.31	0.27	0.13	0.15
石油、石油产品及其他	0.12	0.09	0.09	0.09	0.11	0.10	0.09	0.08	0.09
天然气	0.02	0.02	0.03	0.03	0.04	0.05	0.04	0.04	0.04
化工产品制造业 *	0.44	0.45	0.47	0.53	0.45	0.50	0.56	0.52	0.51
塑料制品业	0.23	0.27	0.30	0.31	0.26	0.29	0.34	0.34	0.34
橡胶制品业	0.93	1.01	1.06	1.09	1.11	1.13	1.24	1.25	1.24

续表

产业 \ 年份	2005	2006	2007	2008	2009	2010	2011	2012	2013
机械和运输设备 *	1.23	1.27	1.31	1.40	1.46	1.47	1.50	1.48	1.47
电子设备制造业	3.53	3.50	3.61	3.71	3.63	3.65	3.71	3.58	3.47
通信设备、计算机及其他制造业	2.63	2.62	2.86	2.88	2.89	2.78	2.93	2.96	3.00
制造业 *	1.23	1.28	1.26	1.35	1.22	1.22	1.30	1.33	1.34
皮革、毛皮、羽毛（绒）及其制品业	1.33	1.28	0.86	0.54	0.53	0.49	0.52	0.56	0.55
木制品业（不含家具业）	1.42	1.59	1.54	1.45	1.45	1.54	1.61	1.63	1.50
造纸及纸制品业	0.39	0.45	0.48	0.48	0.51	0.54	0.65	0.73	0.77
纺织业	2.62	2.65	2.58	2.84	2.84	2.85	3.01	2.93	2.84
服装业	3.44	3.62	3.60	3.51	3.30	3.35	3.37	3.30	3.15
仪器仪表制造业	1.08	1.06	1.22	1.27	1.18	1.20	1.23	1.32	1.26
非金属矿物制造业	0.93	1.01	0.93	1.01	1.04	1.00	1.05	1.18	1.14
金属制品业	1.73	1.74	1.73	1.76	1.66	1.69	1.76	1.79	1.73
黑色金属冶炼及压延加工业	0.83	1.08	1.00	1.36	0.76	0.89	1.00	0.99	1.01
烟草制品业 *	0.28	0.25	0.23	0.24	0.24	0.26	0.25	0.26	0.25
其他制造业 *	1.83	1.87	1.87	1.93	1.83	1.86	1.96	2.04	2.01
制鞋业	3.91	3.70	3.51	3.65	3.57	3.59	3.54	3.61	3.32
预制建筑、卫生、取暖和照明灯具	2.29	2.29	2.31	2.49	2.42	2.65	2.76	3.26	3.39
旅游商品制造业	4.27	4.06	3.92	4.25	4.05	4.29	4.38	4.09	3.80
家具制造业	2.33	2.41	2.43	2.62	2.77	2.91	2.96	3.22	3.05
电力生产和供应业 *	0.42	0.47	0.52	0.66	0.70	0.72	0.79	0.73	0.72

注：①表内所有产品的分类标准按照联合国 SITC《国际贸易标准分类》第三版（SITC，Rev.3）。
②表内带 * 表示该类别产品为大类。
资料来源：联合国贸易与发展会议数据库（http：//unctad.org/en/Pages/Statistics.aspx）整理得出。

在中国对中亚五国直接投资的产业进行选择时，中国按照产业比较优势的强弱应优先投资电子设备制造业、通信设备计算机及其他制造业、纺织业、服装业、制鞋业、建筑业（预制建筑、卫生、取暖和照明灯具）、旅游商品制造业和家具制造业，其次投资木制品业（不含家具业）、仪器仪表制造业和金属制品业。虽然中国在矿石和金属业与燃料业处于产业比较劣势的地位，但从资源获取型的投资角度进行分析，结合中亚五国丰富的自然资源情况，中国也应该将矿石和金属业及燃料业，尤其是石油、石油产品及其他产业和天然气产业纳入投资重点。

4.3　产业结构高度同质化基准分析

对外直接投资造成的产业内贸易和产业转移等因素会对投资国和东道国的产业结构造成影响。汪琪（2004）认为，对外直接投资带来的资源补缺效应、传统产业转移效应、新兴产业促进效应、产业关联效应和投资收益效应会带动投资国的产业调整和升级。江小涓（2000、2001）认为，对外直接投资有助于提升东道国的产业结构。长期来看，对外直接投资带动投资国和东道国的产业结构调整，最终会造成投资国的产业结构发展方向与东道国的产业结构发展趋势相吻合，这也得到了美国和日本等国家对外直接投资发展过程的验证。虽然对外直接投资可以带动投资国和东道国的产业结构调整，对外直接投资的发展趋势对两国的产业结构调整也有影响，但从两国的产业结构高度同质化的必然发展趋势也可以反向推测出未来对外直接投资的发展方向。从中国的产业结构看（2005～2013 年中国三次产业占 GDP 比重变化情况见图 3-2），中国的第一产业和第二产业占 GDP 的比重逐渐降低，第三产业占 GDP 的比重逐渐升高，服务业成为未来经济发展的主要方向。在第二产业内，中国一直推进产业结构升级，由粗放型生产转向集约型生产，由高能耗高污染生产转向低能耗低污染生产，由低端装备制造业转向高端装备制造业。结合产业结构调整的内在要求，中国在对外直接投资的产业选择时，应把第三产业作为今后投资的重点，扩大高端装备制造业和集约型生产的投资。

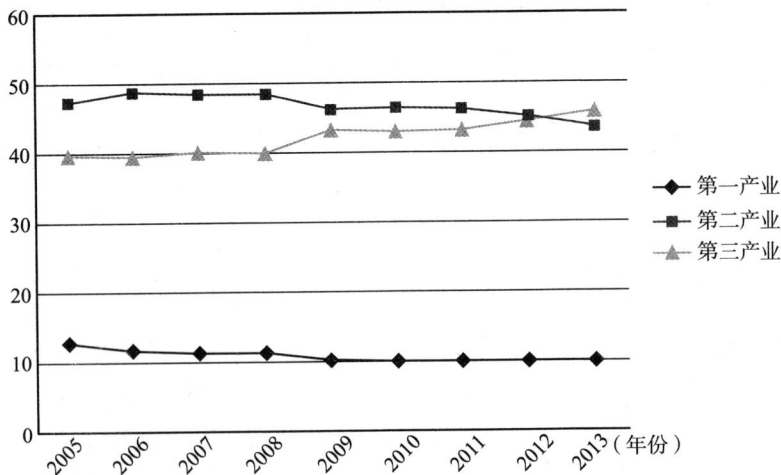

图 3-2　2005～2013 年中国三次产业占 GDP 比重变化情况

资料来源：2006～2014 年《中国统计年鉴》。

5. 结论及建议

5.1 区位和产业选择结论

5.1.1 区位选择结论

根据中国对中亚五国直接投资区位选择的实证结果，剔除不显著变量，可得到如下方程：

$$OFDI_i = 5.87GDP - 3.6RL - 2.38GNIP + 0.08FI + 0.65EX + 0.72TR \qquad (3)$$

为方便中亚五国各国之间的比较，本文将上述方程中的自变量统一进行百分制处理，即计算出某国该自变量数值占中亚五国该自变量总量的比重，然后通过方程计算出各国吸引中国对外投资的数值作为中国对该国投资的评分标准，以此来判定中国对中亚五国各国投资的区位选择顺序和投资策略。由于自变量 EX（东道国对中国的汇率）数值波动较大且无法进行百分制处理，本文剔除该变量对 OFDI 的影响，经修正的方程如下：

$$OFDI_i = 5.87GDP - 3.6RL - 2.38GNIP + 0.08FI + 0.72TR \qquad (4)$$

从表 3 - 16 可以看出，中亚五国各国在吸引中国对外投资的得分高低上依次为：哈萨克斯坦、乌兹别克斯坦、吉尔吉斯斯坦、塔吉克斯坦和土库曼斯坦，其中哈萨克斯坦、乌兹别克斯坦和吉尔吉斯斯坦的得分为正数，说明中国应扩大在这几国的直接投资，尤其是哈萨克斯坦，得分为 88.26，为中亚五国最高，应优先投资，其次是乌兹别克斯坦和吉尔吉斯斯坦。塔吉克斯坦和土库曼斯坦得分为负数，说明这两国对中国的直接投资吸引力不足，中国对其投资应采取市场开拓型战略，从重点区域、重点产业开始投资，再逐渐加大投资力度和投资范围。

表 3 - 16　　　　中亚五国各国吸引中国对外直接投资得分情况

国家	GDP（%）	RL（%）	GNIP（%）	FI（%）	TR（%）	OFDI 分数
哈萨克斯坦	65.97	63.53	49.44	14.44	64.21	88.26
吉尔吉斯斯坦	2.66	1.86	6.58	11.25	16.61	6.12
塔吉克斯坦	2.69	2.76	4.94	6.35	3.98	- 2.53
土库曼斯坦	11.03	13.31	30.04	17.22	8.09	- 47.46
乌兹别克斯坦	17.65	18.53	9.00	4.01	7.10	20.91

5.1.2 产业选择结论

根据中国对中亚五国直接投资产业选择的实证结果，中国具有比较优势的产业为电子设备制造业、通信设备计算机及其他制造业、纺织业、服装业、制鞋业、建筑业（预制建筑、卫生、取暖和照明灯具）、旅游商品制造业和家具制造业，木制品业（不含家具业）、仪器仪表制造业和金属制品业，其中通信设备计算机及其他制造业、纺织业、仪器仪表制造业和金属制品业又属于中国具有比较劣势发展倾向的边际产业。结合产业相对优势基准和边际产业基准分析结果，这些产业应为中国对中亚五国直接投资优先选择的产业。虽然电子设备制造业、服装业和制鞋业等具有比较优势，但都属于劳动密集型产业。中亚五国平均人均收入较低，有利于降低企业人力成本，但中亚五国的人口规模较小，人员密集度低，并不适宜发展此类产业。建筑业既是中国具有比较优势的产业，又是中亚五国优先发展的领域，结合中国在中亚五国建筑业发展的实际情况，应继续将建筑业作为中国对中亚五国投资的重点领域。石油和天然气开采业、黑色金属冶炼及压延加工业、石油加工炼焦及核燃料加工业、有色金属矿采选业和有色金属冶炼及压延加工业虽然不属于中国具有比较优势的产业，但属于中国具有比较劣势或具有比较劣势发展倾向的边际产业，结合中亚五国具备丰富的自然资源条件，应将此类产业纳入中国对中亚五国的投资产业中，一方面发挥东道国的自然资源优势，促进东道国的经济增长；另一方面弥补中国国内油气矿产资产不足的情况，有利于双方经济的共同发展。

综上所述，中国对中亚五国的直接投资产业选择从短期看应以采矿业、建筑业和制造业为主，但从长期看，应将第三产业投资作为未来中国对中亚五国投资的主要方向之一，在第二产业方面的投资也应从低端装备制造业向高端装备制造业、简单的油气矿产开采向能源矿产深加工转变，以符合两国长期发展目标的要求。

5.2 中国对中亚五国直接投资建议

5.2.1 对哈萨克斯坦直接投资的建议

哈萨克斯坦是中国在中亚五国投资的主要国家，哈萨克斯坦丰富的油气矿产资源、较高的经济发展水平、较稳定的政治局势和相对良好的社会秩序好于其他中亚国家，是中国在中亚地区投资的重点区域。中国应不断加大对哈萨克斯坦的直接投资力度，扩大投资规模，带动中国在中亚地区直接投资的发展。目前，中国在哈萨克斯坦的直接投资主要集中在石油勘探、矿物开采等能源领域，但受全球金融危机的冲击及国内经济增速放缓、坚戈贬值的影响下，哈萨克斯坦国内经济政策和投资环境也有所变化。哈萨克斯坦逐渐加大对能源领域的政府管控和整合，通过政府支持、企业收购等形式对能源企业实行国有控股。《地下资源与地下资源利用法》中提出国家对地下资源利用权的"优先购买权"，对外资企业收购哈国矿产企业，自由进入矿业市场造成障碍。哈萨克斯坦将优先发展的产业领域定为：农作物种植与农产品加工、木制品、纺织业、建筑业、原油加工及配套设施建设、冶金及金属制造业、化工、药品和国防、清洁能源生产及电路建设、交通基础设施建设、通信基础设施建设。

结合哈萨克斯坦的国内投资政策和中国对外直接投资产业选择基准分析，本文建议中国在哈萨克斯坦的投资产业主要有以下领域：①能源与矿产产业。仍然将能源矿产产业作为主要投资领域之一，但应逐步摆脱对能源矿产投资的依赖；②纺织业；③建筑业（本文的建筑业已包含交通基础设施建设）；④木制品业；⑤通信基础设施建设。在投资地点的选择上，建议优先考虑哈国经济特区，包括阿斯塔纳工业园、阿特劳州国家工业石化技术园、阿克套海港经济特区、奥恩图斯季克经济特区、巴普洛达尔经济特区、萨雷萨尔卡经济特区、塔拉兹化学园、阿拉木图霍尔果斯－东大门经济特区、布拉拜经济特区和阿拉木图创新技术园，以享受税收优惠。

5.2.2 对吉尔吉斯斯坦直接投资的建议

吉尔吉斯斯坦经济自由度较高，外资管制较为宽松，但法制建设落后，腐败现象较为严重，社会局势不稳定等因素抑制了外资在吉国的进一步发展。在中亚五国中中国对吉尔吉斯斯坦的直接投资位居第二，仅次于哈萨克斯坦，今后中国应继续扩大对吉国的直接投资。吉尔吉斯斯坦优先发展的产业领域主要有粮食生产、水利、旅游、交通运输业和能源产业，自由经济区内的加工贸易和制造业是吉国国内重点发展产业。中国在吉尔吉斯直接投资的产业选择上建议仍将能源、制造业和建筑业作为主要的投资领域，并将餐饮、旅游及娱乐产业作为新兴投资领域，逐渐加大服务业在直接投资中的比重。贸易和制造类企业建议将工厂地址建在吉国自由经济区内，分别是比什凯克自由经济区、纳伦自由经济区、卡拉阔尔自由经济区和玛依玛克自由经济区，可免缴进出口关和其他税费，运入经济区的货物还可免征增值税、消费税和其他税费。

5.2.3 对塔吉克斯坦直接投资的建议

塔吉克斯坦实行对外开放政策较晚，目前仍然处于向市场经济体制转轨阶段。受制于塔国恶劣的气候地理条件、较小的经济规模、过高的外债额、落后的基础设施和薄弱的法制建设，严重影响外国在塔国的直接投资。塔国在中国对中亚五国的直接投资区位选择得分排名倒数第二，塔国对中资企业的吸引力较差。中国对塔吉克斯坦的直接投资处于开拓阶段，目前投资的产业很少，主要是采矿业、建筑业和信息传输业。塔吉克斯坦优先发展的产业有：油气煤矿开采、水电站建设、输变电路建设、道路基础设施建设、通信基础设施建设、农作物种植及农产品加工和铝制品业。参照产业选择的结果和塔吉克斯坦的经济社会条件，本文建议中国在塔国投资的产业包括：①能源矿产开采。塔国具有丰富的矿产资源和油气资源，但由于油气资源埋藏较深，勘探较晚，并没有得到有效开发，中国企业应将此作为投资的重点领域。②建筑业。塔国基础设施薄弱、资金紧缺，建筑业在塔国具有广阔的增长空间。③信息传输业。塔吉克斯坦政府尚未列出特别鼓励投资的行政区域和地区，鼓励外资企业在该国所有行政区域进行投资，但在特殊经济区域的企业享受特殊政策：免征关税和除社会税以外的所有税收；对本国市场提供的服务业的企业只征收增值税；外籍员工个人所得税减半，已在外籍员工母国缴纳个人所得税的可豁免缴税；外国企业和自然人利润和工资免税并可自由汇出。截至 2013 年底，塔吉克斯坦共有四个在建自由经济区，包括索格德、喷赤、伊什卡石姆和丹加拉自由经济区，其中索格德自由经济区主要为工业和创新企业，喷赤自由经济区主要为商业和制造加工企业。

5.2.4　对土库曼斯坦直接投资的建议

与塔吉克斯坦类似，土库曼斯坦自 2007 年起才开始加大吸引外资力度，目前仍然处于高度集中的政治经济体制向市场机制转变的阶段，是中亚五国中经济政策最为保守的国家。土国金融和外汇市场并未对未开放，国家政策多变，外国资本自由流通受阻。外资企业注册难度大，耗费时间长，经营过程中政府部门频繁干预，执法随意性强，这些困难造成了土库曼斯坦吸引中国企业的投资能力弱，吸引中国企业直接投资得分为中亚五国中最低。中国对土国的直接投资以油气产业投资为主，其次为交通通信、农业、纺织、化工、食品加工业和建筑业。土库曼斯坦优先发展的产业包括：油气勘探开采、电力、化工、建材、纺织、交通通信、农业、医疗和制药业、其他加工制造业。结合产业选择实证结果，本文建议中国在土库曼斯坦直接投资的产业主要有：①油气勘探开采；②纺织；③木制品与金属制品业；④交通与通信基础设施建设；⑤其他加工制造业。土库曼斯坦对外资企业在海关、进出口管理、税收和签证上有优惠政策。除此之外，在阿瓦扎国家级旅游区（属于自由经济区）内的外资企业还有签证居留、税费和金融、保险、交通上的一系列优惠政策。油气勘探开发类企业可选择在巴特肯州、列巴普州和马雷州等油气资源丰富的地区投资建厂。

5.2.5　对乌兹别克斯坦直接投资的建议

由于乌兹别克斯坦严格的外汇管制、多变的政策法规、复杂的审批程序及计划经济等因素，中国对乌兹别克斯坦的直接投资占中亚五国直接投资比重最小。但近年来乌兹别克斯坦国内经济的快速发展（2009 ~ 2013 年的 GDP 年增长率超过8%）、丰富的劳动力供给（乌兹别克斯坦为中亚地区第一人口大国）和政府对基础设施及工业园区的重点建设不断加大乌国对中国企业的吸引力，根据区位实证结果，乌兹别克斯坦对中国企业投资吸引力仅落后于哈萨克斯坦，位列中亚五国第二。目前，中国对乌兹别克斯坦的投资主要分布在油气勘探、铀矿开采、基础设施建设和制造业等领域。根据乌兹别克斯坦未来经济发展规划，将石油化工、电子清洁能源、通信建设、交通基础设施建设、纺织业、电子制造业、建筑业、食品生产和农产品加工、化学制药和汽车定位该国优先发展的产业。未来，中国应加大对乌兹别克斯坦的投资力度和投资规模，并将重点投资领域集中于以下产业：①油气勘探业；②铀矿勘探业；③通信基础设施建设；④交通基础设施建设；⑤纺织业；⑥电子制造业；⑦建筑业。乌兹别克斯坦对在偏远地区设厂的外资企业有 3 年、5 年和 7 年不等的税收优惠。另外，对在塔什干市及周边的塔什干州地区设厂的外资企业提供税收优惠政策。截至 2013 年底，乌兹别克斯坦共有三个工业特区，包括以电子产品、汽车、医疗、食品加工和塑料制品企业为主要发展领域的纳沃依自由经济工业园，以石油加工、金属制品业、建筑材料、煤、食品加工和皮制品为主要发展领域的安格连经济特区和以中国企业为主的中乌合作吉扎克工业特区。各工业特区对外资企业制定有不同的优惠政策，中国企业可根据自己主营业务情况选择厂址。

参考文献

［1］Hymer S. International Operations of National Firms: A Study of Direct Foreign Investment ［M］. Doctoral Dissertation, Massachusetts Institute of Technology, 1960.

［2］Buckley P J&Casson M. The Future of the Multinational Enterprise ［M］. London: Macmillan, 1976.

［3］Buckley P J&Casson M. A Theory of International Operation ［M］. Amsterdam: North – Holland, 1978.

［4］Vernon. R. International Investment and International Trade in the Product Cycle ［J］. Quarterly Journal of Economics, 1966 (80): 190 – 207.

［5］Kojima K. Direct Foreign Investment: A Japanese Model of Multinational Business Operations ［M］. London: Croon Helm, 1978.

［6］Wells, Louis T. Jr. Third World Multinationals: the Rise of Foreign Investment from Developing Countries ［M］. Massachusetts: MIT Press, 1983.

［7］ Dunning J. H. Explain the International Direct Investment Position of Countries：Towards a Dynamic or Developmental Approach ［J］. Review of World Economics，1981（1）：30 – 64.

［8］ Sanjaya Lall. The New Multinationals：the Spread of Third World Enterprise ［M］. New York：John Wiley & Sons，1983.

［9］ Tolentino，P. E. E. The Global Shift in International Production and the Growth of Transnational Firm ［M］. London：Routledge，1987.

［10］ Cantwell John. Technological Innovation and Multinational Corporations ［M］. Oxford：Basil Blackwell Ltd，1989.

［11］ Michael Porter. The Competitive Advantage of Nations ［M］. New York：Free Press，1990.

［12］ Kolk，A.，Pinkse，J. Business Responses to Climate Change：Identifying Emergent Strategies ［J］. California Management Review，2005（3）：6 – 20.

［13］ Brunetti A，Weder B. Investment and Institutional Uncertainty：a Comparative Study of Different Uncertainty Measures ［J］. Weltwirtschaftliches Archiv，1998（134）：513 – 533.

［14］ Aliber，R. Money，multinationals and sovereign ［M］. Massachusetts：MIT Press，1983.

［15］ R，A Mundell. International Trade and Factor Mobility ［J］. American Economic Review，1957（6）：321 – 335.

［16］ Hufbauer，G，C.，Lakdawalla，and A. Malani. Determinants of Foreign Direct Investment and Its Concentration to Trade ［R］. UNCTAD Review，1994：39 – 51.

［17］ 赵春明，何艳. 从国际经验看中国对外直接投资的产业和区位选择 ［J］. 世界经济，2002（5）：38 – 41.

［18］ 谢绵陛. 我国企业对外直接投资的区位选择战略 ［J］. 国际商务—对外经济贸易大学学报，2005（1）：62 – 65.

［19］ 马先仙. 我国企业对外直接投资的区位选择 ［J］. 国际商务—对外经济贸易大学学报，2006（1）：69 – 73.

［20］ 何本芳，张祥. 我国企业对外直接投资区位选择模型探索 ［J］. 财贸经济，2009（2）：96 – 101.

［21］ 熊小奇，吴俊. 我国对外投资产业选择与区位布局 ［J］. 亚太经济，2010（4）：99 – 102.

［22］ 宋维佳，许宏伟. 对外直接投资区位选择影响因素研究 ［J］. 财经问题研究，2012（10）：44 – 50.

［23］ 宗芳宇，路江涌，武常琦. 双边投资协定、制度环境和企业对外直接投资区位选择 ［J］. 经济研究，2012（5）：71 – 82.

［24］ 蒋冠宏，蒋殿春. 中国对外投资的区位选择：基于引力模型的面板数据检验 ［J］. 世界经济，2012（9）：21 – 40.

［25］ 曾小荷. 我国对外直接投资的产业和区位选择 ［J］. 国际贸易问题，2003（5）：36 – 40.

［26］ 陈漓高，张燕. 对外直接投资的产业选择：基于产业地位划分法的分析 ［J］. 世界经济，2007（10）：28 – 38.

　　[27] 戴翔，郑岚. Kojima 模型与我国对外直接投资的产业选择 [J]. 国际商务—对外经济贸易大学学报，2008（3）：74－80.

　　[28] 周新生. 对外直接投资产业选择基准研究 [J]. 国际经济合作，2009（1）：32－34.

　　[29] 谭志雄，陈茂直，姚斯杰. 区域经济一体化背景下中国企业对东盟直接投资的产业选择 [J]. 开发研究，2010（6）：126－128.

　　[30] 段秀芳. 中国对中亚国家直接投资区位与产业选择 [J]. 国际经贸探索，2010（5）：31－42.

　　[31] 杨殿中. 中国企业对中亚五国直接投资的产业分布及产业选择建议 [J]. 中央财经大学学报，2012（9）：66－71.

　　[32] 王莉. 美日对外投资产业选择的比较与我国的思路 [J]. 经济纵横，2006（3）：58－59，79.

　　[33] 中国人民银行乌鲁木齐中心支行课题组. 中亚国家的 FDI 及中国对中亚国家投资的情况分析 [J]. 金融发展评论，2012（1）：140－147.

　　[34] 刘渝琳，梅新想. 中国对外直接投资的模式选择研究 [J]. 国际经贸探索，2013（4）：61－72.

　　[35] 黄静波，张安民. 中国对外投资主要动因类型的实证研究——基于 1982～2007 年的外向投资流向分析 [J]. 国际经贸探索，2009（7）：4－10.

　　[36] 鹿朋. 跨国并购比较优势论与实证检验 [J]. 世界经济研究，2007（8）：52－56.

　　[37] 肖慧敏，刘辉煌. 企业特征与对外直接投资的自我行为选择 [J]. 国际经贸探索，2013（9）：82－92.

　　[38] 高志刚. 新疆与中亚五国在区域开放中的战略地位与合作趋势 [J]. 开放导报，2005（1）：59－62.

　　[39] 张如庆. 中国对外直接投资与对外贸易的关系分析 [J]. 世界经济研究，2005（3）：23－27.

　　[40] 孙霞. 中亚能源地缘战略格局与多边能源合作 [J]. 世界经济研究，2008（5）：37－43.

　　[41] 王栓乾，黄俊，王海燕. 中亚市场上的中国企业 [J]. 东欧中亚市场研究，2003（8）：15－20.

　　[42] 胡毅. 中国新疆与哈萨克斯坦各产业间比较分析 [J]. 俄罗斯中亚东欧市场，2005（4）：22－26.

　　[43] 谢乔昕. OFDI 对于母国资本配置效率的影响效应研究——基于中国省级面板数据的考察 [J]. 工业技术经济，2014（3）：71－76.

　　[44] 陈忠. 金砖国家创意服务贸易竞争力比较分析与合作提升策略 [J]. 亚太经济，2014（3）：87－91.

　　[45] 梁婷. 中国对东盟国家直接投资的产业选择研究 [D]. 南宁：广西大学，2006.

　　[46] 苗红娟. 中国对美国直接投资区位选择研究 [D]. 西安：陕西师范大学，2013.

　　[47] 李东阳. 国际投资学教程 [M]. 大连：东北财经大学出版社，2003.9.

　　[48] 谢康等. 国际投资 [M]. 北京：电子工业出版社，2007.8.

［49］中华人民共和国商务部，国家发展与改革委员会，外交部．对外投资国别产业指引（2011 年版）［DB/OL］．商务部对外投资与经济合作司网站（http：//hzs. mofcom. gov. cn/ac-cessory/201109/1315379855245. pdf），2011.

［50］中国对外经济贸易年鉴编辑委员会．中国对外经济贸易年鉴 1992 – 2013［M］．北京：中国对外经济贸易年鉴编辑委员会．

［51］中华人民共和国商务部，中华人民共和国国家统计局，国家外汇管理局．2013 年度中国对外直接投资统计公报［R］．北京：中国统计出版社．

（执笔：赵军、孙梦健）

中俄与中亚五国贸易合作的地位变化

1. 引　　言

　　目前，中国与俄罗斯都是中亚五国重要的贸易合作伙伴，但在双边贸易发展进程中，两国与中亚国家的贸易合作地位发生了相对明显的变化，中国在中亚国家的贸易份额相较俄罗斯而言有趋重之势。本文中的中亚五国指哈萨克斯坦、吉尔吉斯斯坦、塔吉克斯坦、土库曼斯坦和乌兹别克斯坦五个国家。中亚既是"丝绸之路经济带"上连接亚洲与欧洲的重要枢纽，也是丝绸之路沿线国家里与中国地缘最相近的地区，随着中国倡议的"一带一路"的大力推进，对于中国而言，经营好中亚经济圈并与中亚国家构筑良好和谐的经贸合作关系是丝绸之经济带对外合作机制的关键。基于此，本文对中俄与中亚五国贸易合作的地位变化及其原因进行研究分析。

　　国内外对中国和中亚国家的经贸合作的研究主要可归纳为以下几个方面：一是从贸易模式和贸易潜力分析的角度进行研究，主要通过指标统计和指数测算进行分析（李钦等，2010；公丕萍等，2015）；二是从贸易的影响因素角度进行研究（Rabal Land，2007；毕燕茹等，2010）；三是从地缘特征和能源安全的视角进行研究（王晓梅，2008；于树一，2011）。此外，目前国内外针对经贸地位变化的研究，主要是通过各种指标进行测度。张勤等（2012）通过社会网络分析方法，阐释了入世以来我国的国际贸易角色的地位变化；岑丽君（2015）利用GVC 地位指数，讨论了中国出口贸易在全球生产网络中的分工贸易地位。总体而言，从既有文献研究来看，基本上仅是就中国与中亚国家的双边贸易关系进行分析，鲜有进行中国与其他国家和中亚经贸合作比较研究，所以本文以贸易地位变化为视角，通过对比分析在与中亚五国的贸易合作上中俄两国的地位变化情况，确立中国在中亚国家的贸易地位，并进一步挖掘地位变化的根源，从而为中国与中亚国家的贸易合作发展向着良性互动的方向发展提供建议。

2. 研究方法与数据来源

2.1　研究方法

本文采取指标测度的方法来描述中俄与中亚五国的贸易地位变化。由于百分比是一个具有结构性质的指标，所以它能较为精准地体现出贸易体系中各个国家或地区之间的贸易实力对比。若把中亚国家的贸易伙伴国或地区与中亚五国间的贸易额看作是中亚五国贸易总额的组成部分，那么各部分所占百分比之和是一个恒定数值"1"，即100％。在这个体系当中，若某一部分的百分比提高，就意味着某一部分的存在空间受到它的挤压；若一个部分的百分比降低，也意味着某些部分挤压了它的存在空间。贸易额比重这个指标能够很好地反映中亚国家的贸易伙伴国或地区在中亚五国贸易总额中所占据的地位，而且它还是一个动态性指标，能够反映出一个部分的变化对某些部分的影响。所以，中亚国家的贸易伙伴国或地区与中亚五国的贸易额占中亚五国贸易总额的比重，即贸易额比重，可以用来作为探讨中亚国家贸易格局的一个基础性指标，本文将这种方法称为贸易份额分析法，这是本文在研究方法上面的创新。

2.2　数据来源

由于2000年为新世纪开端，所以本文选择2000年为研究分析的起点时间。本文2000～2013年中亚五国贸易额数据来源于世界银行数据库，2014年哈萨克斯坦贸易额数据贸易额数据来源于世界银行数据库，2014年吉尔吉斯斯坦、塔吉克斯坦、土库曼斯坦和乌兹别克斯坦贸易额数据来源于各国统计委员会，2000～2014年中国与中亚五国贸易额数据来源于世界银行数据库，2000～2013年俄罗斯与中亚五国贸易额数据来源于世界银行数据库，2014年俄罗斯与中亚五国贸易额数据来源于俄罗斯联邦统计局网站。

3. 中俄与中亚五国贸易合作的地位变化及原因分析

3.1　中俄与中亚五国贸易合作的地位变化情况

经过整理计算后得到中国和俄罗斯与中亚五国的贸易额以及其分别占中亚五

国贸易总额的比重情况，如表3－17和图3－3所示。

表3－17　　2000～2014年中俄与中亚五国贸易额占中亚五国贸易总额的比重数据

年份	中亚五国贸易总额（亿美元）	俄罗斯与中亚五国贸易额（亿美元）	中国与中亚五国贸易额（亿美元）	俄罗斯与中亚五国/中亚五国（中亚五国=1）（%）	中国与中亚五国/中亚五国（中亚五国=1）（%）
2000	228.7	64.7	18.2	28.3	8.0
2001	242.9	63.1	15.1	26.0	6.2
2002	261.0	56.3	23.9	21.6	9.2
2003	329.7	74.7	40.8	22.6	12.4
2004	483.5	104.4	58.4	21.6	12.1
2005	629.7	126.8	87.3	20.1	13.9
2006	838.0	167.7	120.7	20.0	14.4
2007	1089.3	217.2	196.7	19.9	18.1
2008	1500.8	267.3	308.2	17.8	20.5
2009	1008.0	184.9	237.4	18.4	23.6
2010	1129.4	218.9	301.4	19.4	26.7
2011	1688.1	284.2	396.5	16.8	23.5
2012	1829.9	314.2	459.5	17.2	25.1
2013	1817.4	314.1	502.7	17.3	27.7
2014	1741.9	290.4	450.1	16.7	25.8

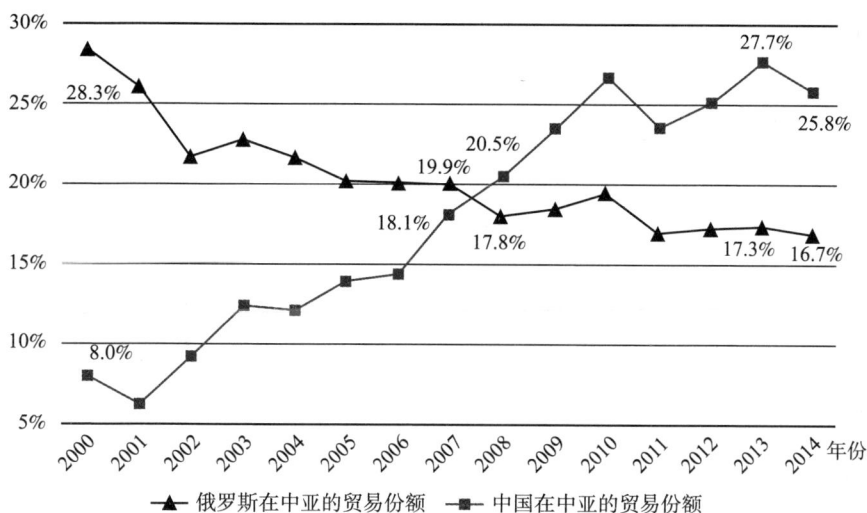

图3－3　2000～2014年中俄与中亚五国贸易额占中亚五国贸易总额的比重变化趋势

结合表 3 - 17 和图 3 - 3 可以看出：①除个别年份外，2000 ~ 2014 年中国、俄罗斯与中亚的双边贸易额都在不断增加，但相较俄罗斯，中国与中亚的双边贸易额的增速明显更快。②俄罗斯在中亚的贸易份额总体呈下降趋势，先是较快地下降，而后下降速度放缓，由 2000 年的 28.3% 减少到 2014 年的 16.7%，而中国在中亚的贸易份额则持续快速增长态势，由 2000 年的 8% 上升到 2014 年的 25.8%。③2008 年是中俄与中亚五国贸易额发生质变的一年，2007 年俄罗斯在中亚的贸易份额比中国高 1.8 个百分点，而 2008 年比中国低 2.7 个百分点，2008 年中国赶超俄罗斯，成为比俄罗斯更大的中亚五国贸易伙伴国。综上所述，可以得出 2000 年以来俄罗斯在中亚的贸易地位日趋下降，而中国的地位则持续明显上升，2008 年之后中国取代俄罗斯成为中亚的重要的贸易伙伴。目前，中国已经基本取代俄罗斯，成为中亚五国最主要的贸易伙伴，中国是哈萨克斯坦、土库曼斯坦的最大的贸易伙伴国，是吉尔吉斯斯坦、乌兹别克斯坦和塔吉克斯坦的第二大贸易伙伴国。

3.2　中俄与中亚五国贸易合作地位变化的原因分析

回望这期间中、俄与中亚国家的政治、经济等实际历程，我们可对上述中俄与中亚贸易地位发生相对变化的原因做出以下几点解释。

第一，中国经济发展保持较高速度增长，对外贸易也发展迅猛，而俄罗斯经济和贸易发展相对比较缓慢。①2000 ~ 2014 年中国 GDP 实际年均增速达 9.7%，远远快于世界实际年均增速（2.5%），中国 GDP 世界排名大幅提升，2000 年排名世界第六位，2010 年中国 GDP 超过日本，成为全球第二大经济体。②而同期的俄罗斯经济发展却不甚乐观，新千年之后，俄罗斯经济虽逐步摆脱 20 世纪 90 年代转型初期形成的经济危机，经济发展形势渐好，呈现中高速恢复性增长，2000 ~ 2008 年 GDP 实际年均增速达 7.8%，GDP 位次也由 2000 年的第 19 位上升至 2008 年的第 8 位，但由于遭受 2008 年国际金融危机的冲击，俄罗斯经济又转为中低速增长，甚至在 2009 年出现经济增长为负值（ - 7.8%），成为当年全球主要经济体中经济下降幅度最大的国家，2009 ~ 2014 年 GDP 实际年均增速仅为 2.8%，综合来看 2000 ~ 2014 年俄罗斯 GDP 实际年均增速也仅为 4.1%，这大大低于中国的经济增速。2014 年以来国际石油价格下跌，俄罗斯卢布大幅贬值，俄罗斯经济更是如履薄冰。③同时，中国对外贸易规模也发展迅速，据世界贸易组织统计，2013 年中国跃居世界第一货物贸易大国。2014 年中国进出口总额为 43003.6 亿美元，是 2000 年的 8.8 倍（2000 年中国进出口总额为 4742.9 亿美元）。与中国的对外贸易发展情况，俄罗斯发展速度较为缓慢，2000 ~ 2014 年中国进出口年均增长 17.1%，俄罗斯进出口总额年均增长仅 12.5%，比中国的少

4.6个百分点。2014年中国进出口额是同期俄罗斯进出口额的5.4倍（7939.7亿美元），而2000年中国贸易额仅为俄罗斯的3.1倍。

第二，中国与中亚国家经济互补性强，而俄罗斯与中亚国家有着类似的经济结构，二者经济互补性不足。①随着中国经济的迅速发展，中国的经济结构发展相对均衡，轻重工业比例相对合理，产品数量与质量都得到很大提升，呈多样化、多层次发展，这为中国货物出口创造了良好条件。中国经济规模不断增大使得国内对各种生产资源尤其是石油、天然气等能源原材料需求十分迫切，而中亚国家能源矿产丰富，这增强了中国对中亚国家能源资源的进口力度；虽然中亚国家具有丰富的能源资源，但其技术、工艺等相对落后，而中国制造业在国际市场上竞争力较强，在石油勘探和采油技术方面具有优势，中亚国家对此方面的进口需求较大；中亚国家轻工业发展滞后，农产品加工发展能力较弱，中国在轻工与农副产品加工领域具有出口优势。②中国与中亚五国的经济互补性体现在二者进出口商品结构上：中国主要进口中亚国家的石油及石油制品、天然气、矿产品、贱金属及制品、化工产品和农产品等商品。中国主要向中亚国家出口钢铁制品、机械设备、车辆及零备件、纺织品、鞋类和机电等。③在俄罗斯和中亚五国的贸易产品结构中，主要是资源类产品，服务类产品占比很低。俄罗斯是个传统的贸易大国，因其得天独厚的自然资源，能源原材料始终是其优势出口产品，但其机械设备、电子产品、交通工具、轻纺服装及日用品等却几乎完全依赖进口。这与中亚国家的经济结构几无差异，可见俄罗斯与中亚国家的经济互补性远远小于中国与中亚国家的经济互补性。

第三，中国对中亚五国的投资力度大，而俄罗斯对中亚国家的投资较少且增长缓慢。①20世纪90年代，中国对中亚五国的直接投资很少，直到2003年开始中国对中亚五国直接投资才有大幅提升，2003年中国对中亚五国直接投资流量为610万美元①，截至2004年初中国对中亚五国直接投资存量仅为4409万美元，但2003年之后中国对中亚五国的对外直接投资额增长迅速，2012年中亚五国直接投资流量达到32.56亿美元，是2003年的533.7倍，截至2013年初中国对中亚五国直接投资存量达到78.24亿美元，是2003年的177.5倍。2012年哈萨克斯坦高居中国对外投资流量的第3名，仅次于中国香港与美国。目前中国已成为乌兹别克斯坦、塔吉克斯坦的第一大投资来源国，吉尔吉斯斯坦的第二大投资来源国。②而俄罗斯虽然对中亚国家投资早，但初始投资十分微小，且直至2006年俄罗斯对中亚国家的投资额才开始慢慢增多，2008年是投资流量最多的一年，但2009年后又开始明显地减少。截至2013年初，俄罗斯对中亚五国的投资存量达18.5亿美元，这远远少于同期中国对中亚五国的投资存量。

---

① 中国对外直接投资公报，下述相同来源不再赘述。

　　第四，中国将中亚放在战略层面上，作为中国（新疆）对外开放的重要方向，而俄罗斯仅视之为传统势力范围。①中国与中亚国家有着重要的地缘经济和地缘政治利益。中亚国家是中国的近邻，中国（新疆）与三个中亚国家接壤。中国实行睦邻、安邻、富邻的外交政策，坚持互利共赢理念，提出了一系列重大合作倡议，有力地加强了同周边国家的务实合作。中国与中亚国家开展合作的主要目标是通过经济合作获得能源资源与确保西部地区周边安全。自 2000 年起中国实施西部大开发战略，新疆作为西部大开发的主阵地、中国向西开放的前沿平台，充分利用国际、国内两个市场、两种资源，不断提高对外开放水平，与中亚各国贸易往来日益密切，贸易方式也趋于多元化，目前双方已形成以边境贸易为主，一般、加工、补偿、易货与转口贸易等多种方式共存的贸易格局，双方合作逐渐呈现多层次、多方式、多渠道的全方位开放合作态势。进入 21 世纪以来，新疆与中亚五国的贸易规模不断扩大，2014 年新疆同中亚五国进出口额为 171.4 亿美元，是 2000 年的 12.7 倍（13.5 亿美元），占新疆进出口总额的 61.9%（276.7 亿美元），占中国与中亚五国进出口额的 38.1%（450.1 亿美元）。新疆与中亚五国的贸易发展日益密切是中国在中亚贸易地位提升的重要原因之一。②而俄罗斯一直把中亚视为其战略"后院"和传统势力范围区域，中亚国家由于是从原苏联独立出来的国家，为了维护国家主权和独立，不得不采用平衡外交策略，左右逢源开展外交合作，所以这也是中亚国家加强同中国等其他国家经贸合作，从而导致俄罗斯在中亚贸易地位下降的原因之一。此外，由于全球形势变化，俄罗斯采取经济发展战略东移策略，尤其是强化与亚太国家，特别是与东北亚国家的贸易合作，相对"挤出"了俄罗斯对中亚国家的重视度，相应地俄罗斯在中亚的贸易地位也被"挤出"了。

　　除上述原因外，中国与中亚五国间交通等基础设施日臻完善、双方互动交流增多等优势，也都是中国与中亚国家贸易地位提升的重要原因。

4. 结论和启示

　　本文利用贸易份额分析法，对中俄两国在中亚的贸易地位进行了较为全面的实证分析，并且得到以下结论：中国在中亚的贸易地位日趋上升，而俄罗斯在中亚的贸易地位则日益下降，且目前中国已经取代俄罗斯在中亚的第一贸易大国地位。这种贸易地位变化主要有四方面的原因：中国经济的高速发展、中国与中亚国家经济较强的互补性、中国对中亚国家的投资力度及中国对中亚政策的战略高度。

　　因此，中国必须继续充分发挥与中亚五国的双边贸易合作优势，进一步扩大两国之间的贸易合作。一方面，紧抓丝绸之经济带建设契机，秉持命运共同体理念，大力巩固并进一步深化向西开放；另一方面，继续充分利用并强化与中亚五国的双边贸易的互补性，实现双边合作互利共赢。由于中国与中亚发展双边贸易具有较为坚实的物质基础和广阔的合作空间，随着中国倡议的"一带一路"建设的大力推进，中国与中亚贸易将得到进一步的深入发展，中国在中亚的贸易地位势必会继续提升，但同时由于俄罗斯主导的欧亚经济联盟在中亚也取得积极响应，加之其传统影响，所以俄罗斯在中亚的贸易影响力仍不容小觑。

（执笔：随书婉）

中国与中亚非资源性合作研究

1. 中国与中亚非资源性合作概述

1.1 资源性合作与非资源性合作特征及关系

产业活动的发展离不开资源。"资源性产业"是依赖自然资源的消耗来实现增长的产业类型。资源性产业具有以下几个特征：①所消耗资源主要为不可再生资源，而且大多是具有一定战略地位，涉及国家安全，关系国计民生，如矿产资源、能源资源等。②产业发展受国家和地区政策影响较大，受到国家和地区政策支持的产业往往发展较快；相反则发展较慢。③增长方式粗放，对环境破坏较大。投资规模大，要求固定资产投资保持较高增长。④产业结构比较单一，集群效应差、发展弹性小，抵抗市场风险的能力有限。

"非资源性产业"是相对资源性产业而言的，是指以产品加工为特征、不依赖资源消耗的产业。非资源产业具有以下几个特征：①加工程度高，技术含量高，因此，对技术和人才素质要求较高。②对环境的污染较小，甚至可以改善环境。③产业内就业岗位多，有助于促进就业。

非资源性产业和资源性产业并不是分割、对立的关系，也不是简单的前者替代后者的关系。特别是在资源型产业经济向非资源型产业经济过渡的阶段，它们是一种互为促进、互为依赖的关系。非资源性产业是在资源性产业的基础上发展起来的，部分非资源性产业是现有资源性产业链的进一步延伸，如传统资源性产业的深加工，因此，部分资源性产业可以通过技术提升或创新或产业链的延伸转化为非资源性产业。非资源性产业为资源性产业的发展提供服务，如非资源性产业中的新兴服务业。非资源性产业和资源性产业互为补充，二者共同促进一个国家或地区的经济发展。

1.2 中国与中亚各国非资源性合作的重要性与可行性

1.2.1 资源依赖型经济发展模式有其局限性

中国与中亚国家的合作大多侧重于资源、能源领域，但是，资源性合作有其固有约束：由于加工程度较低，资源型产业的发展往往难以带动整个地区经济的发展；受市场经济波动的影响，资源型产业价格波动较大，产业发展不稳定。原苏联时期，中亚国家是作为苏联整体社会分工一部分存在的，以各国自然资源为基础确定其在分工中地位，但是中亚各国在独立后二十多年的发展中原有产业格局没有发生根本变化，资源型工业结构反而得到了强化。

中国是经济大国也是贸易大国，中国工业门类齐全，出口产品以工业制成品为主。因此，中国与中亚国家具有良好的经济互补性，具有在国际分工基础上进行产业合作的物质基础。

1.2.2 中亚国家对中国的矛盾心态

首先，希望富裕起来的中国能在经济上给予帮助。这种经济帮助除扩大贸易外，更希望中国能到本国投资，前去修建一些生产性项目，最好能帮助解决它们渴望解决的问题。其次，希望中国能帮助它们走向世界，参与解决与它们有关的国际和地区性的问题；希望中国能对它们自身安全和中亚地区安全提供保证。

同时，它们对中国的日益强大也感到不安，存在担心：担心逐渐强大的中国会威胁自己，"中国威胁论"在中亚国家也有一定的市场；担心中国"经济扩张"，使自己成为中国的"经济附庸"；担心中国经济发展带来生态变化，影响邻国；担心中国大量非法移民进入；担心中国一旦与美国、俄罗斯交恶会殃及自身。

1.2.3 中亚国家关注各自能源及安全，迫切希望加强非资源领域合作

中亚国家是以农业和原料工业为发展重点的产业结构，工业门类并不完整（中亚五国支柱产业情况见表3-18），需从外部大量进口生活资料，中亚国家迫切希望尽快改变能源、原材料为主的经济发展模式，大力发展非能源领域经济，中亚各国均希望通过壮大民族工业，改善人民生活水平，维护主权提高国际地位。与中国合作的关注点转向非资源领域，中亚国家希望中国帮助其改善经济结构、发展基础设施和制造业的愿望更加迫切。

表 3 – 18   中亚五国支柱产业情况

国别	支柱产业
哈萨克斯坦	石油、天然气的开采加工；金属开采和冶炼、运输
乌兹别克斯坦	棉花种植；石油、天然气、铀矿开采；黄金等有色金属的开采和冶炼
吉尔吉斯斯坦	农业；有色金属的采掘和加工；电力工业；食品加工
塔吉克斯坦	铝锭生产和加工（非本地原材料）；棉花种植及加工；食品工业
土库曼斯坦	石油、天然气的开采加工；棉花种植和棉纺织

1.2.4 潜力巨大的市场优势

中亚五国均将加快经济发展、提高人民生活水平作为巩固现政权的重要措施。中亚各国已步入市场经济轨道，商品市场、资本市场和劳动力市场逐步开放。从市场结构看，中亚五国的工业以采矿业和初加工工业为主，矿产品大量出口；中亚五国消费品市场基本属于对外依赖型的市场结构，原材料市场大都属于外部需求型的市场结构。其具体表现为：对本国的原料利用率很低，大都面向国外市场；机电、家电和汽车需求较旺盛，市场潜力很大；轻纺工业发展滞后，产品无法满足本国需要。从市场特征分析看，中亚五国市场规模较大，市场发育程度较低，消费潜力颇大，地缘优势和经济强势的互补关系，使中亚五国的经济合作对中国有很强的依赖性。

1.3 中国与中亚各国合作现状

近年来，中国与中亚国家非资源合作有所发展。中国与中亚国家发挥各自优势，已从最初的纯资源贸易和产品初级加工逐步扩展到劳务输出，原料加工、专利转让、大型基础设施承包、农业生产和土壤改良等诸领域、多层次的立体交叉合作模式。

1.3.1 中国与哈萨克斯坦合作现状

目前，哈萨克斯坦是中国在中亚地区最主要的贸易合作伙伴，中哈间的铁路和公路也承载着中国与中亚各国的大部分贸易往来。中国是哈萨克斯坦第四大贸易伙伴（仅次于俄罗斯、意大利和德国）和第四大投资伙伴（仅次于美国、韩国、英国），哈萨克斯坦是中国在独联体内的第二大贸易伙伴（次于俄罗斯），2012 年，中哈双边贸易额为 199 亿美元。在双边经济合作中，主要投资领域是石油、农副产品加工、皮革加工和餐饮。中国对哈萨克斯坦的经济合作中，石油合作占据重要位置，中国石油天然气总公司先后购买了哈萨克斯坦阿克纠宾斯克油田 85.42% 的股份、卡布扎奇油田 100% 的股份，成功收购哈萨克斯坦 PK 石油公司，以及在里海盆地东缘中区的石油勘探项目等。

1.3.2　中国与乌兹别克斯坦合作现状

2012 年，中乌双边贸易额为 28.75 亿美元，同比增长 32.75%（中国首次成为乌兹别克斯坦第二大贸易伙伴），其中对乌出口 17.84 亿美元，同比增长 31.27%；进口 10.91 亿美元，同比增长 35.26%[1]。

1.3.3　中国与吉尔吉斯斯坦合作现状

2012 年，中吉双边贸易额为 51.6 亿美元，同比增长 3.7%（中国稳居吉尔吉斯斯坦第二大贸易伙伴国和第二大进口来源国），2012 年对吉出口 50.7 亿美元，同比增长 4%；进口 0.9 亿美元，同比下降 9.4%[2]。

1.3.4　中国与塔吉克斯坦合作现状

2012 年中塔双边贸易额为 6.18 亿美元，同比增长 0.1%（2013 年 1 月，中国成为塔吉克斯坦第二大贸易伙伴），其中，塔对我出口 1.78 亿美元，同比下降 25.8%，占塔出口总额的 14.3%，塔自我进口 4.4 亿美元，同比增长 15.8%，占塔进口总额的 12.9%[3]。

1.4　市场需求的比较优势

随着中国与中亚国家经济的快速发展，居民收入显著增加，消费水平也相应提高。我们主要是从经济发展水平、人口增长和市场规模等方面来说明中国与中亚国家的市场需求互补性。

1.4.1　中亚国家的市场潜力

市场潜力可以用一个国家的经济发展水平和速度来反映。2005 年以来，中亚国家的经济发展虽有起伏，但以增长为主，尤其是哈萨克斯坦和土库曼斯坦（中亚国家国内生产总值同比变化情况见图 3-4）。

哈萨克斯坦经济保持较快发展，受国际金融危机影响，哈萨克斯坦 2012 年国内生产总值为 30.0725 万亿坚戈（约合 1998.6 亿美元），增长率为 5%[4]。由于哈开放程度高，在中亚国家中受国际经济危机的影响最大，但因其经济基础较

---

① 中国海关总署统计数据，见《海关统计快讯》，2013 年 2 月 21 日。
② 中国海关总署统计数据，见《海关统计快讯》，2013 年 1 月 24 日。
③ 中国海关总署统计数据，见《海关统计快讯》，2013 年 2 月 10 日。
④ 哈萨克斯坦国家统计署：2012 年哈萨克斯坦发展公报，哈萨克斯坦《实业周报》（一版），2013 年 2 月 15 日，以下哈国未标明来源数据均来自于此公告。

好，加之石油经济特征，国际能源价格走高对其经济拉动作用明显；且政府采取各种应对危机的措施，故其经济恢复也较快。

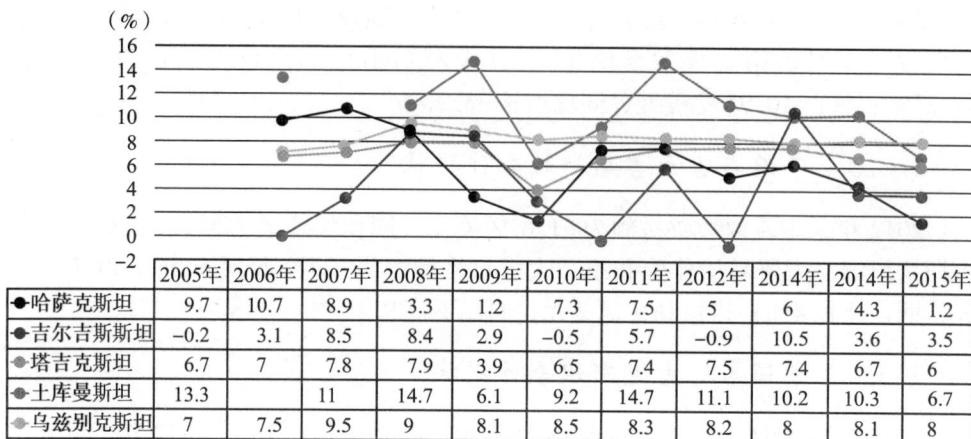

图 3 - 4　中亚国家国内生产总值同比变化情况

注：按不变价格，与上年同比，根据中亚各国统计公告计算。

	2005年	2006年	2007年	2008年	2009年	2010年	2011年	2012年	2014年	2014年	2015年
哈萨克斯坦	9.7	10.7	8.9	3.3	1.2	7.3	7.5	5	6	4.3	1.2
吉尔吉斯斯坦	-0.2	3.1	8.5	8.4	2.9	-0.5	5.7	-0.9	10.5	3.6	3.5
塔吉克斯坦	6.7	7	7.8	7.9	3.9	6.5	7.4	7.5	7.4	6.7	6
土库曼斯坦	13.3		11	14.7	6.1	9.2	14.7	11.1	10.2	10.3	6.7
乌兹别克斯坦	7	7.5	9.5	9	8.1	8.5	8.3	8.2	8	8.1	8

土库曼斯坦国内生产总值的增长速度在中亚国家中一直领先，2012 年土国内生产总值增长稳定，比 2011 年增长 11.1%，是中亚经济增速最快的国家。2012 年土库曼斯坦共建设和投入使用 397 个大型项目，总价值超过 50 亿美元。各经济领域投资额与上年相比增加了 38%[①]。

在过去的六年里，乌兹别克斯坦国内生产总值增长率一直保持在 8% 以上，增长率比较平稳，最高达到 2010 年的 8.5%，最低达到 2012 年的 8.2%。乌兹别克斯坦是受国际金融危机影响较小的中亚国家，乌独有的宏观经济发展模式显著降低了国际金融危机对乌经济和金融体系的消极影响，保证了宏观经济的发展[②]。

1.4.2　中亚国家的市场容量

一个国家的人口数量是衡量该国市场容量和规模的一个基本指标。在不考虑人均收入和消费水平的条件下，一个国家的人口数量越多，该国的市场容量就越大；一个国家的人口增长速度越快，市场潜力就越大。从人口数量看，2010 年，中亚国家人口数量为 61461 千人，其中乌兹别克斯坦人口最多，达到 28580 千人（中亚国家人口数量见表 3 - 19）。

---

① 土库曼斯坦国家统计委员会：2012 年土库曼斯坦统计公报，《土库曼中立报》（一版），2013 年 1 月 15 日（以下土库曼斯坦未标明来源的数据均来自于此）。

② 王海燕. 后金融危机时期中亚国家综合经济形势——跌宕起伏 [J]. 俄罗斯中亚东欧市场，2012 - 10.

表3-19		中亚国家人口数量		单位：千人
年份 国家	2000	2005	2010	2015
哈萨克斯坦	14954	15211	15159	16951
塔吉克斯坦	6173	6550	7062	8361
乌兹别克斯坦	24724	26593	28580	30441
土库曼斯坦	4502	4833	5163	8361
吉尔吉斯斯坦	4946	5204	5497	5798

1.4.3 中亚国家的市场规模

购买力是直接影响市场规模的重要因素。购买力往往取决于收入、消费和储蓄等因素。其中收入最能反映消费水平和层次，收入越高，消费水平和消费层次就越高。工资水平和社会商品零售额是反映一国收入水平和消费水平最重要的两个指标。从消费水平和结构来看，苏联解体前，中亚各国普遍达到了中等偏上的水平。近年来，随着中亚各国经济的快速发展，以及居民收入的快速增长，他们的消费结构发生了显著的变化，消费需求向较高层次迈进，逐渐从普通的日用消费品领域转向注重品质的较高层次的消费品领域。如果再考虑到人口因素、经济发展因素和人口素质等因素，中亚国家的市场潜力更是不可估量的，市场前景非常广阔。

1.5 中国与中亚各国非资源性合作的主要领域选择

1.5.1 第一产业合作领域选择

中国与中亚国家在农产品贸易和农业技术方面具有很大的合作潜力。中国与中亚国家在加强农产品贸易同时，重点应在农业技术方面开展合作。种植业方面，中国与中亚国家在农作物育种、节水灌溉、合作种植等方面具有巨大技术合作空间。在农业育种方面，中国与中亚国家各有技术优势，在棉花、甜菜、玉米、水稻、葡萄、瓜类以及饲料作物育种方面可以开展合作，优势互补，提高农业生产水平；节水灌溉方面，中亚国家有着悠久的灌溉农业历史，尤其是棉田灌溉的技术较为先进和成熟，而中国的膜下滴灌技术在中亚国家很有市场，双方可以互相借鉴；中亚拥有发展农业的广袤土地，但由于劳动力和资金有限，没有得到开发，中国利用资金、技术以及劳动力优势，与中亚国家开展种植合作。中国与中亚国家在畜牧业方面也有很大的技术合作空间。中亚国家是传统的畜牧业生产区，具有丰富畜牧养殖经验。中国与中亚国家可在牲畜品种的培养和改良、家畜集约规模化生产等方面开展合作。

1.5.2　第二产业合作领域选择

第二产业合作是中国与中亚国家产业合作的重点领域，中亚国家制造业基础薄弱，加工能力弱，因此独立后中亚各国普遍把日用消费品生产以及最终产品生产作为制造业发展的重点，成为中亚国家重点吸引外资的领域。基于中国与中亚国家的资源和技术优势，中国与中亚国家主要可在以下产业领域开展合作。

（1）农业机械制造

农业在中亚国家中占有重要地位，但目前中亚国家农业机械普遍超期服务，老化严重、噪声大、高耗油，配件停产，因此中亚国家的农业机械亟待更新换代。中国农业机械价格适中、种类丰富，运输和配件购买方便，颇受当地农民欢迎。中亚国家资金有限，设备进口能力有限，因此积极吸引外资在本地建设合资企业生产农业机械。

（2）纺织业

纺织业在中亚国家产业中具有重要地位，哈萨克斯坦和乌兹别克斯坦都将纺织业作为主导产业。但目前中亚国家纺织设备老化、产品单一，不能满足国内需要，目前亟须吸引外资建立合资企业，提高加工能力，丰富产品种类。中亚各国将纺织业作为重点吸引外资行业，制定各方面优惠政策吸引外资。中国纺织业十分成熟，设备和技术具有很强的竞争优势。

（3）民用工业

民用工业指家用电器、日用百货、电信设备及办公用品的生产。民工工业是中亚国家工业体系最薄弱、市场空白点最多的行业，是中亚国家亟待发展的领域。目前在中亚国家开展家电生产的主要是韩国企业，中国家电主要出现在零售渠道。电信设备在中亚国家已经占领了一定市场份额。民用工业技术和资金要求相对较低，因此进入门槛相对较低，因此极易得到发展，各国在这一领域的竞争也极为激烈。中国企业应抓住中亚国家亟待建立民用工业体系的有利时机，与中亚国家开展合作。

1.5.3　第三产业合作领域选择

中亚国家服务业发展很快，但发展水平不高，新兴服务业以及为生产服务的行业发展还很落后，如电信业、金融业等。中国与中亚国家在交通运输领域和电信领域的合作是中国与中亚国家大规模开展产业合作的物质基础，具有重要的意义。尽管合作已经取得了积极成果，但仍有很大发展空间。

2. 中国与中亚农业合作

2.1　中亚五国农业生产及贸易现状

2.1.1　中亚五国农产品生产现状

中亚五国农业生产以种植业和畜牧业为主。种植业方面，主要以粮食（小麦、玉米和水稻）、油料和棉花这三类土地密集型产品为主，畜牧业为人们的日常生活提供肉、皮毛和鲜奶。

中亚五国普遍都重视粮食生产，强调粮食自给。按照联合国粮农组织提出的95%的安全标准，哈萨克斯坦、乌兹别克斯坦、土库曼斯坦粮食基本能自给，尤其是哈萨克斯坦，粮食自给率达到148%，而吉尔吉斯斯坦粮食不能完全自给，每年需进口5%的谷物，土库曼斯坦粮食自给率最低，仅为62%，存在严重的粮食安全隐患。水果和蔬菜是中亚国家比较短缺的农产品，只有乌兹别克斯坦能够为周边邻国和俄罗斯提供水果和蔬菜。油料作物主要是油菜、葵花，中亚五国油料基本不能自给，每年都需要从国外大量进口以弥补国内生产的不足。经济作物以棉花、甜菜和烟叶为主，其中棉花是最突出的经济作物，棉花是乌兹别克斯坦、土库曼斯坦和塔吉克斯坦农业的支柱产业；乌兹别克斯坦是世界第五大产棉国、第二大出口国。

2.1.2　中亚五国农产品贸易现状

中亚五国农产品出口种类比较单一，纺织纤维（包括棉花、羊毛、蚕丝）和小麦是其主要的具有世界影响力的出口农产品，其中尤以哈萨克斯坦的小麦出口和乌兹别克斯坦的棉花出口最具特色。进口的农产品主要是粮食、植物油、糖、肉、瓜果蔬菜等。

在中亚五国中哈萨克斯坦的农产品进出口规模最大，2010年，哈萨克斯坦农产品进出口贸易总额达到40.78亿美元，几乎占中亚五国农产品进出口总额。小麦及其制品是哈萨克斯坦最主要出口的农产品。乌兹别克斯坦在中亚五国农产品贸易规模中居第2位，棉花是其最重要的出口农产品，2011年乌兹别克斯坦出口皮棉40.52亿美元，占其所有农产品出口总额的74.5%。吉尔吉斯斯坦能够大规模出口食糖和蜂蜜。塔吉克斯坦和土库曼斯坦最重要的农产品出口是棉花。中亚五国最为紧缺的就是食品、水果、蔬菜、糖、植物油等农产品，每年都需要从国外大量进口，以满足国内生产的不足。

从农产品贸易对象来看，中亚五国最主要的贸易伙伴是俄罗斯。同俄罗斯进出口额一般都占各国的 30% 左右。其他重要的贸易伙伴：欧洲的贸易国主要有瑞士、英国、德国、意大利和法国，亚洲主要有韩国、伊朗、土耳其和中国。

2.2　中亚国家农业发展存在的问题

中亚国家农业发展迄今仍未改变靠天农业的状态，农业技术落后，抵御自然灾害能力低。

2.2.1　农作物单产低，农业技术落后

中亚国家农作物单产较低。例如，粮食生产大国哈萨克斯坦粮食亩产量很低，2007 年虽粮食大丰收，折合亩产仅 87 公斤。而在与哈萨克斯坦毗邻且地理气候土壤条件类似的中国新疆，小麦单产在 2004 年就已达到每亩 120 公斤。中亚棉花生产大国乌兹别克斯坦的棉花单产也低于中国新疆：乌最好的棉花"布拉哈一6号"相当于中国新疆二级棉水平；中国新疆棉花单产和总产分别比乌兹别克斯坦高 30% ~50% 和 30% 以上。

2.2.2　农业机械陈旧

中亚国家延续苏联时期建立的集体农庄经营模式，土地集中平坦，非常适合农业机械化技术的推广。但中亚国家农业机械普遍老化，急需更新换代。

2.2.3　灌溉设施不足

中亚地区地表水分布极不均衡，主要灌溉水源是锡尔河和阿姆河，地处两河上游的塔吉克斯坦和吉尔吉斯斯坦占了 2/3 的水资源，而地处下游的哈萨克斯坦、乌兹别克斯坦和土库曼斯坦三国地表水资源总和才接近 1/3。一方面是水资源有限；另一方面是灌溉系统缺乏。中亚国家无力投资以改善灌溉体系，目前主要依靠世界银行等国际机构有限的援助和贷款实施水利规划和建设。

2.3　中国与中亚国家农业合作现状

2.3.1　农产品贸易合作

（1）贸易规模

中国与中亚五国在农产品贸易领域形成了较好的历史基础，自 2000 年以来，

中国与中亚五国的农产品贸易进入了一个快速发展的新时期（见表3－20）。

表3－20　　　　　　　　　中国与中亚五国的农产品贸易额①

年份	哈萨克斯坦（百万美元）	吉尔吉斯斯坦（百万美元）	塔吉克斯坦（百万美元）	土库曼斯坦（百万美元）	乌兹别克斯坦（百万美元）	中亚五国	
						合计（百万美元）	占中国农产品贸易额比重（%）
2000	60.79	10.13	3.70	5.80	20.60	101.02	0.28
2001	65.77	16.60	2.63	3.59	14.67	103.27	0.05
2002	46.60	8.64	1.91	2.84	36.43	96.43	0.24
2003	82.86	14.64	17.72	4.99	173.01	293.20	0.56
2004	82.04	21.36	5.63	11.57	354.86	475.46	0.72
2005	96.73	39.64	7.87	19.97	405.36	569.57	0.78
2006	115.57	88.91	11.20	11.20	528.20	755.08	0.90
2007	120.41	108.97	8.13	24.07	344.96	606.54	0.58
2008	150.34	133.43	13.05	31.44	331.17	659.43	0.55
2009	146.35	104.51	15.40	33.96	223.63	523.86	0.45
2010	175.56	141.52	19.28	49.45	756.54	1142.35	0.95
2011	208	186	22		344		
2012	242	206	23		201		

根据贸易规模，中国与中亚国家的农产品贸易可分为三个层次。

第一个层次是乌兹别克斯坦。在中亚五国中，乌兹别克斯坦是中国最大的农产品贸易伙伴。中乌农产品贸易额分别占中国与中亚五国农产品贸易总额的一半以上。

第二个层次是哈萨克斯坦与吉尔吉斯斯坦。哈萨克斯坦是中国在中亚地区的第二大农产品贸易伙伴，仅次于乌兹别克斯坦；但中国与吉尔吉斯斯坦农产品贸易增长十分迅速。

第三个层次是塔吉克斯坦和土库曼斯坦。塔土两国与中国的农产品贸易额很小，在中国与中亚国家农产品贸易总额中仅占1%左右。

总体而言，近年来中国与中亚国家双边农产品贸易额增长虽然很快，但农产品贸易规模依然很小，双边农产品贸易发展空间很大。中国与中亚国家农产品贸易额在中国与中亚国家贸易总额中所占比重不高，2006～2010年的比重分别为4.47%、3.15%、6.31%、6.55%和6.75%。同样，中国与中亚国家农产品贸易额在中国农产品贸易总额中所占比重也非常低，2005～2010年分别为1.08%、

① UNCOMTRADE，中国驻中亚五国参赞处统计数据计算。

1.02%、1.21%、0.82%、1.04% 和 0.65%。

（2）贸易结构

从贸易产品结构来看（见表 3 - 21），中国对中亚国家主要出口食物及活动物这类劳动密集型产品，如苹果、梨等林果产品，马铃薯、葱、蒜等蔬菜，羊肉、禽肉、禽蛋等畜产品，番茄酱、葡萄酒、果蔬罐头等加工农产品，占出口总额的 95%，其中林果产品所占比重最大，占出口到中亚国家农产品总额的 45% 以上。中亚国家对中国主要出口非食用原料（燃料除外），占出口总额的99.3%，其中主要是纺织纤维和未加工动植物原料等农产品，包括棉花及短绒棉和生皮及皮革等土地密集型产品，其中比重最大的是棉花及短绒棉，占从中亚国家进口的农产品的 50% 以上；生皮及皮革是中国从中亚国家进口的第二大农产品，近 5 年的进口额从 2981 万美元增至 4922 万美元，所占比重从 29.97% 增至33.87%。

表 3 - 21　　　　　　　　　　　中国与中亚农产品贸易结构

国家	向中亚国家出口	从中亚国家进口
哈萨克斯坦	奶产品和蛋类、鱼及鱼制品、谷物及谷物制品、蔬菜及水果和混合食物制品	生皮及皮革、纺织纤维和未加工动植物原料
吉尔吉斯斯坦	肉及肉制品、谷物及谷物制品、蔬菜及水果和混合食物制品	生皮及皮革和纺织纤维
塔吉克斯坦	谷物及谷物制品和混合食物原料	生皮及皮革
土库曼斯坦	咖啡、茶、可可粉及香料	纺织纤维和未加工动植物原料
乌兹别克斯坦	咖啡、茶、可可粉及香料	纺织纤维和未加工动植物原料

从表 3 - 21 可以看出，中国与中亚国家的农产品贸易结构中，出口结构较多元化，而进口结构呈现单一化。

2.3.2　农业科技合作现状

中国与中亚国家农业科技合作涵盖了种植业、养殖业、农产品加工业以及农业机械产品的生产技术等诸多领域。

在种植业方面，双方存在着很大的互补性，且取得了一定成效。如中国新疆农业科学院与中亚五同的同行开展了小麦、棉花、瓜果等农作物的育种材料、优良品种的交换、专家互访、试种良种等方面的科技合作。

在畜牧业合作方面，中国新疆尤其重视与中亚国家开展科技交流与合作，先后与哈萨克斯坦农业科学院养羊研究所、饲料与草场研究所等机构开展了牛羊饲养、牧草选育、草场改良、畜病防治等方面的合作研究，交换了牧草与家畜的优良品种以及相关的技术资料。

在农产品加工领域合作方面，主要体现在番茄制品加工贸易方面的合作。

中亚国家对中国农业技术需求旺盛。温室大棚技术、膜下滴灌技术和农产品改良技术在中亚国家尚处于起步阶段，中亚国家也希望通过农业技术合作提高农产品产量和品质。中国新疆天业集团在塔吉克斯坦注册了独资企业——友谊农业开发公司，负责推行中国政府援助的棉花膜下滴灌技术。这一技术在塔吉克斯坦应用非常成功，使塔这个干旱缺水的农业国看到了农业增收的希望。

2.3.3　农业投资合作

从双方投资合作企业经营范围来看，中国与中亚国家农业投资的领域主要有：农副产品生产与加工、食品加工与销售、畜禽养殖等。然而，在农业领域投资合作的规模还较小，质量和层次还较低，合作不够稳定，资本、技术密集型合作项目和高新技术合作企业还很少。

中国与中亚国家农业合作有以下两个特点：一是，中国与中亚国家农业具有明显的互补性，合作潜力巨大。但目前，中国与中亚国家农业合作尚未充分展开，农产品贸易规模较小，农业技术交流有限。二是，在中国与中亚国家农业合作中，中国提供了市场、资金和技术，并发挥着主导作用。因此，深化中国与中亚国家农业合作，重点要提高贸易、投资和技术合作水平，其中贸易合作是手段，投资合作是基础，技术合作是关键。

2.4　中国与中亚农业合作存在的问题

2.4.1　农业区域合作机制不健全

当前，中国与中亚国家全面、深入开展农业合作最大问题就在于中国与中亚国家没有建立持续长效的农业合作机制。上海合作组织给中国与中亚国家经贸合作提供了良好的合作平台，但中国与中亚国家至今尚未签订与农业合作、贸易与投资相关的框架协议，也没有建立涉及农业合作以及农产品贸易的高层对话机制，仅个别地区签订了地区性合作协议。由于没有建立有效的农产品产销对接机制，没有农产品贸易信息交流和共享平台，导致农产品贸易信息严重不足，企业更是缺少获取准确市场信息的渠道。农业科技合作也因缺乏农业人力资源和技术交流机制而使得双方的合作具有很大的随意性，合作的方式也只是大多局限于政府、科研团体之间的互访、考察、交换科研资料等。在农业投资领域，由于没有建立起风险防范机制和贸易争端解决机制而使农业投资合作进展缓慢。

2.4.2　农产品贸易结构不合理

首先，产品结构单一化。在出口方面，林果产品占出口到中亚国家农产品总额的 45% 以上，且出口的农产品绝大部分为初级产品，种类少，产品档次低，附加值低，技术含量低，精深加工和高技术含量农产品出口所占比重也很低；在进口方面，主要集中在棉花和短绒棉，占从中亚国家进口农产品的 50% 以上。其次，对中亚国家出口市场过于集中，中国对中亚国家的农产品出口主要集中在哈萨克斯坦和吉尔吉斯斯坦两个国家，对这两个国家的农产品出口占到对中亚国家农产品出口总额的 90% 以上，如此集中的出口市场抑制了市场的伸缩弹性，导致农产品出口市场风险加大，容易受到进口国国内政治、经济波动及农产品贸易保护主义措施的冲击。最后，农产品贸易方式比较单一，以边境小额贸易方式为主。

2.4.3　与中亚合作企业实力偏弱

中国农业"走出去"企业的实力偏弱，从而中国企业在中亚市场上面临着资金缺乏、规模小、竞争力弱等问题；且企业之间未形成差异化竞争，同质化程度较高，恶性竞争较多。严重制约着中国企业在中亚市场上的生存和发展。

2.4.4　农业投资合作制度不完善

缺乏对中亚市场投资的战略性目标和总体规划，双方的投资合作规模还比较小，真正大型的、技术含量高、效益好的项目还太少。中国缺乏对企业的投资引导，加上双方信息不对称，导致企业不了解对方市场需求、投资需求，具有合作意向的企业苦于找不到合适的合作伙伴，错失了很多良机。缺乏完善的政策保险制度，农业项目投资大、回收慢等自身特点，决定了开展农业投资合作具有较大风险。

3.　中国与中亚轻纺、食品领域合作分析

3.1　纺织行业合作

3.1.1　中国纺织工业发展现状及优势

纺织工业是中国传统支柱产业，在中国国民经济发展中一直占据着重要地位，棉纱、棉布、呢绒、丝织品、化纤、服装等产量均居世界第一位，截至 2011年，纺织行业企业数量为 22484 家，其中大型企业 163 家，占行业比重 0.72%；中型企业 3168 家，占行业比重的 14.09%；小型企业 19153 家，占行业比重的

85.19%（2011 年中国纺织行业企业规模分布情况见图 3 - 5）。

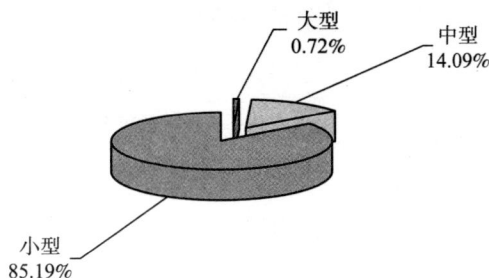

图 3 - 5　2011 年中国纺织行业企业规模分布情况

资料来源：全球分析图（www. qqfx. com. cn）纺织课题组整理。

2007 ~ 2013 年中国纺织工业的发展情况见表 3 - 22。

表 3 - 22　　　　　　　　中国纺织工业发展情况

年份	纺织工业总产值（亿元）	增长率（%）
2007	16900. 91	21. 46
2008	19383. 77	15. 19
2009	20678. 12	9. 46
2010	25735. 55	27. 16
2011	33516. 88	25. 96
2012	57810	12. 00
2013	62839	8. 70

3.1.2　中亚诸国纺织工业发展现状及优势

中亚国家的轻纺工业中纺织、缝纫、制鞋、皮草所占的比重较大，并能利用合成纤维和人造纤维生产出质量较好的呢绒织品、西服面料、大衣面料等毛织品和针织内衣、长短袜等针织品，还能生产出结实耐磨的鞋类、皮革类、毡筒类制品及具有浓郁民族特色的地毯、壁挂等产品。

（1）哈萨克斯坦

轻纺工业曾是哈萨克斯坦的重要工业部门之一，包括轧棉、羊毛初加工、棉纺、毛纺、缝纫、制革、制鞋、裘皮加工等生产部门，其产值占轻纺工业总产值的50% 左右。但由于设备老化、工艺落后，哈的轻纺产品普遍缺乏竞争力。且主要出口原材料，制成品的出口几乎为零。

制约哈萨克斯坦纺织业发展的主要障碍和问题包括：生产设备损耗率高、资金消耗大、产品竞争力低、劳动力成本高、缺少投资积极性等。目前，哈萨克斯坦纺织企业生产设备的人为和物理损耗率约为60%～80%，设备老化严重。在国外产品竞争力日益加大的形势下，哈萨克斯坦纺织业无论是在资源，还是在技术方面的落后地位越来越突出。

（2）土库曼斯坦

土库曼斯坦政府非常重视发展本国的纺织业。纺织业是该国工业的重要组成部分，目前，土纺织工业包括轧棉、棉纺、毛纺、丝织、织毯、缝纫、制革、制鞋等部门，90%的产品用于出口，大部分产品已达到国际标准。

（3）吉尔吉斯斯坦

纺织业是吉尔吉斯斯坦重要的轻工部门，国内拥有各种纺织企业70多家。主要产品有棉纱、毛料和棉布、生丝线和混纺丝绸面料、毡毯类制品、无纺面料、地毯及其制品、针织品和袜子类制品。由于吉多数纺织企业生产工艺落后、设备陈旧、原料不足，导致纺织品的花色、款式及质量均不能满足国内市场需求。目前，吉国内市场销售的面料中有90%以上都是从中国、韩国、土耳其及欧洲国家进口。

（4）乌兹别克斯坦

乌兹别克斯坦是世界第五大产棉国和第二大棉花出口国，年均产籽棉350万～370万吨，可加工皮棉100万～120万吨，乌兹别克现有863家纺织厂和1043家服装企业。棉花和生丝是乌纺织业的主要原料，因此乌纺织业分为棉纺织业和丝绸业，主要产品有长绒皮棉、棉纱、棉布、毛料布、丝绸、针织品、地毯及其制品、服装等。虽然乌的棉花、生丝、卡拉库尔羊羔皮、蚕茧等原料十分丰富，但加工能力有限。乌企业的产品无论是在质量、款式、品种和营销策略等方面都缺乏竞争力，无法抵抗进口服装造成的冲击。

（5）塔吉克斯坦

塔吉克斯坦是畜牧业为主产业、农业为副产业的典型的山区国家之一。由于原苏联时期形成的重视畜牧业发展，忽视轻工业发展的经济发展格局，造成塔吉克斯坦轻工业发展的长期落后。苏联解体后，塔吉克斯坦纺织服装业更急剧衰败，年产值非常低，只能满足国内市场需求的10%～15%。

3.2　食品加工业

3.2.1　中国食品加工业发展现状及优势

中国食品行业运行状况良好，消费升级、政策推动、标准重建以及外资涌入、内资合并等诸多因素的影响，使得中国食品行业传统的低集中度现状加速改变（中国食品制造业累计总产值及同比增长趋势见图3-6）。

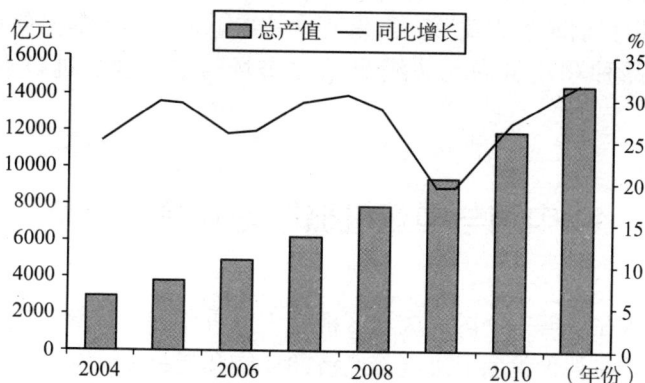

图3-6 2004~2011年食品制造业累计总产值及同比增长趋势

资料来源：全球分析网（www.qqfx.com.cn）食品课题组整理。

3.2.2 中亚诸国食品加工业发展现状及优势

中亚五国食品工业历史较为悠久，主要包括肠衣业、乳品业、制糖业、磨粉碾米业、榨油业、水果蔬菜加工业、罐头业、酿酒业、盐业、渔业、烟草工业等部门。食品工业是中亚诸国工业中少有的发展水平相当、门类较齐全、优势较明显的领域之一。

（1）哈萨克斯坦

哈萨克斯坦食品加工业主要分为肉类加工业、奶油干酪和乳品加工业、制糖业、水果蔬菜罐头加工业、磨粉碾米业、榨油业、盐业、渔业、烟草业、面包糖果生产加工业、通心粉生产加工业等。但目前由于原料供应不足以及加工设备日趋陈旧，致使产品加工质量下降，国内产品销售出现困难，不得不大量从国外进口。

（2）土库曼斯坦

土库曼斯坦现有200余家食品加工企业，主要产品有面粉、面包及其制品、通心粉、糖果、蔬菜和肉罐头、葡萄酒、白酒、乳制品等，土食品加工企业发展水平较低，多为中小型企业。

（3）吉尔吉斯斯坦

吉尔吉斯斯坦食品加工业主要有制糖、糕点和糖果加工、粮食和饲料加工、啤酒和非酒精饮料酿造、乳制品加工、肉制品加工、果蔬加工和烟草加工等，吉尔吉斯斯坦的食品深加工能力较弱，缺少优质产品。

（4）乌兹别克斯坦

乌兹别克斯坦约有300余家大中型食品加工企业，主要产品有面包及其制品、通心粉、糖果、蔬菜和水果罐头、葡萄酒、白酒、乳制品、烟草制品等。

（5）塔吉克斯坦

塔吉克斯坦目前基本无蔬菜、水果等食品加工企业，其本国食品工业发展水平较低，产品品种和质量尚无法满足国内市场需求，食品进口有不断增长的趋势。

4. 中国与中亚机械制造业合作分析

机械制造业在任何一个国家或地区都是十分重要的经济部门之一。该行业的发展和良好运作在某种程度上决定着经济的耗能和耗材量、劳动生产率，甚至是经济安全。

近年来，随着中亚国家经济全面复苏和加快发展，普遍存在着对进口机电产品的旺盛需求，机电产业成为这些国家鼓励发展的重点行业。而这些国家工业体系多不完善，满足不了快速增长的市场需求。积极开发机电产品出口业务，抢占中亚国家机电市场，成为各国拓展与中亚合作空间的一项现实选择。在中国机电产品出口中，农机产品是中亚国家普遍急需的产品。中亚国家农机制造工业基础比较薄弱，现有的农机工厂均为苏联时期的，而且目前都相继破产，使用的农机具也都是那个时期生产的，已经到了更新换代的时候。而中亚国家基本是以农牧业为主的经济结构，对农机的需求十分迫切，业主都希望买到经济实用的农机产品。这对于拥有技术优势、人才优势、地域优势、价格优势的中国农机企业来说是一个机遇。

4.1　中亚机械制造业生产及贸易情况

4.1.1　哈萨克斯坦

（1）生产现状

哈萨克斯坦不仅拥有丰富的自然资源，而且还有相当发达的工业基础，在 GDP 总量中，工业占 32.2%，其中，加工业占 18.5%，矿山开采业占 11.5%，机械制造业在哈工业产值中所占比重仅为 3.2%（2011年）。在哈机械业构成中，电机制造、重型机器制造和农机制造占主导地位。哈以矿业开发为导向的机械工业具有明显优势，在勘探设备、矿山机械和冶炼设备生产方面均居中亚国家前列，但其机械电子工业的整体发展水平还较为落后。全国从事机械制造的企业不超过150家，其中只有50家能生产油气机械，而且所有机械制造企业中只有6%~8%的企业能够生产最终产品，能为大型油气田开发项目生产设备的厂家屈指可数。设备老化、工艺技术落后使得哈机械制造企业连年亏损，面临较大的竞争压力。

近年来，机械制造业是哈发展最快的行业。2009 年哈政府将机械制造业列入国家工业创新名单，制定相关的财政办法支持机械制造领域的发展，该举措同时带动了运输设备制造业、铁路机车、设备和车厢生产业、小汽车制造业、油气机械制造业和农业机械制造业等领域发展。哈机械制造业发展规划确定了 2015 年前产值达到 5880 亿坚戈的目标，而 2010 年哈机械制造业总值 3000 亿坚戈，2012 年机械制造业总产值达 6570 亿坚戈，比 2010 年增长 1 倍多，也提前完成了规划定制的目标；2012 年机械产品生产同比增加 12.8%，其中，汽车、挂车和半挂车增加 92.6%。2013 年哈萨克斯坦机械制造业产值目标定为 8000 亿坚戈（150.9 坚戈 = 1 美元），且哈有信心于 2015 年前机械制造业总值超过 1 万亿坚戈（1 美元 = 151.03 坚戈）。如此显著的产值增长主要是源于计算机、电子产品、光学仪器、交通工具等设备产量的提高，以及机械、设备的维修和安装量增加。

（2）贸易现状

哈国内对机械产品的需求主要依靠进口，是机械设备产品的纯进口国，进口占哈国内机械产品消费总量的 92.1%（进口商品结构图见图 3 - 7）。

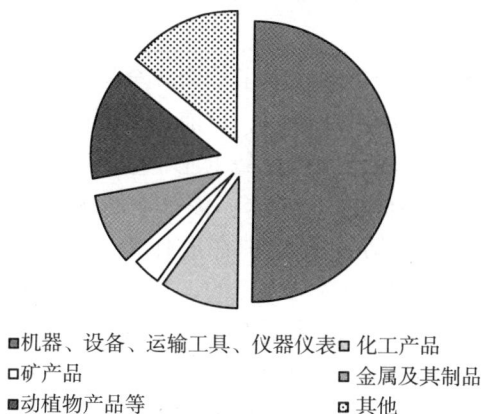

■机器、设备、运输工具、仪器仪表 ▨化工产品
□矿产品 ■金属及其制品
■动植物产品等 ▤其他

图 3 - 7 2014 年哈萨克斯坦进口商品结构

对于与中国的贸易关系，机电产品正在成为中哈贸易中最具成长力的经济增长点。哈国政府早已计划更换公交车，而同样的车型，中国产品仅是欧洲产品价格的 1/10，中国客车目前占哈国进口客车量已超过 80%，哈国已决定要进一步加大与中国企业的联系。2010 年哈萨克斯坦自中国进口机电产品总额为 2.75 亿美元，占到进口总金额的 16%，与 2005 年相比增幅 212.5%（2005～2010 年哈萨克斯坦自中国进口机电产品情况见表 3 - 23）。中国出口至哈萨克斯坦的工程

机械设备主要包括装载机、挖掘机、推土机、起重机、平地机、压路机、碎石设备、混凝土泵、混凝土搅拌机、混凝土搅拌车、工程自卸车、散装水泥车等十余种工程设备，贸易方式为一般贸易和边境小额贸易出口。随着经济的快速发展，哈对机械设备产品的需求量也将随之增加，但国内生产量不大，难以满足市场需求。而由于投资量太大，组织大规模的进口替代型国内生产是不现实的。因此中国应抓好该机会进一步加大与中亚国家机电产品的贸易及技术合作。

表 3 – 23　　　　　2005 ~ 2010 年哈萨克斯坦自中国进口机电产品情况

年份	数量（万件）	金额（亿美元）	金额占比（%）	增幅（%）
2005	2.52	0.88	4.1	
2006	14.8	1.9	6.1	115.9
2007	13.5	5.48	11.33	188.4
2008	25.7	2.48	7.07	− 54.7
2009	14.7	2.51	7.14	− 39
2010	29.4	2.75	16	82.1

4.1.2　乌兹别克斯坦

（1）生产现状

乌兹别克斯坦在苏联时期虽然建立了较为齐全的工业体系，但偏重于原料生产。独立后建立了一系列新的工业部门，目前主要工业部门包括：采矿业、机器制造业、冶金和化学工业、轻工业和食品工业、电力工业、建材业。乌有 300 多家机械制造企业，其中大型机械厂 94 家。该行业的从业人员占全国工业就业总人数的 25% 左右。机械制造业主要集中在塔什干、撒马尔罕、安集延等城市。中亚地区 2/3 的机器制造产品是在乌生产的，乌也是中亚地区唯一生产丝织和纺纱机械的国家。乌生产的机电产品主要有：电力设备、电子机械、重型机械、大中型马力拖拉机、棉花种植、采收和加工机械、果蔬加工设备。2012 年乌工业产值 253 亿美元，同比增长 7.7%，其中机械制造和金属加工占比 17%，同比增长 0.8%。

（2）贸易现状

乌兹别克斯坦主要外贸伙伴为：俄罗斯（占乌外贸总额的 29%）、中国（12.3%）、哈萨克斯坦（10.2%）、韩国（8.8%），2012 年，中国首次成为乌第二大贸易伙伴。

乌兹别克斯坦很看好中国的小型机械设备，从表 3 – 24 可以看出，目前乌自中国进口的小型设备主要有专用汽车、推土机、碎石机、砖厂设备、塑料制品生产设备、牙科及其他医用设备、通心粉生产线、建筑机械等。2012 年中国对乌出口 17.8 亿美元，同比增长 31.3%，机电产品占出口总额的约 50%，其中机械器具及零件、电机、电器、音像设备及其零附件、车辆及其零附件出口均保持较快增长（单项增幅 34% ~ 80%）。

表 3 - 24   2012 年我国对乌出口前十大货品类别

名称	出口金额（万美元）	占比（%）	同比（%）
核反应堆、锅炉、机械器具及零件	46920	26.3	80.2
电机、电器、音像设备及其零附件	24614	13.8	33.6
钢铁制品	20786	11.6	61.3
塑料及其制品	11821	6.6	10
钢铁	9677	5.4	12.3
车辆及其零附件，但铁道车辆除外	9407	5.3	48.5
橡胶及其制品	8841	5	49.6
咖啡、茶、马黛茶及调味香料	5114	2.9	60.7
光学、照相、医疗等设备及零附件	4684	2.6	20.8
家具、寝具、灯具、活动房	3647	2	59.4

4.1.3 土库曼斯坦

土库曼斯坦的产业结构比较单一，石油天然气工业是其支柱产业，机械制造等产业则是空白。大部分机电产品包括机械设备、运输工具及所需农机具均需从国外进口。目前，机械制造和金属加工工业是土库曼斯坦一个正在发展的部门。土主要生产的产品为通风器、油气设备配件和各类泵等小型机电产品，其他大部分需进口。

4.1.4 吉尔吉斯斯坦

吉尔吉斯斯坦工业基础较薄弱，加工能力差，燃料、设备、工业品和日用消费品大多依靠进口。主要工业部门有矿山开采、发电、化工、有色金属冶炼、机器制造、农产品和食品加工等。吉机械电子产品基本依赖进口，产品主要来自欧洲国家、日本、韩国、中国及阿联酋。俄罗斯、中国、哈萨克斯坦、瑞士、美国为吉前五大贸易伙伴国，占比分别为 27.6%、17.5%、12.7%、7.7% 和 3.5%。

4.1.5　塔吉克斯坦

塔工业基础薄弱，生产能力严重不足，商品多以进口为主，且种类繁多。天然气、电力为其主要进口商品。近年来中国对塔出口的机电产品中，具有较高技术含量和附加值的机电产品正在逐渐增加，汽车、彩电以及各种用于农副产品加工和建材生产的小型成套设备纷纷进入塔国市场。若要进一步拓展机电产品对塔的市场份额，就要进军塔国的中高档机电产品市场，具有较高技术含量和附加值的机电产品是未来几年中国对塔国最有潜力的出口产品。

4.2　中国与中亚国家机械制造业重点合作领域分析

机械工业主要包括农业机械、汽车工业、石化通用机械和基础件等在内的机械工业。

中亚国家机械工业发展较早，其电机制造业、重型机器制造业和大型农机制造业占主要地位，机床、仪表、工具等制造企业也得到了优先发展，但以钻机等为主的石油机械设备、一些大型机械成套设备和特种大型设备、客货机动车制造业、小型农业机械制造业相当薄弱，需大量依赖进口。中亚国家因沿袭原苏联的农庄体制，生产规模仍然较大，普遍使用的是大中型农机具。较有优势的农业机械是以悬耕、耙地、犁地为主的耕整机械和以插秧、犁栽、收获等为主的种植机械。

改革开放以来，中国机电工业发展突飞猛进，特别是农机生产水平要比欧美更具优势，而这些正是中亚市场极为缺乏的产品。当前中国企业在中亚市场上主打的机械产品包括工程机械车（包括水泥搅拌车、自卸车、牵引车、挂车等）、各种客货电梯、观光电梯、大小型客货车、小型农机具（包括小四轮拖拉机、小型联合收割机、制砖机、水管快装锅炉、旋转割草机、剪羊毛机组、小型骨肉粉加工成套设备）、果蔬、饮料（包括葡萄等精加工和果汁成套设备）等农产品加工包装设备。国内机械制造企业应积极研究中亚市场需求，开拓中亚这一潜力巨大的市场，相对而言，如下领域合作潜力较大。

4.2.1　建筑工程机械

目前，随着中亚国家经济持续稳定增长，各个国家对固定资产的投资增长，一系列基础设施建设，包括道路交通网建设、市政建设、港口建设、矿产开发项目和天然气工程项目建设等逐步展开，对建筑工程机械设备的需求不断增加。中国出口的工程建设机械设备产品质量过硬，适销对路，价格有竞争力，适用于基础设施建设用的土石方工程施工机械和某些建筑施工机械等，其性能价格比在中亚国家极具吸引力。中亚国家经济发展与资金短缺是突出的共性矛盾，设备采购经费承受能力有限，因此对中国价廉物美的工程建设机械寄予较大期望，中国工程建设机械出口中亚市场大有潜力。工程机械成为新贸易增长点。

4.2.2　农业机械

中亚国家经济的复苏带动了农业的快速发展，但由于当地机械制造业生产速度与市场需求之间还有明显差距，中亚国家关注来自中国的农业机械。中国的农机，不但价格适中、机型较多，而且运输和配件购买方便，颇受当地农民欢迎。

4.2.3　能源勘探与开采机械

中亚国家拥有丰富的矿产资源，目前，有一半的矿业开采、加工和冶炼企业设备老化过时，需要大量维修，而自己的矿山机械制造业发展薄弱，主要从俄罗斯进口。中国在地质勘探和矿产开采冶炼技术设备方面有比较优势，加强与中亚国家在这方面的合作，可以为中国地质勘探、矿产开采冶炼技术设备出口提供广阔的市场空间。

4.3　中国与中亚国家机械制造业合作存在的问题

4.3.1　中亚国家机械制造存在的问题

目前该行业存在着许多体系性问题，主要是：①缺少类似于组装线的备件生产基地。如，哈铁路总公司每年需要2800多种各种配件，但国内生产只能满足500种。②缺乏资金。居民生活水平的提高增加市场对汽车等耐用机械产品的需求，刺激相应机械制造行业的发展，但由于资金缺乏，机械制造业企业无法扩大和改造现有的生产规模，导致技术落后和生产效率低下。③运输费用、能耗和固定资产磨损率高，工业和设备老化等，降低了产品的价格竞争力和盈利水平。

4.3.2　中国机械制造存在的问题

30多年来，中国制造业有了显著的发展，无论制造业总量还是制造业技术水平都有很大的提高，但具有独立自主知识产权的品牌产品却不多。面对21世纪世界经济全球化的挑战，中国机械制造业存在着不少问题。主要表现为：①跨国企业的蚕食。改革开放尤其是近几年的招商引资，中国大量引进技术和技术装备，使机械制造业有了长足的发展，但也给人们带来了许多担忧。外国投资者的经营策略是：基本前提是对华投资活动中必须保持其控制权，当前跨国企业特别热衷于并购中国高成长性行业中的优势企业。②核心技术缺失。中国机械行业存在一个巨大的技术"黑洞"，最突出的表现是对外技术依存度高。近几年来，中国每年用于固定资产的上万亿元设备投资中 60% 以上是引进的。作为窗口的国家高新技术产业开发区，也有 57% 的技术源自国外。

4.3.3 中国与中亚国家机械制造合作中存在的问题

一方面，中国与中亚国家经贸合作的总体水平不高、规模不大，在机电产品的出口上市场份额亟待扩大，中亚国家机电产品市场 90% 以上由中国以外的制造商占领。另一方面，中国的机械制造企业生产的产品在质量上赶不上国外进口产品，产品技术水平低，技术含量亟待提高，企业开拓市场的能力不强。此外，中国对国际市场认识分析不到位，不能够根据市场需求及时调整产品。一些外贸公司在代理机电产品出口中，一直是在单打独斗而且相互竞争，没有形成合力，丢失了一些市场。

5. 中国与中亚国家的交通合作

中亚地处亚欧大陆腹地，是连接亚洲和欧洲、太平洋和大西洋陆路交通的要地，交通运输合作是其他领域合作的设施保障。所以，与中亚国家在交通领域的合作就显得尤为重要。

5.1 欧盟、美国、俄罗斯与中亚交通合作

中亚由于其丰富的尤其资源，以及重要的地缘政治，美国，欧盟以及俄罗斯在该地区形成了大博弈状态。

5.1.1 欧盟与中亚的交通合作

欧盟地区交通运输的基本政策是通过多元化渠道获得原材料资源，并逐步实现中亚和高加索的运输通道同欧盟各国的运输网络一体化。欧盟在中亚采取了积极的政策，在交通技术援助以及能源运输方面以项目作支撑进行合作。欧盟对中亚国家的政策在独联体技术援助（TACIS）框架下，"欧亚走廊交通项目"始于1993 年，旨在推动欧洲、高加索和亚洲走廊的贸易与交通，以重振"丝绸之路"。TACIS 最终被纳入《中亚地区战略文件》（2002～2006 年），显示欧盟委员会试图通过该文件使其对中亚五国的援助形成完整的战略框架。

欧洲—高加索—亚洲运输走廊（TRACECA）和"欧洲跨国石油与天然气运

输"项目（Interstate Oil and Gas Transport to Europe，INOGATE）的框架下发展并扩大能源、运输和贸易等领域的基础设施建设。由于 TRACECA 和 INOGATE 项目覆盖了中亚五国和其他独联体国家，因此欧盟新中亚政策强调在中亚五国范围内的基础设施建设，说明其力度将比以前更强。目前，欧盟大力支持长达 3300公里，从土耳其经保加利亚、罗马尼亚和匈牙利至奥地利的纳布科管道，以期直接得到来自波斯湾和里海沿岸的天然气供应。这条管道的计划建设时间是从 2008～2011年，预计供应能力在 2020年达到每年 300亿立方米。

5.1.2 美国与中亚的交通合作

美国在中亚的战略更加的坦白，为弱化俄罗斯对中亚能源输出的控制，尽可能鼓励在东南西北建设多条能源出口线路。美国在中亚更多的是注重管道的建设。一是向西的巴库—第比利斯—杰伊汉（BTC）管道，又被称为"欧亚走廊"（The Eurasian Corridor），被美国视为"泛中亚地区"的油气输送摆脱了俄罗斯控制，这将使地区能源产销对俄的依赖降到最小化。该项目自 1997年 9月 5日提出，2002年 9月开始动工，已经于 2004年第四季度建成并于 2005年输油。二是向南的管道。最终到达巴基斯坦沿海港口的石油线路估计全长为 1040公里左右，输送能力可达每天 100万桶石油，可以将土库曼斯坦、乌兹别克斯坦、哈萨克斯坦和俄罗斯等国家的部分石油输送到亚洲。三是通往北部或西北部的管道。中亚国家独立后，很快就修建了两条通往西北的新管道，其中一条从阿塞拜疆的巴库延伸到俄罗斯的新罗西斯克港，另外一条是从巴库到格鲁吉亚的苏普拉，这两条管道的输送能力加起来为每天 21.5万桶左右。

5.1.3 俄罗斯与中亚的交通合作

俄罗斯的基本目标是保持中亚为俄罗斯的"后院"，它的传统地位不受挑战。俄罗斯现在的问题是，要建立一个限制新独立国家的新关系网并保持俄罗斯在地缘政治和经济上的主导地位。与中亚的交通合作是俄罗斯的重点，俄罗斯尤其重视与中亚的管道建设方面，他想要完全掌控中亚的天然气，这与其他大国，尤其与美国的利益相违背，同时也与中亚国家的利益相悖，所以中亚各国还是在积极地寻找其他的输出合作国。

5.2 中国与中亚的交通合作现状

中国与中亚各国在地理距离上相近，具有一定优势，并且中国新疆与中亚国家相邻，随着中国国力的增强以及中亚各国的发展，中国与中亚各国的贸易逐年升温，由此，对于中国与中亚各国交通运输的要求越来越高，各国的合作也更加普遍。

5.2.1　公路、铁路和航空口岸同步发展，通道逐年增多

在口岸数量增加的同时，口岸交通设施也在不断改善。公路口岸开放初期仅有低等级公路，经过 10 多年的建设改造，现有 5 个口岸公路等级达到二级以上，其他为三级或四级。公路口岸的场站设施也得到了很大改善。"双西公路"作为一大亮点，对中国是一种考验，"双西"通道会促进我西部地区——尤其是新疆的物流。铁路口岸的开放相对较成熟，跨国铁路现阶段也在快速的发展。目前，中国与哈萨克斯坦的铁路已有两条实现对接，这是该领域的很大一步跨越。

5.2.2　管道运输情况稳步前进

中国第一条跨国输油管线的中国—哈萨克斯坦石油管道于 2003 年启动。中国—中亚天然气管道于 2009 年 12 月 14 日正式全线通气，使中国天然气的一次能源消费比例由 3.5% 提高到 5% 以上。2012 年 7 月 28 日，中哈两国又一个能源合作项目——中亚天然气管道南线工程开始建设，中亚天然气管道南线工程是哈萨克斯坦"十大优先重点工程"之一。由此可看到中国与中亚国家管道建设的稳步推进。

5.3　中国与中亚交通合作领域发展存在的主要问题

5.3.1　铁路轨道技术标准不统一，基础设施落后

中亚五国由于在苏联解体前属于一个整体，其交通路线也是一体的，自苏联解体之后，中亚区域内各自的线路不合理，中亚五国的交通运输不畅与低效。这主要是属于历史遗留问题，只能在发展的过程中逐步地改善。同时，由于技术标准不一，中国与中亚国家的铁路轨道的宽度不一致，这种情况导致货物运输出境必须车皮换装或者换轮，使得货物运输的效率大大地降低，严重地影响了两国贸易的进程，制约了贸易的物流效率。

5.3.2　协调机制难以发挥，已签运输协议难以真正落实

上海合作组织国家间交通运输协调机制的作用难以发挥，长途跨境运输协调困难，运输便利协定的执行情况不理想。在中国与上合国家的跨境运输中，线路开通长度，运输车辆标准和运输承担者的选择等方面尚存在不少的争议和不对等现象，致使签订的运输协议难以真正的落实。例如："中国—吉尔吉斯斯坦—乌兹别克斯坦铁路"项目在 1997 年三国签署备忘录，至今还未真正落实，其间，

中国曾拿出 2000 万元人民币做技术论证，但是协调未果。

5.3.3 通道和口岸能力制约

亚欧之间的贸易额已经超过 1 万亿美元，但目前通过中亚运输的贸易额尚不到 1%，与中国相接的哈、吉、塔基础设施水平低，口岸通过能力低。突出表现在各国通关手续繁杂、效率低。同时，口岸收费部门多、环节多、项目多、收费不标准。

6. 中国与中亚国家通信信息合作

6.1 中国与中亚国家进行通信合作的必要性

6.1.1 通信信息技术成为经济发展的推动力

随着世界经济的发展，人类社会已经入信息时代，经济在很大程度上依赖于技术创新，信息通信技术现在已成为经济发展的必备条件。信息技术的快速进步在很多领域产生深远影响，成为经济发展的重要推动力。

6.1.2 中亚国家通信信息技术发展潜力巨大

经济发展与通信信息业发展相辅相成，中亚五国的通信信息技术还处于不发达水平，是当今世界上有较大潜力的通信市场。世界经济的快速发展必然推动通信信息业的发展，而通信业的发展也必将为经济发展注入新的活力。对于中国五国来说，大力发展通信信息技术能够促进其国内生产总值的增长，中国与中亚五国进行通信信息领域的合作有着很大的潜力市场。

6.2 中亚五国通信信息技术整体发展概况

中亚五国经济的发展带动了其通信信息产业的高速发展。中亚五国的通信信息业呈增长趋势（中亚各国互联网用户情况见图 3-8）。然而，由于中亚五国通信信息产业底子薄，有些国家增长缓慢。中亚五国在财政上的捉襟见肘需要引进外资来发展本国的通信信息产业，一大批外国企业得以进驻中亚，取得了不菲业绩。但随着中亚五国不断关注本国的自身通信技术以及国防安全，中亚开始逐渐注重发展本国企业，和外国企业摩擦不断。

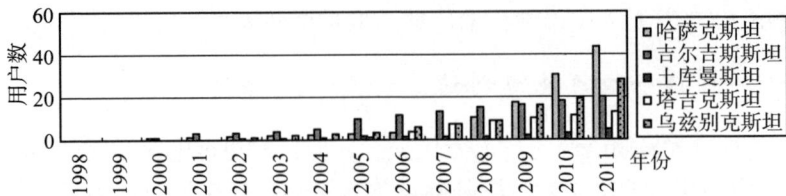

图 3 - 8　中亚各国互联网用户情况

资料来源：世界银行。

6.2.1　哈萨克斯坦通信信息产业发展概况

哈萨克斯坦国民经济为其通信信息业的高速发展提供了支持，大规模基础设施建设和老旧设备的更新换代使哈萨克斯坦电信业登上了新的台阶。

（1）现代通信技术

移动电话市场是哈萨克斯坦电信业发展最快的领域，哈萨克斯坦手机用户数约与全国人口数相等，达到 1560 多万部。哈移动通信业的快速发展得益于两个因素：移动运营商之间的竞争降低了资费和运营商之间的网络互联减少了运营费用。哈萨克斯坦通信事业快速的发展带来了大量的新用户，同时，加大了各运营商之间的竞争。

哈萨克斯坦有三大 GSM 标准移动电话运营商，分别为：哈萨克斯坦电信公司，主要股东为芬兰、瑞典、土耳其的芬兰—土耳其（"FinTur"）公司和哈萨克电信公司，运营商标为"Kcen"，手机号以 701 或 702 打头；卡尔—特勒（"Кар-Тел"）公司，由俄罗斯的比莱尼移动（"BbIM. ne oMoM"）公司控股，运营商为荷兰的维佩尔通讯公司（"Вым-пелкомом"），手机号以 777 打头；移动电信服务公司（Mobile Teleeom Serviee），运营商标为"Neo"，手机号以 707 打头。

（2）互联网

互联网是国家世界竞争力的重要衡量指标之一，发展快速的网络成为哈萨克斯坦的优先任务，哈萨克斯坦通讯与信息化部、教育与科学部、财政部、萨姆鲁克—卡泽纳国家福利基金和哈萨克斯坦电信公司制订了相关方案，使哈萨克斯坦的宽带网具有世界领先水平。

1998 年哈萨克斯坦每百人中互联网用户为 0.1327（即互联网渗透率为 0.1327），2010 年哈萨克斯坦每百人中互联网用户为 17.91，2011 年哈萨克斯坦每百人中互联网用户则增长至 44（见图 3 - 9）。随着哈萨克斯坦电信业的饱和，用户将逐渐享受到个性化、多样化和价廉质优的电信服务，这对哈萨克斯坦电信业者是一个必然的挑战。

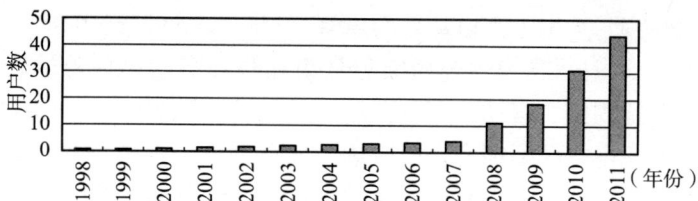

图 3 - 9　哈萨克斯坦互联网用户数情况
资料来源：中国驻哈萨克斯坦经济参赞处网站。

（3）电子政务

哈萨克斯坦于2005年开始发展电子政务，2005～2008年是哈萨克斯坦发展电子政务的初始阶段，2008～2012年，主要任务是完善"电子政府"体系和建设信息化社会。2012年哈萨克斯坦交通通信部积极计划实施电子政府，60%的社会服务已通过电子方式成功开展。通过电子方式发放的许可证，将逐步扩大到其他许可文件上（其中80%将通过在线模式发放）。

（4）数字电视广播发展情况

哈萨克斯坦于2011年开始实施国家数字卫星和电视广播规划，第一阶段：建设DVB - S2标准电视广播数字卫星网络，并于2011年1月18日投入使用，第二阶段：建设DVB - T2标准电视广播数字网络，时间为2011～2015年。

（5）哈萨克斯坦通信信息业发展中存在的问题

哈萨克斯坦的互联网发展极为不平衡：一是网络用户城市集中度较高，年龄段分布均衡率较低，哈萨克斯坦网络用户主要集中在阿拉木图和塔拉兹这些大城市里，城市居民中，经常上网的人数仅占6.2%（约50万人）。二是工作地点上网率高，家中上网率低。40%的人在工作单位上网，28%的人从家中上网，从网吧上网的人占12%。三是网上资源的利用主要以娱乐为主。四是本国域名利用率低。据统计，以KZ.国内域名注册的网站共有2.6万个，实际运行中的不到6000个。一些公司和机构选择使用架设在俄罗斯或美国的服务器。五是哈国的互联网收费相对来说较高。

6.2.2　吉尔吉斯斯坦通信信息产业发展概况

吉尔吉斯斯坦加入世界贸易组织较早，为实现与国际接轨，吉尔吉斯斯坦非常重视发展通信业，与中亚其他国家相比，其发展速度、规模和总体状况均处于相对先进水平，在国民经济中占有相当重要的位置。据吉官方统计，截至2010年4月，吉有线电话用户为50万；移动电话用户446万，渗透率高达83.2%；

互联网用户 220 万，为国家人口总数的 40%（吉人口 536 万）[①]。

　　截至 2010 年 4 月，在吉尔吉斯斯坦从事通信业务的国内外运营商共计 260 家，经营范围包括固网、移动、声音传输、互联网、卫星电视、有线电视等通信业务。其中有 8 家电信公司拥有吉政府颁发的移动电话经营许可证，7 家公司已经开始从事移动通信业务；拥有固网运营许可证的运营商有 50 家，其中 13 家正在提供服务，其余固网运营商尚处于起步阶段（吉尔吉斯斯坦主要电信公司见表 3 - 25）。但吉尔吉斯斯坦通信信息产业发展起来以后，吉开始关注本国家的信息安全，排斥外国企业。

表 3 - 25　　　　　　　　　　吉尔吉斯斯坦主要电信公司

序号	公司名称	公司所属	主营业务	用户数	市场占有率
1	天空移动（Skymobile）第一大 GSM 移动运营商	克伦威尔（Crowmwell）公司 100% 控股	移动话务 3G UMTS 网络建设	180 万	46%
2	阿尔法电信（Alfatelecom）第二大 GSM 移动运营商	吉本国股东 100% 控股	GSM 移动 UMTS 3G 网络	160 万	41%
3	吉尔吉斯斯坦（Kyrgyztelecom）第一大固网运营商	吉国有电信运营企业	固网提供固定电话 CDMA 电话 Internet 业务	固化激活用户 50 万 CDMA 激活用户 1.2 万宽带用户 1 万左右	

6.2.3　塔吉克斯坦通信信息业发展概况

　　苏联解体以后，塔国便爆发了内战，通信信息产业更是停滞不前，遭到严重的破坏。内战结束后，塔国认识到通信信息产业的重要性，塔国出台了一系列的法律法规，加快通信信息基础设备设施的更新换代，提高本国的信息化网络化水平。由于塔本国缺乏充足的财政支援，塔国积极引进外资企业和私营企业的发展。

　　近年来随着塔国内经济的恢复，塔通信产业得到了一定的发展，目前在塔共有 9 家移动电话运营商，其中较有实力的有塔最大私营通讯公司巴比隆移动（Babilon-Mobile）、塔俄合资移动（MLT Mobile）、塔美合资的印地高移动（Indigo），以及中塔合资移动（TK Mobile）。塔移动电话网络基本形成，信号已能覆盖全国各大中城市、主要交通干线及其邻近地区和居民点，移动服务已不仅限于

---

　　① 2008 年吉通信与信息产业产值占 GDP 比例为 7.6%［DB/OL］. 新浪财经，2009 年 2 月 12 日，http://finance. sina. com. cn/roll/20090212/13572670833. shtml.

拨打国内国际电话，还可提供互联网、可视电话和远程教育等高端服务。在塔经营移动通信业务主要有 GMS 网 5 家：塔俄合资移动（MLT Mobile）、巴比隆移动（Babilon-Mobile）、塔美合资的印地高移动（Indigo）、塔吉克移动通信（Tajike-Tel）以及西蒙森移动（Somoncom），CDMA 网 4 家：中塔合资移动（TK Mobile）（CDMA800）、埃姆特可通信（M-TEKO）（CDMA450）、梅特克斯（Maytex）（CDMA450）、德国电信（TELIKOM-MOBILE）（CDMA1900）。

6.2.4　土库曼斯坦信息通信产业发展概况

从 2000 年起，随着土库曼斯坦国家经济实力的提升，有了财政资金的保障，土政府加大了对通信行业的投入，通过引进国际先进技术和设备对原有电信网进行改造，通信业进入稳定发展期。

经过一定时期的发展，土库曼斯坦已逐步形成以固话、移动和互联网为三大主线的通信业发展格局，行业水平较独立初期有了很大提高，但总体上仍处于起步阶段，与现代化通信的要求还有明显差距，属通信欠发达国家。

6.2.5　乌兹别克斯坦通信信息产业发展概况

乌通信信息产业相对落后，总体科技水平较低。目前，全国没有电信设备制造企业，研发和生产能力基本为零。除了利用进口零件组装计算机的小型企业之外，乌没有本国的信息通信设备制造企业。原因之一是该国信息通信技术发展落后，人才极为缺乏；二是资金短缺；三是国家对发展信息产业没有富于吸引力的引资政策；四是市场容量有限。

6.3　中亚国家的信息领域国际合作

6.3.1　世界通信业大国与中亚的合作

美国积极参与中亚地区通信领域的合作，美国与中亚国家通信信息领域的合作多按照美国公司直接组建子公司或与当地运营商合作进行控股的模式进行。

俄罗斯与中亚国家通信信息领域投资的特点是由俄罗斯电信大企业进行直接投资，控股、参股电信运营企业，特别是移动电话公司。获得控制权后，再投资建设拓展业务所必需的网络基础设施。

芬兰与中亚国家通信信息领域的合作主要是以诺基亚公司为代表的。诺基亚公司于 2006 年 12 月初在哈萨克斯坦阿拉木图举行的新闻发布会上宣布了拓展独联体南部市场的营销战略。2007 年，诺基亚开始在哈萨克斯坦、塔吉克斯坦、乌兹别克斯坦、吉尔吉斯斯坦和土库曼斯坦销售这些国家母语菜单手机。

日本对中亚国家通信信息行业投资的特点是提供大笔政府贷款。例如为乌兹别克斯坦修建电信骨干网和传输基础设施。

韩国公司较早地进入了中亚国家，韩国独资企业大宇联合（"Daewoo Unitel"）1996年4月在乌创立，1997年9月开业，目前，拥有手机用户9万多人，市场占有率为25%，在乌排名第二。该公司拥有专业技术人员200多人，公司总部设在塔什干，各地区还有18个分部。2003年，该公司率先推出了手机全球通业务。

6.3.2　中国与中亚国家的通信信息合作

中国在上合组织框架内积极推行通信信息合作。由上海合作组织电信工作组发起并由中方出资和组建的第一个信息领域的合作项目，即上海合作组织区域经济合作网站于2004年9月23日开通，产生了良好的反响。上海合作组织电信工作组还在努力推动成员国之间广泛的电信合作，内容主要为：制定和实施关于培养信息和电信技术人员（包括程序开发人员）的项目；研究成员国电信机构间开展合作的有关问题（包括在电视广播领域采用先进技术等问题）；交流各自建立工业和科技中心（园区）的经验，进一步推动成员方在信息通信技术及通信程序设计方面的合作；提出在电子政务、远程教育和电视门诊等方面的合作项目。

中国公司在中亚积极开拓市场，促进通信信息领域合作。自1998年以来，已成功进入中亚市场的中国企业有"华为"、"中兴"、"上海贝尔—阿尔卡特"和"中国移动"4家电信企业。

7. 加强中国与中亚国家非资源合作对策

7.1　加强中国与中亚全方位经济合作

7.1.1　资源性合作与非资源性合作相互促进

中国与中亚国家有着长期、较好的贸易和经济合作关系。中国除继续加强双方在传统能源领域（石油、天然气等）的合作外，还要积极在中亚地区寻找合作契机和领域，拓展合作领域，开展在非资源型领域（农业、交通、通信等）和新能源以及可再生能源方面的合作。

7.1.2　借助"上合组织"平台，建立全面合作长效机制

"上合组织"给中国与中亚五国经贸合作提供了良好的合作平台。目前，中

亚五国除土库曼斯坦外均为"上合组织"成员国，中国与中亚经济合作必须积极利用好这个有利平台，建立长效合作机制。建立有效的合作对接机制。建立双方优势技术交流机制，通报和交换最新的政策、信息等。建立起投资风险防范机制和贸易争端解决机制，签订投资保护协定。

7.1.3 加强政府交流与合作，强化协调服务以营造经济合作的良好环境

要充分认识到与中亚国家开展合作的复杂性和艰巨性，加强与中亚各国政府间的互访交流和高层会晤和对话工作机制，共同协商解决在合作中存在的各种障碍因素和问题，从而形成规范有序的合作环境。

7.1.4 改善合作的基础条件

必须加强交通、通信等方面的基础设施建设，改善合作的物质条件，特别是要加大对交通运输基础设施的建设，来解决进出中国货物运输不畅通问题。

7.1.5 加强信息咨询服务

针对性地强化中国与中亚国家科技、贸易、投资等方面的人才培养，建立完善的定期人才交流与培训机制。各级主管部门、相关行业协会以及驻外机构要加强合作，加强对中亚国家发展状况、市场供应链体系、当地企业发展状况等方面的深入研究和实地调研，采取多种手段为企业提供中亚国家信息。

7.2 扩展农业合作领域

7.2.1 完善农产品贸易制度框架

农产品生产特点使其贸易具有波动性特征。中国对大宗农产品进口实行配额制，对畜产品进口也有防疫要求。中国与中亚国家尚未签订农产品贸易协议，也未确定农产品贸易质量认定标准和检验标准，使得双边农产品贸易具有很强的随意性。因此，必须完善中国与中亚国家农产品贸易制度。只有这样，中国与中亚国家农产品贸易才具有很大的拓展空间。

7.2.2 加大对中亚国家农业投资

农业投资不仅可以推动中亚国家农业发展，更重要的是改善当地居民生活质量，树立中国良好的国际形象，同时，对中亚农业的投资也是中国粮食安全的重要外部保障。投资中亚国家农业，可以采取以项目、技术和良种等企业带生产基

地的方式与中亚国家开展农业合作，满足中国和中亚国家对短缺农产品的需求。中国企业已经在这一方面取得了良好的成绩。

7.2.3　加强农业技术交流

中国农业技术，尤其是生物农业技术已经位于世界前列。而由于投入不足，中亚国家的农业技术基本止步不前。以中国领先近 20 年的农业技术及资金积累，完全可以为中亚国家农牧业发展做出自己的贡献，并获得应有的回报。

7.2.4　扩大农业机械和食品加工机械出口

中亚国家农业发展可带动中国农业机械和食品加工机械出口。目前，中国的粮油企业尚未大规模进入中亚国家。农业在中亚国家具有重要地位。在保证粮食安全的同时，中亚各国政府都非常重视发展农副产品加工和食品加工业，每年都有数千万美元的粮油机械和食品包装机械产品进入中亚国家，并以每年 20% 的速度增长。这为中国粮油机械产品生产企业提供了前所未有的商机。

7.2.5　合理制定中国与中亚五国农业合作规划

中亚五国地区经济发展极不平衡，农业资源的开放利用程度差异较大，与中国开展农业合作的需求也各不相同。因此，从中国农业的长期可持续发展来看，与中亚五国开展农业合作必须就农业合作的对象、领域、方式、途径、重点等方面进行合理的安排。加强对中亚五国的调查研究，了解各国的实际需要，掌握各国农业开发环境、市场和资源，立足现实着眼长远，在此基础上研究制定合作的年度规划和中长期规划，以保障双边和多边农业合作稳步、有序地推进。

7.2.6　完善和强化对农业企业"走出去"的政策支持体系

目前，中亚各国在资金、技术和管理方面非常缺乏，因此非常期望国外的企业到中亚投资。中国参与中亚国家农业合作的企业是以中小企业为主，这些中小企业在农业合作中仍面临一些困难和风险，需要中国政府出台政策给予支持，如在银行信贷方面等给予政策优惠，同时建立和完善中国在中亚国家投资的保障制度，可以考虑设立专门针对农业对外投资的保险险种，主要承保企业在中亚国家投资后可能发生的非常风险，包括财产使用权被剥夺、经营险等。另外，为鼓励企业"走出去"到中亚投资，建议中国政府划拨专项资金鼓励有实力的大企业到中亚国家投资办厂，建立境外农产品生产加工基地，对"走出去"企业在项目审核、金融服务、通关便利等方面给予政策优惠。

7.3　加强中国与中亚日用品工业合作的建议

7.3.1　提高纺织企业国际化竞争能力

第一，中国纺织企业要积极引进和研发新的工艺技术，寻找新的原料，开发新的产品，增加原有产品的附加值。第二，通过内部整合，增强竞争优势，培养出一批具有国际知名度的高档品牌，形成纺织行业的竞争优势。第三，实现人才多元化，加强对中亚本土员工的选拔和管理。来自当地的人才对当地的市场相比较而言更加熟悉，往往在与政府以及消费者进行沟通方面更能胜任，招聘本土员工，在一定程度上缓解了其就业压力，舒缓了社会问题。

7.3.2　注重食品安全，提升食品合作层次

（1）规范出口秩序，确保出口食品的质量安全

在全面实施出口食品产地、包装厂注册登记制度的基础上，加强检验检疫监督管理，使得所有出口食品具有可追溯性，确保出口食品的质量安全，维护中国产品声誉。

（2）内外形象并重，提高竞争力

中国食品企业普遍存在品牌意识差、缺乏品牌战略等问题。因此，中国产品不仅很难获得顾客的信任、培养固定的消费群体，而且也不能大幅度提升食品的销售价格，最大限度地获取商业利润，使中国食品走进了一个"增量不增效"的怪圈。中国出口企业应积极实施品牌战略，只有这样，才能全面提升出口食品的整体形象，获得更好的经济效益。

（3）多方面扩大融资渠道，加大对食品行业的投入

中国应加大金融机构对食品行业的融资规模；建议国家贸易发展资金中建立专门服务于边贸的发展资金，用于发展与哈萨克斯坦等毗邻国家的经贸合作，提高产品质量和档次，细分国际市场，增强竞争力。

7.4　开拓与中亚机械制造业合作空间

在本国产业发展的基础上采取相应的措施扩大对中亚的出口市场。首先，是正确了解市场，各个国家的自然环境、产业结构、生产方式、产品加工要求都不相同，中国的机电产品要想进入中亚国家市场，就要深入市场调查研究，认真分析这个国家的产业需求、生产体系、采购方式、市场销售体系和结构、市场容量、主要进口产品、进口来源、竞争对手等等。外贸企业要利用自己熟悉市场的

优势，根据该国经济政策、市场结构、市场销售渠道等锁定目标，向生产企业提供市场信息，把生产企业组织起来，在互惠互利的原则下共同开拓市场。其次，提升出口产品质量。以质取胜，这是扩大出口的根本，这无论对夺回老市场还是抢占新市场都有关键意义。这里所说的质量，不但包括产品要符合技术标准、性能标准、环境标准，而且企业的生产管理和服务应达到国际质量管理体系标准。再次，充分发挥自身的研发优势，加快开发技术含量高的机电产品。应选择一批机电生产基础好的国内企业予以重点扶持。最后，还要扩大对外宣传活动，使中亚国家对中国目前工业水平的真实状况有一定了解，树立中国机电产品和企业的品牌形象，从而使中国机电产品在中亚市场获得更大的发展空间。

7.5　中国与中亚各国交通运输合作的方向

针对美国的"新丝绸之路"计划，加快建设中国主导的"新丝绸之路"。美国的"新丝绸之路"计划是使自己成为主导者，将利益明显向自己倾斜，而此计划路线会使中国处于被动的状态。所以，中国应该加快建设由中国主导的"新丝绸之路"，东起中国东部，横贯亚欧中部地带，西达大西洋东岸、地中海沿岸各国。另外，从中国西部通向印度洋的大通道也应尽快建成。以此，加深中国与中亚各国的联系，并且摆脱制约，保持一定的主动权，扩大中国与中亚各国的国际贸易。

目前真正意义上横跨亚欧两大洲的第二大陆桥运输尚未形成，中国国内经阿拉山口到欧洲的货物占阿拉山口的货物通过量比例不到5%。第二亚欧大陆桥的潜力还没有发挥，目前还处于低效率阶段。建议建立"大中亚经济圈"和"大陆桥（国内）经济带"，区域经济的发达，区域发展的效益，会使得经济带或者经济圈的辐射力加大，以此提高沿线的经济发展，扩大贸易量以及过货量，最终促使第二大陆桥真正成为高效、通达的中国（西部）第二条国际大动脉。

中吉乌铁路历时已久，但是由于吉尔吉斯斯坦的资金缺乏和其他的因素，中吉乌铁路一直无法顺利动工。对此，首先，加快推进中吉乌铁路和中吉乌公路等跨境基础设施建设，基础设施的建设是最终项目实施的保障，是必备的建设；其次，中吉两国还需加大协商，对于阻碍项目落实的因素尽快解决，利用上合组织等机制的介入协调，以加速项目的落实。

对于亚欧大陆桥运输效率低的现状，组建第二亚欧大陆桥国际货物联运公司是目前提高第二亚欧大陆桥运输效率的重要举措。组建第二亚欧大陆桥国际货物联运公司可以实现一次交费、一票到底，公司内部结算，减少中间环节，缩短运行时间，降低运输成本，从而争取更多的客户。这也是目前被认为最有效的方法之一。

7.6 中国与中亚国家进行通信信息领域合作的建议

中亚各国，通信水平迥异，需要区别采取不同措施。

哈萨克斯坦电信业发展在中亚地区位居前列，其城市业务量发展迅速，接近饱和，中国公司可以将农村地区成为移动业务的开拓重点。哈萨克斯坦的信息通信人才培养机构较少，人才匮乏，中国可以与哈在技术人才的培养和交流机制方面采取合作，中国公司在哈拓展业务时应关注当地教信息技术教育和青年信息技术人才培养，尽量使公司本地化，这样可以使哈方更易接受企业和降低成本。

吉尔吉斯斯坦通信市场完全开放，到吉投资应加强风险评估，慎重决策。吉于1998年加入世贸组织，对外开放程度较高，各公司之间为抢占市场，除努力提高服务水平外，常常靠降低费率来吸引客户。因此投资吉通信市场前应做好充分的市场分析和风险评估，以避免投资决策失误为企业带来巨大损失。

乌兹别克斯坦虽然承诺种种"特殊对待"的优惠条件，但乌政策多变，形式不明朗，企业投巨资建厂的风险较大。加之乌国总的市场容量有限，并不足以支撑一个电信设备制造企业的运营。所以，建议对在乌投资建立高端电信设备生产一定要慎而又慎，目前似仍以成套设备出口为主要方向较为稳妥。

土库曼斯坦由于土政府参与通信行业的程度较高，政府对本国通信市场实行封闭管理，不对外开放，通过控制运营牌照发放等手段严格限制外国运营商进入。预计土政府短期内不会对外资放开本国通信业务经营权，中国通信运营商仍将难以进入土库曼市场。政府的政策对通信行业的发展有着指向作用，因此中方应多注意土方的政策走向，及时调整投资策略。

随着塔吉克斯坦经济的逐渐好转和人民生活水平的不断提高，手机的用户群还会增加，塔移动通信仍存在较大的发展空间，特别是偏远的山区和农村地区。

参考文献

[1] 毕艳茹. 中国与中亚国家产业合作研究——基于产业结构国际化视角 [D]. 新疆大学, 2010.

[2] 张芸, 杨光, 杨阳. "一带一路"战略: 加强中国与中亚农业合作的契机 [J]. 国际经济合作, 2015 (1): 31 - 34.

[3] 李豫新, 朱新鑫. 农业"走出去"背景下中国与中亚五国农业合作前景分析 [J]. 农业经济问题, 2010 (9): 42 - 48.

[4] 赵明昭, 张春敏. 中国与中亚地区农产品贸易的深化——以"一带一路"战略为背景 [J]. 人民论坛, 2015, 503 (36): 232 - 234.

[5] 彭文进. 中国与中亚国家农业合作的潜力 [J]. 俄罗斯中亚东欧市场, 2012 (1): 34 - 39.

［6］张飘洋，秦放鸣. 中国与中亚国家农业合作研究：一个国内文献综述 ［J］. 安徽农业科学，2015，43（36）：321－323，326.

［7］陈俭. 中国与中亚五国农业经贸合作模式研究 ［D］. 新疆农业大学，2014.

［8］夏蒙蒙. 丝绸之路经济带背景下中国纺织业对外转移研究 ［D］. 兰州大学，2014.

［9］胡小龙，布娟鹣·阿布拉. 中国与中亚五国纺织纤维贸易增长分析——基于 CMS 的视角 ［J］. 价格月刊，2014，440（1）：58－63.

［10］章庆慧，蔡畅. "丝绸之路经济带"构想下的"无差异空间"与区域合作——论中国与中亚的交通运输合作 ［J］. 欧亚经济，2014（6）：66－77.

［11］章庆慧. 中国与中亚国家交通运输合作研究 ［D］. 华东师范大学，2015.

［12］车探来. 论中国与中亚国家的交通合作与发展 ［J］. 俄罗斯中亚东欧市场，2011（4）：19－24.

［13］孙玉琴，姜慧. 我国对中亚交通基础设施投资发展、问题及应对策略 ［J］. 中国经贸，2015（8）：30－37.

［14］毕艳茹，秦放鸣. 中国与中亚国家交通运输合作探析 ［J］. 新疆大学学报（哲学·人文社会科学版），2008，36（5）：103－106.

［15］高国珍，王海龙. 中国与中亚国家双边经贸合作潜力分析 ［J］. 世界经济与贸易，2015（8）：72－77.

［16］李豫新，聂文元. 中国新疆与周边国家信息通信合作前景分析 ［J］. 俄罗斯中亚东欧市场，2008（3）：18－22.

［17］李琪. 中国与中亚创新合作模式、共建"丝绸之路经济带"的地缘战略意涵和实践 ［J］. 陕西师范大学学报（哲学社会科学版），2014，43（4）：5－15.

［18］袁胜育，汪伟民. 丝绸之路经济带与中国的中亚政策 ［J］. 世界经济与政治，2015（5）：21－41.

［19］高志刚，柴利. 基于三类模式的中国新疆与中亚次区域经济合作平台构建 ［J］. 全国经济地理研究会第十二届学术年会暨"全球化与中国区域发展"研讨会论文集. 广东：全国经济地理研究会，2008：148－154.

［20］Song Guoyou. The Strategic Vision of the "Belt and Road" and a New Development of China's Economic Diplomacy ［J］. Peace，2015（4）：15－23.

［21］Lu Rucai. China and Central Asia：Bright Prospects for Economic Cooperation ［J］. China Today，2014（1）：27－30.

［22］Mambetalieva Aael. China's Foreign Policy in Central Asia：Current Situation，Challenges and Prospects ［D］. Shandong University，2012.

（执笔：李金叶）

中国与哈萨克斯坦服务贸易合作研究

1. 引　　言

1.1　研究背景及选题意义

　　货物贸易与对外投资一直都是世界贸易发展进程中的经济增长点，但随着世界产业结构的调整，经济发展需要更为高效、绿色的增长模式，由此，服务贸易发展愈发受到各界的关注。世界服务总贸易额在近几年得到了飞跃性的提升，2000 年的服务贸易总额仅为 30414 亿美元，2013 年就增长到了 92194 亿美元。服务贸易的提升进步不仅体现在数量的增长上，其在贸易结构上也有了明显的进步与改善。例如，像建筑、运输这些多以资源与劳动为基础的传统型服务业部门的贸易额在近几年都有所下降，而以金融、信息咨询为主的新型服务贸易则逐步在世界经济贸易愈发多元化的过程中发挥着主导作用。

　　自实施对外开放政策以来，特别是近十几年来中国与中亚国家的合作，特别是与哈萨克斯坦，实现了贸易、外资和经济技术合作的全面、快速增长。然而在中国与中亚国家贸易总额快速增长的同时，贸易结构不合理的问题也愈显突出，主要表现为进出口贸易多为初级产品，高度集中在能源产品领域；产业内贸易水平落后；贸易方式还是多以边境贸易为主，服务贸易往来还尚未发展成熟，但服务贸易的发展将成为不可违背的历史潮流，在此背景下，对中国与哈萨克斯坦服务贸易合作问题进行系统深入研究分析对促进中国经济结构调整、实现产业结构升级、提升两国贸易质量具有重要的现实和启示性意义。

1.2　概念的界定及相关理论

　　服务业一般指生产、销售服务产品的生产部门以及这样企业的集合。有别于其他产业的产品，服务产品具有非实物性、生产与消费同时性、无法储存性等特征。在对我国国民经济进行核算时，通常将服务业视为第三产业，即除农业、工业及建筑业以外的其他所有产业部门。主要包括：①交通运输、仓储和邮政业；②信息传输、计算机服务和软件业；③批发和零售业；④住宿和餐饮业；⑤金融业；⑥房地产业；⑦租赁和商务服务业；⑧科学研究、技术服务和地质勘察业；⑨水利、环境和公共设施管理业；⑩居民服务和其他服务业；⑪教育；⑫卫生、社会保障和社会福利业；⑬文化、体育和娱乐业；⑭公共管理和社会组织；⑮国际组织①。

　　服务贸易这一概念最早于 1971 年提出，在经济合作组织（OECD）工作报告中首次涉及到此概念。而对"服务贸易"的定义最为准确并被大众接受的就是《服务贸易总协定》（以下简称 GATS）中对服务贸易概念的界定。GATS 中对服务贸易的定义为：从一缔约方境内向任何其他缔约方境内提供服务；在一缔约方境内向任何其他缔约方消费者提供服务；一缔约方在其他任何缔约方境内通过提供服务的商业存在而提供服务；一缔约方的自然人在其他任何缔约方境内提供服务。

　　而对服务贸易的分类也存在诸多分歧。如果以贸易范围来划分，那么大体可分为国内服务贸易和国际服务贸易两种。世界贸易组织则是按照其行业部门来进行划分的，大体分为 12 个部门：通信服务、建筑服务、专业性服务、环境服务、教育服务、金融服务、分售服务、旅游及相关服务、健康及社会服务、文化及交通运输服务、娱乐及体育服务、其他服务②。

　　本文所用到的国际服务贸易是采用 GATS 下的定义。服务贸易的分类采用WTO 的分类方式。

2. 全球服务贸易合作状况及中国与哈萨克斯坦服务贸易合作的基础

2.1　全球服务贸易发展状况及特点

　　世界服务贸易始于 20 世纪 80 年代，受世界产业结构调整影响，服务贸易总额由 1980 年的 7674 亿美元上涨至 2013 年的 92194 亿美元，总共扩大了 10 倍多。而且很多发达国家的产业结构也逐渐以第三产业为主，形成了"三、二、一"式的产业结构。服务贸易市场领域也大大拓宽了，不仅包括金融保险、通信等技

---

① 范丰臻. 第三产业与服务业的区别［J］. 太原城市职业技术学院学报，2008，7.
② 杨圣明. 现代服务业发展战略和总体思路研究［J］. 江苏科技大学学报，2006，2.

术、资本密集型的现代服务业，还涵盖了如建筑、运输、旅游等劳动、资源密集型的传统服务业。其发展现状与特点趋势如下。

2.1.1　服务贸易发展不平衡但其结构在不断优化

在服务贸易进出口增速方面，发展中国家已经有了显著的进步，但在发展规模、资金投入与技术水平方面还是有着较大的发展空间。常年的贸易逆差说明发展中国家对发达国家的服务产品的需求依赖性还是比较强的。所以服务贸易发展蓬勃的区域还是主要集中在如北美、欧洲与东亚的发达国家。从具体的服务业部门来看，发展国家在一些传统的服务业，例如，运输、劳务输出、旅游、建筑等领域，发展得比较快，而发达国家则是在金融、通信、信息、专利许可等方面。

经济全球化与信息化的迅速发展在推动科技迅猛进步的同时也使全球的服务贸易趋于平衡发展，虽然依然存在不平衡的现象，但其贸易结构已然逐步向合理化——不再局限于传统服务贸易领域，资本及技术密集型部门也逐渐受到各方重视。发展初期在服务贸易总额占比前三名的部门为运输、旅游及其他服务贸易。截至 2012 年运输、旅游及其他服务贸易额占服务贸易总额百分比已经分别从 1980 年的 39.2%、27.5%、33.3% 降至 23.9%、24.8%、51.3%。由此可见，在技术、制度创新的推动下，新兴的服务行业部门已逐渐占据服务贸易市场的竞争核心地位，其贸易形式与内容也愈加多元化。

2.1.2　服务贸易愈发自由化，但贸易壁垒层出不穷

世界各国在实际的自由化进程中还是会受到因各国经济发展水平差异性的影响，主要是因为服务贸易还会涉及一些敏感、涉及国家安全主权的行业部门，如通信、金融、技术等部门，这都让不少国家，特别是这些行业发展得还不是很成熟的发展中国家而言，对本国服务市场的开放度还是有所斟酌的。为保护本国弱小服务产业，各国纷纷采取各种隐性非关税贸易壁垒，例如，对开业权进行限制、为外国服务提供者实行差别待遇、对外汇实行管制、不承认外国颁发的证书、以保护环境为由设置各种绿色环境服务贸易壁垒等。

2.1.3　服务贸易的主要提供方式为商业存在

近几年随着经济全球化的推进发展，资本在全球的流动越来越自由与迅速，且有集中在服务业的趋势，而在制造业中对外直接投资（FDI）的占比则越来越少。20 世纪 70 年代前，对制造业的直接投资主要还是集中在资源密集型部门。但 90 年代后为响应世界产业结构的调整，FDI 集中领域开始向服务贸易领域转移，其占全球 FDI 比重持续超过 50%。从表 3-26 中我们可以看出，服务业已经占据 FDI 的核心位置。

表 3 - 26　　　　　　　　　　　直接外资部门的分布情况

年份	价值（10亿美元）			份额（%）		
	初级部门	制造业	服务业	初级部门	制造业	服务业
2005~2007平均	130	670	820	8	41	50
2008	230	980	1130	10	42	48
2009	170	510	630	13	39	49
2010	140	620	490	11	50	39
2011	200	660	570	14	46	40

资料来源：联合国《2012年世界投资报告》。

2.1.4　服务外包成为服务贸易的重要形式

为提高自身在服务贸易市场的竞争力，使服务部门分工、生产更为专业化，很多发达国家和地区，如美国、日本、欧洲等都会将一些非核心服务业务——IT技术、应用管理等外包给在这些领域很专业的服务提供者。而这些提供者大多都分布在劳动成本较低的发展中国家，如中国、印度、巴西等，可见，外包需求方还是以发达国家为主。受金融危机、欧洲债务以及全球通货膨胀等消极影响，全球外包市场水平虽还未完全恢复到济危机前的水平，但部分产业的外包业务所受到的负面影响已经在逐渐减少，其恢复速度也在不断加快。印度的年度信息技术与业务流程外包行业出口额较之2009年增长了13%，达500亿美元。2010年度的年信息技术和业务流程外包行业出口额达到了500亿美元，比上一财年增加13%；外包市场的营业额增长幅度最大的国家就是英国了，2004~2009年的增长幅度就达36%，10年间其国内的IT外包业务额就实现了6倍的增长。据2010年第四季度的TPI指数显示：2010年全球服务外包的年度收益达到931亿美元，同比增长了2%，5年复合增长率达到了5.1%；仅2010年第四季度全球服务外包市场合同总值达到216亿美元，环比增长了30%①。

2.2　中国与哈萨克斯坦进行服务贸易合作的基础及必要性

现如今世界经济已逐步由货物实体经济逐渐向服务经济转型，服务贸易在拉动本国经济的同时，也象征着一国的国际化程度与竞争实力。中国与哈萨克斯坦在此大背景下，还是有进一步加深两国服务贸易领域的合作还是大有潜力的，毕竟双方在各方面都有牢固的合作基础与必要性。

---

① 岑丽君. 中国在全球生产网络中的分工与贸易地位——基于TiVA数据与GVC指数的研究 [J]. 国际贸易问题，2015（1）：3-13.

2.2.1 中国与哈萨克斯坦进行服务贸易合作的基础

（1）双方政治关系友好

中哈两国的政治关系自哈萨克斯独立以来就逐渐向新型化发展，哈国政府也将推进加强两国的政治双边关系放入外交日程。中哈的高层会面一直都较为频繁，中国夯实的经济实力对哈萨克斯坦来说具有很强的投资吸引力，每年流入中国的外资都达 400 亿~500 亿美元。自中国与哈萨克斯坦建交以来，中国政府就一直坚持"坚决奉行和平共处五项原则，不干涉别国内政，尊重各国人民的选择"的原则，此原则完全符合独立出去后的哈萨克斯坦的外交政策。除此之外，中哈双边关系的稳定发展还有良好的制度平台支持，中哈合作委员会、上海合作组织等机构都能很好地完成其平台支持职能。

（2）双方拥有现实的经济基础

中哈两国虽然在服务贸易领域都还处于初级发展阶段，但双方在具体的服务业部门存在着不小的互补性。旅游、海运、建筑及计算机服务一直都是中国在国际服务贸易市场上十分具有竞争力的服务部门，而哈萨克斯坦则是在旅游、建筑、劳务和金融等方面发展较好，这种不同的资源禀赋与较强的互补性使两国在服务贸易合作领域拥有了较为坚实的经济基础。

（3）双方拥有坚实的法律基础

有坚实的法律法规作中哈服务贸易领域合作的有效保障，这便使双方能够更好地开展各项合作活动。为符合双方共有的服务贸易法律规章制度——《服务贸易总协定》（以下简称 GATS）的相关法律规定，作为 WTO 组织的成员之一中国的服务贸易市场自然是要遵守 GATS 中的各项规章制度，尽力完善本国各项法律制度，履行入世时的承诺，逐步开放本国的服务贸易市场。

哈萨克斯坦现在虽尚未加入 WTO，但自俄白哈关税同盟成立，三个成员方就决定要共同加入 WTO，由此可见，哈萨克斯坦为了能入世不仅会遵守本国对服务贸易制度的相关法律，还会尽力争取与 GATS 相关制度与原则一致。为做到这点，哈萨克斯坦要在完善法律制度、增强服务贸易透明度方面做出努力，还要在实践中积极推动服务贸易自由化。目前，与 WTO 在贸易相关法律方面的对接工作也在顺利进行，特别在卫生检验检疫方面就相关规章制度以 GATS 为基准进行了调整。

有良好的法律框架支持，中哈双方可以遵循相同的国际服务贸易准则，减少显性或隐性的服务贸易壁垒，更好地促进双方在服务贸易市场的合作。

2.2.2 中国与哈萨克斯坦进行服务贸易合作的必要性

（1）实现国际服务贸易自由化

服务贸易市场的开放度随着其所占全球贸易总额比重的增加而迅速上升，自由化进程的推进已经成了服务贸易市场发展的主流趋势。中国与哈萨克斯坦的服务贸易业发展程度相似，成熟度都不高，有很多服务部门之间都存在着壁垒或限制，这是不利于两国融入国际服务贸易市场的。

（2）提升国际服务贸易市场竞争力

受金融危机影响，世界经济市场上各国的经济竞争压力也愈加激烈，而服务业作为经济贸易领域中新的增长点，一方面，服务业客观的外汇收入大大地平衡了国际收支平衡；另一方面，服务业在吸引 FDI 方面更具潜力，在引进国外先进管理技术与营销手段的同时，大大降低了服务部门的生产成本，提高了劳动效率，提升了中哈双方在国际服务市场上的竞争力。

（3）增加就业岗位，缓解社会压力

迫于经济发展不景气，各国的就业与在就业问题愈加凸显，每年都有大量待业者需要国家为其提供就业岗位，而作为第三产业代表的服务业在提供就业岗位方面就具有不可小觑的优势。例如，劳务输出，可使本国剩余的劳动力得以在国外实现就业，这大大缓解了就业压力，进一步维持了社会稳定。

综上所述，中国与哈萨克斯坦推进服务贸易合作从各个方面来讲都是中哈经济发展与合作的必然要求，双方还有政治、经济与法律基础支撑合作。因而对两国服务贸易合作问题进行深入研究就很有必要了，使两国的服务部门能更好地互通融合，在进行服务贸易合作的同时实现互利共赢。

3. 影响中国与哈萨克斯坦服务贸易合作的因素分析

近几年，中国与哈萨克斯坦服务贸易合作发展迅速，彰显出巨大发展潜力，但合作规模却一直不大，这其中多少都受到了各个因素的影响，而影响服务贸易合作的因素众多，本节就中国与哈萨克斯坦的合作性质与特征筛选出影响力比较大的四种要素——国际环境、社会文化、政治关系以及经济发展进行详细分析。

3.1　国际环境因素

现在全球经济发展的宏观大环境就是经济全球化与区域经济一体化，这为中国与哈萨克斯坦的服务贸易合作提供了良好的背景。其次，为顺应世界经济高效、低碳的发展要求，中哈双方也不得不提升两国的贸易合作层次，合作领域不能再仅限于有限的货物贸易，两国更倾向于以服务贸易的形式来深化双方的合作关系。再者，由于受世界金融危机的影响，使中国与哈萨克斯坦与西方国家的贸

易往来受到了不小的冲击，也为中哈改变贸易结构提供了良好的机遇。中国已于
2001 年加入 WTO，而哈萨克斯坦也在俄白哈关税同盟成立后与俄罗斯、白俄罗
斯达成入世的共识，其后也为入世积极准备了各项工作。这意味着中哈双方会在
服务贸易领域方面的规章制度将更加一致与规范，这更有利于双方服务贸易自由
化，大大降低了贸易限制。

3.2 社会文化因素

社会文化因素是在一个民族经过长期的历史积淀后形成的，这种根深蒂固的
文化基础对国与国之间的经济贸易发展的影响力是不可小觑的。中国与哈萨克斯
坦在社会制度、民族文化、宗教风俗等方面的差异一方面使两国的文化交流存在
一定隔阂，但从另一方面来讲也是促进两国文化融合交流的强劲推力。两国政府
于 1992 年 8 月签署了《中华人民共和国政府和哈萨克斯坦共和国政府文化合作
协定》，该协定中确定了双方 4 个年度的文化合作计划。而双方的文化部门交往
也较为频繁，2004 年中国和哈萨克斯坦成立了副总理级的中哈合作委员会，下
设"文化和人文合作分委会"，中国文化部领导担任该"分委会"中方主席，在
此机制框架下两国文化合作往来利益密切。两国在社会文化方面的差异虽然会些
许束缚两国的服务贸易合作紧密度，但双方都以欣赏理解的眼光来看待这种差
异，努力实现文化融合，推动服务贸易合作。

3.3 政治关系因素

中国与哈萨克斯坦于 1992 年开始建交，建交近 20 多年来双方一直都保持着
稳定良好的政治关系。双方在地缘政治、高层互访与相关协议签订方面都体现出
双方政治互信的友好关系。

中国由于其特殊的地缘政治位置——太平洋地缘战略区域与欧亚地缘战略区
域的交会边缘地带，边缘地区的政治安全问题一直都很受重视。如何处理好与边
界相邻国家的政治关系也是中国政府的一项重要议题。2001 年上海合作组织的
成立打开了亚欧大陆桥区域的和平合作地缘政治新格局，加深促进了中国与西北
邻国（特别是中亚地区）的地缘政治关系。

哈萨克斯坦的地缘政治特征则由其特殊的地理位置与丰富错杂的民族宗教
矛盾决定，自美国"9·11"事件发生以来，美国以打击恐怖主义为由进攻阿
富汗，进而进入中亚地区，从而改变了中亚的地缘政治格局，这对中国与中亚
各国的政治外交是一个挑战。而哈萨克斯坦则以"大国平衡"的外交政策来
维护自身经济政治利益，主要方式有积极发展与中国的经济政治交往，吸引

中国对本国进行投资。中哈两国的政治关系从某种层面上来讲得到了进一步的深化。

两国领导的高层互访较为频繁，1992 年中国与哈萨克斯坦开始建交，同年 1 月 3 日中方外经贸部部长李岚清与外交部副部长田曾佩率中国政府代表团访问了哈萨克斯坦，双方签署了两国建交公报。随后 2 月 24～28 日，哈萨克斯坦总理捷列先科访华，与中哈领导签署了联合公报、两国政府关于公民相互来往协定、两国政府关于建立经贸、科技合作委员会协定、关于中国在哈萨克斯坦开办商店的协定等文件。时至今日，每年双方都会进行多次互访，政治联系紧密。重要的双边协议最早可追溯到 1992 年的《中华人民共和国和哈萨克斯坦共和国建交联合公报》，最新的有 2013 年签署的《中华人民共和国和哈萨克斯坦共和国关于进一步深化全面战略伙伴关系的联合宣言》。

3.4　经济发展因素

整体良好健康的宏观经济发展环境是中国与哈萨克斯坦两国进行服务贸易合作的重要基础，两国的经济发展速度与水平在一定程度上影响着服务贸易合作的形式与结构内容。近几年，中哈两国的经济发展势头都很良好，2009 年、2010 年、2011 年、2012 年、2013 年中国 GDP 为 4990.23 亿美元、5930.50 亿美元、7321.89 亿美元、8229.49 亿美元、9240.27 亿美元，哈萨克斯坦的GDP 为 115.31 亿美元、148.05 亿美元、188.05 亿美元、203.52 亿美元、224.41 亿美元。[①] 不仅是本国的经济发展迅速，两国的双边贸易贸易额也是逐年平稳增长，2011 年、2012 年双边贸易额分别达到了 249.61 亿美元、256.82美元。

在经济互补方面中哈双方也具有较大优势，不仅局限在能源、工业领域，两国在服务贸易领域也存在较大差异互补性，在本文有关章节已经对此问题进行了详细的数据分析，中国与哈萨克斯坦的服务贸易互补指数基本较为接近且都大于 1，说明双方在服务贸易领域的互补性较高，进行深度合作的可能性较大。从具体服务部门合作角度来看，中国进口与哈出口运输服务贸易互补指数远高于中国出口与哈进口运输服务贸易互补指数，这说明在运输服务贸易合作领域，中国对哈萨克斯坦的依赖性很强。在其余服务贸易部门的贸易互补指数两国的数值都较为接近且不太高，说明双方在这些领域的合作还有较大的发展空间。

---

① 资料来源：世界银行。

4. 中国与哈萨克斯坦服务贸易发展状况及对比分析

4.1　中国服务业及服务贸易发展状况

虽然货物贸易自古以来都是中国经济贸易的主要经济增长点，但世界经济体制的改革与深化则要求各国要以更加紧密高效的方式来进行贸易交流，服务贸易就是可以满足此类要求的贸易形式。自 2008 年经济危机货物贸易受阻之后，中国的服务贸易领域的商业活动就愈发活跃，其发展状况与特点大致可以归结为以下几点。

4.1.1　服务贸易额大幅提升

1985 年之后中国的服务贸易开始稳定增长，截至 2012 年贸易额已经上涨至 4706 亿美元，较之 1985 年增长了近 90 倍。而在对外贸易总额中的占比也上升了 0.5 个百分点，达到了 10.8%，高于全球服务贸易进出口 10.3% 的平均增幅。在全球服务贸易出口额中中国的服务贸易出口额增长还是稍显滞后，其排名还是位于第五，进口额名列第三。

4.1.2　在世界服务贸易市场中的占有率不断提升

中国服务贸易出口额在世界服务贸易出口额所占的比重是自 1992 年才开始快速增加的，这主要是由于国内服务业得到了政府的重视与扶持，自此才有基础扩大贸易规模。1992 年中国服务贸易出口额仅占世界服务贸易出口额的 0.9%，至 2012 年，中国服务贸易出口额已达到 1904 亿美元，在世界服务贸易出口额所占的比重也达到了 4.3%。

4.1.3　贸易进口额增长快于出口额增长

据 2012 年中国对外贸易发展报告——服务贸易分析报告显示，2012 年中国的服务贸易出口额较之上年有了较大增长，增幅为 4.5%，具体出口额为 1910 亿美元；进口额的增幅则更大，为 17.8%，达 2805 亿美元。但贸易逆差大的问题仍然存在，较之 2011 年差额上涨了 62.3%，增幅创历史新高，具体差额为 896 亿美元。中国服务贸易的顺差部门主要集中在计算机与信息服务、建筑、咨询及其他商业服务部门。虽然这些部门常年都保持着顺差的状态，但具体的顺差额却有所下降，这主要是受世界经济贸易发展不景气的影响。与 2011 年相比 2012 年的建筑与其他商业服务顺差额分别减少了 27.9%、14.1%，所幸在出口增速方面，咨询、计算机与信息服务部门则取得了不俗的成绩，增速分别达 18%、18.9%。

4.1.4　贸易结构逐步完善

2014 年是中国各项服务业出口快速发展的一年，金融服务出口较 2013 年上涨了 44%、计算机与信息服务增长了 19%、咨询和广告服务增长了 5.5%，其后两项的服务贸易的顺差额则分别达到了 99 亿美元、178 亿美元，由此可以看出这几项的贸易顺差有逐年增长的趋势。专有权利使用费、保险服务与特许费占比虽小，较之过去其出口量已有了显著增长。

4.1.5　服务外包持续发展，带动就业

据商务部数据统计，截至 2014 年我国签订的服务合同外包数已达到 20.4 万份，执行金额达 813.4 亿美元，同比增长 27.4%，合同金额达 1072.1 亿美元，同比增长 12.2%。相应的，国内的外包企业数及相关从业人员数近几年也有了大幅增长，截至 2014 年分别达到了 2.81 万家与 71.1 万人。而具体从业人员的教育水平也逐渐趋于高学历，大学学历以上（包含大专）人员占比达 68.7%，人数达 48.8 万人。

4.1.6　服务贸易发展不平衡，国际竞争力较弱

较之发达国家，我国在服务贸易进口与出口占比、货物贸易额与服务贸易额占比、服务业机构方面的不平衡性还是较为明显的。2014 年在全球总贸易额中服务贸易占比为 20%，同一时期中国的服务贸易在本国贸易进出口额中的占比较之前 2006～2013 年的 10% 已经上涨到了 15.23%。而中国的贸易进出口额在世界贸易进出口额中的占比还是货物贸易占主导地位，2013 年其贸易额占比超过了 10%，而服务贸易进出口额占比则仅为 5.9%。

由于我国的保险、运输及旅游服务贸易的进口额总是超过出口额，这导致了国内的服务贸易长期处于逆差状态。较之 2013 年，其逆差额上涨了 59%，达 1979 亿美元。上述几个服务领域的不平衡性从侧面反映出我国的服务贸易竞争力在技术、货运保险及国际航运部门中不强。

建筑、旅游及运输这些传统的服务业还是占据着我国服务贸易市场的大部分份额，而一些具有高附加值的服务业的占比则偏低。2013 年计算机与信息、保险、金融及咨询服务在服务贸易总额中的占比为 22.1%，至 2014 年上涨至 23.4%。

从以上分析来看，中国的服务贸易发展虽然在近几年得到了快速发展，在质

与量方面都取得了不错的进步，但服务贸易不平衡的状况也日益明显。世界外国直接投资不论是在行业结构还是在存量方面在近几年都有了较大改变。首先，服务业已逐步成为外国直接投资的重点投资领域。其次，存量方面，1990 年服务业的外国直接投资的占比还不及 50%，至 2004 年就上涨到了 62.8%。实现服务贸易额的方式也受到世界经济贸易机构调整的影响而产生了相应变化，"商业存在"作为一种新的形式应运而生，对服务贸易额来讲这种新形式能提供更为宽广的发展空间。

4.2 哈萨克斯坦服务业及服务贸易发展状况

绿色高效经济的发展已然成为推动一国贸易经济平衡稳定发展的主流渠道。而作为推动绿色经济发展的重要手段，服务贸易在拉动就业与推进新兴加工业方面也是功不可没。哈萨克斯坦近几年也加大了对本国服务贸易发展的推动力度。其发展情况大致归结为以下几点。

4.2.1 服务贸易总额大幅上涨

哈萨克斯坦 2000 年的服务贸易总额仅有 34.84 亿美元，随着国内经济体制的改革与发展，服务贸易额的增长速度也是逐年升高，至 2013 年已经高达 174.18 亿美元，增长了约 4 倍。虽然服务贸易额的增长较为迅速，但长期的贸易逆差一直都是无法忽视的问题。2012 年的服务贸易进口同比增长 25.08%，而出口仅增长 13.8%，逆差额达 88.27 亿美元。逆差额于 2013 年得以下降，达 69 亿美元，进口额同比减少 5.9%，出口额同比增长 6%。其中逆差排在前三位的主要有建筑、旅游及保险类服务。

4.2.2 进口额增速超过出口额，贸易逆差幅度增大

2013 年哈萨克斯坦服务贸易进口贸易额达到 174.18 亿美元，出口贸易额达到 51.2 亿美元，同比增长 6.05%。排在服务贸易进口额前三位的服务部门为建筑、运输及旅游服务，所占比重分别为 25%、21% 和 13.4%，建筑服务进口较 2012 年减少了 40%，而运输服务与旅游服务与 2011 年相比则分别增长了 9.5%、3.1%；从增速来看，排在前三位的是建筑服务、特许与许可服务以及个人、文化与娱乐服务，分别增长 78.0%、54.4% 和 31.7%。

占出口额比重前三位的服务部门为运输、旅游及通信服务，比重分别为 54%、27.7% 和 2.4%，与 2012 年相比占比分别减少了 3.6%、1.1%、20%；从增速来看，排在前三位的是计算机与信息、金融、个人、文化与娱乐服务，分别增长 43.2%、41.5% 和 41.5%。

由上述数据可以看出，建筑类贸易逆差的减少使得 2013 年服务贸易逆差有所下降——69 亿美元。同年逆差额排在前三位的有建筑、旅游及保险类服务。

4.2.3　服务贸易区域发展不平衡

哈国国内市场一些服务业市场已经接近饱和，譬如，城市内的通信服务市场已接近饱和，而农村的移动业务开展空间还很大。这也说明哈国需要进一步开拓国内外市场，大力提升服务与技术质量以此推进服务市场的发展。

4.2.4　服务贸易发展迅速，但市场竞争力仍较弱

与中国相似，哈萨克斯坦的服务贸易发展也不及发达国家的发展速度与质量，一方面，是由于服务业在哈萨克斯坦也算是新兴产业，发展也还处于初级阶段，其发展空间还很大；另一方面，哈国的服务贸易体系与基础设施还处于不完善阶段，其银行、保险、仲裁等服务贸易体系尚不健全。首先，在种类方面哈国的金融机构还是较为单一，商业银行不仅在经济活动的参与能力上没有什么太大优势，在地理位置的分布规划方面也缺乏合理性，过于集中。

从上述分析可以看出，哈国政府不仅越来越重视本国服务业的发展，还积极与外国企业开展服务贸易合作。在服务贸易量大幅上涨的同时也尽力提升自身的质量与品质，但还需解决基础设施薄弱这一较为棘手的难题。

4.3　中国与哈萨克斯坦行业服务贸易合作现状

自 1992 年建交以来，中哈两国无论是在政治方面还是在经济方面都取得了不错的成绩，在服务贸易方面，双方也签订了不少协议，进行了多方合作。在金融业方面，双方都在对方国设立了代表处，中国在哈国注册的商业银行分支机构有两家，分别是 1993 年设立的"工商银行阿拉木图股份公司"和"哈萨克中国银行"。而哈萨克斯坦在中国只设立了两家代表处，分别是 2000 年开业的哈萨克斯坦人民储蓄银行北京代表处和 2004 年批准设立的哈萨克斯坦图兰·阿列姆银行股份公司上海代表处。除此之外，两国在交通运输、通信、旅游业等方面的合作也有显著绩效。

4.3.1　交通运输合作

得益于便利的地理位置，哈萨克斯坦担任着连通中哈交通运输的重要通道角色。而近几年中哈双方的基础设施的不断完善也促进了两国的交通运输合作。除此之外，双方还签订了很多双边与多边协议：1992 年 8 月，中哈两国签署了中华人民共和国铁道部和哈国交通部过境铁路协定以及关于开放边境口岸的协定等文

件；1995 年 3 月，中、巴、哈、吉四国政府在伊斯兰堡签署《中华人民共和国政府、哈萨克斯坦共和国政府、吉尔吉斯共和国政府和巴基斯坦共和国政府汽车过境运输协定》，各国同意按相互商定的多种运输方式进行过境运输，并为缔约国提供相关的便利条件①；2004 年 8 月中国政府同上海合作组织成员国签署了《上海合作组织成员国国际道路运输便利化多边协定》草案，此草案涉及的内容包括国际道路的环保、安全、运输的安全和经营以及运输工具的临时进入问题。除此之外，各国代表还就运输手续的简化问题与国家道路的走向与连接进行了磋商；2008 年在上海合作组织成员方总理会议上正式签署了《上海合作组织成员国交通便利化协定》。这些交通运输方面协定的签订无疑在很大程度上推动了中哈在国际运输走廊的连接及交通领域的合作。

为促进双方交通铁路合作，中哈在铁路互联方面已取得了不俗成就：为了能够通过出海口更加高效地向中国与欧洲市场运输商品，哈萨克斯坦积极推动了新亚欧大陆桥铁路运输网的建立；2009 年中哈间第二条跨境运输线路——由中国修建的精河—伊宁—霍尔果斯铁路完成通车，而哈方建设的萨雷奥泽克—霍尔果斯口岸铁路也实现了与中国精河—伊宁—霍尔果斯铁路的接轨；赫罗姆套铁路支线贯穿博罗沃伊阿拉木图与俄罗斯乌拉尔、阿克纠宾、什姆肯特，然后通过阿拉木图出口到达哈霍尔果斯边境地区，它的铺设拉动了哈萨克斯坦西部地区的发展。

2010 年俄白哈关税同盟正式成立，在此框架内为提升自身竞争力与保障产品顺利进入国际市场，哈萨克斯坦的物流体系与服务都得到了完善提升，在部门运作模式方面也作出了不小改变，采用了新的现代化物流管理模式并建立辐射面广的物流中心网络。

自 2013 年起随着建设"新丝绸之路经济带"热潮的出现，中国与哈萨克斯坦的交通运输合作也上了一个新的层次，在此框架内双方可以实现交通领域的互通互联。哈萨克斯坦总统纳扎尔巴耶夫在外国投资者理事会第 25 次全体会议上宣布开始实施"新丝绸之路经济带"项目，其交通职能作用首先体现在国内交通改善上。近几年哈国国内有不少交通运输项目需要大量资金支持：①需要 56 亿美元建造资金支持的"圣彼得堡—连云港通道"项目②。哈萨克斯坦之所以对此项目如此重视，主要是因为该项目贯穿了国内多个区域，尤其是个别发展水平低下的地区——南部的希姆肯特及西部的阿克套，如果项目顺利完成，国内的交通基础设施的内联效应与外联效应就可以发挥到最大化。②内部交通网络整合改善

①　王海燕，刘晏良. 中国与哈萨克斯坦在交通运输领域的制度安排与功能合作 [J]. 新疆社会科，2009（4）.

②　Richard Weitz, "Massive East-West Transit Corridor Nears Crucial Phase" [J]. Central Asia-Caucasus Analyst, Vol. 15, No. 24, 2013, p. 6.

项目。为实现国内公路、陆路及海上运输网络的合理铺设规划，哈国预计至 2015 年完成长达 1600 公里铁路的建设、电气化 2700 公里的铁路、完成五万里公路改建及机场基础设施的完善。加之其他项目，哈政府预计开展 8 个大型项目，需要大约 300 亿美元资金的投入①。这些项目资金的来源问题单靠哈萨克斯坦本国政府是无法解决的，这时"新丝绸之路经济带"的建设构想无疑是为哈萨克斯坦提供了很好的资金与技术支持。

当然，双方的运输服务合作还是有些不足和缺陷。首先，基础设施的建设是中亚地区与中国西部地区的薄弱项，哈萨克斯坦的基础设施一直都沿用着苏联时期的设备，而中国的铁路建设则一直都围绕着工业中心建设，离采矿与回收中心较远，其技术装备水平较低。同时，资金的匮乏也是两国交通运输合作的短板。除此之外，由于双方的铁路合作项目横跨多个国家，而各个国家的经济发展水平各不相同，交通设施的完善程度也不尽相同，这也为双方的合作带来了难度。

4.3.2　旅游合作

作为在中国与哈萨克斯坦服务贸易领域占比很重的服务贸易部门，旅游服务贸易具有发展迅速、潜力大等特点。双方的合作优势首先体现在旅游资源上，中国的风景地貌十分丰富，最低的有海拔低至海平面 155 米的艾丁湖，最高的有世界第一高的珠穆朗玛峰。作为世界文明的发祥地之一，中国拥有辉煌灿烂的历史文化古迹，特别是著名的丝绸之路，它是东西方文化交流的通道，沿途景观地貌丰富。

中哈双方的旅游合作有优良的地缘优势作基础。首先，双方毗邻的陆地边境线长达 5600 多公里，是进行边境旅游的最佳口岸。边境旅游区域不止包含中国与哈萨克斯坦，还涵盖中亚地区其他八个相邻国家，如阿富汗、印度、巴基斯坦、蒙古、印度、吉尔吉斯斯坦等。作为古丝绸之路的交通要道，中国新疆边境线长，沿线旅游项目繁多，促进了与哈萨克斯坦的边境口岸交流。2011 年双方就建设临时性"贸易试验区"，联合开发游客观光、购物、娱乐等旅游服务产业方面达成一致。两国旅行社为巩固加强旅游合作在 2014 年的第四届亚欧博览会上签署了《推进两国间边境旅游合作框架协议》。与此同时，随着"丝绸之路经济带"建设进程的推进，建设国际性复合功能区、国际大道及推进出境旅游等议题也被搬上双方旅游合作的日程。自古以来，丝绸之路的延边区域就蕴藏着悠久的历史遗迹、丰富多样的自然风光、复杂多变的地貌风情。但受限于落后的经济发展水平与薄弱的基础设施建设，使中国的西部地区与中亚地区的"旅游明珠"城市旅游业发展与旅游贸易合作都受到了不小的阻力。随着"新丝绸之路"项目

---

① A. Kurtov, "Caspian Transportation Corridors: The Juxtaposition of Economic Expediency and Political Opportunism" [J]. Problems of Economic Transition, Vol. 53, No. 5, 2010, p. 22.

的开展，老的"旅游明珠"城市再一次得到了发展，与此同时，新的"旅游明珠"城市也得到充分发掘。而"丝绸之路经济带"就把这些"老珠"、"新珠"流畅地串联了起来，形成了一条共赢互补的旅游经济带。此条经济带连接的不仅仅是单个的城市个体，而是以"明珠"城市为核心的经济区或城市群，包括新疆延边城市、关天经济区、苏北经济区等。在 2014 年 5 月在于新疆召开的"丝绸之路经济带"旅游发展研讨会上，各地专家指出旅游业发展合作在"新丝绸之路经济带"构建进程中的重要作用。在把旅游业当作支柱型产业进行发展时，专家还对经济带核心区——新疆地区的交通网络规划、生态合作区建设、鼓励出境旅游等方面给出了宝贵意见：①为克服新疆旅游服务基础设施薄弱的问题，要加紧对新疆地区交通网络进行合理疏通与规划并积极建设经济带上的旅游集散地与通道；②为鼓励本国居民出境至哈萨克斯坦、吉尔吉斯斯坦、土库曼斯坦、塔吉克斯坦进行旅游消费，要相应地实行特殊的开发政策；③为迎合旅游业先导性的要求，要积极推动与哈萨克斯坦、蒙古、俄罗斯合建环阿尔泰山生态旅游合作区。

除了地缘优势外，中哈两国跨界民族方面也有不小优势。跨界民族主要指历史上形成的而现在分布在两个或两个以上国家并在相关国家交界地区毗邻而居的同一民族[①]。而中国就是一个跨界民族众多的地方，特别是西部新疆地区，与哈萨克斯坦同源的跨界民族就有哈萨克族、塔吉克族、吉尔吉斯族（柯尔克孜族）、俄罗斯族、乌兹别克族（乌孜别克族）、鞑靼族（塔塔尔族）、东干族（回族）、维吾尔族和汉族等民族。很多居住在新疆地区的少数民族都有在哈萨克斯坦居住的亲戚朋友，双方来往很密切，并且都愿意为对方提供人身财产保障，这就是探亲访友式的旅游形式，虽然这种旅游方式有别于其他形式的旅游，无专门的旅行组织，也较少使用旅行基本设施和服务，但它无疑促进了旅游目的地当地的经济发展。

双方在政治文化方面也保持着睦邻友好的关系，在宗教文化方面具有很深的渊源，语言民俗方面也存在诸多的相似性。这些优势都有利于双方开展边境旅游合作。

中哈双方在旅游资源领域的开发还是存在诸多的不合理性，这主要是因为两国的旅游基础设施建设起步都较晚，缺乏合理规划旅游资源的经验。例如，对名胜古迹的开发需要庞大的资金链支持与全面合理的规划。而中国与哈萨克斯坦在技术与资金方面都还存在着短板，一些需要高技术开发技巧的旅游项目开发起来还是有难度。

---

① 岑丽君. 中国在全球生产网络中的分工与贸易地位——基于 TiVA 数据与 GVC 指数的研究 [J]. 国际贸易问题，2015（1）：3–13.

4.3.3　金融合作

目前，中国与哈萨克斯坦的金融合作还尚处于初级阶段，其合作形式还是呈现出松散、单一的状态，双方缺乏信息交流和组织机制。现阶段两国的金融合作内容大致包括本币结算、本币互换、项目融资、贸易融资及政策性金融等。为实现中哈双方金融合作的升级，不仅要及时解决双方贸易项下本币结算的问题，还要完善双方合作领域内制度与组织安排，进一步加强汇率协调和联动机制。

中哈两国金融合作的下一个阶段就是汇率的协调与联动机制，此时采取的手段通常为汇率目标区，该区域内通常设有较为清晰的干预界限、干预责任，其中，基金保障市场除了进行干预活动之外，也可将基金用于解决成员方的国际收支问题。

就目前实际情况来说，中哈的经贸合作质量水平还是远远领先于金融合作。经贸合作，特别是边境货物贸易的快速发展在很大程度上得益于近几年双方金融结算系统的改善，而在本币结算以及融资渠道的开辟等方面还亟待升级。

中国与哈萨克斯坦的区域金融危机防范机制在很大程度上也受到了两国金融合作的影响。哈萨克斯坦的金融机构体系主要包括银行体系、非银行体系与支付体系。其中银行体系包括中央银行、商业银行和政策性银行，非银行金融机构包括典当行、信贷公司、证券发行机构及其他经营部分银行业务的机构，银行支付体系以支付委托及信用卡为主。哈萨克斯坦的双层金融管理体系于 1995 年的银行改革之后形成，其形式为国家银行、商业银行及私人银行并存。哈国实行的"两级"银行体系主要分为：①一级银行——哈萨克斯坦国家银行，主要职能为货币发行、金融管理等，其主要任务是编制与实施国家货币一贷款政策、保证支付体系功能的运行、实施货币调节与货币控制及促进保障财务体系的稳定性。②政策性银行——哈萨克斯坦开发银行（Банк развития Казахстана），直接或间接从事金融性活动，提供二级银行无法提供的金融服务。业务内容主要涉及提高公共投资效率、改善各项目融资机制以及协助政府吸引国内外投资；推动本国制造业、加工业、交通业等基础设施建设，支持回收长期大型资本密集型投资项目（主要指价值 500 万美元以上、投资期限 5 ~ 20 年的投资项目）并促进本国产品出口。③二级银行为商业银行。

为实现统一经济空间内各项服务与资本的自由流动，哈萨克斯坦政府积极促成金融市场的一体化，并与中亚其他国家签署了不少相关协议。1999 年 2 月俄罗斯、白俄罗斯、哈萨克斯坦、吉尔吉斯斯坦和塔吉克斯坦五国在欧亚经济共同体框架内签署了建立关税同盟和统一经济空间的协定①。2000 年 10 月五国签署协

---

① Договор о Таможенном союзе и Едином экономическом пространстве от 26 февраля 1999 года-http：//tsouz. ru/Docs/IntAgrmnts/Pages/Dogovor_26021999. aspx.

定，将关税同盟改组为欧亚经济共同体。2007 年 10 月，俄、白、哈三国签署了成立关税同盟委员会的协定和建立统一关境及建立关税同盟的协定，表明三国在欧亚共同体框架内"重启"了建立关税同盟的进程①。2009 年 11 月 27 日，俄、白、哈三国签署了《关税同盟海关法典》，标志着"俄白哈关税同盟"正式成立。2010 年 7 月 6 日，俄、白、哈三国建立的关税同盟开始正式运作，标志为三国先前签署的《海关法典》开始生效。此后俄、白、哈三国在金融领域的合作联系就愈发紧密，其中之一的标志就是所签订的国际协定增多，仅 2009 年通过的协议就达到了近 40 个。为实现同盟框架内各成员方金融市场的互通合作，三国争取于 2015 年之前建立超国家金融市场协调机构，此机构将设立在哈萨克斯坦。有了调节机构作基础，俄、白、哈三国还需要在政策、体系与法律层面得到相应支持，为了达到此目的，各方的金融活动法规标准要严格遵循国际标准惯例，风险管理方法体系及准入标准也要实行统一政策。除此之外，为保障在法律层面上各个跨国金融机构的资产、资本、证券等的自由流通，各方还要努力实现起相互承认银行、保险、证券业务许可证。

今天全新的金融市场环境要求哈萨克斯坦国内金融机构组织的服务质量、速度及风险评估等能力都要尽量赶上发展水平较高的外国机构。主要手段包括加强本国金融机构的抗冲击及风险能力，努力吸收各方存款资金，不论是散户存款，还是大型企业的投资资金，而清算能力的实现与利润率的合理配置在一定程度上保持了哈国金融体系的可持续发展。

在实现经济领域和经营活动种类多元化方面，哈方的银行和监管机构通过对本国金融市场的深入研究来整合金融服务、提高综合效应；就如何提高和扩大金融服务质量和范围的问题，哈国金融机构致力于发展无须客户本人到场的服务品种，如网上银行、手机和电话银行等；除此之外哈方金融机构还开始实施提高服务速度、使定价机制更具大众性。

与哈萨克斯坦的金融体系不同，中国的金融机构体系的多种金融机构并存的多层次体系，其中领导层为中国人民银行、银监会、证监会及保监会，主体为商业银行与政策性银行。近几年，中国的金融业发展状况良好。首先，在资产负债规模方面中国的金融机构是不断在扩大的，并且其质量也是在持续提升，拨备覆盖率的高位提升使资本可以充分保持稳定，而中间业务收入绝对量在大幅增加的同时其流动性也足够充足。其次，中国证券业近期的发展也呈现出良好势头，证券机构数量持续增加，资产与股票市场规模也不断在扩大，业务稳步推新，融资能力显著增强，监管合理化不断加强，抗风险能力得到增强（2007～2013 年银行业金融机构资产和负债总额见表 3 - 27）。

---

① Договор о Комиссии Таможенного союза от 6 октября 2007 года, http：//tsouz. ru/Docs/IntAgrmnts/Pages/D_KTS. aspx.

表 3 - 27　　　　　　　　2007～2013 年银行业金融机构资产和负债总额

年份	总资产（亿元）	与上年同期增长率（%）	总负债（亿元）	与上年同期增长率（%）
2007	525982. 5	19. 7	495675. 4	18. 80
2008	623912. 9	18. 60	586015. 6	18. 20
2009	787690. 5	26. 30	743348. 5	26. 80
2010	942584. 6	19. 70	884379. 8	19. 00
2011	113287. 3	18. 90	1060779	18. 60
2012	1336224	17. 95	1249515	17. 79
2013	5839031	14. 61	5454291	14. 35

资料来源：根据中国银监会网站（http：//www. cbrc. gov. cn/index. html）资料整理而得。

　　我国的金融体系虽未受 2009 年金融危机的正面冲击，但也出现了一系列负面问题，例如，证券市场震荡、资本市场受到扰乱、投资者信心受挫、金融业经营环境变差等情况。为提高双方金融领域的合作效率、加强金融抗风险能力、降低流通成本，保证统一货币在金融活动中的顺利流通及实现两国本币结算就是一项必要措施。这一点，习近平主席在提出建立"新丝绸之路经济带"构想时就已经强调提出了。中国人民银行也已经和哈方的中央银行签署了双边本币结算的相关协议，这样双方的融资渠道都得到了拓展，在一定程度上也扩大了人民币在哈国甚至中亚区域的使用范围，推进了人民币国际化进程。为了能够更好地向中亚地区输送交通、通信、旅游、资金等要素，国内各界正在积极鼓励在"丝绸之路经济带"走廊范围内打造区域金融中心。该中心主要承担着承载中国与中亚地区的资金流转配置与金融合作交流的作用，除此之外，这也是实现国内与国外企业进行高速、高效、高质量投资合作的良好平台。为响应国家"一路一带"的政策要求，国内的大型电商都开始积极拓展海外业务，淘宝与京东都相继推出了跨境 B2C 电商平台，满足了海内外用户及电商的"海淘"需求，也开拓出了一条能够快速、便捷地提供跨境金融服务的通道。

4.3.4　通信服务合作

　　为响应全球信息化，世界各国越来越重视通信服务在本国与他国进行经贸合作时的作用。我国的信息技术在近几年得到了飞速发展，信息基础设施的建设也得到了政府的大力支持与协助。

　　现代信息服务就其服务提供方式可以大致分为有形与无形的信息服务。有形的信息服务主要是涉及一些有形的信息产品，譬如文化娱乐、影响、影音制品以及涉及知识产权的产品。此类服务不要求消费者与提供者在物理上进行接近，双方既可以同时进行活动，也可以在不同时间进行活动。而无形的信息服务则是指技术及教育培训服务、工程信息提供咨询、跨国数据流服务等商业服务。此类服务在物理位置上需要消费者与提供者较为接近，双方在大部分情况下的活动需要同时性。

自中国加入世界贸易组织后，其国内通信市场的开放度也逐年提高，在海外的上市使其成为国际化公众企业，其活动方式还是主要以境外消费与跨境交付为主。而国内的通信服务规模的扩大也得益于这种活动模式，无论是来华旅游还是经商的人员大多会选择境外支付的方式来获取服务。中国国内的电信运营商是在华长住的外来居民的最优选择，而国内与国际的电信业务则是一些临时居留人员的选择，如来华经商或旅游的人员。

虽说像通信服务这样的技术资本密集型的服务业还不是我国服务贸易发展的主流趋势，并且其相应的基础设施建设也不是很成熟，竞争力也不如发达国家强。但毋庸置疑，受到国内政府的重视与扶持后，通信服务贸易额的增长势头正在逐年上涨（中国通信服务业进出口情况见图3－10）。

（亿美元）

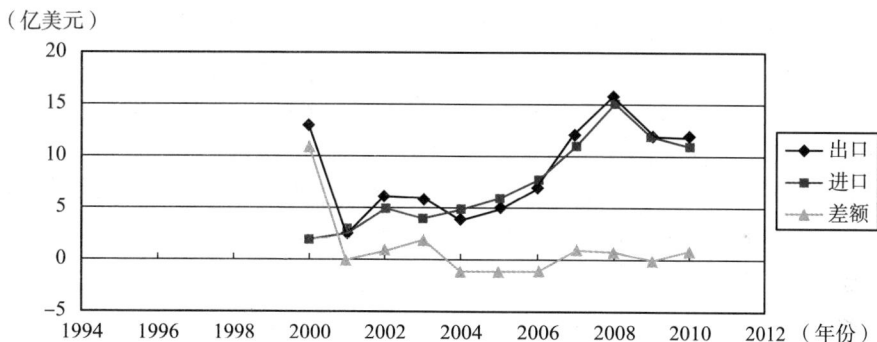

图 3 – 10　1994～2012 年中国通信服务业进出口情况

在经济全球化的大背景下，国际合作已经渗透到各行各业。而信息传输业作为联结各微观主体、在宏观层面传播信息的纽带行业，更是开展了包括资金、技术、人才等各方面的国际合作。而中国的通信服务贸易则大多集中在以下几个领域：①境外投资；②利用外资；③国际信息服务外包。

近年来，随着中国电信行业的改革和重组，中国电信企业境外投资合作取得一定成效，这主要得益于中国通信行业以商业存在模式对外出口通信服务的能力不断提高。目前，很多在海外上市的电信运营商都逐步实现了资本国际化，在多项网络延伸工程建设的基础上海外企业与国内主要运营企业建立了紧密合作。在设备出口方面国内企业也是不遗余力，部分企业还以参股当地电信企业的方式参与到非洲与美洲的电信运营活动中。中国的邮政业在国际市场上的发展虽然还不是很成熟，但近几年的进步还是有目共睹的，境外国际业务的开展主要通过合作、合资、代理等形式，并且大多集中在周边地区及贸易往来密切的发达国家。

国际互联网业务的开启大致始于中国入世后，入世后国内才开始准许境外公司设立中外合资的电信公司，自此开放互联网的接入与内容提供等服务。我国吸引外资进入国内网络、电视、广播业领域的手段包括完善发展互联网传播音视频信号技术，使其更为成熟。再者，充分利用本国的有线电视市场，推广有线电视数字化也是吸引国外企业的有效手段。

海外市场上中国的电信运营商产生的影响与引资能力同样不可小觑，如今我国已有四大基础电信运营商在海外上市。在吸引国外商家的同时，国内的电信市场同样也在吸引着境外运营商。近几年向中国政府主管部门提出设了外资电信企业的商家就有数十家，其中不乏一些在国际电信市场上具有超高影响力的电信巨头企业，如韩国 SK、日本 NTT 等。除此之外，这些外资企业在我国电信增值运营市场的活动也较为频繁，获得经营许可的企业也多达 2.2 万家。

今天的企业越来越倾向于将自身的信息服务外包给国际机构组织来完成，因为外包的方式所花费的成本更低，而获取的相应服务则更为专业灵活。对很多中小型企业来说，其信息化基础本身就较为薄弱，信息化人才也比较缺乏，这时想要信息化建设，采用外包的方式就是最佳选择。这也是吸引各国相继加入到软件开发竞争中的原因，这其中也不乏众多发展中国家的软件公司，致力于软件开发创新以此谋求挤入国际信息市场。

中亚地区中哈萨克斯坦的电信行业发展排名靠前，全国交换机总容量为 280 万线，实际用户装机容量超过 220 万线。固定电话用户为 210 万户，城市电话普及率为 21%，农村为 5%，网络数字化程度为 45%。除了国内电信市场的发展外，哈萨克斯坦还在积极开发国外市场，努力推进本国通信市场的自由化，主要途径有通过建设高科技信息产业园区来吸引外商对其本国电信产业进行投资。

根据哈国家统计署 2012 年前 11 个月统计数据，无线通信用户增长至 2990 万户（2011 年为 2520 万户），前三季度互联网用户 970 万人（2011 年全年为 720 万人）。主要通过 ADSL、CDMA－450/EVDO、3G、4G 和 FTTH 技术增加宽带网接入量。据哈萨克斯坦投资发展部部长阿萨特·伊赛科舍夫称，2014 年互联网用户人数已达到 1200 万，占总人口比重达 70%。数字电视覆盖率达 51%，截至 2014 年年底这个数字将达到 72%，而卫星数字电视覆盖已达到了 100%。

在移动和固定电话通信方面，哈国内用户在数量上持续增长，而服务费则在下降。2012 年将区内、城际间电话和 IP 电话的计费时长从 10 秒降低到 1 秒，将国际长途计费从 30 秒降低到 10 秒。2012 年还推行了区内和城市间电话通信服务双区计费，费用降低至 18%。2013 年移动通信市场收入达 474 亿坚戈，较上年上涨了 40% 多。而固定电话通信市场的收入 2013 年达到了 727 亿坚戈，较 2012 年上涨了 18%。

2012 年世博会会务问题国家委员哈萨克斯坦总统提出了要提高本国移动通

信质量的要求，为此哈国交通通讯部召开移动运营协商会议，会上讨论了在邻近阿斯塔纳地区因内务部刑事机构或国家机构而禁止设立移动基站的相关问题。不得不说，哈国的通信服务业发展速度在近几年得到了大幅提升（2012～2013 年哈萨克斯坦经济部门增长速度见图 3 – 11）。

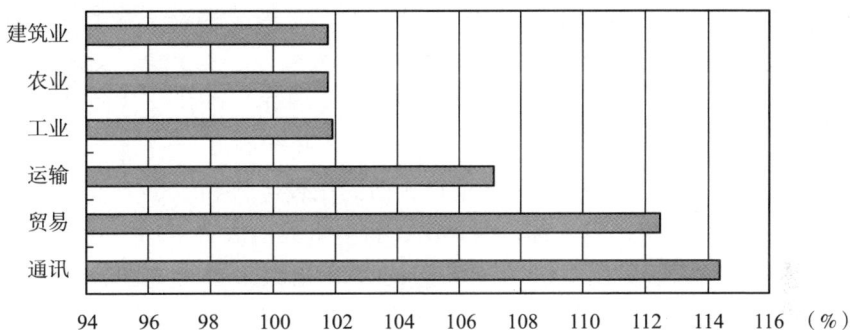

图 3 – 11　2012～2013 年哈萨克斯坦各经济部门增长速度

资料来源：根据哈萨克斯坦统计局数据整理而得。

　　在上海合作组织的不断推动下，中哈两国在光缆线路建设对接、现代化通信技术与基于互联网的信息化建设等信息通信合作领域都积极开展了合作。中国，特别是新疆地区与中亚各国都有着很强的信息合作愿望，目前已搭建了很多信息交流与合作平台，为中哈双方深入开展区域信息通信合作奠定了基础。

4.4　中国与哈萨克斯坦服务贸易竞争与互补指数分析

　　本文借助显性比较优势指数 RCA 和贸易竞争优势指数 TC 对中国与哈萨克斯坦服务贸易竞争力水平进行测评。显性比较优势指数 RCA 可用来描述一个国家或地区服务出口与该国总出口的比值相对世界该指标的状况，较好地反映了该国或地区某一服务出口相对于世界平均出口水平的比较优势，但 RCA 指数只反映了服务贸易出口并未考虑进口的影响，这在开放的经济条件下显然不够全面，因此在分析中又加入了反映一国服务贸易净出口与其进出口总额比值的 TC 指数①。

4.4.1　基于显性比较优势指数的比较

　　1965 年美国经济学家巴拉萨（Balassa）提出了显示性比较优势指数（Revealed Comparative Advantage Index，简称 RCA 指数），主要被用于分析一个国家

---

① 姚星等. 后过渡期我国服务贸易国际竞争力问题研究 [J]. 生态经济, 2008, 2.

或地区的某种产品是否具有比较优势，具体指一个国家某种商品出口额占其出口总值的份额与世界出口总额中该类商品出口额所占份额的比率。其计算公式如下：

$$RCA = (X_i/X_t)/(W_i/W_t)$$

其中，X_i 表示一国 i 产品的出口值；X_t 表示一国总出口总值；W_i 表示世界 i 产品的出口值；W_t 表示世界总出口总值。如果一国 RCA 指数大于 2.5，则表明该国此种商品具有极强的国际竞争力，RCA 介于 2.5 ~ 1.25 之间，表明该国此种商品具有很强的国际竞争力；RCA 介于 1.25 ~ 0.8 之间，则认为该国此种商品具有较强的国际竞争力；RCA 小于 0.8，则表明该国此种商品的国际竞争力较弱[①]。为了分析中国与哈萨克斯坦服务贸易出口方面的比较优势和竞争力状况，本文采用 GNS（一般国家标准）服务部门分类法，将全世界的服务部门分为 11 大类。

从中国与哈萨克斯坦在 2000 ~ 2013 年的 RCA 指数来看（中国、哈萨克斯坦服务贸易 RCA 指数比较见表 3 – 28），两国的 RCA 指数均值均分别为 0.48 与 0.42，均小于 0.8，表明两国在服务贸易领域的国际竞争力较弱。虽然平均值相近，但从整体趋势变化上看，这 10 年间中国的服务贸易竞争力水平一直稳定地保持在同一水平区间内，而哈萨克斯坦的服务贸易竞争力发展的振幅则较大，说明其国内服务贸易发展并不稳定，主要收入还是依靠货物贸易。

表 3 – 28　　　　　　　　中国、哈萨克斯坦服务贸易 RCA 指数比较

年份 国家	2000	2001	2002	2003	2004	2005	2006	2007	2008	2009	2010	2011	2012	2013	平均值
中国	0.57	0.56	0.54	0.48	0.47	0.45	0.44	0.45	0.47	0.43	0.48	0.45	0.43	0.43	0.48
哈萨克斯坦	0.56	0.64	0.68	0.59	0.44	0.38	0.35	0.35	0.30	0.40	0.32	0.25	0.27	0.30	0.42

资料来源：根据《中国统计年鉴》（2001 ~ 2011 年）、《国际统计年鉴》（2001 ~ 2011 年）、哈萨克斯坦统计署《哈萨克斯坦 2000 ~ 2010 年》、哈萨克斯坦国家银行数据库、UN Service Trade 数据库整理。

4.4.2　基于贸易竞争力指数的比较

服务贸易竞争指数（TC 指数）是指一国某一服务的进出口贸易差额占服务贸易进出口总额的比重，即 $TC_j = (X_j - M_j)/(X_j + M_j)$，其中，$TC_j$ 是一国 j 服务的贸易竞争优势指数，X_j 是一国某时期 j 服务的出口额，M_j 是该国同时期 j 服务的进口额。TC_j 的取值范围为 [– 1，1]，TC 取值接近于 0 时，说明竞争优势接近平均水平，当 TC 指数的取值大于 0 时，说明竞争优势大，而且越接近 1 越大，行业竞争力越强，反之，行业竞争力越小。TC 取值为（ – 1， – 0.6）时有极大

---

① 刘丽. 我国出口商品结构变动及其影响因素分析 [D]. 华中科技大学，2009.

的竞争劣势，取值为（ - 0. 6， - 0. 3）时有较大的竞争劣势，取值为（ - 0. 3，0）时有微弱竞争劣势，取值为（0，0. 3）时有微弱的竞争优势，取值为（0. 3，0. 6）时有较强的竞争优势，取值为（0. 6，1）时有极强的竞争优势①。

从表 3 - 29 对两国 TC 指数的分析我们可以看到，双方自 2000 ~ 2013 年的 TC 指数均为负值，并且其变动幅度都较小，并没有太大变动，这说明中哈两国近些年来一直是服务贸易的净进口国，出口竞争力较弱。而中国 13 年间的平均指数明显高于哈萨克斯坦，这说明与哈萨克斯坦相比中国在服务贸易竞争力方面还是具有很大优势。

表 3 - 29　　　　　　　2000 ~ 2010 年中国与哈萨克斯坦服务贸易竞争力指数

年份 国家	2000	2001	2002	2003	2004	2005	2006	2007	2008	2009	2010	2011	2012	2013	平均值
中国	- 0. 09	- 0. 09	- 0. 08	- 0. 08	- 0. 07	- 0. 06	- 0. 05	- 0. 03	- 0. 04	- 0. 10	- 0. 06	- 0. 13	- 0. 19	- 0. 22	- 0. 09
哈萨克斯坦	- 0. 31	- 0. 38	- 0. 42	- 0. 40	- 0. 44	- 0. 54	- 0. 51	- 0. 53	- 0. 43	- 0. 41	- 0. 46	- 0. 42	- 0. 45	- 0. 39	- 0. 44

资料来源：根据《中国统计年鉴》（2001 ~ 2011 年）、《国际统计年鉴》（2001 ~ 2011 年）、哈萨克斯坦统计署《哈萨克斯坦 2000 ~ 2010 年》、哈萨克斯坦国家银行数据库、UN Service Trade 数据库整理。

4.4.3　中国与哈萨克斯坦服务贸易互补性分析

本文采用贸易互补性指数来分析与衡量中国与哈萨克斯坦之间的服务贸易互补性。国家 i 出口与国家 j 进口之间在 k 类产品上的贸易互补性指数用 C_{ijk} 表示，公式如下：

$$C_{ijk} = RCA_{xik} \times RCA_{mjk}$$

i 国与 j 国的综合贸易互补性指数用 C_{ij} 表示，是所有产品类的贸易互补性指数的加权平均值，加权系数为世界贸易中各类产品的贸易比重，公式如下：

$$C_{ij} = \sum [(RCA_{xik} \times RCA_{mjk})] \times (W_k/W)$$

RCA_{xik} 表示衡量国家 i 在服务 k 上出口的比较优势；RCA_{mjk} 表示用进口来衡量的国家 j 在服务 k 上的比较优势；W_k 表示 k 类产品的各国国际贸易总额；W 表示世界所有产品的贸易额②。

如果 RCA_{xik} 的数值较大，说明国家 i 在 k 服务上出口较多，i 国在 k 服务的提供上处于比较优势；如果 RCA_{mjk} 的数值较大，说明国家 j 在 k 服务上的进口较多，处于比较劣势，这样两个国家的产品就具有一定的互补性。在多种服务存在的情

---

① 赵明. 中美服务贸易比较与我国对策选择 [J]. 广西财经学院学报，2007，2.
② 马承文. 东盟五国服务贸易竞争力研究 [D]. 厦门大学，2008.

况下，两国服务贸易的综合性指数可以用各类服务互补指数的加权平均数来计算。因此根据贸易互补指数的公式可知，当一国出口的主要服务类别与另一个国家进口的主要服务类别相吻合时，两国的互补性指数就高，反之则小。

当 $C_{ij} > 1$ 时，说明两国的贸易互补性很强，且 C_{ij} 越大，其互补性就越强；当 $C_{ij} \leqslant 1$ 时，两国的贸易互补性弱，且 C_{ij} 越小，其互补性就越弱。

由于服务贸易包含的行业繁多，本文在计算中国与哈萨克斯坦服务贸易互补性指数时，将服务贸易分为五类：①运输服务贸易；②旅游服务贸易；③通信服务贸易；④金融服务贸易；⑤其他商业服务贸易。表 3 - 30 为计算结果：

表 3 - 30　　　　　　　　　中国、哈萨克斯坦服务贸易互补指数比较

年份	整体		运输		旅游		通信		金融		其他商业	
	中出口-哈进口	中进口-哈出口	中出口-哈进口	中进口-哈出口	中出口-哈进口	中进口-哈出口	中出口-哈进口	中进口-哈出口	中出口-哈进口	中进口-哈出口	中出口-哈进口	中进口-哈出口
2000	0.838	0.417	0.39	0.995	1.009	0.564	1.491	0.208	0.015	0.149	0.012	0.229
2001	0.848	0.463	0.444	1.13	1.264	0.683	0.236	0.221	0.011	0.051	0.01	0.177
2002	0.944	0.467	0.452	0.992	1.187	0.746	0.501	0.304	0.011	0.082	0.015	0.162
2003	0.766	0.352	0.498	0.9	0.608	0.409	0.282	0.172	0.024	0.079	0.027	0.185
2004	0.638	0.262	0.365	0.638	0.524	0.325	0.105	0.111	0.009	0.064	0.017	0.21
2005	0.693	0.225	0.37	0.578	0.378	0.258	0.083	0.097	0.011	0.045	0.012	0.215
2006	0.632	0.219	0.414	0.647	0.329	0.24	0.083	0.079	0.022	0.034	0.008	0.121
2007	0.614	0.223	0.392	0.608	0.264	0.238	0.076	0.081	0.018	0.078	0.01	0.15
2008	0.555	0.198	0.459	0.502	0.244	0.185	0.083	0.071	0.041	0.092	0.007	0.151
2009	0.514	0.259	0.431	0.83	0.265	0.285	0.081	0.084	0.049	0.049	0.01	0.134
2010	0.627	0.201	0.386	0.6	0.338	0.242	0.082	0.043	0.055	0.027	0.007	0.143
2011	0.479	0.192	0.387	0.238	0.382	0.238	0.18	0.0291	0.047	0.02	0.006	0.143
2012	0.536	0.163	0.378	0.598	0.308	0.339	0.135	0.046	0.064	0.037	0.005	0.083
2013	0.43	0.225	0.364	0.706	0.416	0.409	0.086	0.04	0.078	0.021	0.007	0.077
平均值	0.651	0.276	0.409	0.731	0.537	0.369	0.25	0.113	0.032	0.059	0.011	0.156

资料来源：根据《中国统计年鉴》（2001～2011 年）、《国际统计年鉴》（2001～2011 年）、哈萨克斯坦统计署《哈萨克斯坦 2000～2010 年》、哈萨克斯坦国家银行数据库、联合国服务贸易（UN Service Trade）数据库整理。

通过表 3 - 30 对比我们可以看出，中国与哈萨克斯坦的服务贸易互补指数较低，说明双方在服务贸易领域的发展潜力较高，需要进一步加深双方的合作。从具体服务部门合作角度来看，中国进口与哈出口运输服务贸易互补指数远高于中国出口与哈进口运输服务贸易互补指数，这说明在运输服务贸易合作领域，中国对哈萨克斯坦的依赖性很强。在金融服务贸易领域，中国对哈萨克斯坦的依赖性也较强。而在旅游及通信服务贸易领域则是哈萨克斯坦对中国的依赖性较强。从

整体的服务贸易情况来看，哈萨克斯坦还是很依赖中国的出口输出。

4.4.4 基于服务贸易对外开放度的比较

服务贸易对外开放度这一指数很好地反映了一国参与国际服务贸易的程度与该国经济增长对服务市场的依赖程度。主要表达方式为一国服务贸易进出口总额占其国内生产总值的比。计算公式为：$TIS = (S_x + S_i)/GDP$。

TIS 为服务贸易对外开放度，其值越大表明一国服务贸易对外开放度越高，反之就越低。S_x 表示服务贸易出口额，S_i 表示服务贸易进口额。

由表 3 - 31 对比可看出，中国的服务贸易开放度指数大致保持在 6% ~ 7%，而哈萨克斯坦这 11 年的服务贸易开放度指数平均值则达到了 14% 左右，由此可见中哈在服务贸易领域的开放程度差距还是不小。现如今，中国服务行业中还是少数传统服务业在占据着主导地位，即与现代服务业相比，还是传统服务业处于垄断中。但垄断经营会带来服务质量下降、市场竞争力削弱、损害消费者权益与阻碍服务行业发展等恶。而就如何提升中国服务贸易开发程度的问题，关键还是在于本国服务贸易业的发展程度。要想实现中国服务贸易产值大幅提升的目标，还得靠对国外先进技术经验的学习，努力发展具有高附加值的服务产业。

表 3 - 31　　　　　　中国与哈萨克斯坦服务贸易开放度指数对比

年份＼国家	中国	哈萨克斯坦
2000	0.055	0.167
2001	0.054	0.184
2002	0.059	0.214
2003	0.062	0.186
2004	0.069	0.165
2005	0.070	0.170
2006	0.071	0.143
2007	0.072	0.146
2008	0.067	0.117
2009	0.057	0.124
2010	0.062	0.107
2011	0.066	0.083
2012	0.056	0.088
2013	0.058	0.079

资料来源：根据《中国统计年鉴》（2001 ~ 2011 年）、《国际统计年鉴》（2001 ~ 2011 年）、哈萨克斯坦统计署《哈萨克斯坦 2000 ~ 2010 年》、哈萨克斯坦国家银行数据库整理、联合国服务贸易（UN Service Trade）数据库整理。

4.4.5　基于出口相似性指数的比较

出口相似性指数（Export Similarity，ES）主要被用来衡量任意两国或两组国家在第三市场或世界市场上的出口产品的相似性程度，计算公式为：

$$E_{SAB.W} = \sum \min(X_{iAW}, X_{iBW}) \times 100$$

式中，$E_{SAB.W}$ 为 A 国与 B 国服务贸易出口到世界市场 W 在出口结构上的相似性指数。X_{iAW} 表示的是世界市场 W 中来自 A 国某服务行业 i 的出口额占 A 国整个服务贸易出口份额的比重。X_{iBW} 表示的是世界市场 W 中来自 B 国某服务行业 i 的出口额占 B 国整个服务贸易出口额的比重。如果对于每一种服务行业 i 都有 $X_{iAW}=X_{iBW}$，则该指数就为 100，其含义是这两个经济体 A、B 在该市场 W 的贸易结构完全相同；对于每种服务行业 i 都有 $X_{iAW}>0$、$X_{iBW}=0$，或 $X_{iAW}=0$、$X_{iBW}>0$ 则该指数就为 0，其含义说明这两个经济体的贸易结构完全不同。所以，这一指数的取值范围是 $[0，100]$。

基于对中哈两国在服务贸易领域的出口结构相似性指数的比较（见表 3 - 32），我们可以发现中哈双方在上述所列举的具体服务部门中的出口相似性指数均不高，其中旅游、运输、通信及金融服务领域的出口结构差异性逐步加大，这说明它们在这些领域的互补性较强，有继续推动加深其贸易往来的价值与必要性。

表 3 - 32　　　　　　中国与哈萨克斯坦服务贸易出口结构相似性指数

年份	服务贸易	运输	旅游	通信	金融	其他
2000	12.18	33.84	3.27	0.59	3.52	52.55
2001	14.09	35.85	0.91	0.4	2.92	44.6
2002	14.52	40.38	1.52	0.64	4.36	41.21
2003	17.05	32.95	1.29	0.82	7.71	42.53
2004	19.45	35.21	0.64	0.8	8.56	39.35
2005	20.87	31.46	0.68	0.81	8.01	29.72
2006	22.99	29.73	0.77	0.78	6.12	32.18
2007	25.75	28.42	0.99	0.93	8.03	30.39
2008	26.22	22.86	1.09	1.17	8.18	39.8
2009	18.35	22.73	0.93	1.56	9.03	42.17
2010	20.09	23.62	0.7	0.68	9.06	37.46
2011	19.55	26.64	0.99	0.62	8.92	41.29
2012	20.43	26.27	0.94	0.93	8.31	37.83
2013	17.88	24.53	0.79	0.49	9.18	43.39

资料来源：根据《中国统计年鉴》（2001～2011 年）、《国际统计年鉴》（2001～2011 年）、哈萨克斯坦统计署《哈萨克斯坦 2000～2010 年》、哈萨克斯坦国家银行数据库整理、联合国服务贸易（UN Service Trade）数据库整理。

5. 促进中国与哈萨克斯坦服务贸易合作的对策建议

作为中国与哈萨克斯坦贸易合作的新型增长点，服务贸易已逐渐成为中哈两国合作的重点领域。适逢 2011～2015 年"十二五"规划实施时期，中国为保障在新的国际格局中本国经济快速稳定地增长，将发展服务贸易作为增进推动外贸形势的重要举措。而哈萨克斯坦也在积极发展绿色经济，致力于通过推进经济成功转型来加速本国服务业发展。由此可见，中哈双方在发展服务贸易方面的思路想法不谋而合，在此基础上双方的服务贸易合作肯定会更为顺利，合作水准也会大幅提高。

在全球服务贸易市场上，中国与哈萨克斯坦由于本国服务业的发展不足其市场竞争力还是与其他发达国家有差距，但随着两国的经济结构改革与快速发展，双方的服务贸易合作方式也愈发多元化。近几年，中国许多知名企业都纷纷积极进入哈国服务贸易市场，以高质量、高附加值的商品来提升自身企业竞争力。此外，中哈两国政府也非常重视两国的服务贸易合作，努力为其打造安全稳定的政治经济环境、提供稳固的法律框架。总之，随着双方对国际市场的开放程度提高，两国的服务贸易合作的前景空间也会愈发广阔。

5.1 进一步调整服务贸易发展战略

多方考量双方贸易合作关系，既包括经济角度也包括安全角度；正确看待中哈服务合作关系在各自贸易市场多元化战略中的关系；认清两国在服务贸易合作进程中的优势和困难；针对现实的具体情况，政府采用相应的鼓励措施，如通过对企业提供出口信贷以此来调动其积极性。中国对哈萨克斯坦的服务贸易管理目前还是不够集中，利益牵扯较多，效率也不够高，这其中如能利用政府的会晤机制进行调节将会事半功倍，除此之外，其贸易主管部门也需要加强其正常对话，通过缔结各项贸易规范条约来创造良好公平的贸易环境。在中哈两国进行服务贸易合作进程中除了需要国家政府的调节外，其各种民间组织也发挥着重要作用，如企业协会、进出口商会等。

从古至今，中国与哈萨克斯坦的服务贸易合作一直以西北地区（特别是新疆地区）为重点，贸易地区范围较为局限，贸易水平层次较为低下。而全球经济一体化则需要层次较高的经济体，这就需要中国适时调整服务贸易合作发展战略，逐渐向长期、主体形式多元化的战略转变。争取做到东西联动，双方服务贸易合作范围覆盖到全国，实现由中低端的局部市场消费进入到哈国主流全面的市场消费，打破国内市场缺乏高附加值服务产品的格局，并逐渐实现这类产品在服务市场的销售。

5.2　规避服务贸易壁垒，完善服务贸易法律规范

　　中国已经是世界贸易组织（WTO）成员，哈萨克斯坦虽然已经在积极准备入世，但终究还未正式成为 WTO 成员，所以双方还未能完全共同遵守世界贸易组织的《服务贸易总协定》。这样双方在进行服务贸易合作过程中就会不可避免地遭遇到隐性或非隐性的贸易壁垒。为保护事关本国国家安全利益的服务业，中哈两国在各自的银行、保险、劳务专业都设有相应的限制性政策。例如，在哈萨克斯坦经营银行必须由国家银行颁发许可证，并且禁止银行以分行的形式进入。总体来讲，对还未加入世贸组织的哈萨克斯坦来说，服务业的限制性政策要比中国的多且严格。这些限制性政策或是壁垒在很大程度上提高了两国服务业市场的准入门槛、变相地提高了服务产品的生产成本、阻碍了两国服务业的正常良性竞争。这就要求两国对其服务贸易法律规范进行调整与完善。

　　首先，双方要共同推进服务贸易法律多元化、多边化发展，以《服务贸易总协定》为核心，在此框架下达成更多协议。哈萨克斯坦为入世所做的各项准备也将积极促成双方服务部门以更加透明、公平的机制进行合作磋商，消除不必要的贸易壁垒。其次，要在上海合作组织框架下积极促成区域性服务贸易规则的制定。区域一体化使经济规模、水平相似或相同的国家或地区能更为顺利地实现互利共赢、利益自由化。2003 年上海合作组织各个成员国共同签订了《上海合作组织成员国多边经贸合作纲要》，其中规定了各国在短、长期内的贸易合作目标。长期目标主要指在 2020 年前，各成员国将致力于在互利基础上最大效益地利用区域资源，为贸易投资创造有利条件，以逐步实现货物、资本、服务和技术的自由流动。在此基础上，各国之间将更为深入地在金融、旅游、电信等服务领域展开合作。争取在上合组织这个大框架下再建立一个自由化框架保障各国服务贸易自由合作，消除贸易壁垒。再者，中哈双方签订具有可操作性的双边服务贸易协定也是极具实际意义的。两国的贸易合作历史悠久，也签订了不少双边协定，如《关于建立中哈霍尔果斯国际边境合作中心的框架协议》和《关于中哈霍尔果斯国际边境合作中心活动管理的协定》，而此中心的建立也为双方的货物贸易合作提供了便利通道与良好契机。由此可见，双方完全有签订服务贸易双边协定的必要与基础。由于中哈两国目前服务贸易的发展水平都不是很高，而且各个服务部门还是互有差异，所以双方可以在先签订一个框架性双边服务贸易自由化协定，其中明确自由化的原则，内容包括服务贸易的范围和定义、市场准入、国民待遇、职业资格的相互承认、公共垄

断行为、争端解决机制及具有约束力的承诺谈判等。

5.3 货物贸易与服务贸易并进协调发展

货物贸易与服务贸易的两者的发展并不互相冲突。一方面，服务贸易需要稳定的货物贸易发展作基础；另一方面，货物贸易背后带来的商机是巨大的，特别是在生产型服务贸易领域。短期内服务贸易会受货物贸易影响而产生波动，而货物贸易也需要服务贸易作支撑，服务贸易的发展水平从侧面体现出了货物贸易的竞争优势与竞争力，可见两者联系紧密。

现如今，中国政府一直都在积极推动"走出去"战略，对外投资额逐年增长，电子商务网络、出口管理培训、资信调查等服务以及与国际货物贸易相关的金融、保险、运输等服务部门得到了高速的发展。发展如此迅速的服务业一定在很大程度上刺激推动货物贸易发展，由此达到两者良性并进发展的目标。

一国经济发展并不能只单单依靠单个产业的发展，需要各个产业整体协调的发展，想要进一步加强我国与哈萨克斯坦的服务贸易合作能力，还需要依靠其他相关辅助产业的支持。

5.4 逐步提高服务贸易对外开放程度

在本文第 4 章已经对中国与哈萨克斯坦服务贸易的对外开放程度进行了对比，与哈萨克斯坦相比中国的对外程度还不是很高，很多服务部门还亟待进一步开放。但由于我国的服务业起步晚，一些服务业发展还不成熟，而国内服务市场机制也正处于发展上升阶段，无法为提高本国服务贸易竞争力提供良好保障。

除此之外，由于服务业本身具有复杂性强、涉及范围广等特性，而且不同服务业在国内民生各个具体部门中地位也不尽相同，例如，交通运输、通信服务等部门就与国家的政治、军事紧密相连，而金融服务作为国家进行调控宏观经济的重要手段工作，在一国经济发展中也起着举足轻重的作用，而旅游、广告、影视等行业则跟我国的精神文明建设息息相关。这就使得我国不得不对一些幼稚型服务产业与关键性产业进行政策性保护，适时有步骤地对服务业进行开放。一方面，相应引进一些国外服务提供者，在学习先进技术的同时也为国内服务提供者带来了良性竞争；另一方面，为了避免国内服务业市场的过度竞争，在引进外来资源的同时，也不得不对我国的高薪技术服务、战略服务业及幼稚服务业采取必要的限制措施，进行合理的保护。

5.5　借助"丝绸之路经济带"建设扩展推进双方服务贸易合作

中国与哈萨克斯坦的经济合作一直以来都依托着各项经济组织平台的支持与推动，早先有"上海合作组织"这一良好的政治经济平台，但其职能范围还是有不可避免的局限性，合作区域主要还是集中在俄罗斯及中亚地区，其发挥的职能内容还是以政治安全为主。而"丝绸之路经济带"所涵盖的合作区域不再仅仅局限于中亚地区，还涉及南亚、东亚与欧亚地区，其职能内容也更倾向于经济贸易合作。除此之外，经济带的打造过程中对双方的运输交通、旅游、金融合作都进行了深化与提升。然而双方在享受由此带来的种种便利与利益的同时，其服务贸易合作也不得不面临严峻的挑战：①双方将面临政治军事危机。中亚地区因其自身特殊的地缘、能源地位，长期以来都是美国、日本、俄罗斯的争夺之地。特别是俄罗斯，自苏联解体后，俄罗斯一直都想重新组建一体化空间，作为后苏联空间一体化的重点区域，中亚地区当然会受到俄罗斯的重点观察，对中亚地区的外部合作力量俄罗斯都持有警惕与观望态度。加之中亚地区的民族成分也较为复杂，"三股势力"的影响力也较强，这无疑给中哈双方的服务贸易合作增添了不稳定性。②与既有的经济合作组织的冲突与竞争。哈萨克斯坦除了参与和中国相关的合作组织，如上海合作组织、"新丝绸之路经济带"，还加入了不少欧亚地区的经济组织，从早先成立的欧亚经济共同体、俄白哈关税同盟、统一经济空间，至 2015 年 1 月才成立生效的欧亚经济联盟，可见，哈萨克斯坦在欧亚地区的活跃度也是相当可观。这些组织平台无疑会与"丝绸之路经济带"有重合与冲突的部分，互相设限与竞争的情况也是不可避免的。

在保障贸易环境稳定安全方面，"丝绸之路经济带"也贡献了不少力量。为消除国内"颜色革命"以及宗教极端化势力的威胁，哈萨克斯坦急需增加国内的就业岗位、保证就业率的稳定增长。"丝绸之路经济带"的建设宗旨就是带动边境延边地区城市的经济贸易发展，在积极推动交通、旅游及金融业发展的同时，无疑是为中哈双方的居民提供了不少新型就业岗位，这在很大程度上保障了双方服务贸易合作环境的稳定性。虽然"新丝绸之路经济带"与欧亚地区既有的合作组织——欧亚经济联盟在某些领域是有重叠与竞争的，但同时两者还是互为补充，可以为对方注入新动力、新内涵。在实现后苏联空间一体化进程中最需要解决的难题就是中亚地区各国经济发展水平的差异性，而"新丝绸之路经济带"正好可以缩小各国的经济差距。在这两种经济组织的共同作用下，不论是中国还是哈萨克斯坦都可以更好地实现多方合作。

"新丝绸之路经济带"这一战略构想的提出对中国与哈萨克斯坦的服务贸易合作来说是一个很好的机会，借由这个平台双方一方面可以优化改善自身较为薄弱的基础设施建设，获取更多的金融、资本、技术及人才支持，另一方面也可以扩展两国贸易合作空间、升级合作水平及层次。

参考文献

［1］T. PHil. On Goods and Services ［J］. Review of Income and Wealth, 1997, 4. pp. 315 – 338.

［2］Jamieson, Bruce. Trade Liberalization: Culture, Identity and Social Cohesion. Department of Canadian Heritage ［J］. Available on Foreign Affairs and International Trade Canada , 2000. pp. 73 – 136.

［3］H. G. Grubel. All trade service are embodied in materials or people ［J］. The World Economy, 1987, 10: 119. pp. 319 – 330.

［4］Allan Webster, Philip Hardwick. International Trade in Financial Services ［J］. Service Industries Journal , 2005, 9. pp. 721 – 746.

［5］P Debaere. Dotariffs matter for the extensive margin of international trade An empirical analysis ［J］. Journal of International Economics, 2010, 2. pp. 163 – 169.

［6］张二震，马野青. 国际贸易学 ［M］. 南京：南京大学出版社，2003，40 – 65.

［7］杨圣明等编著. 服务贸易——中国与世界 ［M］. 北京：民主与建设出版社，1999（5）：75 – 98.

［8］薛荣久主编. 国际贸易 ［M］. 成都：四川人民出版社，1993，56 – 88.

［9］陈宪. 国际服务贸易 ［M］. 上海：立信会计出版社，2006，67 – 89.

［10］胡毅. 中国新疆与中亚区域经济贸易 ［M］. 乌鲁木齐：新疆人民出版社，2006，40 – 50.

［11］王海燕. 经济合作与发展——中亚五国与中国新疆 ［M］. 乌鲁木齐：新疆人民出版社，2003，60 – 105.

［12］魏浩. 中国对外贸易出口结构研究 ［M］. 北京：人民出版社，2010，200 – 350.

［13］王沛. 中亚五国概况 ［M］. 新疆：新疆人民出版社，2006，45 – 78.

［14］陈秀山，张可云. 区域经济理论 ［M］. 北京：商务印书馆，2003，250 – 400.

［15］陈松洲. 中国服务贸易发展的现状、制约因素及对策研究 ［J］. 经济与管理，2010（2）：90 – 96.

［16］彭金智. 关于合作竞争的若干思考 ［J］. 现代经济探讨，2002（7）：24 – 27.

［17］邓世荣. 中国服务贸易的国际竞争力 ［J］. 世界经济与政治论坛，2004（3）：43 – 48.

［18］杨玲. 中国服务贸易开放度研究 ［J］. 世界贸易组织动态与研究，2011（9）：41 – 47.

［19］于津平. 中国与东亚主要国家和地区间的比较优势与贸易互补性 ［J］. 世界经济，2003（5）：33 – 40.

［20］法尔哈提·法·萨伊布拉托夫，张银山. 哈萨克斯坦产业结构变动及对扩展中哈贸易合作的启示 ［J］. 实事求是，2011（2）：58 – 61.

［21］高连廷．我国服务贸易国际竞争力研究 ［J］．中国流通经济，2011（10）：88 - 91.

［22］胡毅．中国新疆与哈萨克斯坦各产业间比较优势分析 ［J］．俄罗斯中亚东欧市场，2005（4）：22 - 26.

［23］郑吉昌．论国际服务贸易及发展我国服务贸易的对策 ［J］．浙江学刊，2000（4）：63 - 65.

［24］段秀芳．中亚国家市场潜力分析——以我国新疆为例 ［J］．国际贸易问题，2007（8）：48 - 54.

［25］吴醇．我国通讯与信息服务贸易发展状况及国际合作研究 ［J］．商场现代化，2011（4）：21 - 23.

［26］储节旺，郭春侠，李颖．国际信息服务贸易若干问题研究 ［J］．情报理论与实践，2002（4）：251 - 254.

［27］孙壮志．中亚区域经济合作与西部的开发 ［J］．西部论丛，2005（3）：22 - 24.

［28］刘伟全．论我国服务贸易国际竞争力的提升 ［J］．国际经贸研究，2005（2）：85 - 88.

［29］曾锁怀．哈萨克斯坦市场潜力大 ［J］．大陆桥视野，2005（6）：19 - 21.

［30］赵雅斐．我国服务贸易竞争力评价及对策研究 ［D］．天津财经大学，2008，15 - 52.

［31］胡颖，李道军．中国新疆与中亚诸国贸易竞争力与贸易互补性研究 ［J］．商业研究，2006，192 - 195.

［32］郭亚静，徐晓莉．中国与哈萨克斯坦贸易互补性分析 ［J］．新疆金融，2008（11）：20 - 23.

［33］陈松洲．中国服务贸易发展的现状、制约因素及对策研究 ［J］．经济与管理，2010（2）：90 - 95.

［34］杨玲．中国服务贸易开放度研究 ［J］．世界贸易组织动态与研究，2011（9）：41 - 45.

［35］姚星等．后过渡期我国服务贸易国际竞争力问题研究 ［J］．生态经济，2008（2）：107 - 110.

［36］刘丽．我国出口商品结构变动及其影响因素分析 ［D］．华中科技大学，2009，16 - 46.

［37］贾晶．我国服务贸易竞争力水平研究 ［D］．河北大学，2011，19 - 51.

［38］罗春燕．我国金融服务贸易发展现状及对策研究 ［J］．时代经贸，2008（1）：36 - 47.

［39］程盈莹，姚尧．中国金融服务贸易竞争力分析 ［J］．商场现代化，2008（11）：9.

［40］李丹．中国服务贸易竞争力的影响因素研究 ［D］．大连理工大学，2009，49 - 55.

［41］肖乐群．中国新疆与哈萨克斯坦服务贸易壁垒法律问题研究 ［D］．新疆大学，2010，8 - 71.

［42］张俊英．我国国际服务贸易合作竞争研究 ［D］．湖南师范大学，2006，17 - 43.

［43］陈晓，朱森森，张力．低碳下新疆发展服务贸易的机遇与挑战 ［J］．区域经济，2012（9）：217.

［44］陈晓，张力. 新疆服务贸易跨越式发展潜力分析［J］. 特区经济，2012（7）：221－223.

［45］陈晓，朱淼淼. 新疆服务贸易发展现状及对策分析［J］. 特区经济，2011（12）：208－210.

［46］哈利木拉提. 中国新疆与哈萨克斯坦产业的互补性与竞争性研究［D］. 新疆师范大学，2011，54－62.

（执笔：肖英、杨欢）

中国与哈萨克斯坦双边货物贸易潜力研究

1. 引　言

1.1　研究背景及选题意义

1.1.1　研究背景

区域经济合作是当前世界经济体合作的主要形式。在全球格局天翻地覆的今天，区域经济关系的主要表现形式——区域贸易，其举足轻重之地位也渐趋显著。自 2008 年爆发全球金融危机以来，欧美国家主权债务危机不断深化、世界金融市场持续动荡、新兴经济体国家通胀水平持续高位，发达国家失业率不断飙升……世界经济正经历历史性变化，陷入长期低迷阶段。中亚国家自 1991 年苏联解体后，均相继独立，成为国际舞台上平等的成员，加上中亚国家地处亚欧大陆的接合部，具有重要的地缘政治和地缘战略地位，再者，中亚作为新兴国家，具有在危机夹缝中迅速发展的潜质，因此其战略地位和经济地位均明显提升。中亚国家，首当其冲成为各主要经济体复苏自身经济的契机。2008 年奥巴马入主白宫后，相继高调提出"重返亚太"及"亚太再平衡"战略，将外交战略重心转移到了亚太地区。受自身能源因素制约，日本针对中亚重要的能源资源，提出了一系列的"中亚战略"。俄罗斯依靠其能源大国的地位，借助其能源优势也制定了一项以独联体为中心、辐射欧亚、美国作为外围的"三环"外交战略。2013 年习近平主席在哈萨克斯坦的演讲时，标新立异地重新提出"丝绸之路经济带"这一概念，并在随后的印度尼西亚国会上又提出共建"21 世纪海上丝绸之路"，他指出要借助中国和中亚国家的传统联系和地缘优势，与中亚国家携手前行。2015 年 1 月 1 日俄、白和哈签署的《欧亚经济联盟条约》正式启动，更加深了世界各主要经济体在中亚地区博弈的复杂性。

2015 年 3 月的"两会"上，31 个省政府工作报告中均提及"一带一路"地方对接方案，全中国都在计划在新形势下创造视野更加开放的、全方位的、主动的对外开放格局。中亚形势的变化以及各主要世界经济体在中亚的博弈更提升了中亚的重要地位。

哈萨克斯坦处于欧亚的"中心地带"，是通往欧洲的重要节点，也是中亚代表力最强的国家，中国与其的双边货物贸易具有举足轻重的意义。两国双边货物贸易的潜力，对两国未来的双边贸易量具有决定性意义，为什么潜力巨大或者毫无潜力，将对我国对哈的贸易政策有指导和决定意义。回答这些问题需得要对中国与哈萨克斯坦两国双边货物贸易的发展现状进行深入研究，对双边货物贸易状况的影响因素进行深层次的剖析，对双边货物的贸易潜力进行准确测算，才能有针对性地制定出合理高效的政策。因此，本文运用实证方法对中国与哈萨克斯坦双边货物贸易潜力进行客观分析，找出其影响因素及影响程度，并据此从区域经济学视角提出合理的对策是十分必要的。

1.1.2 选题意义

理论意义：传统的贸易研究方法主要是运用贸易指数来比较出在进行国际贸易方面谁更具有比较优势，而运用引力模型可以对贸易流量进行量化分析，并测算出在基础条件不变的情况下，未来贸易伙伴国之间具体的贸易量，这使得对国际贸易理论的定量分析成为现实。本文在引力模型基础上，对影响中国与哈萨克斯坦双边货物贸易的因素进行深入分析研究，并对中国与哈萨克斯坦双边货物贸易潜力进行测算，同时，为我国制定更合理高效的对外贸易政策及经济发展走势提供科学可行的理论依据。

现实意义：在区域经济合作不断深化、区域贸易地位越来越重要、中亚地位逐渐凸显的国际大背景下，与中亚国家的双边贸易一直是世界几大经济体激烈角逐的领域。货物是国际贸易的主要部分，因此研究货物贸易的潜力问题，对提高在国际贸易市场上的竞争力，以及自身贸易市场结构的优化等有着十分重要的现实意义。本文通过构建贸易引力模型对我国与哈萨克斯坦的贸易潜力进行测算，这对我国国际贸易竞争力的提升和货物贸易结构的优化十分重要。

1.2 研究思路

首先对引力模型进行理论分析、对中国与哈萨克斯坦贸易文献进行综述并分别对中国与哈萨克斯坦货物贸易现状进行描述，分析出中国与哈萨克斯坦双边货物贸易状况的影响因素，为后文的实证分析奠定坚实的理论基础。然后，将各项可能影响模型结果的变量引入引力模型方程，构建最优的中国与哈萨克斯坦双边货物贸易的模型，并据其对中国与哈萨克斯坦双边货物贸易潜力进行测算。最后，根据测算结果，从区域经济学角度对国家、区域、企业三方提出加大中国与哈萨克斯坦双边货物贸易相应的对策。

2. 中国和哈萨克斯坦双边货物贸易概况

2.1 中国和哈萨克斯坦两国的国际货物贸易状况

2.1.1 中国的国际货物贸易状况

自 2013 年我国领导人习近平主席提出要共建"丝绸之路经济带"和"21 世纪海上丝绸之路"，合称为"一带一路"战略以来，我国国际货物贸易发展蒸蒸日上。据我国海关统计显示，2014 年我国进出口总额为 4.30 万亿美元，比 2013 年同期增长 3.4%，其中出口额为 2.34 万亿美元，比上年同期增长 6.1%，进口额为 1.96 万亿美元，比上年同期增长 0.4%，贸易顺差额为 3824.6 亿美元，比上年同期增长 47.3%。

2014 年全球贸易仅增长 2% 左右，而我国外贸增速明显高于全球平均水平，出口占全球比重高达 12.2%，出口大国的地位得以巩固。同时，商品结构明显优于 2013 年：工业制成品出口额占出口总额的 95.2%，较上年增长 0.1%；装备制造业（铁路机车、通信设备）出口额较上年增长 10% 之多；劳动密集型产品出口额为 4851 亿美元，与上年同期相比增长 5%；高新技术产品（生物技术产品、航空航天技术产品、计算机集成制造技术产品等）进口额较上年增长 15% 以上；消费品进口额为 1524 亿美元，占进口总额的 7.8%，比上年同期增长 1%。

2.1.2 哈萨克斯坦的国际货物贸易状况

哈萨克斯坦统计署数据统计，2014 年哈萨克斯坦进出口总额为 1194.51 亿美元，与上年同期相比减少 10.5%，其中出口额为 782.38 亿美元，比 2013 年下降 7.6%，进口额为 412.13 亿美元，比 2013 年下降 15.6%，贸易顺差额为 370.25 亿美元，比 2013 年增加 3.1%。

2014 年哈萨克斯坦的前十大贸易伙伴国分别为：俄罗斯（15.8%）、中国（14.4%）、意大利（14.3%）、荷兰（7.6%）、法国（4.8%）、瑞士

（4.0%）、土耳其（2.8%）、罗马尼亚（2.7%）、奥地利（2.6%）、乌克兰（2.4%）。2014 年哈萨克斯坦的前十大进口对象国分别为：意大利（20.5%）、中国（12.5%）、荷兰（11.2%）、俄罗斯（6.6%）、法国（6.0%）、瑞士（5.8%）、罗马尼亚（4.0%）、奥地利（3.6%）、西班牙（3.0%）、土耳其（2.9%）。2014 年哈萨克斯坦的前十大出口目的国分别为：俄罗斯（33.3%）、中国（17.9%）、德国（5.6%）、美国（4.8%）、乌克兰（2.9%）、法国（2.6%）、韩国（2.6%）、意大利（2.5%）、土耳其（2.5%）、乌兹别克斯坦（2.5%）。

2.2　中国与哈萨克斯坦双边货物贸易现状

中国与哈哈萨克斯坦两国双边贸易发展十分迅速。1992 年中国与哈萨克斯坦进出口总额仅为 3.68 亿美元，1993 年中国与哈萨克斯坦两国双边贸易额就达到 4.35 亿美元，同比增长 18.05%。1994 年中国与哈萨克斯坦两国双边贸易额略有下降，进出口总额为 3.04 亿美元。1995 年中国与哈萨克斯坦两国进出口总额增至 3.91 亿美元。1996 ~ 2000 年，中国与哈萨克斯坦双边贸易以更为迅猛之势发展，5 年间进出口总额增长了 238.56%。2001 年中国与哈萨克斯坦两国双边贸易额为 12.88 亿美元。2002 年中国与哈萨克斯坦两国双边贸易总额增至 19.55 亿美元，同比增幅达 51.72% 之多。2003 年中国与哈萨克斯坦两国进出口贸易总额为 32.92 亿美元，2004 年中国与哈萨克斯坦双边贸易总额达 44.98 亿美元，比 2003 年增长 36.64%。2005 年中国与哈萨克斯坦双边进出口总额达 68.06 亿美元，比 2004 年增长 51.31%。2007 年中国与哈萨克斯坦双边进出口总额为 138.78 亿美元，较 2006 年的 83.58 亿美元增长 66.05%。受世界金融危机的影响，2008 年和 2009 年中国与哈萨克斯坦两国双边贸易总额均有所下降，分别为 175.52 亿美元和 140.04 亿美元。2010 年中国与哈萨克斯坦双边贸易总额为 204.29 亿美元，同期增长 45.88%。2011 年中国与哈萨克斯坦双边贸易总额为 249.16 亿美元，2012 年增至 256.77 亿美元。2013 年中国与哈萨克斯坦两国双边进出口贸易总额为 285.96 亿美元，同比增长 11.37%。2014 年由于受国际油价巨幅下降的影响及国际形势的变化，中国与哈萨克斯坦双边进出口贸易也受到了较大的影响，两国贸易总额减少至 220.02 亿美元，同比下降 23.06%（1992 ~ 2014 年中国与哈萨克斯坦双边贸易情况见表 3 - 33）。以上数据表明，中国与哈萨克斯坦两国领导人在《哈中 21 世纪合作战略》中提出的中国与哈萨克斯坦双边贸易总额在 2015 年达到 150 亿美元的目标，在 2010 年就早已实现，**就此看来**中国与哈萨克斯坦两国的经济合作具有很大的潜力。

表 3-33   1992~2014 年中国与哈萨克斯坦双边贸易统计

年份	出口		进口		进出口总额		
	金额 （亿美元）	增幅（%）	金额 （亿美元）	增幅（%）	金额 （亿美元）	增幅（%）	贸易差额 （亿美元）
1992	2.27	—	1.41	—	3.68	—	0.86
1993	1.72	-24.41	2.63	86.33	4.35	18.05	-0.91
1994	1.07	-37.66	1.97	-25.12	3.04	-30.07	-0.90
1995	0.75	-29.51	3.16	60.20	3.91	28.62	-2.40
1996	0.95	26.35	3.65	15.55	4.60	17.63	-2.69
1997	0.95	-0.70	4.33	18.70	5.27	14.68	-3.38
1998	2.05	116.29	4.31	-0.44	6.36	20.50	-2.26
1999	4.94	141.55	6.44	49.56	11.39	79.19	-1.50
2000	5.99	21.12	9.58	48.70	15.57	36.72	-3.59
2001	3.28	-45.27	9.61	0.25	12.88	-17.25	-6.33
2002	6.00	83.11	13.55	41.01	19.55	51.72	-7.55
2003	15.72	161.94	17.20	26.97	32.92	68.40	-1.48
2004	22.12	40.71	22.86	32.92	44.98	36.64	-0.74
2005	38.97	76.18	29.09	27.25	68.06	51.31	9.87
2006	47.50	21.91	36.07	23.99	83.58	22.80	11.43
2007	74.46	56.74	64.32	78.30	138.78	66.05	10.14
2008	98.25	31.95	77.28	20.15	175.52	26.48	20.97
2009	77.48	-21.13	62.56	-19.05	140.04	-20.22	14.93
2010	93.20	20.29	111.09	77.58	204.29	45.88	-17.88
2011	95.67	2.64	153.50	38.18	249.16	21.97	-57.83
2012	110.01	15.00	146.75	-4.39	256.77	3.05	-36.74
2013	125.45	14.03	160.51	9.37	285.96	11.37	-35.06
2014	110.40	-12.00	109.63	-31.70	220.02	-23.06	0.77
均值		31.96		26.11		24.11	-4.88

资料来源：根据联合国商品贸易数据库中国与哈萨克斯坦两国双边贸易数据整理而成。

2.2.1 双边货物贸易规模及增长速度

中国与哈萨克斯坦双边贸易规模增幅较大。1992 年中国与哈萨克斯坦双边贸易总额仅为 3.68 亿美元，2014 年便增长到 220.02 亿美元，增加了 57 倍之多。

其中，中国从哈萨克斯坦的进口总额 1992 年为 1.41 亿美元，2014 年增为 109.63 亿美元，增加了 75 倍；中国向哈萨克斯坦的出口总额，1992 年为 2.27 亿美元，2014 年增至 110.40 亿美元，增加了 46 倍，可见，中国与哈萨克斯坦双边贸易规模增长幅度巨大。

从双边货物贸易增长的速度来看，1992~2014 年 23 年间，中国与哈萨克斯坦双边贸易总额平均增长率为 24.11%，增长速度大致呈稳定态势。特别是哈萨克斯坦独立以后双边贸易有了一次质的飞跃，2003 年的增长率高达 68.40%。但此后 2008 年的全球金融危机对中国与哈萨克斯坦的双边贸易产生了一定的影响，2009 年的增长率为 -20.22%，然而随后 2010 年的增长率又恢复到 45.88%，出现了明显的回升态势（中国与哈萨克斯坦双边贸易的具体增长情况见图 3-12）。从总体上看，虽然中国与哈萨克斯坦双边贸易总额的增长有一些波动，但良好向上的态势未曾改变。

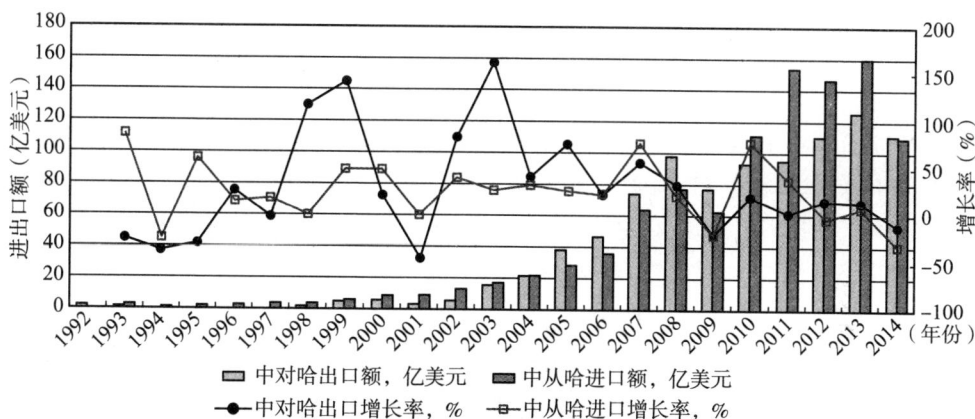

图 3-12　中国与哈萨克斯坦双边贸易进出口额增长情况
资料来源：根据联合国商品贸易数据库中国与哈萨克斯坦双边贸易数据整理绘制而成。

2.2.2　双边货物贸易差额

自 1992~2014 年的 23 年间，中国在与哈萨克斯坦的双边贸易关系中仅有 1992 年、2005~2009 年和 2014 年共 7 年处于顺差状态，其余 16 年皆为逆差状态，且逆差额不断增加。2010 年之后，中国与哈萨克斯坦双边贸易逆差额增幅愈加明显。2013 年中国与哈萨克斯坦双边贸易逆差额为 35.06 亿美元，占当年两国双边贸易总额的 12.26%，2014 年受国际油价及国际形势变化的影响，中国与哈萨克斯坦双边贸易额未按增长趋势发展，不升反降（具体情况见图 3-13）。

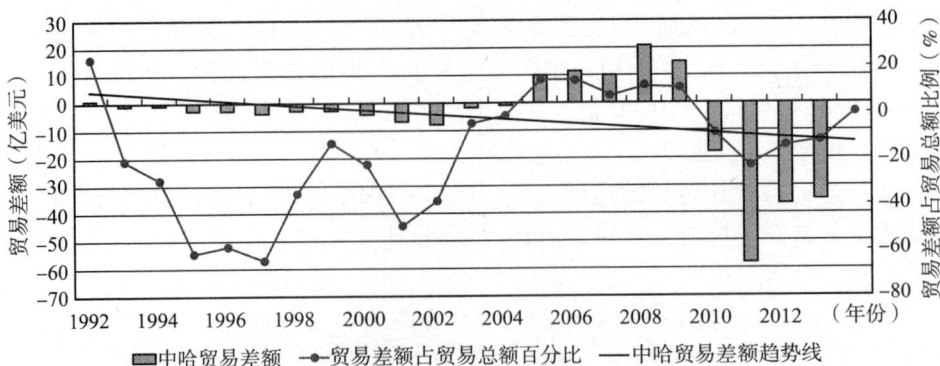

图 3 - 13　中哈贸易差额变化情况

资料来源：根据联合国商品贸易数据库中国与哈萨克斯坦双边贸易数据整理绘制而成。

2.2.3　双边货物贸易商品结构

中国从哈萨克斯坦进口的商品最主要的是矿物燃料、润滑油及有关原料，2013年其进口额占当年进口总额的62.87%，其次是轻纺、橡胶及矿冶产品，占当年进口总额的15.64%，非食用原料占9.62%，化学品及相关产品占11.67%，食品及活动物占0.19%。而中国向哈萨克斯坦出口的商品中，杂项制成品的出口额占当年总出口额的43.84%，机械及运输设备占29.00%，轻纺、橡胶及矿冶产品占20.23%，化学品及相关产品占3.78%，食品及活动物占1.83%，矿物产品占1.18%（具体信息见图3-14和图3-15）。

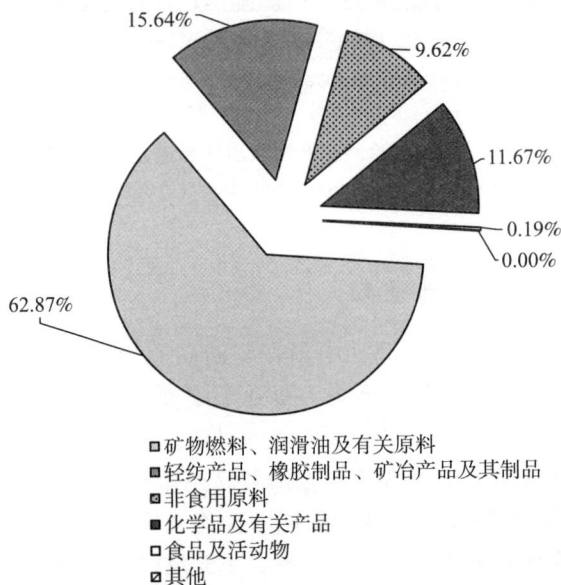

图 3 - 14　中国从哈萨克斯坦进口商品结构（2013年）

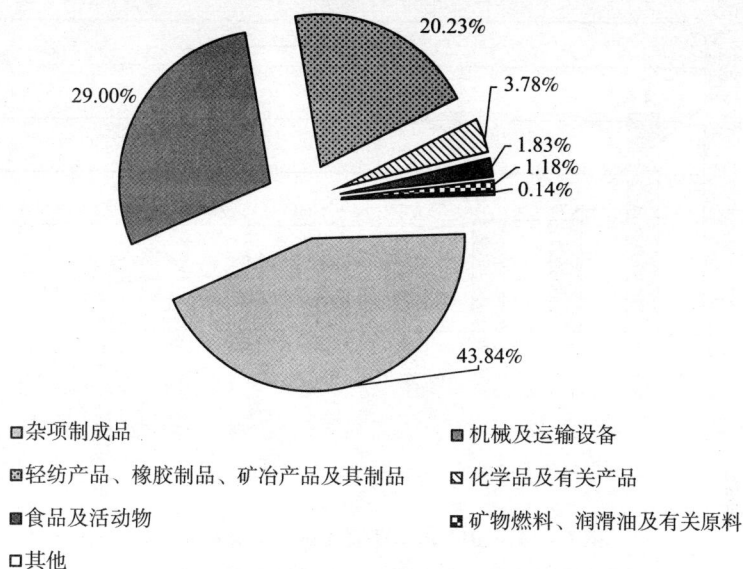

图 3 – 15　中国对哈萨克斯坦出口商品结构（2013 年）

资料来源：根据联合国商品贸易数据库中国与哈萨克斯坦双边贸易数据整理绘制而成。

2.2.4　双边货物贸易主要产品细化分析

根据前文的统计分析可知，中国从哈萨克斯坦进口的商品主要有：SITC3、SITC6、SITC5，中国向哈萨克斯坦出口的商品主要有：SITC8、SITC7、SITC6 等。为了更清晰地描述中国与哈萨克斯坦贸易的概况，本节在下文从上述商品类别中选择四种重点的单项产品进行深入分析，中国从哈萨克斯坦进口的商品中选定的单项产品依次为：3330 原油、61151 经鞣制的不带毛绵羊或羔羊皮（以下简称"羊皮"）；中国向哈萨克斯坦出口的商品中选定的单项产品依次为：84 服装及服装配件（以下简称"服装"）、62593 旧的充气轮胎（以下简称"旧轮胎"）。

2013 年中国原油进口贸易总额为 2196.60 亿美元，比 2012 年下降 0.51%。进口来源国排名前二十的国家或地区分别是：沙特阿拉伯（19.3%）、安哥拉（14.5%）、阿曼（9.1%）、俄罗斯（9.0%）、伊拉克（8.1%）、伊朗（7.7%）、委内瑞拉（4.6%）、哈萨克斯坦（4.3%）、阿拉伯联合酋长国（3.8%）、科威特（3.3%）、刚果（2.5%）、巴西（1.7%）、哥伦比亚（1.3%）、澳大利亚（1.2%）、南苏丹（1.1%）、利比亚（0.9%）、也门（0.9%）、赤道几内亚（0.9%）、苏丹（0.9%）和阿尔及利亚（0.7%）（2013 年中国原油进口十大贸易国见图 3 – 16）。从这二十个国家或地区进口的原油总额占中国原油从世界进口总额的 95.79%，其中，哈萨克斯坦排名第八，即从哈萨克斯坦进口的原油总价值为 93.75 亿美元，占中国原油总进口额的 4.3%，同比增长 7.52%，从哈萨克斯坦进口的原油量为 1198.06 万吨，平均进口单价为 782.55 美元/吨。

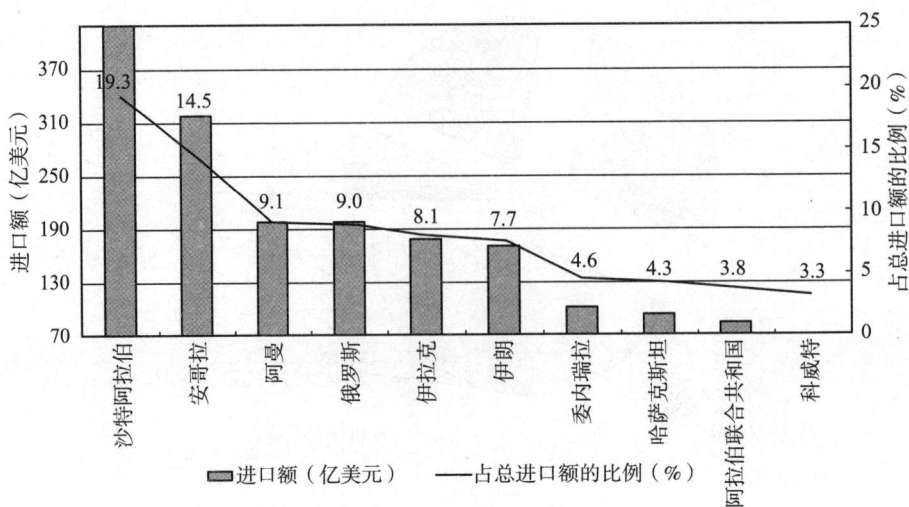

图3-16　2013年中国原油进口十大贸易国

资料来源：根据联合国商品贸易数据库中国2013年贸易数据整理绘制而成。

由表3-34可以看出，中国原油的进口贸易市场较为集中，最主要的进口市场为亚洲，从亚洲进口的原油总额占原油总进口额的57.91%。

表3-34　　　　　　　　　　**2013年中国原油进口贸易情况——按洲划分**

各大洲	贸易额（亿美元）	贸易量（万吨）	平均单价（美元/吨）	贸易额占总进口额比例（%）
亚洲	1272.02	16208.28	784.80	57.91
非洲	510.18	6414.86	795.31	23.23
欧洲	427.60	5438.12	786.29	19.47
南美洲	236.25	3018.85	782.58	10.76
北美洲	32.60	443.37	735.31	1.48
大洋洲	20.31	239.50	848.08	0.92

资料来源：根据联合国商品贸易数据库2013年中国原油进口贸易数据整理计算而成。

2013年，中国羊皮的世界进口贸易总额为4216.50万美元，同比下降1.73%。进口来源国排名前二十的国家或地区分别是：蒙古（16.3%）、肯尼亚（11.3%）、尼日利亚（10.0%）、乌兹别克斯坦（9.2%）、哈萨克斯坦（9.1%）、伊朗（8.2%）、新西兰（7.2%）、秘鲁（6.4%）、沙特阿拉伯（3.4%）、约旦（2.7%）、吉尔吉斯斯坦（2.6%）、巴西（2.3%）、意大利（2.0%）、土耳其（1.5%）、南非（1.3%）、马里（1.0%）、巴基斯坦（1.0%）、乌干达（1.0%）、阿尔及利亚（0.7%）和塔吉克斯坦（0.6%）（2013年中国羊皮进口十大贸易国见图3-17）。这二十个国家或地区占中国羊毛进口总额的97.88%，其中，哈萨克斯坦排名第五，即从哈萨克斯坦进口的羊皮总价值为382.64万美元，占我国羊皮总进口额的9.07%，从哈萨克斯坦进口的羊皮量为 3188.68 吨, 平均进口单价为 1200.00 美元/吨。

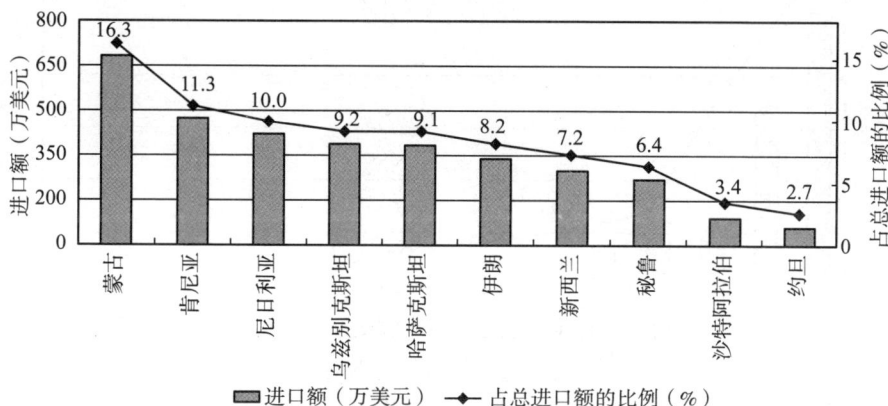

图 3-17　2013 年中国羊皮进口十大贸易国

资料来源: 根据联合国商品贸易数据库 2013 年中国羊皮进口贸易数据整理绘制而成。

由表 3-35 可知, 中国羊皮的进口贸易市场主要集中在亚洲国家, 从亚洲进口的羊皮总额占总进口额的 56.14%, 其次是欧洲国家, 占总进口额的 25.88%。

表 3-35　　　　　　　　　2013 年中国羊皮进口贸易情况——按洲划分

各大洲	贸易额 (万美元)	贸易量 (吨)	平均单价 (美元/吨)	占总进口额比例 (%)
亚洲	2367.19	16647.14	1421.98	56.14
非洲	1091.42	4521.44	2413.88	25.88
大洋洲	413.90	1453.79	2847.06	9.82
南美洲	271.66	524.25	5181.83	6.44
欧洲	85.64	184.75	4635.62	2.03
北美洲	0.00	0.00	0.00	0.00

资料来源: 根据联合国商品贸易数据库 2013 年中国羊皮进口贸易数据整理计算而成。

2013 年, 中国服装出口贸易总额为 1774.35 亿美元。出口对象排名前二十的国家或地区分别是: 美国 (17.46%)、日本 (12.46%)、中国香港 (6.05%)、俄罗斯 (5.26%)、德国 (4.67%)、英国 (4.35%)、越南 (3.20%)、法国 (2.69%)、阿拉伯联合酋长国 (2.66%)、韩国 (2.26%)、新西兰 (2.19%)、澳大利亚 (2.17%)、西班牙 (2.11%)、马来西亚 (1.97%)、哈萨克斯坦 (1.83%)、意大利 (1.81%)、加拿大 (1.80%)、智利 (1.39%)、沙特阿拉伯 (1.21%) 和南非 (1.09%) (2013 年中国服装出口贸易国和地区见图 3-18)。向这二十个国家或地区出口的服装总额占中国服装出口总额的 78.62%, 其中, 哈萨克斯坦排名第十五, 即向哈萨克斯坦出口的服装总价值为 32.46 亿美元, 占我国服装出口总额的 1.83%。

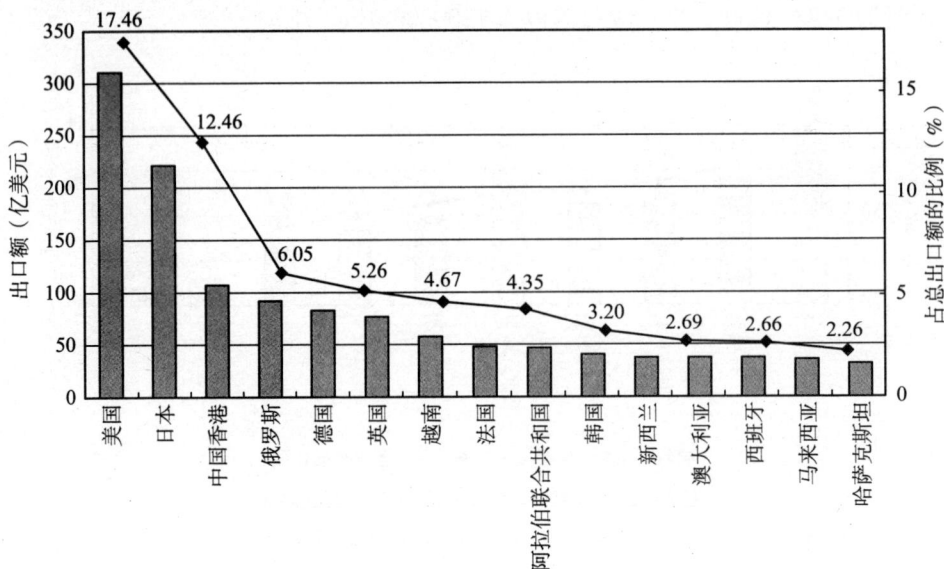

图 3 - 18　2013 年中国服装出口贸易国和地区

资料来源：根据联合国商品贸易数据库 2013 年中国服装出口贸易数据整理绘制而成。

　　由图 3 - 19 可知，中国服装出口的贸易市场较为分散，遍布全球各个角落。由于地缘优势，最主要的服装出口对象国为亚洲，出口至亚洲的服装总额占服装出口总额的 29.95%。

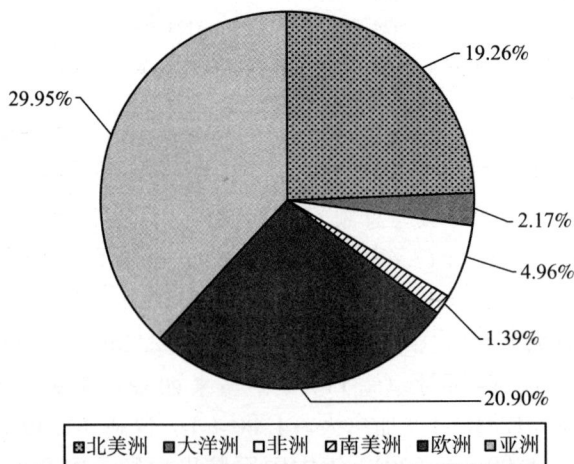

图 3 - 19　2013 年中国服装出口贸易情况——按洲划分

资料来源：根据联合国商品贸易数据库 2013 年中国服装出口贸易数据整理绘制而成。

2013 年中国旧轮胎的出口贸易总额为 706.14 万美元。出口对象排名前二十的国家或地区分别是：中国台湾（35.12%）、吉尔吉斯斯坦（17.01%）、中国香港（16.94%）、塔吉克斯坦（6.70%）、比利时（5.52%）、哈萨克斯坦（4.82%）、印度尼西亚（3.59%）、尼日尔（1.74%）、挪威（1.44%）、马来西亚（1.07%）、美国（0.95%）、几内亚（0.83%）、印度（0.69%）、开曼（0.59%）、朝鲜（0.51%）、乌兹别克斯坦（0.47%）、加纳（0.37%）、蒙古（0.33%）、黎巴嫩（0.31%）和坦桑尼亚（0.24%）（2013 年中国旧轮胎出口十大贸易国和地区见图 3 - 20）。这二十个国家或地区占中国焦炭出口总额的 99.25%，其中，哈萨克斯坦排名第六，即出口至哈萨克斯坦的旧轮胎总价值为 34.01 万美元，占旧轮胎总出口额的 4.82%。

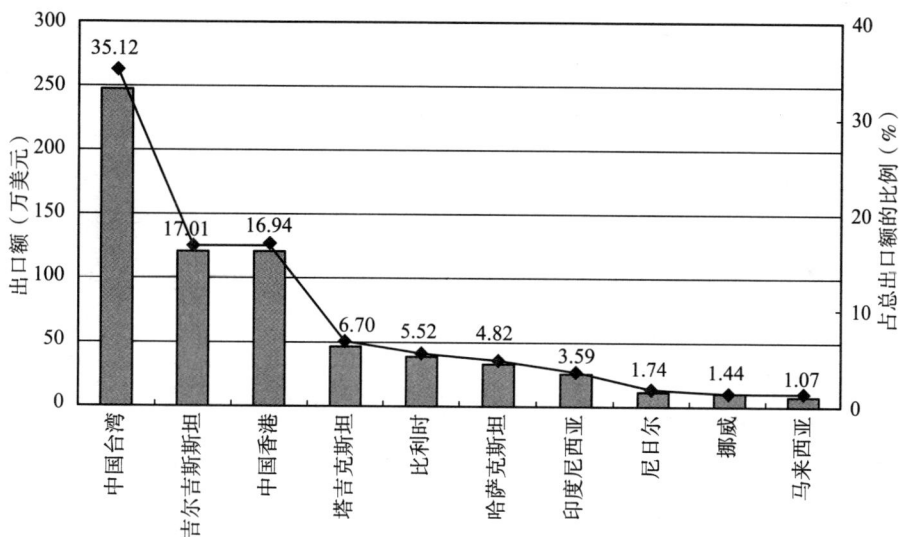

图 3 - 20   2013 年中国旧轮胎出口十大贸易国和地区

资料来源：根据联合国商品贸易数据库 2013 年中国旧轮胎出口贸易数据整理绘制而成。

由图 3 - 21 可以看出，中国旧轮胎的出口贸易市场较为集中，主要集中在亚洲，这多半是由于中国所处的地缘优势，对与亚洲国家进行国际贸易有交通上的便利。出口至亚洲国家的旧轮胎总额占旧轮胎出口总额的 88.06%。

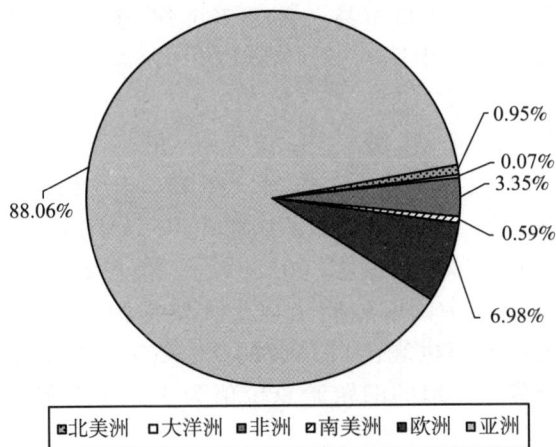

0.95%

0.07%
3.35%

0.59%

6.98%

88.06%

☒北美洲 ☐大洋洲 ▤非洲 ☒南美洲 ■欧洲 ☐亚洲

图 3 – 21　2013 年中国旧轮胎出口贸易情况——按洲划分

资料来源：根据联合国商品贸易数据库 2013 年中国旧轮胎出口贸易数据绘制而成。

2.3　小结

中国与哈萨克斯坦作为历史上悠久的友好邻国，其贸易联系一直相当紧密。哈萨克斯坦具有丰富的能源资源及矿产资源，能源是其发展的最优选择，因此哈萨克斯坦能源及矿物出口量相当可观，但同时其轻工业滞后，大部分生活用品需要靠进口来维持。相比较而言，中国人口众多这一国情，加上国内迅速发展的经济，决定了中国对能源及矿产资源的需求量相当巨大，再加上中国的轻工业及汽车制造业都非常发达，生产量及出口量均位居世界前列。总体而言，中国与哈萨克斯坦的双边货物贸易必将持续蒸蒸日上。

3. 中哈双边货物贸易潜力的前提：贸易关系互补

3.1　贸易关系测算指标

3.1.1　贸易比较优势指数

著名匈牙利经济学家巴拉萨（Balassa）在 1965 年发现出口显性比较优势指数（RCA）可以表示一国出口产品的显性比较优势，其计算公式为：

$$RCA_{xik} = (X_{ik}/X_i)/(W_k/W) \tag{3-1}$$

公式（3 - 1）中，RCA_{xik} 代表 i 国在 k 类商品上的显性比较优势指数，X_{ik} 表示 i 国 k 类商品的出口额，X_i 表示 i 国所有商品的出口总额，W_k 表示 k 类商品的世界出口总额，W 表示所有商品的世界出口总额。

显性比较优势指数是指 i 国 k 类产品出口额占 i 国出口总额比重与世界 k 类产品出口额占世界出口总额比重之比。若指数大于 2.5，表示 i 国 k 类商品出口具有极强的国际竞争力；指数在 1.25 ~ 2.5 之间，表示有较强竞争力；在 0.8 ~ 1.25 之间表示具有中等竞争力。

3.1.2 贸易互补性指数

将公式（3 - 1）中的出口额换为进口额，即可用 RCA 指数表示一出口产品的显性比较劣势，其计算公式为：

$$RCA_{mjk} = (M_{jk}/M_j)/(W_k/W) \qquad (3 - 2)$$

公式（3 - 2）中，RCA_{mjk} 代表 j 国在 k 类商品上的显性比较劣势指数，M_{jk} 表示 j 国 k 类产品的进口额，M_j 表示该国所有产品的进口额。

出口显性比较劣势的明显程度与该指数数值的大小成正比，数值越大，表明该类商品比较劣势越明显。如果国家 i 的 k 类商品具有明显的出口比较优势，而国家 j 的 k 类商品又具有明显的出口比较劣势，则 i 国出口与 j 国进口在 k 类商品上具有贸易互补性，因此可以利用 RCA 指数来衡量两国贸易互补性的大小，其计算公式为：

$$TCI_{ijk} = RCA_{xik} \times RCA_{mjk} \times (W_k/W) \qquad (3 - 3)$$

式中，TCI_{ijk} 表示 i 国与 j 国在 k 类商品上的贸易互补性指数。该指数越大，表明 i 国与 j 国 k 类商品进出口贸易的互补性越强。

3.2 中国与哈萨克斯坦双边货物贸易关系测算

按照联合国国际贸易标准分类（SITC）第 3 版本，本节查询并收集了中国与哈萨克斯坦两国 1992 ~ 2013 年的进出口贸易数据，用来计算 1992 ~ 2013 年中国与哈萨克斯坦两国的贸易指数。联合国国际贸易标准分类（SITC 3）将贸易商品划分为 10 大类，分别为：SITC0 食品及活动物；SITC1 饮料及烟草；SITC2 非食用原料；SITC3 矿物燃料润滑油及有关原料（矿产品，包括煤炭、焦炭、石油及其产品、汽油及其产品等）；SITC4 动植物油脂及蜡；SITC5 化学品及有关产品；SITC6 轻纺产品橡胶制品矿冶产品及其制品；SITC7 机械电子设备运输设备办公通信器材产品；SITC8 杂项制品（包括房屋装潢装饰用品、家具寝具、各种箱包容器、服装、鞋帽、各种仪器和自动化设备等各种制成品）；SITC9 未分类的其他商品。在国际贸易中，一般把 0 ~ 4 类商品称为初级产品，把 5 ~ 8 类商品称为制成品。在工业制成品中，一般认为 SITC5 和 SITC7 为资本和技术密集型产品，SITC6 和 SITC8 为劳动密集型产品。

3.2.1　双边货物贸易的比较优势测算

运用公式（3-1）、公式（3-2），通过计算，可以得出表3-36、表3-37、表3-38、表3-39。其中，i 代表中国，j 代表哈萨克斯坦。RCA_{xik} 表示中国在 k 类商品上的出口显性比较优势；RCA_{mik} 表示中国在 k 类商品上的出口显性比较劣势；RCA_{xjk} 表示哈萨克斯坦在 k 类商品上的出口显性比较优势；RCA_{mjk} 表示哈萨克斯坦在 k 类商品上的出口显性比较劣势。

表3-36　　　　　中国主要贸易品的 RCA 出口显性比较优势指数

年份	RCA_{xik} (SITC0)	RCA_{xik} (SITC1)	RCA_{xik} (SITC2)	RCA_{xik} (SITC3)	RCA_{xik} (SITC4)	RCA_{xik} (SITC5)	RCA_{xik} (SITC6)	RCA_{xik} (SITC7)	RCA_{xik} (SITC8)	RCA_{xik} (SITC9)
1992	1.28	0.65	0.93	0.79	0.39	0.55	1.20	0.40	2.97	—
1993	1.23	0.80	0.88	0.66	0.53	0.56	1.15	0.43	3.09	—
1994	1.13	0.67	0.88	0.55	0.53	0.55	1.24	0.46	3.08	0.00
1995	0.93	0.80	0.72	0.64	0.55	0.63	1.34	0.53	2.87	0.00
1996	0.95	0.75	0.71	0.53	0.52	0.62	1.22	0.59	2.95	0.00
1997	0.89	0.50	0.62	0.58	0.70	0.59	1.23	0.59	2.96	0.00
1998	0.87	0.48	0.57	0.50	0.31	0.57	1.17	0.65	2.91	0.00
1999	0.87	0.37	0.65	0.34	0.15	0.54	1.19	0.71	2.85	0.02
2000	0.92	0.33	0.58	0.31	0.15	0.54	1.26	0.81	2.82	0.02
2001	0.84	0.35	0.52	0.33	0.13	0.52	1.22	0.88	2.60	0.05
2002	0.78	0.31	0.46	0.28	0.08	0.45	1.19	0.97	2.48	0.05
2003	0.70	0.25	0.38	0.26	0.06	0.42	1.16	1.09	2.33	0.05
2004	0.59	0.24	0.31	0.23	0.06	0.42	1.21	1.16	2.23	0.04
2005	0.57	0.19	0.31	0.19	0.09	0.44	1.22	1.21	2.21	0.06
2006	0.54	0.16	0.24	0.13	0.06	0.45	1.29	1.26	2.23	0.06
2007	0.49	0.15	0.21	0.13	0.06	0.47	1.25	1.28	2.22	0.04
2008	0.43	0.15	0.22	0.13	0.07	0.53	1.34	1.37	2.29	0.03
2009	0.44	0.15	0.20	0.13	0.05	0.45	1.22	1.43	2.16	0.02
2010	0.45	0.15	0.18	0.12	0.04	0.50	1.22	1.44	2.20	0.02
2011	0.45	0.16	0.11	0.11	0.04	0.55	1.28	1.44	2.25	0.03
2012	0.42	0.15	0.16	0.11	0.04	0.50	1.26	1.36	2.29	0.01
2013	0.41	0.15	0.16	0.09	0.05	0.50	1.33	1.42	2.33	0.02
均值	0.74	0.36	0.46	0.33	0.23	0.52	1.24	0.98	2.56	0.03

资料来源：根据联合国商品贸易数据库中国和世界1992~2013年出口贸易数据整理计算得出。
注：—表示中国该年出口数据缺失。

由表 3 – 36 数据计算结果表明，1992~2013 年中国具有比较优势的产品类按照 *RCA* 指数的大小依次为：SITC8 类、SITC6 类和 SITC7 类产品，其中 SITC8 类产品则具有极强的竞争力，比较优势系数在 2.56 的水平，SITC6 类产品具有较强竞争力，比较优势系数为 1.24；SITC8 中涉及的产品主要是服装、鞋类，SITC6 中涉及的产品主要是纺织品，反映我国的劳动密集型产品具有比较优势。值得注意的是，我国资本技术密集型（SITC7 类）产品的 *RCA* 指数已接近 1，达到 0.98，这说明近些年来我国机电产品的优势逐渐凸显（见表 3 – 37）。

表 3 – 37　　　　　中国主要贸易品的 *RCA* 出口显性比较劣势指数

年份	RCA_{mik} (SITC0)	RCA_{mik} (SITC1)	RCA_{mik} (SITC2)	RCA_{mik} (SITC3)	RCA_{mik} (SITC4)	RCA_{mik} (SITC5)	RCA_{mik} (SITC6)	RCA_{mik} (SITC7)	RCA_{mik} (SITC8)	RCA_{mik} (SITC9)
1992	0.51	0.23	1.80	0.63	1.56	1.50	1.51	1.00	0.51	—
1993	0.28	0.19	1.38	0.82	1.15	1.03	1.77	1.11	0.46	—
1994	0.37	0.05	1.66	0.57	3.05	1.12	1.56	1.12	0.44	0.20
1995	0.65	0.26	1.90	0.69	3.57	1.35	1.35	1.00	0.49	0.17
1996	0.57	0.30	2.05	0.67	2.56	1.39	1.47	1.00	0.48	0.15
1997	0.44	0.20	2.28	1.10	2.35	1.43	1.48	0.92	0.46	0.21
1998	0.41	0.12	2.27	0.86	2.00	1.46	1.47	0.97	0.46	0.19
1999	0.35	0.12	2.48	0.77	1.87	1.48	1.44	0.99	0.45	0.31
2000	0.40	0.18	2.88	0.90	1.40	1.48	1.37	0.99	0.46	0.18
2001	0.36	0.18	3.03	0.75	0.99	1.36	1.27	1.09	0.49	0.16
2002	0.31	0.14	2.59	0.72	1.42	1.28	1.20	1.16	0.53	0.13
2003	0.25	0.13	2.73	0.74	1.73	1.12	1.14	1.19	0.65	0.07
2004	0.31	0.11	3.12	0.82	1.80	1.09	0.94	1.16	0.76	0.06
2005	0.27	0.15	3.31	0.78	1.35	1.11	0.89	1.15	0.80	0.08
2006	0.26	0.17	3.11	0.80	1.33	1.07	0.78	1.21	0.82	0.07
2007	0.23	0.19	3.45	0.85	1.70	1.06	0.75	1.17	0.83	0.06
2008	0.23	0.22	4.14	0.90	1.63	1.01	0.69	1.14	0.84	0.09
2009	0.24	0.22	4.05	0.93	1.43	0.97	0.85	1.18	0.73	0.06
2010	0.27	0.22	3.70	0.96	1.15	0.96	0.72	1.15	0.75	0.25
2011	0.28	0.27	3.65	1.01	1.00	0.94	0.65	1.09	0.68	0.63
2012	0.32	0.30	3.41	1.30	1.08	0.89	0.62	1.04	0.66	0.77
2013	0.35	0.29	3.61	0.99	0.97	0.91	0.62	1.10	0.63	1.15
均值	0.35	0.19	2.85	0.84	1.69	1.18	1.12	1.09	0.61	0.25

资料来源：根据联合国商品贸易数据库中国和世界 1992~2013 年出口贸易数据整理计算得出。
注：—表示中国该年出口数据缺失。

从表 3 – 37 可得，1992~2013 年中国的 SITC2 类、SITC4 类和 SITC5 类产品

的比较劣势非常明显，其中 SITC2 类产品比较劣势最为明显，比较劣势系数在 2.85 的水平，SITC4 类产品比较劣势较为明显，比较劣势系数为 1.69；SITC5 类产品的比较劣势系数为 1.18。SITC2 类中涉及的产品主要是金属矿砂，反映我国金属资源匮乏，SITC4 类中涉及的产品主要是动植物油脂，SITC5 类中涉及的产品主要是化学肥料，因为我国是个农业大国，相对而言牧业发展较为落后，同时，所需的农用肥料数量相当巨大，国内的生产无法满足，所以需要大量进口。

表 3 - 38   哈萨克斯坦主要贸易品的 *RCA* 出口显性比较优势指数

年份	RCA_{xjk} (SITC0)	RCA_{xjk} (SITC1)	RCA_{xjk} (SITC2)	RCA_{xjk} (SITC3)	RCA_{xjk} (SITC4)	RCA_{xjk} (SITC5)	RCA_{xjk} (SITC6)	RCA_{xjk} (SITC7)	RCA_{xjk} (SITC8)	RCA_{xjk} (SITC9)
1992	—	—	—	—	—	—	—	—	—	—
1993	—	—	—	—	—	—	—	—	—	—
1994	—	—	—	—	—	—	—	—	—	—
1995	1.34	0.19	1.83	4.45	0.08	1.06	2.50	0.15	0.08	0.00
1996	1.55	0.68	1.99	4.43	0.05	0.96	2.02	0.17	0.07	0.00
1997	1.61	0.97	2.29	5.18	0.06	0.71	2.09	0.12	0.05	0.46
1998	1.18	0.40	2.54	6.53	0.02	0.67	2.15	0.09	0.06	1.00
1999	1.12	0.18	1.89	6.21	0.03	0.59	2.03	0.11	0.05	1.15
2000	1.25	0.25	2.44	5.19	0.13	0.48	1.98	0.05	0.04	0.48
2001	0.87	0.32	2.64	5.86	0.13	0.14	1.87	0.06	0.03	0.29
2002	0.85	0.27	0.09	6.87	0.08	0.27	1.88	0.05	0.02	0.34
2003	0.99	0.20	2.16	6.29	0.13	0.19	1.53	0.04	0.14	0.23
2004	0.71	0.18	2.35	6.18	0.13	0.17	1.43	0.03	0.02	0.21
2005	1.15	0.53	5.71	1.48	0.22	0.49	3.30	0.09	0.05	0.53
2006	0.51	0.16	1.75	4.78	0.09	0.26	1.18	0.04	0.15	0.44
2007	0.79	0.16	1.74	5.12	0.08	0.26	1.24	0.05	0.01	0.20
2008	0.76	0.12	1.75	4.16	0.02	0.26	1.13	0.05	0.01	0.19
2009	0.56	0.14	1.72	5.24	0.12	0.39	1.09	0.03	0.01	0.27
2010	0.54	0.14	1.31	5.05	0.13	0.39	0.99	0.02	0.06	0.29
2011	0.35	0.13	1.71	5.11	0.07	0.33	0.28	0.03	0.03	0.28
2012	0.48	0.16	1.42	5.27	0.09	0.35	1.08	0.04	0.06	0.20
2013	0.45	0.21	1.24	4.66	0.10	0.35	0.82	0.04	0.03	0.12
均值	0.90	0.28	2.03	5.16	0.09	0.42	1.61	0.07	0.05	0.35

资料来源：根据联合国商品贸易数据库哈萨克斯坦和世界 1992 ~ 2013 年出口贸易数据计算得出。

注：—表示哈萨克斯坦该年出口数据缺失。

从表 3 - 38 可以看出，哈萨克斯坦具有比较优势的产品类按照 *RCA* 指数的大小依次为 SITC3 类、SITC6 类、SITC0 类产品，这几类产品具体指的是：SITC3 中的石油和天然气、SITC6 中的贱金属以及 SITC0 中的食品。其中 SITC3 类产品具有极强的国际竞争力，这一优势非常明显，其显性比较优势维持在 5.16 的高水平；SITC6 类产品具有较强的竞争力，显性优势指数为 1.61。哈萨克斯坦的贸易结构反映出：哈萨克斯坦的初级产品（主要是自然资源）具有很高的比较优势，而工业制成品相对比较弱。

表 3-39　　　　　哈萨克斯坦主要贸易品的 RCA 出口显性比较劣势指数

年份	RCA_{mjk} (SITC0)	RCA_{mjk} (SITC1)	RCA_{mjk} (SITC2)	RCA_{mjk} (SITC3)	RCA_{mjk} (SITC4)	RCA_{mjk} (SITC5)	RCA_{mjk} (SITC6)	RCA_{mjk} (SITC7)	RCA_{mjk} (SITC8)	RCA_{mjk} (SITC9)
1992	—	—	—	—	—	—	—	—	—	—
1993	—	—	—	—	—	—	—	—	—	—
1994	—	—	—	—	—	—	—	—	—	—
1995	1.05	1.57	1.46	4.45	0.81	0.96	1.01	0.70	0.45	0.02
1996	1.13	2.99	0.96	2.56	1.49	1.20	1.31	0.71	0.43	0.00
1997	1.25	3.44	0.74	2.25	1.29	1.26	1.20	0.80	0.52	0.02
1998	1.09	2.01	0.92	2.69	1.46	1.05	1.23	0.82	0.63	0.09
1999	1.23	1.64	0.94	1.37	1.88	1.01	1.10	1.03	0.57	0.13
2000	1.33	1.47	0.92	1.13	2.55	1.13	1.38	0.97	0.52	0.34
2001	1.11	1.11	0.84	1.32	2.52	0.98	1.54	0.97	0.54	0.02
2002	1.05	1.21	0.59	1.26	2.24	1.17	1.35	1.01	0.62	0.00
2003	1.10	1.02	0.66	1.14	1.29	1.17	1.44	1.01	0.60	0.01
2004	1.06	1.21	0.60	1.27	0.80	0.98	1.46	1.03	0.55	0.01
2005	1.09	1.35	0.61	0.96	1.02	0.87	1.56	1.09	0.56	0.01
2006	1.13	1.32	0.49	0.92	0.69	0.83	1.46	1.15	0.58	0.00
2007	1.03	1.48	0.52	0.86	0.60	0.78	1.46	1.20	0.60	0.00
2008	1.12	1.51	0.41	0.87	1.05	0.81	1.66	1.09	0.55	0.46
2009	1.08	1.33	0.33	0.75	0.85	0.87	2.10	1.08	0.59	0.03
2010	1.38	1.29	0.70	0.70	0.83	1.07	1.39	1.17	0.83	0.01
2011	1.47	1.49	0.31	0.82	0.75	0.94	1.31	1.08	1.10	0.04
2012	1.28	1.34	0.53	0.81	0.55	0.93	1.52	1.10	0.82	0.07
2013	1.24	1.34	0.37	0.68	0.56	0.97	1.60	1.09	1.05	0.04
均值	1.17	1.59	0.66	1.41	1.22	1.00	1.43	1.01	0.64	0.07

资料来源：根据联合国商品贸易数据库哈萨克斯坦和世界 1992~2013 年出口贸易数据计算得出。
注：—表示哈萨克斯坦该年出口数据缺失。

　　由表 3-39 可得，1992~2013 年哈萨克斯坦的 SITC1 类、SITC6 类和 SITC3 类产品的比较劣势非常明显，其中 SITC1 类产品比较劣势最为明显，比较劣势系数在 1.59 的水平，SITC6 类产品比较劣势较为明显，比较劣势系数为 1.43；

SITC3 类产品的比较劣势系数为 1.41。SITC1 类中涉及的产品主要是饮料和烟草，SITC6 类中涉及的产品主要是轻纺产品，SITC3 类中涉及的产品主要是电力，这反映出哈萨克斯坦的制造业相对非常薄弱，且基础设施落后，大部分产品需要靠进口来维持。

根据对中国与哈萨克斯坦两国贸易比较优势及比较劣势指数进行分析（如表 3 -36 至表 3 -39），可以得出以下结论：

①中国与哈萨克斯坦两国在饮料（SITC1）、动植物油脂（SITC4）等生活必需品方面，RCA 出口比较优势指数值较为相近；在食品（SITC0）、非食用原料（SITC2）及矿物燃料（SITC3）方面，哈萨克斯坦的出口比较竞争优势要强于中国；在机械电子运输设备（SITC7）和劳动密集型制成品（SITC8）方面，中国的出口比较竞争优势强于哈萨克斯坦。这是符合中国与哈萨克斯坦两国各自的资源禀赋和产业结构特征的。

②哈萨克斯坦在矿物燃料（SITC3）方面的比较优势极为明显，其出口比较优势指数居高不下，反映出哈萨克斯坦是一个能源资源大国，其在能源领域具有很强的国际竞争力。

③在轻纺橡胶制成品（SITC6）方面，中国的比较优势一直比较稳定。而哈萨克斯坦在 2000 年以前，受苏联"产业分工"的影响，其比较优势还较为明显，但随着时间的发展，该优势逐渐转变为劣势。

④在机械电子运输设备（SITC7）及劳动密集型制成品（SITC8）方面，虽然中国的竞争优势比哈萨克斯坦明显，但比较优势指数在国际市场上仅处于中等水平，替代性很强。

⑤总体而言，哈萨克斯坦的比较优势主要集中在初级产品，劳动密集型产品及技术密集型产品不存在竞争优势或竞争优势不明显。而中国在劳动密集型产品方面竞争优势明显，在技术密集型产品方面比较优势强于哈萨克斯坦。

3.2.2　双边货物贸易的互补性测算

利用公式（3 -3）计算中国与哈萨克斯坦双边货物贸易的互补性指数，如表 3 -40 和表 3 -41。

表 3 -40　　　　　　　　中国与哈萨克斯坦的 TCI 指数

年份	TCI_{ij}^{xi} (SITC0)	TCI_{ij}^{xi} (SITC1)	TCI_{ij}^{xi} (SITC2)	TCI_{ij}^{xi} (SITC3)	TCI_{ij}^{xi} (SITC4)	TCI_{ij}^{xi} (SITC5)	TCI_{ij}^{xi} (SITC6)	TCI_{ij}^{xi} (SITC7)	TCI_{ij}^{xi} (SITC8)	TCI_{ij}^{xi} (SITC9)
1992	—	—	—	—	—	—	—	—	—	—
1993	—	—	—	—	—	—	—	—	—	—
1994	—	—	—	—	—	—	—	—	—	—

续表

年份	TCI_{ij}^{xi} (SITC0)	TCI_{ij}^{xi} (SITC1)	TCI_{ij}^{xi} (SITC2)	TCI_{ij}^{xi} (SITC3)	TCI_{ij}^{xi} (SITC4)	TCI_{ij}^{xi} (SITC5)	TCI_{ij}^{xi} (SITC6)	TCI_{ij}^{xi} (SITC7)	TCI_{ij}^{xi} (SITC8)	TCI_{ij}^{xi} (SITC9)
1995	0.07	0.01	0.04	0.16	0.00	0.06	0.22	0.15	0.17	0.00
1996	0.08	0.03	0.03	0.10	0.00	0.07	0.25	0.17	0.16	0.00
1997	0.08	0.02	0.02	0.09	0.00	0.07	0.23	0.19	0.20	0.00
1998	0.06	0.01	0.02	0.08	0.00	0.06	0.22	0.22	0.24	0.00
1999	0.07	0.01	0.02	0.03	0.00	0.05	0.19	0.31	0.21	0.00
2000	0.07	0.00	0.02	0.04	0.00	0.05	0.24	0.32	0.18	0.00
2001	0.05	0.00	0.01	0.04	0.00	0.05	0.25	0.35	0.18	0.00
2002	0.05	0.00	0.01	0.03	0.00	0.06	0.22	0.39	0.19	0.00
2003	0.04	0.00	0.01	0.03	0.00	0.05	0.23	0.43	0.17	0.00
2004	0.03	0.00	0.01	0.03	0.00	0.04	0.25	0.47	0.14	0.00
2005	0.03	0.00	0.01	0.02	0.00	0.04	0.26	0.50	0.14	0.00
2006	0.03	0.00	0.00	0.02	0.00	0.04	0.26	0.54	0.14	0.00
2007	0.03	0.00	0.00	0.01	0.00	0.04	0.26	0.57	0.15	0.00
2008	0.03	0.00	0.00	0.02	0.00	0.05	0.31	0.51	0.13	0.00
2009	0.03	0.00	0.00	0.01	0.00	0.05	0.32	0.53	0.15	0.00
2010	0.04	0.00	0.00	0.01	0.00	0.06	0.22	0.58	0.20	0.00
2011	0.04	0.00	0.00	0.01	0.00	0.06	0.22	0.51	0.27	0.00
2012	0.03	0.00	0.00	0.01	0.00	0.05	0.25	0.52	0.21	0.00
2013	0.03	0.00	0.00	0.01	0.00	0.05	0.26	0.51	0.28	0.00
均值	0.05	0.01	0.01	0.04	0.00	0.05	0.24	0.41	0.18	0.00

资料来源：根据联合国商品贸易数据库中国、哈萨克斯坦和世界1992～2013年进出口贸易数据整理计算得出。

注：—表示中国与哈萨克斯坦该年出口数据缺失。

表3–41 哈萨克斯坦与中国的 TCI 指数

年份	TCI_{ij}^{mi} (SITC0)	TCI_{ij}^{mi} (SITC1)	TCI_{ij}^{mi} (SITC2)	TCI_{ij}^{mi} (SITC3)	TCI_{ij}^{mi} (SITC4)	TCI_{ij}^{mi} (SITC5)	TCI_{ij}^{mi} (SITC6)	TCI_{ij}^{mi} (SITC7)	TCI_{ij}^{mi} (SITC8)	TCI_{ij}^{mi} (SITC9)
1992	—	—	—	—	—	—	—	—	—	—
1993	—	—	—	—	—	—	—	—	—	—
1994	—	—	—	—	—	—	—	—	—	—
1995	0.06	0.00	0.14	0.17	0.00	0.14	0.54	0.06	0.01	0.00
1996	0.06	0.00	0.15	0.22	0.00	0.13	0.46	0.07	0.00	0.00
1997	0.05	0.00	0.19	0.37	0.00	0.10	0.47	0.04	0.00	0.00
1998	0.03	0.00	0.19	0.32	0.00	0.10	0.48	0.04	0.00	0.01
1999	0.02	0.00	0.15	0.33	0.00	0.09	0.42	0.05	0.00	0.01

年份	TCI_{ij}^{mi} （SITC0）	TCI_{ij}^{mi} （SITC1）	TCI_{ij}^{mi} （SITC2）	TCI_{ij}^{mi} （SITC3）	TCI_{ij}^{mi} （SITC4）	TCI_{ij}^{mi} （SITC5）	TCI_{ij}^{mi} （SITC6）	TCI_{ij}^{mi} （SITC7）	TCI_{ij}^{mi} （SITC8）	TCI_{ij}^{mi} （SITC9）
2000	0.03	0.00	0.22	0.48	0.00	0.02	0.37	0.02	0.00	0.00
2001	0.02	0.00	0.24	0.42	0.00	0.02	0.32	0.03	0.00	0.00
2002	0.02	0.00	0.01	0.45	0.00	0.04	0.31	0.02	0.00	0.00
2003	0.01	0.00	0.18	0.44	0.00	0.02	0.24	0.01	0.01	0.00
2004	0.01	0.00	0.23	0.53	0.00	0.02	0.19	0.02	0.00	0.00
2005	0.02	0.00	0.61	0.14	0.00	0.06	0.41	0.04	0.00	0.00
2006	0.01	0.00	0.18	0.54	0.00	0.03	0.13	0.02	0.00	0.00
2007	0.01	0.00	0.21	0.56	0.00	0.03	0.13	0.02	0.00	0.00
2008	0.01	0.00	0.26	0.62	0.00	0.03	0.11	0.02	0.00	0.00
2009	0.01	0.00	0.24	0.65	0.00	0.04	0.12	0.01	0.00	0.00
2010	0.01	0.00	0.20	0.68	0.00	0.04	0.09	0.01	0.00	0.00
2011	0.01	0.00	0.28	0.81	0.00	0.03	0.02	0.01	0.00	0.01
2012	0.01	0.00	0.21	0.91	0.00	0.03	0.09	0.01	0.00	0.01
2013	0.01	0.00	0.18	0.75	0.00	0.03	0.06	0.02	0.00	0.01
均值	0.02	0.00	0.21	0.49	0.00	0.05	0.26	0.03	0.00	0.00

资料来源：根据联合国商品贸易数据库中国、哈萨克斯坦和世界 1992～2013 年进出口贸易数据整理计算得出。

注：—表示中国与哈萨克斯坦该年出口数据缺失。

由表 3 - 40 和表 3 - 41 分析可知，中国与哈萨克斯坦两国的双边贸易具有很强的互补性，尤其是在矿物燃料（SITC3）、轻纺橡胶制成品（SITC6）、机械电子运输设备（SITC7）、劳动密集型制成品（SITC8）等方面的互补性非常明显。哈萨克斯坦是中国能源和其他矿产资源的重要来源地，同时中国是世界市场上轻工产品（即劳动密集型制成品）的出口地，这是中国与哈萨克斯坦双边贸易合作的特点。哈萨克斯坦能源采掘业"一家独大"，而制造业相对较为薄弱，产业结构在短期内无法得到逆转，这也就造就了中国与哈萨克斯坦的贸易合作基础。

3.3　中哈双边货物贸易关系互补原因简析

资源禀赋互补。中国是一个发展中的大国，尽管资源总量上还算丰富，品类也较繁多。但由于其人口众多，导致人均占有量低，尤其是人均能源资源占有量与世界平均水平相比，更是微乎其微。同时，近些年中国经济一直保持高速发展，对能源资源的需求增长既高又快，因此"能源"成为制约中国经济高速稳定发展的"瓶颈"。而哈萨克斯坦能源资源储量丰富，是中亚的能源生产大国，能源出口是哈萨克斯坦经济发展的主要支柱之一。随着两国经济的持续高速发展，中国成为哈萨克斯坦最稳定可靠的能源出口目的市场，哈萨克斯坦也成为中国能源进口的主要来源国之一。

产业结构互补。哈萨克斯坦自然资源丰富，在工业方面，受苏联"产业分工"的影响，其经济主要依靠石油、天然气、采矿、煤炭和农牧业产品的出口，因而能源采掘业发达，而加工制造业和轻工业相对比较落后，大部分的建材及日用消费品都主要靠进口来维持。相比较而言中国人均资源匮乏，因而其国内能源业较为落后，同时因劳动力资源丰富，其劳动力密集型的轻工产品制造业非常发达，居于世界前列。

贸易通道便捷。中国与哈萨克斯坦地理位置毗邻，拥有 1738 公里共同的边境线，在与哈萨克斯坦接壤的中国西北新疆共有 17 个国家一类口岸，其中阿拉山口陆运（铁路、公路）口岸，霍尔果斯公路口岸等 7 个一类口岸具有国际联运地位，为中国新疆与哈萨克斯坦的边境贸易创造了便利条件。再者，东起连云港、西至荷兰鹿特丹的第二亚欧大陆桥，不仅是连接亚太地区和整个欧洲最便利廉价的运输线路，也是中国和哈萨克斯坦的便捷贸易通道。

政治环境良好。中国与哈萨克斯坦两国自 1992 年以来的稳定而良好的合作关系也是两国贸易的有力保障，同时上海合作组织这一经济全球化和区域经济一体化背景下建立的地区性多边合作组织，也为中国与哈萨克斯坦的双边繁荣贸易提供了良好的平台。

3.4 小结

中国与哈萨克斯坦作为历史上两个友好的邻国，因其资源禀赋互补、产业结构互补，以及便捷的贸易通道和良好的政策环境，具有长期进行贸易合作的前提。既然贸易合作的前提已经有了，那么现时的主要任务就是竭尽全力促进中国与哈萨克斯坦两国的贸易继续蓬勃发展。中国是一个发展中的人口大国，现阶段的国情复杂而多样。一方面在劳动密集型制成品上仍保持着明显的比较优势；另一方面在部分资本和技术密集型制成品上的竞争力也逐渐增强；但能源资源这方面仍然是中国竞争力的短板。而哈萨克斯坦的能源资源及矿产资源在国际市场上具有明显的比较优势，并且随着世界经济对能源资源需求的增长，这种优势还会继续加大；并且哈萨克斯坦国内对中国具有优势的产品的需求度又极高。因此，中国与哈萨克斯坦之间的贸易合作必将持续向好的发展。

需要注意的是，哈萨克斯坦从中国进口的主要是日常消费品，即劳动密集型产品，其替代性很强，进口需求弹性很大；而中国是能源资源净进口国，对哈萨克斯坦的能源资源的需求具有刚性，这种需求的差异化将不利于两国的贸易发展，应当想办法克服，而克服这种缺点的办法是值得研究者们好好研究的。

4. 中国与哈萨克斯坦双边货物贸易潜力实证研究

4.1　引力模型概述

4.1.1　基础贸易引力模型

引力模型（Gravity Model）的起源是牛顿 1687 年发表在《自然哲学的数学原理》中的万有引力定律（Law of Universal Gravitation），即任意两物体之间存在相互吸引的力，该引力的大小与它们质量的乘积成正比，与它们距离的平方成反比。牛顿万有引力定律公式为：

$$F_{ij} = \frac{m_i m_j}{d_{ij}^2} \tag{4-1}$$

最早提出运用引力模型来研究国际贸易的是 1969 年获得过诺贝尔经济科学奖的荷兰著名计量经济学家简·丁伯根（Jan Tinbergen），他在 1962 年将国家经济规模 GDP 和两国间的地理距离引入引力模型，研究了其对贸易流动的影响，他建立的引力模型等式如下：

$$X_{ij} = K \frac{(GDP_i)^a (GDP_j)^b}{(1 + eD_{ij})^f} \tag{4-2}$$

公式（4-2）中，X_{ij} 是 i 国对 j 国的出口额，GDP_i 与 GDP_j 是 i 国与 j 国的国民生产总值，D_{ij} 是 i 国与 j 国之间的距离。该公式说明两国间贸易出口额的大小同两国的国民生产总值成正比，同两国之间的距离成反比。引力模型回归结果显示：两国的国内生产总值和两国之间的距离对双边贸易流量都具有显著的影响。

可以看出，早期的引力模型形式较为简单，仅包括国内生产总值、两国之间的距离。贸易引力模型的基本形式为：

$$T_{ij} = a \cdot \frac{GDP_i \cdot GDP_j}{D_{ij}} \tag{4-3}$$

公式（4-3）中，T_{ij} 是指 i 国和 j 国间的双边贸易流量，GDP_i 和 GDP_j 分别是 i 国和 j 国的国内生产总值，D_{ij} 是两国间的距离，通常以两国的首都或者经济中心的距离来表示。对方程（4-3）两边取对数，得到引力模型的线性等式：

$$\ln T_{ij} = c + \beta_1 \ln(GDP_i \cdot GDP_j) + \beta_2 \ln D_{ij} + \mu_{ij} \tag{4-4}$$

公式（4-4）中，$\ln T_{ij}$、$\ln(GDP_i \cdot GDP_j)$ 和 $\ln D_{ij}$ 分别是 T_{ij}、$(GDP_i \cdot$

GDP_j）和 D_{ij} 的对数形式，β_1 和 β_2 是相应变量的回归系数，μ_{ij} 是随机误差项。

4.1.2　扩展贸易引力模型

根据研究目的的不同，国内外学者对贸易引力模型进行了扩展，引入了各种影响贸易流量的外生变量。林内曼（Linnemann，1966）在原有模型基础上引入了人口变量，他认为，假设国内生产总值不变，人口增多，国内需求旺盛，则用于出口的商品数量就相对减少；假设人口数量不变，国内生产总值增加，消费需求旺盛，则需要依赖进口来满足，因此，理论上贸易流量同人口数量呈负相关。他扩展的贸易引力模型等式为：

$$\ln X_{ij} = \beta_0 + \beta_1 \ln GDP_i + \beta_2 \ln GDP_j + \beta_3 \ln D_{ij} + \beta_4 \ln P_i + \beta_5 \ln P_j + \mu_{ij} \quad (4-5)$$

公式（4-5）中，X_{ij} 是 i 国对 j 国的出口额，GDP_i 和 GDP_j 分别是 i 国和 j 国的国内生产总值，D_{ij} 是两国间的距离，P_i 和 P_j 是两国的人口数量。

伯格斯特兰（Bergstrand，1989）又引入了人均收入、汇率及一些虚拟变量，对贸易引力模型进行了扩展。安德鲁·K·罗斯（Andrew K. Rose，2002）引入是否具有共同语言、是否具有共同边界、是否具有殖民关系等虚拟变量，得出引力模型拓展等式如下：

$$\ln X_{ij} = \beta_0 + \beta_1 \ln GDP_i + \beta_2 \ln GDP_j + \beta_3 \ln D_{ij} + \beta_4 \ln P_i + \beta_5 \ln P_j + \beta_6 \ln E + \beta_7 border$$
$$+ \beta_8 language + \beta_9 colony + \beta_{10} WTO + \mu_{ij} \quad (4-6)$$

公式（4-6）中，E 是汇率，$border$、$language$、$colony$ 以及 WTO 分别表示共同语言、共同边界、交往历史和 WTO 成员方等虚拟变量，若肯定则取 1，若否定则取值为 0。

4.2　中国与哈萨克斯坦双边货物贸易引力模型构建

4.2.1　变量选择

本文在综合前人研究的基础上，加入人口、上海合作组织（SCO）等外生变量，衡量国内生产总值、人口因素、地理距离、汇率和区域经济一体化组织对中国与哈萨克斯坦货物贸易额的影响，并对引力模型稍加修改，得到扩展后的贸易引力模型如下：

$$\ln Y_{ijt} = \beta_0 + \beta_1 \ln GDP_{it} + \beta_2 \ln GDP_{jt} + \beta_3 \ln P_{it} + \beta_4 \ln P_{jt} + \beta_5 \ln D_{ijt} + \beta_6 \ln ER$$
$$+ \beta_7 SCO_{ijt} + \mu_{ijt} \quad (4-7)$$

公式（4-7）中，被解释变量 Y_{ijt} 是指 t 年中国 i 与哈萨克斯坦 j 的货物贸易总额，单位为美元。关于解释变量的具体含义、预期符号及相关的理论解释详见表 3-42。

表 3 – 42　　　　　　　　　　解释变量含义、预期符号及说明

解释变量	具体含义	预期符号	理论解释
GDP_{it}	中国 i 在 t 年的国内生产总值（美元）	+	国内生产总值表示一国的经济规模和生产能力，经济规模越大，说明潜在的进出口能力就越大，贸易流量也就越大
GDP_{jt}	哈国 j 在 t 年的国内生产总值（美元）		
P_{it}	中国 i 在 t 年的人口总数	不确定	人口增加使生产能力增加，贸易流量相应也会增加；但人口增加的同时，国内市场需求规模扩大，对外贸易就会相对减少
P_{jt}	哈国 j 在 t 年的人口总数		
D_{ij}	中国 i 与哈国 j 首都间的地理距离（公里）	–	代表交易成本，是阻碍贸易流量的主要因素
ER_{ijt}	中国 i 货币人民币与哈国 j 货币坚戈在 t 年的汇率	–	汇率变化幅度越大，表明国际金融环境越不稳定，越不利于双边贸易的开展
SCO_{ijt}	虚拟变量，中国 i 与哈国 j 在 t 年是否同属于上海合作组织，若是则取 1，否则取 0	+	区域贸易协定的优惠贸易安排的贸易创造效应，会相应地促进双边贸易流量

4.2.2　样本及数据来源

本文选取 1992～2014 年中国与哈萨克斯坦两国 23 年的双边货物贸易数据作为样本，来建立扩展的贸易引力模型。哈萨克斯坦自 1991 年底独立以后，与我国双边贸易持续稳定发展。因此本文选取自 1992 年以来中国与哈萨克斯坦的贸易数据进行研究，分析两国的贸易情况及贸易潜力。

中国与哈萨克斯坦 1992～2013 年的双边货物贸易额来自联合国商品贸易（UN Comtrade）数据库，2014 年的双边货物贸易额来自哈萨克斯坦统计署。两国的国内生产总值（GDP）、人口数据采用名义值，1992～2013 年来源于《中国统计年鉴》和《哈萨克斯坦统计年鉴》，2014 年数据来源于中华人民共和国国家统计局和哈萨克斯坦统计署。人民币兑坚戈的汇率通过美元进行计算得出，1992～2013 年人民币兑美元的汇率来源于《中国统计年鉴》，2014 年人民币兑美元的汇率来源于中国人民银行，1992～2014 年坚戈兑美元的汇率来源于《哈萨克斯坦统计年鉴》。距离变量选用两国首都之间的距离，数据来源于法国国际经济研究中心 CEPII 数据库。上海合作组织数据来源于上海合作组织官网。

4.2.3 模型构建

本文采用普通最小二乘估计法进行多元线性回归分析。在建立回归方程时可能出现的问题有：异方差问题、内生性问题、序列相关性问题以及多重共线性问题。这些问题的存在会导致模型回归结果出现某些偏差，因此需要采取一些措施来减少它们所带来的偏差。

通过对自变量进行对数变换可基本上克服引力方程的异方差问题。

针对内生性问题，本文通过对回归方程的选元方法进行对比筛选，最终采用"逐步进入选元法（Stepwise）"，逐步剔除不显著或者显著性过低的自变量，以纠正模型的内生性问题。回归方程中自变量的选择方法对模型回归结果的真实有效性会产生很大的影响，因此必须慎重地加以选择。在进行多元线性回归分析时，变量进入回归方程的方法有：强行进入法（Enter）、消去法（Remove）、向前选择法（Forward）、向后剔除法（Backward）和逐步进入法（Stepwise）。首先，强行进入法是指所选择的自变量全部进入回归方程，这种方法对自变量没有任何筛选。其次，消去法是指建立方程时，根据人为设定的条件剔除部分自变量，这样选出的自变量不是最优的变量。向前选择法是指从假设模型中没有变量开始，一个一个地将变量引入方程，但存在这样的问题：即某个自变量开始可能是显著的，但当引入其他自变量后它就变得并不显著了，但是也没有机会将其剔除。向后剔除法是指首先将所有变量引入方程，然后按照对模型贡献度的大小，从小到大逐一地剔除变量，这种方法的不足之处在于，一开始把全部自变量引入方程，这样计算量很大。再者，一旦某些自变量被剔除，它就再也没有机会重新进入回归方程。因此，本文综合考虑所有方法之后，选用有进有出的逐步进入法进行回归分析，将变量一个一个引入，引入变量的条件是偏回归平方（R^2）和 F 检验都是显著的，同时当每引入一个新的自变量后，对已选入的变量要进行逐个检验，将不显著变量剔除，这个过程反复进行，直到最后所有保留的变量对方程的影响均是显著的，这样就找出了影响回归方程的"最优"变量。

针对序列相关性问题，本文采用 DW 检验法来解决。

对于自变量的多重共线性问题，本文首先对所有变量进行相关系数矩阵分析，分析是否存在严重的多重共线性，然后对变量进行方差膨胀因子（VIF）诊断。根据前人研究的结果判定：当 $0 < VIF = (VIF_1, VIF_2, \cdots, VIF_n) < 10$ 时，不存在多重共线性。若通过诊断，则直接确定最优的回归方程，若未能通过检验，剔除 VIF 值大于 10 的自变量后重新建立回归方程，再对其进行 VIF 诊断，如此循环，直至确定最优的回归方程模型（上述解决建立多元回归方程可能出现的问题及解决方法见图 3 - 22）。

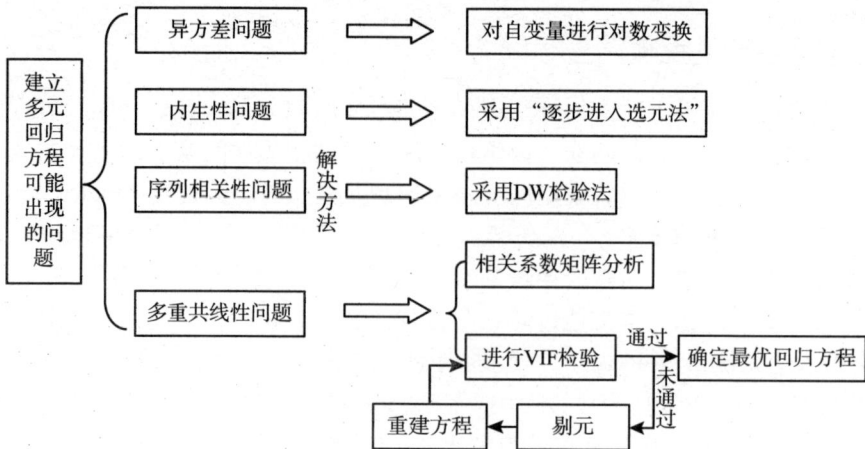

图 3－22　建立多元回归方程可能出现的问题及解决方法

4.3　中国与哈萨克斯坦双边货物贸易影响因素实证分析

4.3.1　回归分析

本文运用 IBM SPSS Statistics 20.0 对截面数据进行逐步回归分析，得到模型估计结果如表 3-43 所示。

表 3-43　　　　　　　　　　模型的线性回归结果

项目	系数值	t 值	sig. 值
常数项	-547.772	-20.594	0.000
$\ln GDP_{it}$	48.595	21.270	0.000
$\ln ER_{ijt}$	-0.778	-6.031	0.000
F $D.W.$ R R^2 调整 R^2	487.898 1.205（$n=22$，$k=2$） 0.990 0.981 0.979	—	0.000

资料来源：根据 SPSS 回归分析结果整理得出。

由模型拟合度可以看出模型整体拟合度非常好，七个变量中 $\ln GDP_{it}$ 和 $\ln ER_{ijt}$ 在 5% 的显著性水平上通过了显著性检验。从模型的线性回归结果可以看出，模型的 $R^2=0.981$，调整后的 $R^2=0.979$，拟合度仍然非常好，F 值为 487.898 ≥ $F\alpha(2，19)=3.52$，通过了在 5% 水平上的显著性检验，表明此两个自变量与因变量的线性密切相关。

4.3.2　模型检验

（1）序列相关性检验

由上述回归结果可得 $D.W. = 1.205$，在 5% 的显著性水平下，$n = 22$，$k = 2$，查表可得 $dL = 1.15$，$du = 1.54$。由于 $dL(= 1.15) < D.W.(= 1.205) < du(= 1.54)$，故不存在时间序列相关。

（2）多重共线性检验

在正式开始多重共线性检验之前，先考察主要变量的相关系数矩阵，分析是否存在严重的多重共线性，分析结果如表 3 - 44 所示。

表 3 - 44　　　　　　　　　　　相关系数矩阵

	$\ln GDP_{it}$	$\ln ER_{ijt}$
$\ln GDP_{it}$	1.000	—
$\ln ER_{ijt}$	-0.850	1.000

资料来源：根据 SPSS 回归分析结果整理得出。

从表 3 - 44 可以看出，$\ln GDP_{it}$ 与 $\ln ER_{ijt}$ 的相关系数绝对值为 0.850，说明两个变量间不存在严重的共线性。

由表 3 - 43 回归结果可得 $R = 0.990$，所以因变量的变化有 99.0% 是由于自变量的变化而引起的，因此保留下来的两个自变量能够较好地解释因变量。另外，用 SPSS 对模型进行共线性检验得到的结果见表 3 - 45。

表 3 - 45　　　　　　　　　　　共线性统计量结果

项目	容差	VIF
$\ln GDP_{it}$	0.277	3.605
$\ln ER_{ijt}$	0.277	3.605

资料来源：根据 SPSS 回归分析结果整理得出。

由于 VIF 越大，表明变量间的共线性越严重，而两个自变量都符合 $0 < VIF < 10$，故不存在多重共线性。

通过以上的检验，最终确定中国与哈萨克斯坦货物贸易影响因素构成应以 $\ln GDP_{it}$、$\ln ER_{ijt}$ 为解释变量，中国与哈萨克斯坦双边货物贸易引力模型的最优方程拟合结果如下：

$$\ln Y_{ijt} = -547.772 + 48.595 \times \ln GDP_{it} - 0.778 \times \ln ER_{ijt} + \mu_{ijt} \quad (4-8)$$

4.3.3 结果分析

第一，中国的国内生产总值（GDP_{it}）对中国与哈萨克斯坦双边货物贸易具有显著性影响，且影响为正，与预期相同。中国的国内生产总值的影响系数为48.595，表明中国国内生产总值每增加 1 个百分点，中国与哈萨克斯坦双边货物贸易额就会随之增长 48.595 个百分点。因此可以看出，随着中国的经济规模的不断增长，两国双边货物贸易量也会得到持续增长。

第二，哈萨克斯坦的国内生产总值（GDP_{jt}）对中国与哈萨克斯坦双边货物贸易的影响不显著，在回归方程中被自动剔除，与预期不同。从理论上讲，一国的国内生产总值对其对外贸易应该产生正效应，但是因为相对于中国的国内生产总值，哈萨克斯坦的国内生产总值数额非常之小，同时将这两个变量放在一起，则中国的国内生产总值对两国贸易额的影响远远大于哈萨克斯坦国内生产总值对其的影响，因此再回归方程中国与哈萨克斯坦国国内生产总值这一变量被自动剔除。

第三，中国与哈萨克斯坦两国的人口总数（P_{it}、P_{jt}）对两国双边货物贸易的影响不显著，在回归方程中被自动剔除，与预期不同。从理论上讲，人口增加对两国双边贸易既有促进作用，也有阻碍作用。因为人口增加使生产能力增加，与贸易流量成正比；但人口增加使国内市场规模扩大，本国对外贸易机会减少，与贸易流量成反比。上述的回归分析中剔除了人口这一变量，分析原因，是因为人口对两国双边货物贸易的促进作用和阻碍作用相互抵消，从而减弱了人口对贸易的影响力，使得人口对贸易的影响力不够显著。

第四，中国与哈萨克斯坦两国的汇率波动（ER_{ijt}）对两国双边货物贸易具有显著性影响，且影响为负，与预期相同。原因之一在于，汇率的波动程度是影响两国贸易的一个重要因素。汇率变化越大，证明国际金融环境越不稳定，越不利于双边贸易的开展。原因之二在于，随着中国在国际市场上的地位逐渐提升，人民币在国际贸易中结算的比例也有所提升，这是有利于国际贸易的发生的。原因之三在于，尽管苏联已经解体，但坚戈的汇率与卢布仍旧有着千丝万缕的联系，近几年，由于国际市场上美国及欧盟与俄罗斯国际关系发生了巨大的变化，俄罗斯货币卢布的汇率产生了大幅的波动，因此受其影响，哈萨克斯坦坚戈的汇率波动较大，对中国与哈萨克斯坦双边的货物贸易产生了阻碍作用。

第五，中国与哈萨克斯坦两国间的距离（D_{ijt}）对两国双边货物贸易的影响不显著，在回归方程中被自动剔除，与预期相反。从理论上讲，两国之间的距离是阻碍双边贸易的因素，因为距离越远，进行双边贸易所需承担的运输、交通及人力、物力成本就越高，越不利于贸易的发展。但随着全球交通状况的高速发展，以及第二亚欧大陆桥的开辟，国与国之间的距离已经被无限的缩小了，即便物理上存在一定的距离，但其对国际贸易的阻碍作用已经微乎其微。

第六，是否是上海合作组织（SCO_{ijt}）成员方对中国与哈萨克斯坦矿物能源产品贸易的影响不显著，与预期不同。上海合作组织建立之初，是一个加强边境地区军事信任与裁军的元首会晤机制，随着边境地区信任和友好的建立，会晤的内容由边界问题才逐步扩到政治、安全、外交、经贸等各个领域。可以看出，贸易在上海合作组织涉及的主要领域中所占的比例并不高，各国并没有因同属于SCO成员而获得很多实质性的贸易优惠，因此，尽管上海合作组织已成立多年，但其对中国与哈萨克斯坦两国矿物能源贸易的影响并不明显。

4.3.4 结论

通过以上的回归分析，我们可以得出结论：中国的国内生产总值（GDP_{it}）对中国与哈萨克斯坦两国的货物贸易具有很强的促进作用，人民币兑坚戈的汇率对中国与哈萨克斯坦两国的货物贸易具有一定的阻碍作用。其余变量对中国与哈萨克斯坦两国的双边货物贸易的影响作用，由于不够显著，因此被回归方程自动剔除。

4.4 中国与哈萨克斯坦双边货物贸易潜力估算

贸易引力模型的一个重要应用就是估算贸易伙伴间双边贸易流量的潜力，即用贸易流量的实际值与根据贸易引力模型测算的"理论"贸易值进行比较，以估算贸易伙伴间双边贸易流量发展的潜力。

根据刘青峰、姜书竹（2002）对贸易潜力的分类标准，贸易潜力关系可分为潜力再造型、潜力开拓型和潜力巨大型。

潜力再造型，即双边贸易实际值与根据贸易引力模型测算的"理论"贸易值的比值大于1.2，表明该贸易伙伴间的贸易潜力有限，发展双边贸易只能寻找新的促进因素。

潜力开拓型，即双边贸易实际值与根据贸易引力模型测算的"理论"贸易值的比值在1.2~0.8之间，表明该贸易伙伴间的潜力尚未完全发挥，存在一定的潜力，因此发展双边贸易应继续发挥原有的积极因素，同时寻找出新的促进因素。

潜力巨大型，即双边贸易实际值与根据贸易引力模型测算的"理论"贸易值的比值小于0.8，表明该贸易伙伴间的贸易潜力非常巨大，发展其双边贸易应尽量排除障碍，推动贸易正常发展。

4.4.1 贸易潜力估算过程

本文将中国与哈萨克斯坦的相关数据代入求得的最优回归方程（4-7），计算出中国与哈萨克斯坦双边货物贸易额的"理论"值，再将中国与哈萨克斯坦两国双边货物贸易的实际值除以计算出的"理论"值，得出表 3 - 46。

表 3 - 46　　　　　　中国与哈萨克斯坦双边货物贸易潜力估算

年份	实际值 T（美元）	"理论"值 T′（美元）	T/T′
1992	368230475	266046524. 1	1. 38
1993	434689511	497890852. 8	0. 87
1994	303963168	264499404. 7	1. 15
1995	390959705	283854065. 3	1. 38
1996	459883684	434419114. 4	1. 06
1997	527402085	646506374	0. 82
1998	635522278	978225224. 1	0. 65
1999	1138765480	1047573381	1. 09
2000	1556958492	1323142994	1. 18
2001	1288369440	1809056860	0. 71
2002	1954741881	2392585200	0. 82
2003	3291881527	3265189525	1. 01
2004	4498085122	4676020696	0. 96
2005	6806107827	6289979288	1. 08
2006	8357753686	8290375058	1. 01
2007	13877765655	10502460738	1. 32
2008	17552338300	12710146890	1. 38
2009	14003771877	13564629778	1. 03
2010	20428992128	17014714998	1. 20
2011	24916395354	20784721123	1. 20
2012	25676684997	25635626247	1. 00
2013	28595961572	31585163778	0. 91
2014	22002431097	35582855168	0. 62

资料来源：根据 SPSS 回归分析结果整理得出。

4.4.2　贸易潜力估算结果分析

依据刘青峰、姜书竹（2002）对贸易潜力的分类标准，我们可以得出，中国与哈萨克斯坦两国双边货物贸易潜力属于潜力再造型的年份有：1992 年、1995年、2007 年、2008 年；属于潜力开拓型的年份有：1993 ~ 1994 年、1996 ~ 1997年、1999 ~ 2000 年、2002 ~ 2006 年、2009 ~ 2013 年；属于潜力巨大型的年份有：1998 年、2001 年、2014 年（见图 3 - 23）。

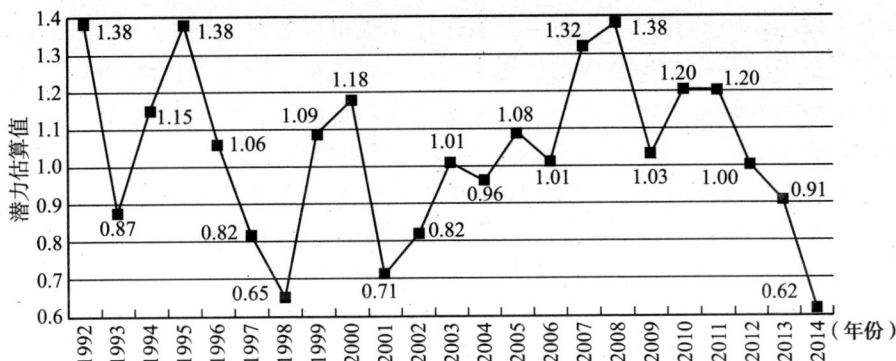

图 3 – 23　中哈双边货物贸易潜力估算值（1992～2014 年）

资料来源：根据 SPSS 回归分析结果整理绘制得出。

　　从潜力再造型上看，1992 年和 1995 年属于哈萨克斯坦成立之初，受苏联时期的影响，哈萨克斯坦的国际贸易也相对发展不稳定，2006～2008 年中国与哈萨克斯坦两国的国际货物贸易蓬勃发展，呈现出"急速上升"的趋势。从潜力巨大型上看，1998 年、2001 年中国与哈萨克斯坦两国的货物贸易额要远远小于"理论"贸易额，其原因在于，1997 年底哈萨克斯坦将首都由阿斯塔纳迁至阿拉木图，必然导致该国经济产生一定的动荡，2001 年中国和哈萨克斯坦及其他几个中亚国家签署了《上海合作组织宣言》，成立了上海合作组织，在该组织成立之初，所以签署的文件均有一定的"空当期"，因此在一定程度上影响到了两国的贸易额；2014 年受国际油价的大幅下降及俄罗斯卢布的大幅贬值，中国与哈萨克斯坦两国的货物贸易额受到了严重的影响。从潜力开拓型上看，中国与哈萨克斯坦两国间的货物贸易大部分时间都处于潜力开拓型，2009 年受国际金融危机的影响，中国与哈萨克斯坦货物实际贸易额有所降低，但其潜力估算值仍属于潜力开拓型；2010 年和 2011 年两国的实际贸易额与"理论"贸易额基本相等，说明这两年两国的货物贸易处于最佳状态。

4.5　小结

　　利用贸易引力模型本章对中国与哈萨克斯坦双边货物贸易的影响因素进行筛选，最终确定的最优回归方程告诉我们：中国的国内生产总值对两国的货物贸易具有很强的促进作用；同时人民币兑坚戈的汇率对两国的货物贸易有一定的阻碍作用；而哈萨克斯坦的国内生产总值，较之我国数额较小，其对两国贸易的影响甚小，因此在回归方程中被自动剔除；两国人口对双边贸易的促进作用和阻碍作用相互抵消，因此在回归方程中也自动剔除；两国间存在的物理距离被便捷的交通设施所拉小，因此其对双边贸易的阻碍作用也可以忽略；最后，是否是上海合作组织成员国因其在贸易方面的作用不大，所以也被回归方程自动剔除。

对中国与哈萨克斯坦双边货物贸易潜力的测算可知，两国的双边贸易大部分年份都处于潜力开拓型，也就是说，两国的货物贸易发展仍具有一定的开拓空间。因此在努力发展我国经济的同时，还应相应地提高我国人民币在国际市场上的地位，稳定人民币兑坚戈的汇率，只有这样两国的双边货物贸易才能继续卓有成效的发展。同时，还应当寻找出中国与哈萨克斯坦两国货物贸易间存在的、可开拓的空间，响应国家"一带一路"的号召，利用两国互补的资源禀赋及产业结构，大力发展两国的货物贸易。

5. 推动中国与哈萨克斯坦双边货物贸易潜力实现的对策建议

5.1　国家层面

目前，哈萨克斯坦向中国主要出口能源类初级产品，中国向哈萨克斯坦主要出口劳动密集型工业制成品，两国的货物贸易商品结构还处于较低水平。为推动中国与哈萨克斯坦贸易的可持续稳定发展，中国政府应紧抓"一带一路"战略契机，制定有效的边贸政策；优化出口商品结构，实现产业结构的升级；加快边疆口岸基础设施的建设，提高其国际货运能力。

5.1.1　基于"一带一路"战略，制定有效边贸政策

据中国新疆海关数据统计，中国与哈萨克斯坦双边贸易中有70%以上的贸易是在新疆完成的。尽管新疆处于经济薄弱区，但其边贸业务相当繁荣。多年实践经验表明，边疆贸易的发展与国家优惠的边贸政策息息相关。国家应加大对中国新疆边贸政策的倾斜及扶持力度，在政策上应进一步放宽对民营企业从事对外贸易的限制，给予民营企业更多的优惠政策和便利条件，为民营企业的发展创造一个良好的政策环境和法律平台，鼓励民营企业大胆"走出去"。同时须特别发挥中央政府和地方政府在中国与哈萨克斯坦双边贸易合作中的重要作用，建立起一种新的、"政府+市场"型的合作体系。

5.1.2　优化出口商品结构，实现产业结构升级

只有产业结构换代升级，所出口的商品的结构才有可能得到优化，而经济发

展又是产业结构升级的前提保障。因此我们只能先实现经济的蓬勃发展，才能实现产业结构的升级，进而实现出口结构优化的目标。目前，中国新疆的整体经济发展水平还不高，自身的研发创造能力也很有限，其单凭自身能力实现产业结构升级有一定的困难。因此中央政府应当给予足够的关照，制定相应的引导政策，推进国内外有实力的企业大力投资发展新疆的能源矿产资源开发和精深加工产业，加快淘汰新疆落后产能。在农产品加工业方面，充分发挥新疆农产品资源丰富的优势，积极引进龙头企业和产业资本，承接发展农产品加工业、生态农业和农业旅游观光，促使向哈萨克斯坦出口的商品的结构逐渐向高附加值产品转变。

5.1.3　加快口岸基础建设，提高国际货运能力

中国新疆与哈萨克斯坦地理位置接壤，拥有阿拉山口口岸、霍尔果斯口岸等7个一类陆路口岸，具有国际联运地位。中国新疆较为落后的经济发展水平和交通运输系统建设阻碍了其国际贸易的发展。中央政府应加大对各口岸的交通基础设施建设投资的规模，加强口岸建设，提高口岸通关过货能力，降低企业出口成本。同时，还需加快电子口岸的建设，促使口岸过货流程趋于简化，提高口岸办事人员的素质、办事效率和服务水平等。

5.2　区域层面

为推进中国与哈萨克斯坦双边贸易的发展，地方政府应当在中央政府出台的框架下，积极参与并利用中央政府制定的优惠政策，尤其是新疆政府要抓住国家重视边疆贸易和"一带一路"战略的契机，努力争取国家对边贸的优惠政策、利用其区位优势，加快电子商务发展；引导外商直接投资，加快加工产业升级；推动边境口岸发展，搭建经贸发展新平台；加强两国金融合作，促进本币贸易结算。

5.2.1　利用区位优势条件，加快电子商务发展

2002年中国电子商务"元年"，经过十多年的发展，一些电子商务平台如阿里巴巴、易趣、亚马逊等在中国对外贸易领域中的地位不断凸显。新疆也应借鉴这些平台的经验加快电子商务在新疆对外贸易领域的发展。近年来新疆认识到电子商务平台的重要性，已建立了新疆连接中亚信息桥梁的新疆—中亚在线，以及多个不同行业的电子商务平台。这些平台立足新疆，面向内地，辐射中西亚及欧洲两大国际市场，对构建全球贸易网、推进传统产业整合和优化升级具有重要意义。

5.2.2　引导外商直接投资，加快加工产业升级

外商直接投资（FDI）可以促进产业贸易的发展，所以新疆政府应当积极响应中央政府"调整贸易产业结构"政策的号召，引导外商直接投资向对经济转型和产业结构升级有利的地方发展。首先引导外商向有利于新疆出口商品结构优化的工业投资，随后逐步限制 FDI 向成熟的劳动密集型行业扩张，接着在吸引 FDI 的同时注重技术含量和附加值高的 FDI 的引进，最终实现加快加工贸易产业升级，从根本上真正促进新疆出口商品结构本质上的优化。

5.2.3　推动边境口岸发展，搭建经贸发展新平台

新疆政府应积极推进探索口岸基础设施的建设，在中央政府政策框架内创造优惠政策和便利条件，把边境主要口岸建设成"三自由、一开放"（投资自由、贸易自由、人员出入自由，高度开放）的国际综合性贸易中心，并建立统一的全程运输协调机制，促进国际通关、换装、多式联运有机衔接，逐步形成兼容规范的运输规则，实现国际运输便利化。同时，努力把中哈霍尔果斯国际边境合作中心打造成为中国与哈萨克斯坦、中亚其他国家之间重要的商品集散中心、经贸信息中心和文化交流中心，使其成为我国向西开放的"经济外交"战略中的"门户"和我国"东联西出，西来东去"战略的重要支点，以及"丝绸之路经济带"中重要的枢纽中心。

5.2.4　加强两国金融合作，促进本币贸易结算

新疆政府一方面应进一步推进中国与哈萨克斯坦双边贸易货币结算本币化、结算范围和规模扩大的进程，利用中哈霍尔果斯国际边境合作中心的区位优势和优惠政策优势，积极办理离岸人民币业务，扩大中国与哈萨克斯坦双边跨境贸易人民币结算规模，规范中国与哈萨克斯坦双边贸易结算方式，促进贸易便利化。另一方面，加强中国与哈萨克斯坦的金融合作，并推进亚洲货币稳定体系、投融资体系、信用体系的建设。

5.3　企业层面

企业是优化出口结构的实施者，产业结构的优化最终还是要依靠企业来完成。企业在实施技术进步、提升产品竞争力的过程中，应当充分考虑自身实际情况，在企业内部进行一系列创新，培育发展优质产品，打造企业品牌形象；积极发展新兴产业，建设绿色丝绸之路。

5.3.1　培育发展优质产品，打造企业品牌形象

哈萨克斯坦自独立以来，其经济得到了不断的恢复和快速的发展，因此其国内市场对机电产品、建材、木材等产品的需求十分紧俏。基于这一点，企业可以首先对哈萨克斯坦市场的特点、哈萨克斯坦民众的消费习惯和消费心理，以及不同地区间存在的差异性进行深入研究，据此来了解和认知当地的环境特点及市场需求偏好，对自己产品的市场受众做出详尽的调查，为自己品牌的树立奠定基础，同时对产品的售后服务进行完善，增强产品在受众心目中自己品牌的形象。其次，针对长期以来需求量居高不下的纺织、服装、家用电器等产品，企业在维护自己品牌的同时，还要根据哈萨克斯坦民众的喜好，销售自己"质优价廉"的品牌产品，培育和发展自己的优质产品，"以质取胜"，借此提高对哈萨克斯坦出口产品的档次，创造良好的企业品牌和企业形象。

5.3.2　积极发展新兴产业，建设绿色丝绸之路

新兴产业指的是：随着电子、信息、生物、新材料、新能源、海洋、空间等新技术的发展而产生和发展起来的一系列新兴产业部门，它能够增加国内的有效供给，为国民经济持续稳定发展提供保障。因此企业应当利用这个发展契机，遵守优势互补、互利共赢的原则，努力与哈萨克斯坦的企业合作发展新兴产业，包括水电、核电、风电、太阳能等清洁、可再生能源合作，以及新一代信息技术、生物、新能源、新材料等领域。在与哈萨克斯坦企业的投资贸易中要突出生态文明理念，加强生态环境、生物多样性和应对气候变化之间的合作，共同建设绿色丝绸之路。

参考文献

［1］Geetha Ravishankar, Marie M. Stack. The Gravity Model and Trade Efficiency：A Stochastic Frontier Analysis of Eastern European Countries' Potential Trade［J］. World Econ, 2014 (5)：37 – 46.

［2］Bergstand J. The generalized gravity equation, monopolistic competition and the factor proportions theory in international trade［J］. Review of Economics and Statistics, 1989, 67 (3)：143 – 153.

［3］Anderson J E. and E Win Coop. Gravity with gravitas：A Solution to the Border Puzzle［J］. American economic review, 2003 (69)：45 – 53.

［4］Evenett S. , W. Keller. On theories explaining the success of the gravity equation［J］. Journal of Political Economy, 2002 (110)：78 – 84, 103.

［5］Anderson J. A. Theoretical foundation for the gravity equation［J］. American Economic Review, 1979 (69)：89 – 98.

［6］Djalilov Khurshid, Piesse Jenifer. Financial Development and Growth in Transition Countries：A Study of Central Asia［J］. Emerging Markets Finance and Trade, 2011 (6)：4 – 23.

［7］John Anderson. The International Politics of Central Asia ［M］. Manchester University Press, 1997.

［8］Чай Ли. Энергетическая стратегия Республика Казахстан и его новое развитие энергетической политики ［J］. Study on Countermeasures of Energy Cooperation between China and Central Asian Countries, 2013 (4)：95 – 110.

［9］Сун Хуань. Состояние энергетического сотрудничества между КНР и странами Центрального Азии и анализ его влиятельных фактов ［J］. Внешние экономика и торговля, 2014 (4)：28 – 31.

［10］Ягудин Б. М., Кумуков А. М. Особенности торгово-экономических отношений между Китайской народной республикой и Республикой Казахстан на рубеже XX – XXI веков ［J］. Каспийский регион：политика, экономика, культура, 2014 (35)：118 – 124.

［11］Ро Д. С. Актуальные проблемы азиатских нефтегазовых компаний на примере CNPC (КНР), KNOC (Республика Корея) И INPEX (Япония) ［J］. Нефть, газ и бизнес, 2014 (6)：29 – 34.

［12］Головина М С. Энергетическая безопасность-аспекты, принципы, определения ［J］. Надежность и безопасность энергетики, 2013 (20)：12 – 17.

［13］Оразбекова Г Б, Стамбулов С Б. Республика Казахстан и Шанхайская организация сотрудничества：история и перспективы развития ［J］. Хабаршысы вестник, 2012 (6)：87 – 88.

［14］Бао И. Китай：стратегические интересы в Центральной Азии и сотрудничество со странами региона ［J］. Центральная Азия и Кавказ, 2001 (5)：117 – 123.

［15］Статистический ежегодник Казахстана 2000 – 2012гг. Госкомстат Казахстан. Алматы.

［16］李亚波. 中国与智利双边货物贸易的潜力研究——基于引力模型的实证分析 ［J］. 国际贸易问题, 2013 (7)：62 – 69.

［17］王伟. 基于引力模型的贸易便利化对东亚区域贸易影响实证研究 ［J］. 统计与决策, 2015 (3)：159 – 161.

［18］徐慧. 对中国—瑞士双边贸易潜力的引力模型分析 ［J］. 特区经济, 2015 (1)：97 – 100.

［19］金缀桥, 杨逢珉. 中韩双边贸易现状及潜力的实证研究 ［J］. 世界经济研究, 2015 (1)：81 – 90, 128.

［20］刘海云, 聂飞. 金砖体系下中国双边出口效率及其影响因素分析——基于随机前沿引力模型的实证研究 ［J］. 国际经贸探索, 2015 (1)：16 – 27, 100.

［21］杨逢珉, 杨金超. 中国对日韩农产品出口影响因素的比较研究 ［J］. 现代日本经济, 2014 (1)：86 – 94.

［22］山世英. 中韩贸易的互补性与竞争性分析 ［J］. 中国商贸, 2013 (20)：129 – 130.

［23］屠新泉, 邱薇. 美韩 FTA 对中国出口的贸易替代效应研究 ［J］. 世界经济研究, 2011 (9)：57 – 63, 88 – 89.

［24］罗来军, 罗雨泽, 刘畅, Saileshsingh Gunessee. 基于引力模型重新推导的双边国际贸易检验 ［J］. 世界经济, 2014 (12)：67 – 94.

[25] 赵雨霖，林光华. 中国与东盟 10 国双边农产品贸易流量与贸易潜力的分析——基于贸易引力模型的研究 [J]. 国际贸易问题，2008（12）：69 – 77.

[26] 方晓丽，朱明侠. 中国及东盟各国贸易便利化程度测算及对出口影响的实证研究 [J]. 国际贸易问题，2013（9）：68 – 73.

[27] 汤碧. 中国与金砖国家农产品贸易：比较优势与合作潜力 [J]. 农业经济问题，2012（10）：67 – 76.

[28] 张会清，唐海燕. 中国的出口潜力：总量测算、地区分布与前景展望——基于扩展引力模型的实证研究 [J]. 国际贸易问题，2012（1）：12 – 25.

[29] 王瑞，王丽萍. 我国农产品贸易流量现状与影响因素：基于引力模型的实证研究 [J]. 国际贸易问题，2012（4）：39 – 48.

[30] 吕宏芬，俞涔. 中国与巴西双边贸易的竞争性与互补性研究 [J]. 国际贸易问题，2012（2）：56 – 64.

[31] 张海森，谢杰. 中国—非洲农产品贸易的决定因素与潜力——基于引力模型的实证研究 [J]. 国际贸易问题，2011（3）：45 – 51.

[32] 郝景芳，马弘. 引力模型的新进展及对中国对外贸易的检验 [J]. 数量经济技术经济研究，2012（10）：52 – 68，138.

[33] 姜书竹，张旭昆. 东盟贸易效应的引力模型 [J]. 数量经济技术经济研究，2003（10）：53 – 57.

[34] 刘青峰，姜书竹. 从贸易引力模型看中国双边贸易安排 [J]. 浙江社会科学，2002（11）：16 – 19.

[35] 庄丽娟，姜元武，刘娜. 广东省与东盟农产品贸易流量与贸易潜力分析 [J]. 国际贸易问题，2007（6）：81 – 86.

[36] 孙靖帮. 新疆与中亚五国经济贸易发展研究 [J]. 西部金融，2012（11）：84 – 86，89.

[37] 王志远. 中国与中亚五国贸易关系的实证分析 [J]. 俄罗斯中亚东欧市场，2011（6）：18 – 31.

[38] 李钦，许云霞. 中国与中亚五国贸易互补与贸易提升战力研究 [J]. 黑龙江对外经贸，2010（2）：26 – 29.

[39] 秦放鸣，孙庆刚. 中国的中亚战略研究 [J]. 亚太经济，2010（2）：111 – 114.

[40] 孙力，吴宏伟. 中亚国家发展报告（2014 丝绸之路经济带专辑）[M]. 北京：社会科学文献出版社，2014.9.

[41] 李进疯，吴宏伟，李伟. 上海合作组织发展报告（2014）[M]. 北京：社会科学文献出版社，2014.9.

[42] 秦放鸣. 中国与中亚国家区域经济合作研究 [M]. 北京：科学出版社，2009.6.

[43] 赵华胜. 中国的中亚外交 [M]. 北京：时事出版社，2008.11.

[44] 努·纳扎尔巴耶夫. 站在 21 世纪门槛上 [M]. 北京：新华出版社，1997.7.

[45] 王治来. 中亚史 [M]. 北京：人民出版社，2010.3.

[46] 孙林. 中国与东盟区域经济合作——贸易关系潜力及合作模式选择（农产品贸易视角）[M]. 北京：中国农业出版社，2008.10.

（执笔：赵军、陈娜娜）

哈萨克斯坦行业收入差距
研究及对我国的启示

1. 引　言

1.1　研究背景

　　收入差距是关系社会稳定与国计民生的重要问题，反映一定时期从业者的劳动成果与经济社会发展之间的关系。不同区域、性别、群体以及城乡间的差别都会对收入上的差距产生影响，而所处行业的不同同样也会带来收入差距。在市场经济还不尽成熟的经济转型国家，经济的加速发展多会导致行业收入差距扩大，除教育水平外，市场准入门槛、资源税、资源产品价格等的行政限制和垄断，以及行业劳动效率、性别等因素无疑也会对行业收入差距产生重要影响。

　　哈萨克斯坦自独立以来，经济改革发展历程呈现不同特点。经济转轨时期私有化改革较为激进，社会分配领域分配不公现象严重，贫富差距以及行业收入差距被快速拉大，民众生活水平受到很大影响，一度引起低收入人群的强烈不满。在随后的深化改革中，哈国政府开始更加注重提高居民福利水平、完善社会保障、合理控制行业收入差距，以此促进社会经济协调发展。在石油经济影响以及政府的不懈努力下，哈国经济改革成果逐渐显现，发展较为平稳，贫富不均及行业收入差距得到一定程度控制，总体发展趋好。2006～2014 年，哈国低于最低生活水平的保障人数比例从 18.2% 降至 2.8%，贫困强度也从 1.3 降至 0.1，居民收入基尼系数①也从 0.312 缓慢下降至 0.278。行业收入极值比也从 1999 年的

---

　　①　基尼系数为意大利经济学家基尼于 1922 年提出，旨在定量测定居民收入分配差异程度。其值在 0～1 之间，越接近 0 表明收入分配越趋向平等，反之越趋向不平等。按照国际一般标准，基尼系数在 0.2 以下表明收入分配处于高度平均状态，在 0.2～0.3 之间表示相对平均，在 0.3～0.4 之间表示收入差距相对合理，0.4 以上基尼系数表示收入差距较大，0.5 以上表示出现两极分化，超过 0.6 则表示收入悬殊。

7.26 倍降至 2006 年的 5.32 倍又降至 2014 年的 3.79 倍，泰尔指数也由 1999 年的 0.2275 降为 2006 年的 0.1698，2014 年又降至 0.0909。

近年来，我国经济体制改革同样不断深入和发展，在居民总体收入稳步上升、收入水平不断提高的同时，面临着贫富差距问题严峻、行业收入差距不断扩大的问题。居民收入基尼系数由 2006 年的 0.487 上升至 2008 年的顶峰值 0.491，随后降至 2014 年的 0.469，虽然呈缓慢缩小趋势，但仍远超 0.4 的国际警戒线，远高于同期哈国基尼系数水平；反映行业收入差距的泰尔指数近年来也一直高于 0.05 且整体保持上升趋势。为此，党的十八大提出"必须深化收入分配制度改革，提高劳动报酬在初次分配中的比重。初次分配和再分配都要兼顾效率和公平，再分配更加注重公平。保护合法收入，增加低收入者收入，调节过高收入，取缔非法收入"。十八届五中全会又提出，缩小收入差距，坚持居民收入增长和经济增长同步、劳动报酬提高和劳动生产率提高同步，健全科学的工资水平决定机制、正常增长机制、支付保障机制，完善最低工资增长机制，完善市场评价要素贡献并按贡献分配的机制。

因此，哈国行业收入差距问题正逐步得到改善，而我国则呈现逐步扩大的趋势。同为经济转型国家，本文尝试通过对中哈行业收入差距的比较分析，试图找到控制并缩小我国行业收入差距扩大的借鉴之处。但是，哈国人口较少、经济结构较为单一，经济发展过程中所面临的问题与我国也存在较大差异，因此在借鉴可取之处的同时也应认识到可借鉴度是有限的。

1.2　研究意义

我国对哈国国内收入水平及收入差距的学术研究不多，对其行业收入差距更是鲜有研究，而这正是本文的研究重点。随着上海合作组织、"丝绸之路经济带"以及亚洲基础设施投资银行等的顺利推进，中哈两国各领域的合作必将进一步加深，这就需要我们加强对哈国经济社会的全面了解与深入探查，而行业收入水平状况即是应该重点研究的内容之一。

通过对哈国统计年鉴的数据整理分析，得出各行业收入水平、差距现状、差距发展趋势等，对哈国行业收入差距影响因素的实证分析，可以进一步补充我国在哈国行业收入差距等理论研究上的不足，为深入研究哈国收入差距提供理论借鉴。合理控制行业收入差距是缩小收入差距的重要一环，通过对哈国经济改革历程及特点、两国行业收入差距上的差异，分析探讨哈国行业收入差距缩小的原因，发掘哈国经济发展特点，正视我国行业收入差距中存在的相关问题，得出合理控制我国行业收入差距过大的启示，为我国缩小收入差距、促进社会公平正义、全面建成小康社会提供些许裨益。

2. 哈行业收入差距现状及发展趋势

受政治体制巨变的影响，哈国经济改革初期推行的"休克疗法"较为激进和剧烈，社会经济一度较为混乱，各行业发展均遭受重创，劳动者稳定的收入很难得到保障、生活水平大幅下滑，行业收入差距被迅速拉大，引起低收入行业从业人员的极大不满。为尽快缓解贫富差距过大问题、恢复各行业平稳运营的环境，哈政府开始注重经济发展与社会保障协调发展，不断推进价格体制、财税金融、外贸体制、收入分配体制等一系列改革措施。在"资源依赖型"的发展模式下，各行业呈现出平稳发展、积极向好的发展态势，并于 2002 年建立起社会经济发展综合协调机制。目前哈国国际储备相对牢固，居民储蓄能力逐步增强，稳定且良好的经济发展预期为各行业的平稳发展提供了有利的外部发展条件。

鉴于哈萨克斯坦成立时间较晚，国家经济处于不断调整中，经济统计数据也较难进行真实全面的统计，着实为本文搜集数据增加了难度，本文所能找到的数据也仅于 1995 年后。随着国内经济改革的进行，哈又于 1999 年、2010 年进行了行业分类及数据统计上的调整①。

2.1 行业收入差距现状

1999 ~ 2014 年哈萨克斯坦各行业收入除个别情况外②，大体上均呈现稳步上升趋势，行业平均收入也逐年增加（哈国 1999 ~ 2014 年各行业月平均收入情况见表 3 –47、表 3 –48）。哈国统计年鉴中行业分类在 2010 年发生变化，由 1999 ~ 2009 年原来的 16 个增加至 20 个。其中，农林牧业和渔业合并为农林渔业，水电气的生产和输送分解为电气暖等的供应行业和供水、污水处理、废弃物管理及污染防治业 2 个行业，交通和通信业分解为运输和仓储业、信息通信业 2 个行业，公共管理行业分解为行政管理及辅助业和公共管理和国防、强制性社会保障业 2 个行业，新增科研技术行业、文化娱乐业 2 个行业。

---

① 1999 ~ 2009 年"工业"包括采矿业、制造业、水电气生产和输送 3 个行业，2010 ~ 2014 年"工业"包括采矿及加工业、制造业、电气暖等的供应，供水、污水处理、废弃物管理及污染防治 4 个行业，故在某些行业名称表述上会出现些许差异。
② 例如"行政管理及辅助业"2011 年、2014 年月平均收入较前一年出现下降。

表 3－47　　　　　　　　　1999～2009 年哈国各行业月平均收入情况　　　　单位：坚戈

行业＼年份	1999	2000	2001	2002	2003	2004	2005	2006	2007	2008	2009
全行业	11864	14374	17303	20323	23128	28329	34060	40790	52479	60805	67333
农林牧业	4600	5657	6851	8163	9567	11978	14981	18811	24676	31407	34171
渔业	5917	6812	7562	8685	10481	10999	14585	18332	25304	28894	29638
工业	16370	20647	23812	26280	29585	35465	41755	50223	61249	74805	80909
其中：采矿业	24659	32059	36625	40045	45594	54305	65762	75922	89829	109933	123290
制造业	13821	17717	19982	22130	24823	30234	35412	43617	54415	65874	69160
水电气生产和输送	15651	17290	20026	21594	23339	26899	30758	36971	46017	55995	60014
建筑业	15905	21017	26805	32453	34473	38622	47921	55672	70778	81573	89780
商贸；车辆修理、个人及家庭用品	10766	12961	15366	18931	22797	27595	33478	40221	49277	59330	64146
住宿和餐饮业	13736	15979	21511	32743	40012	44925	47433	48744	56848	64382	66763
交通和通信业	14696	18788	24412	28969	34140	41637	49048	58861	70422	83012	88211
金融业	33392	36140	41686	50460	55207	64532	79520	97505	121568	138544	135653
房地产及房屋租赁业	12338	16672	22132	29329	36624	40628	50662	60482	78154	93557	104568
公共管理	11308	11758	14970	16930	18045	26031	31160	35614	45599	47276	59132
教育	8149	8512	9937	12863	14406	17964	20326	23959	31934	34454	41954
医疗卫生和社会活动	6821	7267	8288	10863	12112	15195	18043	21311	33059	35775	45426
社区、社会及个人服务业	10097	12857	16873	21078	24175	29510	39058	43082	52349	61369	67770
国外组织活动	67871	47922	77537	136093	146435	156777[①]	161996[②]	167214	177155	173860	217747

---

①　因 2004 年、2005 年哈国统计年鉴中"国外组织活动"数据缺失，故本文进行了简单的数据处理，现 2004 年数据为 2003 年行业收入的 2 倍与 2002 年的差额。

②　该数据为 2004 年、2006 年该行业平均收入的算术平均数。

表 3 - 48　　　　　　　2010 ~ 2014 年哈国各行业月平均收入情况　　　　　单位：坚戈

年份 行业	2010	2011	2012	2013	2014
全行业	77611	90028	101263	109141	121021
农林渔业	36477	44986	51045	58304	66483
工业	93119	107442	121788	138933	159839
其中：采矿及加工业	148091	169656	178207	210404	251686
制造业	78764	90105	103522	113924	127473
电气暖等的供应	70807	81125	91753	104309	116733
供水、污水处理、废弃物管理及污染防治	48727	52991	62041	69343	78360
建筑业	104434	110169	111890	119298	140321
批发和零售业；车辆修理	74014	84598	95084	103362	117186
运输仓储业	97385	112847	129473	141721	160007
住宿餐饮业	70769	78562	82012	92008	104410
信息通信业	110835	128652	143960	156037	173887
金融保险业	158121	180047	191005	205645	220803
房地产	68029	78121	88725	100091	108066
科研技术行业	140286	171794	199494	211562	250816
行政管理及辅助业	95692	94402	97132	101019	94895
公共管理和国防；强制性社会保障	70437	84987	98293	103467	106000
教育	49216	59221	67931	69484	74756
医疗卫生和社会活动	54650	67755	78011	80993	88779
文化娱乐业	53199	65234	74177	80550	91713
其他服务业①	125305	136206	150542	151643	160392
国外组织活动	236146	300918	331672	269948	284586

从表 3 - 47、表 3 - 48 可知，哈国各行业收入均呈现较快增长态势，全行业月均收入从 1999 年的 11864 坚戈增加至 2014 年的 121021 坚戈，年均增速达到 16.7%。但各行业增长速度不一，有些行业收入增长速度较快，如农林渔业、医疗卫生行业，年均增速分别达到 19.5%、18.7%，但由于基数较小，目前仍处于低收入行业。有些行业收入增长速度虽相对缓慢，如涉外组织活动、金融业，行业收入年均增速分别达到 10%、13.4%，但由于基期收入较大，故行业收入也一直较其他行业高。

一般来说，垄断行业、新兴行业以及技术、资本密集型的行业，如采矿业、

---

① 根据与 1999 ~ 2009 年哈萨克斯坦统计年鉴中行业分类的比较，可推断 2010 ~ 2014 年统计年鉴中"其他服务业"应指的是社区、社会及个人服务业。

金融业等，其行业收入一般处于较高水平，而传统的资本含量少、劳动密集、竞争充分的行业，如农林牧渔业、住宿餐饮业等，行业收入则相对较低。行政垄断、资金投入、受教育程度、性别等的不同，在造成行业收入差异的同时，又因收入增长速度的不同，更进一步导致了不同行业间收入差距的扩大。

2.1.1　行业收入排名情况

行业收入排名能够了解各行业收入在所有行业中所处的水平，可以更直观地发现各行业收入间的差距情况（2014 年哈国行业月均收入排名情况见表 3 - 49）。

表 3 - 49　　　　　　　　　2014 年哈国行业月均收入排名　　　　　　单位：坚戈

序号	行业	月均收入
1	涉外组织活动	284586
2	采矿及加工业	251686
3	科研技术行业	250816
4	金融保险业	220803
5	信息通信业	173887
6	其他服务业	160392
7	运输仓储业	160007
8	建筑业	140321
9	制造业	127473
10	全国平均月收入	121021
11	批发和零售业；车辆修理	117186
12	电气暖等的供应	116733
13	房地产	108066
14	公共管理和国防；强制性社会保障	106000
15	住宿餐饮业	104410
16	行政管理及辅助业	94895
17	文化娱乐业	91713
18	医疗卫生和社会活动	88779
19	供水、污水处理、废弃物管理及污染防治	78360
20	教育	74756
21	农林渔业	66483

从表 3 - 49 可以看出 2014 年哈萨克斯坦各行业收入排名情况，全行业月均收入达到 121021 坚戈，但在 20 个行业分类的情况下，行业收入差距已十分明显。收入最高的国外组织活动与收入最低的农林渔业之间的绝对差额达到了 218103 坚戈，极值比更是达到了 4.28；采矿及加工业与农林渔业之间的绝对差

距为 185203 坚戈，比值为 3.79。收入最高的国外组织活动、采矿及加工业、科研技术行业的收入，分别是全行业月均收入的 2.35 倍、2.08 倍、2.07 倍，而收入最低的供水、污水处理、废弃物管理及污染防治、教育、农林渔业，其行业收入与月平均收入差距较大，分别仅占到平均水平的 74.8%、61.8%、54.9%。

2.1.2　行业收入的一般特征

哈国不同行业因其行业特性、资本密度、从业人员素质等的不同，行业收入呈现不同的特点，但总体来说，不同行业及其收入仍处在一定的规律性，呈现如下特征：

①不同行业收入水平差距十分明显，且与经济结构存在一定关联性。如行业收入一直最高的涉外组织活动，其行业收入与最低行业收入的极值比最高时达到 14.74，最低时也达到 4.28。金融业、采矿业等行业也一直处于高收入行业，与农林渔业、教育、医疗等低收入行业相比，最低也达到 3.51。高低收入行业差距已经较为悬殊。

轻重失衡的经济结构在哈国行业收入上体现得也较为明显，以油气、原材料采掘为主的行业收入远大于以制造业、商贸为主的行业，且存在较大差距。哈国经济结构以重工业为主，石油、天然气出口额占到出口总额的 60%～70%，采矿、煤炭等在经济发展中也扮演着重要角色，与之相关的行业收入也较高；轻工业以及诸多加工业相对落后，大部分日用消费品依靠进口，与之相关的行业收入也相对较低。以医药行业为例，哈国医药行业增加值仅占到整个国家 GDP 的 0.5%，药品市场严重依赖进口，其中进口而来的药品即占到了国内药品市场的 88%。

②具有行政垄断性质、外国直接投资较多的行业，平均收入较高。具有自然和行政垄断色彩的行业，由于资金投入较大或准入水平的限制，能够从事该行业的企业较少，故而更易获得超额利润，其从业人员的工资一般也较高。如采矿业，由于石油、天然气以及其他自然资源，开采时固定资本投入较大，国外很多大型油气、矿业等寡头垄断公司纷纷进行投资，政府也在自然资源开采方面设置了准入限制，故而进入这一行业是较为困难的。而这样的行业特性使得其多可获得超额利润，这一行业劳动者往往获得高额收入，较其他竞争性强、不具备垄断性质的行业从业者收入高。

③从业人员受教育程度较高、人力资本投入较大、具有高新技术特征的行业，平均收入较高；反之，弱质型的行业收入则较低。金融保险、科研技术以及高新技术行业等，要求的从业人员教育程度较高，从业过程中也需要不断进行培训及学习，因而人力资本投入也较大，相对应的行业收入也较高。科研技术行业、金融业、信息通信业的从业人员一般具备上述特征，故其行业收入也较高。

④与居民生活息息相关的行业，收入多较低，如供水、污水处理、废弃物管

理及污染防治，医疗卫生和社会活动，教育等与居民生活相关的行业，多为政府
提供的社会服务，这些公共产品和服务不同于市场上的其他行业，由于所获利润
较少，其从业人员的收入也不会太高。

2.2　行业收入差距测度

基尼系数是反映一国收入差距水平的重要指标，在一定程度上反映了收入差
距水平。哈国居民收入基尼系数由 2006 年的 0.312 下降至 2014 年的 0.278，虽
然时有波动，但总体来说趋于变小，整体收入差距缩小趋势明显。欲对行业收入
差距进一步进行探讨，就应从行业间收入的绝对差距、极差、变异系数、泰尔指
数等相对差距指标入手，对其收入差距进行具体测度，以了解哈国行业收入差距
的发展现状及趋势。

2.2.1　最高与最低行业收入差距比较

绝对收入差距和相对收入差距均能反映行业收入差距情况，其中最直观的绝
对指标即极差（Range），是最高行业收入与最低行业收入之间的绝对差额。表现
相对收入差距的一个较为常见的指标为极值比（Extreme Ratio），是最高行业收
入与最低行业收入之间的比值。

鉴于哈国收入最高的涉外组织活动行业的从业人员仅为几百人，高收入行业
特性的代表性较弱，如果仅用涉外组织行业收入最高行业收入进行比较的话，则
会很大程度上拉大行业收入差距。故本文在对最高收入行业与最低收入行业进行
差距比较的同时，也将次高收入行业进行了列明，以便更客观地反映哈国行业收
入差距情况（最高、次高与最低行业收入差距见表 3 - 50、图 3 - 24）。

表 3 - 50　　　　　　　　哈国最高、次高与最低行业收入差距　　　　　单位：坚戈

年份	全行业收入	收入最高行业		收入次高行业		收入最低行业		极差 1	极值比 1	极差 2	极值比 2
		名称	收入	名称	收入	名称	收入				
1999	11864	涉外	67871	金融	33392	农林牧业	4600	63271	14.75	28792	7.26
2000	14374	涉外	47922	金融	36140	农林牧业	5657	42265	8.47	30483	6.39
2001	17303	涉外	77537	金融	41686	农林牧业	6851	70686	11.32	34835	6.08
2002	20323	涉外	136093	金融	50460	农林牧业	8163	127930	16.67	42297	6.18
2003	23128	涉外	146435	金融	55207	农林牧业	9567	136868	15.31	45640	5.77
2004	28329	涉外	156777	金融	64532	渔业	10999	145778	14.25	53533	5.87
2005	34060	涉外	161996	金融	79520	渔业	14585	147411	11.11	64935	5.45
2006	40790	涉外	167214	金融	97505	渔业	18332	148882	9.12	79173	5.32
2007	52479	涉外	177155	金融	121568	农林牧业	24676	152479	7.18	96892	4.93

年份	全行业收入	收入最高行业		收入次高行业		收入最低行业		极差 1	极值比 1	极差 2	极值比 2
		名称	收入	名称	收入	名称	收入				
2008	60805	涉外	173860	金融	138544	渔业	28894	144966	6.02	109650	4.79
2009	67333	涉外	217747	金融	135653	渔业	29638	188109	7.35	106015	4.58
2010	77611	涉外	236146	金融保险	158121	农林渔业	36477	199669	6.47	121644	4.33
2011	90028	涉外	300918	金融保险	180047	农林渔业	44986	255932	6.69	135061	4.00
2012	101263	涉外	331672	科研技术	199494	农林渔业	51045	280627	6.50	148449	3.91
2013	109141	涉外	269948	科研技术	211562	农林渔业	58304	211644	4.63	153258	3.63
2014	121021	涉外	284586	采矿加工	251686	农林渔业	66483	218103	4.28	185203	3.79

注："涉外"为涉外组织活动，极差 1 和极值比 1、极差 2 和极值比 2 分别为最高行业、次高收入行业与最低收入行业之间的比较。

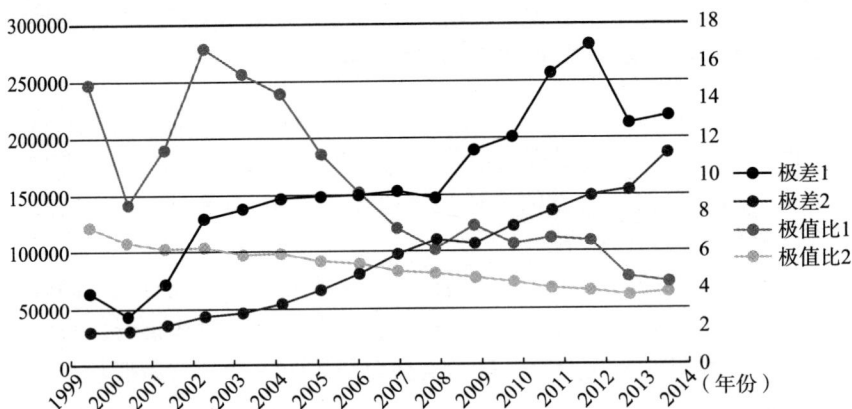

图 3 - 24　哈国最高收入行业、次高收入行业与最低收入行业极差和极值比

从表 3 - 50、图 3 - 24 可知，随着各行业收入水平及增长速度的不同，最高行业收入、次高行业收入与最低行业收入的绝对差距均在不断扩大，而相对差距指标极值比在不断缩小，表明行业收入差距过大的问题仍然存在但存在好转趋势。

1999~2014 年哈国收入最高的行业一直稳定在涉外组织活动，收入最低的行业虽然在行业名称上有所变化，但也可以大体确定为农林牧渔业。绝对收入差距由 63271 坚戈扩大到 218103 坚戈，极值比虽总体呈现下降趋势，由 14.75 下降为 4.28，但却在 2002 年、2003 年出现高幅反弹，且现阶段的极值比仍然较大。

1999~2014 年，次高收入行业一直为金融业（金融保险业），2012 年、2013 年为科研技术行业，2014 年则为采矿及加工业。其与收入最低的农林牧渔业间的比值逐步缩小，从 1999 年的 7.26 缩小至 2014 年的 3.79，但是两者之间的绝对差距仍然直线上升，从1999年的28792坚戈增加至2014年的185203坚戈，行业收入绝对差距不断扩大。

2.2.2　高收入行业与低收入行业收入差距比较

哈国自1999年左右基本完成私有化改革，向市场经济转轨的过渡阶段也基本完成，各行业呈现出平稳发展态势。但是，随着市场经济转轨的深入推进，行业收入在逐步稳定上升的同时，行业收入差距也逐渐明显（高收入行业与低收入行业比较见表3-51、图3-25）。

表3-51　　　　　　　　　哈国高收入行业与低收入行业比较　　　　　　单位：坚戈

年份	全行业收入	行业最高收入前三名		行业次高收入前三名		行业最低收入后三名		绝对差距1	比值1	绝对差距2	比值2
		名称	收入	名称	收入	名称	收入				
1999	11864	外金矿	41974	金矿工	24807	农渔医	5779	36195	7.26	19028	4.29
2000	14374	外金矿	38707	金矿工	29615	农渔医	6579	32128	5.88	23037	4.5
2001	17303	外金矿	51949	金矿建	35039	农渔医	7567	44382	6.87	27472	4.63
2002	20323	外金矿	75533	金矿住	41083	农渔医	9237	66296	8.18	31846	4.45
2003	23128	外金矿	82412	金矿住	46938	农渔医	10720	71692	7.69	36218	4.38
2004	28329	外金矿	91871	金矿住	54587	渔农医	12724	79147	7.22	41863	4.29
2005	34060	外金矿	102426	金矿房	65315	渔农医	15870	86556	6.45	49445	4.12
2006	40790	外金矿	113547	金矿房	77970	渔农医	19485	94062	5.83	58485	4
2007	52479	外金矿	129517	金矿房	96517	农渔教	27305	102213	4.74	69212	3.53
2008	60805	外金矿	140779	金矿房	114011	渔农教	31585	109194	4.46	82426	3.61
2009	67333	外金矿	158897	金矿房	121170	渔农教	35254	123642	4.51	85916	3.44
2010	77611	外金矿	180786	金矿科	148833	农水教	44807	135979	4.03	104026	3.32
2011	90028	外金科	217586	金科矿	173832	农水教	52399	165187	4.15	121433	3.32
2012	101263	外科金	240724	科金矿	189569	农水教	60339	180385	3.99	129230	3.14
2013	109141	外科矿	230638	科矿金	209204	农水教	65710	164928	3.51	143493	3.18
2014	121021	外矿科	262363	矿科金	241102	农水教	73200	189163	3.58	167902	3.29

注："外"为涉外组织活动、"金"为金融业、"工"为工业、"建"为建筑业、"住"为住宿餐饮业、"房"为房地产业、"矿"为采矿业、"科"为科研技术行业、"农"为农林牧渔业、"渔"为渔业、"医"为医疗卫生行业、"教"为教育、"水"为供水及污水和废弃物的管理及污染防治。其中，农林牧业、渔业在不同统计年份行业名称存在差别，具体可见统计年鉴。

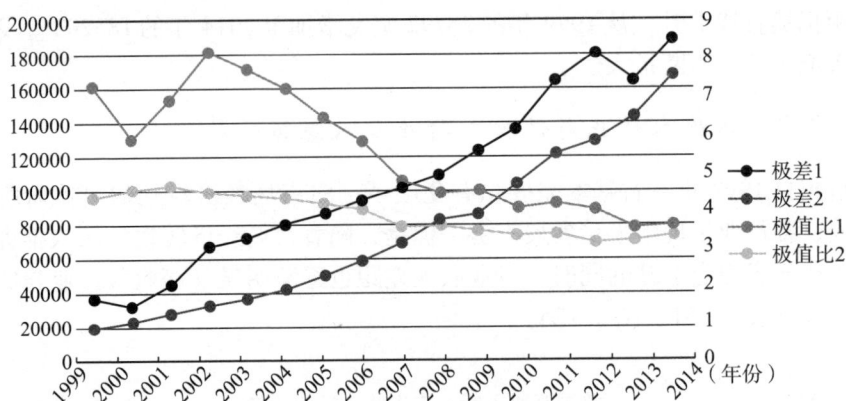

图 3 - 25　哈国高收入行业与低收入行业比较

（1）最高收入行业前三名与后三名比较

由表 3 - 51、图 3 - 25 可得，收入最高的行业总体来说一直稳定在涉外组织活动、金融业、采矿业，而低收入行业则集中在农林渔业，医疗卫生和社会活动，供水、污水处理、废弃物管理及污染防治，教育等行业，两者之间的绝对收入差距从 1999 年的 36195 坚戈扩大至 2014 年的 189163 坚戈，增长了 4.2 倍；极值比由 1999 年的 7.26 缩小至 2014 年的 3.58，收入差距整体较大。

前三名高收入行业的平均收入一直远高于同期全行业平均收入，1999 年为 41974 坚戈，是全行业平均水平的 3.5 倍；2014 年达到 262363 坚戈，为全行业平均水平的 2.2 倍，收入差距缩小。近年来哈国逐步认识到科学技术在经济发展中的重要作用，注重创新发展，科学技术在各行业发挥的作用也越来越突出，而科技含量高的科研技术行业也于 2011 年跻身高收入行业，预计今后从事科研技术人员的收入也不会过低。

农林渔业一直处于行业收入最低水平，但最低收入行业后三名在 2007 年、2010 年出现变化。2007 年教育取代了之前一直处于较低收入行业的医疗卫生和社会服务业，随后一直处于低收入行业后三名，2010 年供水、污水处理、废弃物管理及污染防治行业也称为低收入行业。低收入行业后三名的平均收入一直仅占全行业平均水平的 45% ~ 60%，与高收入行业收入更是差距悬殊。

（2）次高收入行业前三名与后三名比较

剔除涉外组织活动后，行业月平均收入前三名与后三名的收入差距及演变情况大体不变。次高收入行业与最低收入行业的绝对收入差距由 1999 年的 19028 坚戈扩大至 2014 年的 167902 坚戈，两者之间的比值虽然小于最高与最低行业收入比值的 3.58，也仍然达到 3.29，行业收入差距仍然较大。

金融业、采矿业一直处于高收入行业，而科学技术行业、建筑业、住宿和餐饮业、房地产及房屋租赁业等行业的收入也相对较高，上述行业在不同时期也位列高收入行列。尤其是科学技术行业，近年来行业收入一直较高。次高收入行业平均收入也由 1999 年的 24807 坚戈增加至 2014 年的 241102 坚戈，大约为同时期全行业平均收入的 2 倍。

低收入行业平均收入由 1999 年的 5779 坚戈增加至 2014 年的 73200 坚戈，增长 12 倍，但同时也仅占到同期行业平均水平的一半左右，与高收入行业之间更是存在较大差距。

2.2.3 行业收入变异系数与泰尔指数

表现行业收入差距的相对指标还包括变异系数（Coefficient of Variation）和泰尔指数（Theil index），两者可以克服绝对收入差距带来的单位困扰。其中后者对行业收入差距的变动更为敏感，不得不说，泰尔指数是衡量行业收入差距水平的理想指标之一，是判断行业收入差距的重要工具。

变异系数也称离散系数，是一组数据计算所得的标准差与该组数据平均值之间的比值。系数越大表明离散程度越大，行业收入差距也就越大。具体计算公式如下：

$$v = \frac{\sigma}{\bar{x}}$$

其中：v 表示变异系数，σ 表示行业收入的标准差，$\bar{x}$ 表示行业平均收入。

泰尔指数是泰尔 1967 年利用信息理论中熵概念计算收入不平等的一项标准，可用来衡量个人及地区收入之间的不平等程度，同时也可用来衡量行业差距的大小。泰尔指数越大表明行业收入差距越大，反之则差距越小。具体计算公式如下：

$$T = \frac{1}{n} \sum_{i=1}^{n} \ln \frac{\bar{y}}{y_i}$$

其中：T 为泰尔指数，$\bar{y}$ 表示行业平均收入水平，y_i 表示第 i 个行业的平均收入水平，n 为行业个数。

哈国最高行业收入与最低行业收入之间的比值在不断缩小，说明行业收入差距得到有效控制，并未呈现扩大趋势。变异系数，以及能够更为确切反映行业收入差距理想指标之一的泰尔指数，也都在一定程度上反映出哈国行业收入差距在逐渐缩小（哈国行业收入变异系数和泰尔指数见图 3-26）。

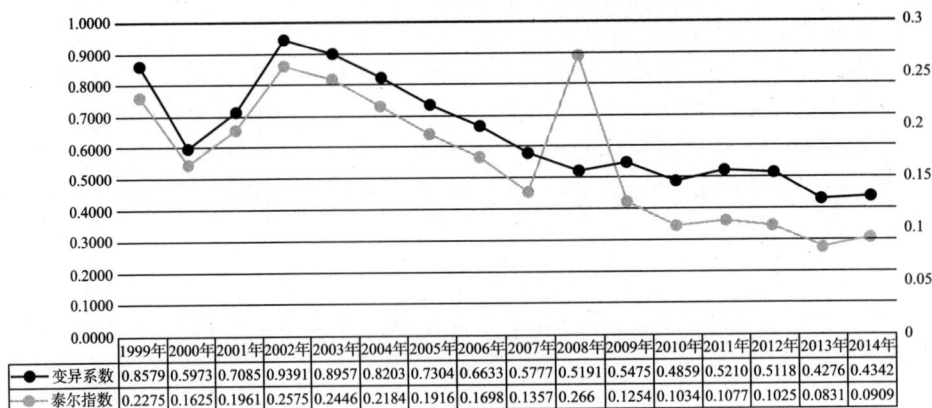

	1999年	2000年	2001年	2002年	2003年	2004年	2005年	2006年	2007年	2008年	2009年	2010年	2011年	2012年	2013年	2014年
● 变异系数	0.8579	0.5973	0.7085	0.9391	0.8957	0.8203	0.7304	0.6633	0.5777	0.5191	0.5475	0.4859	0.5210	0.5118	0.4276	0.4342
— 泰尔指数	0.2275	0.1625	0.1961	0.2575	0.2446	0.2184	0.1916	0.1698	0.1357	0.266	0.1254	0.1034	0.1077	0.1025	0.0831	0.0909

图 3-26　哈国行业收入变异系数和泰尔指数

从图 3-26 可知，哈国行业收入的变异系数与泰尔指数虽然在个别年份出现波动，但总体处于下降趋势，与最高、最低收入行业极值比趋势走向基本一致，同时呈现明显的阶段性特征。变异系数从 1999 年的 0.8579 降低为 2014 年的 0.4342，但在 2000 年倏降至 0.5973、2002 年骤增至 0.9391 时出现两个小范围拐点，随后的 2002~2008 年呈现快速下降趋势，2008 年之后出现有增有减的浮动变化下降趋势。

除个别年份外，泰尔指数走势与变异系数大致相同。从 1999 年的 0.2275 降为 2014 年的 0.0909，在 2000 年出现较大幅度下降后，于 2001 年再度上升，并在 2002 年达到高点 0.2575。随后与变异系数走势一致呈快速下降态势，但在 2008 年受金融危机影响出现巨大反弹，达到 0.266 的最高值，经过对 2005~2009 年行业收入同比增幅研究发现，2008 年哈国 16 个行业中有 7 个行业增幅达到近几年最大，而其中 4 个行业则为最小，且涉外组织活动的收入较前年还出现了较大幅度下降，致使 2008 年行业收入泰尔指数出现巨大反弹。2009 年泰尔指数恢复正常水平，随后波动下降。

2.3　行业收入发展及演变趋势

从 1999~2014 年行业收入数据和变异系数、泰尔指数，最高收入行业与最低收入行业、高收入行业与低收入行业的绝对差距、极值比，可得出哈国行业收入的演变特点及收入差距发展趋势。

2.3.1　各行业收入稳步上升，收入差距具有阶段性特征

哈国各行业收入在不断提高的同时，易受到国内改革政策和国际经济危机的

影响，收入差距呈现一定的阶段性特征：

（1）剧烈波动阶段（1991~1999 年）

哈国改革道路不是一帆风顺的。成立初期国内改革措施较为激烈，行业收入剧烈波动，国内经济的不稳定性也反映在国内各行业收入差距上，差距变化较大。1998 年私有化改革和市场经济转轨的基本完成，使得哈国开始走上较为平稳的发展道路，但随之而来的亚洲金融危机也对这一改革国家进行了冲击。从1999 年最高收入行业与最低收入行业极值比 14.75（次高与最低行业收入比值为7.26）、变异系数 0.8579、泰尔指数 0.2275 可知，这样的改革背景下，行业收入差距应该较大且变化频繁。

（2）缓冲发展阶段（1999~2002 年）

经过诸多改革和经济危机的冲击后，哈国经济逐渐步入正轨，同时哈国领导人也意识到私有化改革带来的社会不公、贫富差距过大等问题。在进一步深化改革的同时，积极发挥政府宏观调控，注重经济协调发展，不断促进相关低收入行业的发展，实行行业扶持政策，不断提高居民收入福利和水平。采取各种补贴、税收优惠等措施保障农民粮食产量，促进粮食出口创汇，保证农民收入、提高其收入水平；工业创新发展战略在对相关行业进行政策支持、税收减免的同时，对科研、教育等行业的投资力度不断加大，也在一定程度上促进了教育等低收入行业的发展。在缓冲发展的同时，哈国行业收入差距在某些年份也出现较大变动。2002 年行业极值比猛升至 16.67（次高与最低行业收入比值为 6.18），变异系数0.9391、泰尔指数 0.2575，均高于 1999 年行业收入差距水平。

（3）快速发展阶段（2002~2008 年）

得益于国内丰富的油气、矿产资源，在"资源兴国"战略及国际油价高居不下的推动下，加之工业创新发展战略稳步推进，同时积极引进外资、在多行业领域加强与他国合作，深化改革、经济转轨过程中实行的一系列价格、财税金融等体制改革，也在一定程度上为其国内各行业的发展提供了相对宽松的环境，哈国内各行业经济快速发展，收入水平不断提高。这一阶段，极值比、变异系数、泰尔指数均呈现快速下降状态，6 年间极值比从 16.67 降至 6.02（次高与最低行业收入比值从 7.26 降至 4.79），下降 10.65（2.47）；变异系数从 2002 年的 0.9391降为 2008 年的 0.5191，下降 0.42；泰尔指数从 2002 年的 0.2575 降为 2008 年的0.1357，下降 0.1218，但全球经济危机的不良影响在泰尔指数也可见一斑，一直处于下降状态的泰尔指数 2008 年极不寻常地高反弹至 0.266。

（4）平稳发展阶段（2008 年至今）

这一阶段哈国市场经济体系已建立并趋于完善，全球经济一体化、WTO 的加入，同时多元化的经济发展战略、市场经济体系的不断发展完善，均为哈国带来更加开放的发展环境。不得不说，国家对与企业关系的调整力度明显，对企业的控制放松，政企分开趋势明显，行政垄断进一步减少，国有企业数量明显减少而其私营企业不断增加，市场竞争程度不断提高。这虽不能完全消除垄断带来的行业收入差距影响，但却对控制行业收入差距起到了积极作用。

除公共管理、行政管理及辅助业、公共管理和国防、强制性社会保障等行业提供公共产品和服务的行业外，几乎所有行业中的国有企业数量均减少，制造业、批发零售业、建筑业、水电气的生产和输送、医疗卫生和社会活动均下降明显。其中制造业由 290 家下降为 40 家，批发零售业由 98 家下降为 54 家，建筑业由 115 家下降为 67 家，分别下降86%、45%、42%。与此同时，教育、金融保险业、采矿及加工业等原来垄断色彩较味浓厚的行业，私营企业数量也迅速增加，分别由 3366 家增加至 6247 家（增长 85.6%）、5726 家增加至 8798 家（增长 53.7%）、1722 家增加至 2518 家（增长 46.2%），水电气的生产和输送、住宿餐饮等行业其增长幅度也都达到了 35% 以上。

这一阶段，哈国行业收入差距继续保持缩小态势。2008～2014 年最高收入行业与最低收入行业比值由 7.35 降至 4.28（次高、最收入行业比值由 4.58 降至 3.79），下降 3.07（0.79）；高低行业收入比值由 4.51 下降至 3.58（次高、最低行业收入比值由 3.44 下降至 3.29），仅下降 0.93（0.15）；变异系数由 0.5191 继续降至 0.4342，下降 0.084；泰尔指数由 0.1254 降低至 0.0909，仅下降 0.0345。

2.3.2 高、低收入行业稳定性与变化性并存

高、低收入行业呈现一定的稳定性。行政垄断是形成行业高收入的重要影响因素，而高收入行业往往带有行政垄断色彩，其凭借特殊权力和政策优势，限制市场竞争机制的形成，获得超额利润；同时政府监管不到位，也使得垄断性定价机制带来高收入。高收入行业中，涉外组织活动一直是行业收入中的佼佼者，金融业、采矿业收入也一直居高，三者均带有一定的行政垄断因素，稳定地居于高收入行业之列。农林渔业，医疗卫生和社会活动，供水、污水处理、废弃物管理及污染防治，教育等行业则因行业特点、投资力度不足等原因，一直位于低收入行业。

高、低收入行业在维持稳定的同时，也呈现出一定的变化性。工业、建筑业、住宿和餐饮业、房地产及房屋租赁业分别在不同时期跻身高收入行业，但现阶段工业、建筑业虽然高于全行业平均收入水平，但已不再具有高收入行业的优势，而住宿和餐饮业、房地产等则更是低于全行业平均水平。近些年，取而代之的是科研技术行业，这与受教育程度要求高、资金投入强度变大有关。农林渔业、教育、医疗卫生等行业，虽然一直稳定地居于低收入行业，但在不同时期其收入则存在不同变化。

2.3.3 行业收入差距呈现不断缩小趋势

哈国行业收入差距各项指标数值虽仍较大，但正在不断缩小，差距状况正逐步改善。极值比从 1999 年的 7.26 缩小为 2014 年的 3.79，变异系数从 0.8579 缩小为 0.4342，泰尔指数从 0.2275 缩小为 0.0909，以上行业收入差距各项指标的测度数值表明，哈国行业收入差距过大的状况正在逐渐变好。不得不说，哈国政府多元化战略的实施、税收改革、社会保障体制改革等，为缩小行业收入差距带来了积极影响。

哈政府积极实施多元化战略，努力保障经济多元化部门的工作，为其营造良好的发展环境，同时对相关行业采取优惠政策等，促进经济协调可持续发展。2014 年哈轻工业企业的生产规模已为 2008 年的 2.4 倍，占比较高的小微企业也为该行业的创新发展提供了活力。

哈国较为完善的税收政策在控制行业收入差距过大方面也起到了重要作用。企业所得税比例为 30%，经济特区减半，某些企业实行优惠汇率。在个人所得税方面，财产税、社会税、社会保障税、职工社会义务保险税、养老费等诸多税费，通过征纳机制，较好地对高低行业收入进行了调节，一定程度上平衡高低收入行业和个人之间的收入差距。

社会保障体制改革也利于减少贫困程度、提高低收入者收入水平，缩小行业收入差距。哈于 2004 年率先在独联体国家中实行退休制度改革，养老保险制度和退休金保障体系也较为完善，2005 年又首个尝试在独联体国家中补偿居民苏联时期的存款汇率损失。近几年养老基金增速迅猛超 20%，2015 年底达到约 5 万亿坚戈。

3. 哈行业收入差距影响因素实证分析

本文从实证角度出发，在面板数据的基础上，选择并建立面板数据（Panel Data）回归模型，对影响哈萨克斯坦行业收入差距的因素进行实证分析，最后解析其经济意义。

3.1 理论模型介绍

面板数据，是指不同时点相同截面空间上个体数据的重复观测值，不仅反映了空间截面不同个体，也反映了不同时间状态下的个体数据，是时间序列和横截面的结合。在对动态变化研究上具有优势，能控制个体异质性，可较好避免单纯使用截面数据或时间序列数据无法度量和监测到的影响，可对更加复杂的行为模型进行研究。同时，可有效解决样本容量不足问题，减少回归变量间多重共线性，增加自由度，提高参数估计的有效性。

3.1.1 面板数据模型类型

面板数据模型中数据表示截面和时间，通常将 i 表示为截面个体，将 t 表示为时间。一般面板数据计量经济模型形式为：

$$y_{it} = \alpha_i + \beta_i x_{it} + u_{it} \quad (i = 1, 2, \cdots, N; \ t = 1, 2, \cdots, T) \quad (3-1)$$

其中，$x_{it} = (x_{1it}, x_{2it}, \cdots, x_{kit})$，$k$ 代表解释变量数量；α_i 表示截距项；β_i 代表自变量 x_{it} 对应的 $k \times 1$ 维系数向量，表示解释变量与被解释变量的关系；u_{it} 是随机误差项，相互独立、零均值、等方差。

由于截距项 α_i 和向量系数 β_i 存在不同限制，可将上述面板数据模型分为三类：截面个体变系数模型（变系数模型），截面个体变截距模型（变截距模型），截面个体截距、系数不变模型（混合模型）。

（1）截面个体变系数模型（变系数模型）

变系数模型的具体形式为：

$$y_{it} = \alpha_i + \beta_i x_{it} + u_{it} \quad (i = 1, 2, \cdots, N; \ t = 1, 2, \cdots, T) \quad (3-2)$$

此时，不同经济社会背景以及不同经济结构，使得向量系数（结构参数）随个体横截面数据的不同而发生变化。其中，被解释变量不仅会受到个体的影响，还会受到变化的经济结构的影响。变系数模型也可以分为固定效应模型和随机效应模型。

（2）截面个体变截距模型（变截距模型）

变截距模型的具体形式为：

$$y_{it} = \alpha_i + \beta x_{it} + u_{it} \quad (i = 1, 2, \cdots, N; \ t = 1, 2, \cdots, T) \quad (3-3)$$

此时，α_i 受个体影响会导致截距项不相同，但向量系数 β_i 都相同。如果截距项 α_i 为以固定常数，则该模型称之为个体固定效应变截距模型，如果是一非固定常数，则称为个体随机效应变截距模型。变截距模型同样可以分为固定效应模型和随机效应模型。

（3）截面个体截距、系数不变模型（混合模型）

混合模型的具体形式为：

$$y_{it} = \alpha + \beta x_{it} + u_{it} \quad (i = 1, 2, \cdots, N; \ t = 1, 2, \cdots, T) \quad (3-4)$$

此时，混合模型中无论对任何个体和截面，α 和 β 均固定，既不受个体影响也不会受结构变化影响。若模型是正确设定的，那么解释变量与模型误差项不相关，即 $\text{cov}(x_{it}, u_{it}) = 0$。那么，无论是 $N \to \infty$ 还是 $T \to \infty$，模型参数的混合最小二乘估计量都是一致估计量。

3.1.2 模型设定检验方法

正确的模型选择可避免出现偏差，在具体确定模型时，要先对截距项和系数进行检验。比较常用的检验方法为 F 检验和豪斯曼（Hausman）检验。

（1）F 检验

主要对如下两个假设进行检验：

$$H_1: \beta_1 = \beta_2 = \cdots = \beta_N \qquad (3-5)$$

$$H_2: \alpha_1 = \alpha_2 = \cdots = \alpha_N \qquad (3-6)$$

$$\beta_1 = \beta_2 = \cdots = \beta_N \qquad (3-7)$$

如果接受 H_2，则表明截距项 α 和变量系数 β 均固定，不存在个体影响和结构变化，没有必要再进行进一步的检验，此时可采用不存在个体影响的混合模型（3-4）。如果拒绝 H_2，此时应进一步检验 H_1。若检验结果接受 H_1，则表明存在个体影响但无结构变化，此时应选择变截距模型（3-3）；若 H_1 被拒绝，表明此时既存在个体影响也存在结构上的变化，应采用变系数模型（3-2）。

计 S_1、S_2、S_3 分别为变系数模型（3-2）、变截距模型（3-3）、混合模型（3-4）所得的残差平方和，比照（3-7）容易构造出 H_2 的 F 统计量：

$$F_2 = \frac{(S_3 - S_1)/[(n-1)(K+1)]}{S_1/[nT - n(K+1)]} \sim F[(n-1)(K+1), n(T-K-1)]$$

$$(3-8)$$

以及检验 H_1 的 F 统计量：

$$F_1 = \frac{(S_2 - S_1)/[(n-1)K]}{S_1/[nT - n(K+1)]} \sim F[(n-1)K, n(T-K-1)] \qquad (3-9)$$

如果计算所得的统计量 F_2 的值小于显著性水平下所对应的临界值 F_α，即 $F_2 < F_\alpha$，则接受假设 H_2，常数项和系数均保持不变，此时应建立截面个体截距、系数不变模型（3-4）；若 $F_2 > F_\alpha$，则拒绝接受 H_2。此时，需进一步检验 H_1。

如果计算所得的统计量 F_1 的值小于显著性水平下所对应的临界值 F_α，即 $F_1 < F_\alpha$，则接受假设 H_1，此时系数保持不变，则应建立变截距模型（3-3）；若 $F_1 > F_\alpha$，则应建立变系数模型（3-2）。

（2）豪斯曼（Hausman）检验

豪斯曼检验首先由统计学家德宾教授（1914）和经济学家吴德明教授（1973）提出类似检验，而后由经济学教授豪斯曼（1978）系统提出，因此通常将其称之为吴—豪斯曼（Wu-Hausman）检验以及德宾—吴—豪斯曼（Durbin-Wu-Hausman）检验，现在通常只称豪斯曼检验或 H 检验。是指对同一参数的两个估计量差异显著性的检验，是一般性的检验方法，豪斯曼检验通常用来检验模型设定形式，在对固定效应模型还是随机效应模型的检验上应用较广。

　　假定面板模型的误差项满足通常的假设条件，如果真实的模型是随机效应模型，那么 β 的离差 OLS 估计量 $\hat{\beta}_W$ 和随机 GLS 估计量 $\tilde{\beta}_{RE}$ 都具有一致性。如果真实的模型是个固定效应模型，则参数 β 的离差 OLS 估计量 $\hat{\beta}_W$ 是一致估计量，但随机 GLS 估计量 $\tilde{\beta}_{RE}$ 是非一致估计量。因此可以通过 H 统计量检验 $(\tilde{\beta}_{RE} - \hat{\beta}_W)$ 的非零显著性，检验面板数据模型中是否存在个体固定效应。原假设与备择假设是：

H_0：个体效应与回归变量无关（个体随机效应模型）

H_1：个体效应与回归变量相关（个体固定效应模型）

$$H = (\hat{\beta}_W - \hat{\beta}_{RE})'(\hat{Var}(\hat{\beta}_{RE}) - \hat{Var}(\hat{\beta}_W)^{-1})(\hat{\beta}_W - \hat{\beta}_{RE}) \sim \chi^2(k)$$

其中，k 代表待估参数向量 β 的维数。

如果待估参数 β 为标量，则：

$$H = \frac{(\hat{\beta}_W - \hat{\beta}_{RE})^2}{s(\tilde{\beta}_{RE})^2 - s(\tilde{\beta}_W)^2} \sim \chi^2(1)$$

　　如果 H 统计量小于 χ^2 分布临界值，则接受原假设，模型即为随机效应模型；如 H 统计量大于 χ^2 分布临界值，则拒绝原假设，模型即为固定效应模型。

3.2 模型的选取和分析

3.2.1 指标变量选取

　　本文主要采用线性回归分析，对影响哈萨克斯坦行业收入差距的影响因素进行实证分析。鉴于哈统计年鉴中行业名称在 2010 年发生变化，为保持数据的连贯性并结合数据的可得性，将哈 2006 ~ 2014 年行业数量整合为 14 个[①]：①农林牧渔业；②采矿业；③制造业；④水电气生产输送及水治理；⑤建筑业；⑥批发零售、车辆维修；⑦住宿和餐饮业；⑧交通和通信业；⑨金融业；⑩房地产及房屋租赁业；⑪公共管理、国防及社会保障；⑫教育；⑬医疗卫生和社会活动；⑭社区、社会及个人服务业。在此基础上，本文从劳动生产率、资本密集度、行业层次水平、外企参与度、国企参与度、行业就业规模等几方面展开因素分析（见表 3 - 52）。

---

　　① 本文将 2006 ~ 2009 年中农猎林业、渔业整合为农林牧渔业，将 2010 ~ 2014 年电力、煤气、蒸汽和空调的供应业以及供水、污水处理、废弃物管理及污染防治整合为水电气生产和输送业，运输和仓储业、信息通信业整合为交通和通信业，行政管理及辅助业以及公共管理和国防、强制性社会保障整合为公共管理，科研和技术行业、文化娱乐业，由于在 2006 ~ 2009 年的统计年鉴未出现，故本文将其剔除。

表3－52　　　　　　　　　影响行业收入差距的主要因素及测算指标

变量	变量计算公式	变量解释说明
行业收入差距 Y	Y = 该行业从业人员平均收入/所有行业从业人员平均收入	反映各行业间的收入差距情况
劳动生产率 X_1	X_1 = 该行业增加值/该行业从业人数	反映行业从业人员的年均贡献程度
资本密集度 X_2	X_2 = 该行业固定资产投资额/所有行业从业人数	反映该行业资本密集程度
行业层次水平 X_3	X_3 = 该行业增加值/所有行业增加值	反映该行业的发展规模及水平
外企参与度 X_4	X_4 = 该行业外企数量/该行业所有企业数量	反映该行业内部外资企业参与程度
国企参与度 X_5	X_5 = 该行业国有企业数量/该行业所有企业数量	反映该行业垄断程度
行业就业规模 X_6	X_6 = 该行业就业人数/所有行业就业人数	反映不同行业的从业人员劳动参与程度

3.2.2　模型设定

本文采用面板数据（Panel Data）回归模型，对时间、个体、指标进行三维数据分析，其中 N 为14，表示14个行业门类；T 为9，代表2006～2014年的观测时间；k 为6，代表解释变量的个数，即影响哈国行业收入差距的指标数量。

（1）单位根检验

要对影响哈行业收入差距的因素进行研究，首先应对各因素进行单位根检验。单位根检验一般包括莱文－林－楚（Levin, Lin and Chu, LLC）、菲利普斯－佩龙－费希尔检验（PP-Fisher）、因－百萨兰－申检验（Im-Pesaran-Shin, IPS）、费希尔单位根检验（ADF-Fisher）等几种方法，本文使用前两种进行平稳性检验。通过EViews 7.2软件，得到单位根检验情况（见表3－53）。

表3－53　　　　　　　　　平稳性检验的结果

检验方法	LLC	PP－Fisher	结论
$\log(Y)$	－8.91738 (0.0000)	75.2545 (0.0000)	平稳
$\log(X_1)$	－5.15523 (0.0000)	81.4476 (0.0000)	平稳
$\log(X_2)$	－5.85102 (0.0000)	87.2692 (0.0000)	平稳
$\log(X_3)$	－3.63712 (0.0001)	50.1088 (0.0063)	平稳
$\log(X_4)$	－11.9675 (0.0000)	114.325 (0.0000)	平稳
$\log(X_5)$	－8.34266 (0.0000)	55.8766 (0.0013)	平稳
$\log(X_6)$	－5.01944 (0.0000)	54.9068 (0.0008)	平稳

对数化后，被解释变量 $\log(Y)$ 与解释变量 $\log(X_1)$、$\log(X_2)$、$\log(X_3)$、$\log(X_4)$、$\log(X_5)$、$\log(X_6)$ 在对其进行 LLC 和 PP-Fisher Chi-square 单位根检验时，Prob. 值均小于5%的置信水平，说明均为平稳序列，因此可进一步进行协整检验。

（2）协整检验

本文采用 Kao［基于恩格尔–格兰杰（Engle-Granger Based）］进行被解释变量与解释变量之间的协整检验，检验结果见表3－54。

表3－54　　　　　　　　　　　协整检验结果

Kao(Engle-Granger Based)		
Series：$\log(Y)$、$\log(X_1)$、$\log(X_2)$、$\log(X_3)$、$\log(X_4)$、$\log(X_5)$、$\log(X_6)$		
	t – Statistic	prob.
ADF	– 1.780534	0.0375
Residual variance	0.006947	
HAC variance	0.006620	

由表3－54可知，Prob. 值小于0.05，所以拒绝 Kao 检验"不存在协整关系"的原假设，认为 $\log(Y)$ 与 $\log(X_1)$、$\log(X_2)$、$\log(X_3)$、$\log(X_4)$、$\log(X_5)$、$\log(X_6)$ 之间存在协整关系。

3.2.3　模型的选取

本文采用 F 检验以确定是变系数模型、变截距模型还是混合模型，采用豪斯曼检验确定是固定效应模型还是随机效应模型。

（1）F 检验

采用 EViews 7.2 软件计算得出变系数模型（3－2）、变截距模型（3－3）以及截面个体截距、系数不变模型（3－4）所对应的残差平方和，分别为 $S_1 = 0.23483$、$S_2 = 1.118871$、$S_3 = 5.684603$，其中 $k = 6$、$N = 14$、$T = 9$，经计算可得：$F_2 = 8.33083$，大于显著性水平下其所对应的临界值，故拒绝"不存在个体影响和结构上的变化"的原假设；$F_1 = 1.3513$，小于显著性水平下其所对应的临界值。因此，应采用变截距模型。

（2）豪斯曼检验

在选择固定效应模型还是随机效应模型时，豪斯曼检验结果见表3－55。

表 3 – 55　　　　　　　　　　　　**豪斯曼检验结果**

	Correlated Random Effects – Hausman Test		
	Equation：untitled		
	Test cross-section random effects		
Test summary	Chi-sq. statistic	Chi-sq. d. f.	prob.
Cross-section random	93. 678647	9	0. 0000

从表 3 – 55 可知，检验的 prob. 值为 0，即拒绝"随机影响模型中个体影响与解释变量不相关"的原假设。因此，在随机效应还是固定效应当中，应选择固定效应模型。综上所述，本文模型应采取个体固定效应变截距模型。

模型的估计方程为：

$$\log(Y)_{it} = C + \beta_1\log(X_1) + \beta_2\log(X_2) + \beta_3\log(X_3) + \beta_4\log(X_4)$$
$$+ \beta_5\log(X_5) + \beta_6\log(x_6) + c_i + \varepsilon_{it}$$

其中，$\log(Y)_{it}$ 代表第 i 个行业月均收入与所有行业月均收入的比值，反映各行业间的收入差距情况；$\log(X_1)$ 代表第 i 个行业的增加值与其从业人数之间的比值，反映劳动生产率的高低；$\log(X_2)$ 代表第 i 个行业固定资产投资额与其工业人员之间的比值，反映资本密集程度；$\log(X_3)$ 代表第 i 个行业的增加值占全部行业增加值的比重，反映行业发展规模及水平；$\log(X_4)$ 代表第 i 个行业外企数量占第 i 个行业所有企业数量的比重，反映行业的外企参与程度；$\log(X_5)$ 代表第 i 个行业国有企业数量占第 i 个行业所有企业数量的比重，反映行业内的垄断水平；$\log(X_6)$ 代表第 i 个行业就业人数占所有行业就业人员的比值，反映行业就业规模。

3. 2. 4　估计与分析

建立固定效应变截距模型，拟合结果显示国企数量占比 X_5、行业就业规模 X_6 均未通过显著性检验。将两者剔除，重新建立面板模型，F 检验和豪斯曼检验的 P 值均为 0，故可以建立固定效应变截距模型。

由表 3 – 56 可得最终模型为：

$$\log(Y)_{it} = 5. 2311 + 0. 0704\log(X_1) + 0. 076\log(X_2) + 0. 1237\log(X_3) +$$
$$0. 3008\log(X_4) + c_i + \varepsilon_{it}$$

调整后的判定系数为 0. 9336，说明行业收入变化有 93. 36% 由劳动生产率、资本密集度、行业层次水平、外企参与程度四个变量联合变化来解释，其均为行业收入差距的影响因素。由最终的模型回归方程可得到：

表 3 – 56   剔除因子 X_5 和 X_6 后的模型拟合结果

Variable	Coefficient	Std. Error	t – Statistic	Prob.
C	5.231058	0.227282	23.01573	0.0000
$\log(X_1)$	0.070439	0.025688	2.742132	0.0071
$\log(X_2)$	0.076032	0.020851	3.646451	0.0004
$\log(X_4)$	0.123670	0.054424	2.272330	0.0250
$\log(X_6)$	0.300798	0.079057	3.804839	0.0002
固定效应（截距）				
_A – – C	– 0.761735		_H – – C	– 0.008229
_B – – C	0.347854		_I – – C	0.666463
_C – – C	– 0.294472		_J – – C	0.149138
_D – – C	– 0.087744		_K – – C	1.420176
_E – – C	– 0.203804		_L – – C	– 0.236686
_F – – C	– 0.780660		_M – – C	– 0.242498
_G – – C	– 0.330378		_N – – C	0.362576
R^2	0.942669		Adj – R^2	0.933644

①劳动生产率与行业收入差距之间的系数为 0.0704，说明劳动生产率与行业收入差距之间存在微弱的正相关关系。当某一行业劳动生产率提高 1% 时，行业收入差距会增加 0.0704%。一行业人均增加值升高，也会带动行业收入升高。

哈国采矿业、金融业、房地产及房租租赁业的劳动生产率相对较高，而其行业收入也较高，而农林牧渔业、公共管理和国防及社会保障、教育、医疗等行业的劳动生产率均低于全行业的平均劳动生产率，可较好的反映二者之间的相关关系。因此，加强行业从业人员培训、提高其知识水平和技能，提高行业的人均增加值和人均劳动生产率，有利于提高行业人均报酬，可以在一定程度上缩小行业收入差距。

②资本密集程度与行业收入差距之间的系数为 0.076，说明固定资本密集程度与行业收入差距之间存在正相关关系，只是影响也较为微弱。当某一行业的固定资本密集程度提高 1% 时，行业收入差距同时也会增加 0.076%。行业资本密集程度越高，行业收入也越高。

哈国采矿业、水电气的生产和输送、交通和通信业、房地产等行业，资本密集程度均较其他行业要高，相较而言，对应的行业收入也相对较高；而其他资本密集程度较低的行业，大多收入水平也较低。因此，加大固定资本等的投入，提高科技水平、人才培养等方面的资金投入，有利于促进各行各业的良性发展，提高行业收入水平，缩小各行业间的行业收入差距。

③行业层次水平与行业收入差距之间的系数为 0.1237，二者存在正相关关系。当某一行业的整体层次水平提高 1% 时，行业收入差距同时也会增加

0.1237%，说明行业整体增加值的大小与行业收入之间存在正相关关系，行业所处水平也可以在一定程度上反映行业收入差距水平。

哈国采矿业、金融业、房地产业、交通运输业等，其增加值所占比重均较农林牧渔业、住宿和餐饮业、医疗卫生和社会活动、社区及个人服务业的比重高，一定程度上反映出二者的关系。但是由于各行业发展规模、产品附加值高低等的不同，行业整体增加值存在显著差异，但可以肯定的是，积极促进经济发展，为各行业的发展创造良好条件，能够在一定程度上带动行业收入水平的提高，为缩小收入差距带来积极影响。

④外资企业参与程度与行业收入差距之间的系数为 0.3008，说明外资企业参与程度能够正向影响哈国的行业收入差距情况。当某一行业的外资企业参与程度提高 1% 时，行业收入差距就也会增加 0.3008%。相较劳动生产率、固定资本密集程度、行业层次水平等影响因素来说，外资企业的参与程度可以较大程度地影响行业收入水平。

哈国近年来积极推行多元化的发展战略，在石油、天然气、交通运输等诸多领域，积极创造良好的招商引资条件，在中亚五国中招商引资环境最好。外资企业对哈国经济的参与，在一定程度上影响着行业从业人员的收入，如在油气等外资企业参与程度较高的行业，其行业收入水平也较高。而农林牧渔业、教育、医疗卫生等行业，固然很大程度上受其产业特点的影响，但同时其也是外资企业参与较少的行业。注重外资引进，合理选择与本国经济发展相适应的外资企业参与行业经济发展，利于提高行业收入、缩小与其他行业的收入差距。

4. 中哈行业收入差距比较分析

中国与哈萨克斯坦在不同行业的收入存在不同，收入差距及具体行业收入也各有差异。比较两国在行业收入差距方面的异同点，发掘哈国在经济体制转型发展中可资借鉴之处，控制行业收入差距可能出现的问题，为缩小我国行业收入差距带来些许裨益。

4.1　中哈行业收入差距比较

考虑到数据可获得性，以及中哈两国行业差距发展特点，本文两国对比采用 1999~2014 年数据。在指标选取上，鉴于两国货币差异及汇率波动性，故放弃因汇率变动导致差异的极差、标准差这两个指标，仅就极值比、变异系数、泰尔指数等指标对两国行业收入差距的特征及发展趋势进行分析（中哈行业收入差距极值比、变异系数、泰尔指数比较见图 3-27~图 3-29）。

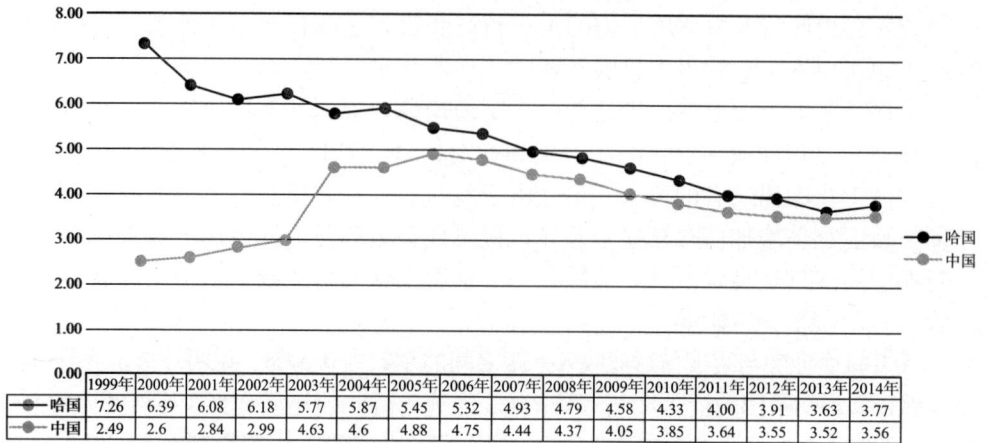

	1999年	2000年	2001年	2002年	2003年	2004年	2005年	2006年	2007年	2008年	2009年	2010年	2011年	2012年	2013年	2014年
哈国	7.26	6.39	6.08	6.18	5.77	5.87	5.45	5.32	4.93	4.79	4.58	4.33	4.00	3.91	3.63	3.77
中国	2.49	2.6	2.84	2.99	4.63	4.6	4.88	4.75	4.44	4.37	4.05	3.85	3.64	3.55	3.52	3.56

图 3 - 27　中国与哈萨克斯坦行业收入差距极值比

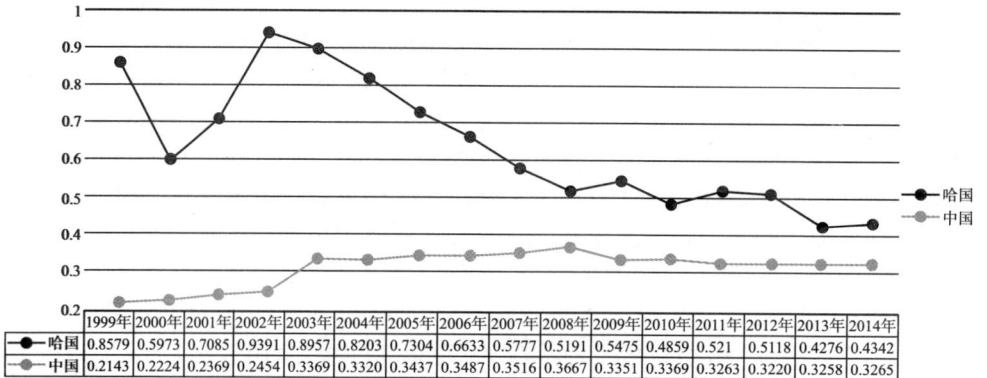

	1999年	2000年	2001年	2002年	2003年	2004年	2005年	2006年	2007年	2008年	2009年	2010年	2011年	2012年	2013年	2014年
哈国	0.8579	0.5973	0.7085	0.9391	0.8957	0.8203	0.7304	0.6633	0.5777	0.5191	0.5475	0.4859	0.521	0.5118	0.4276	0.4342
中国	0.2143	0.2224	0.2369	0.2454	0.3369	0.3320	0.3437	0.3487	0.3516	0.3667	0.3351	0.3369	0.3263	0.3220	0.3258	0.3265

图 3 - 28　中国与哈萨克斯坦行业收入差距变异系数

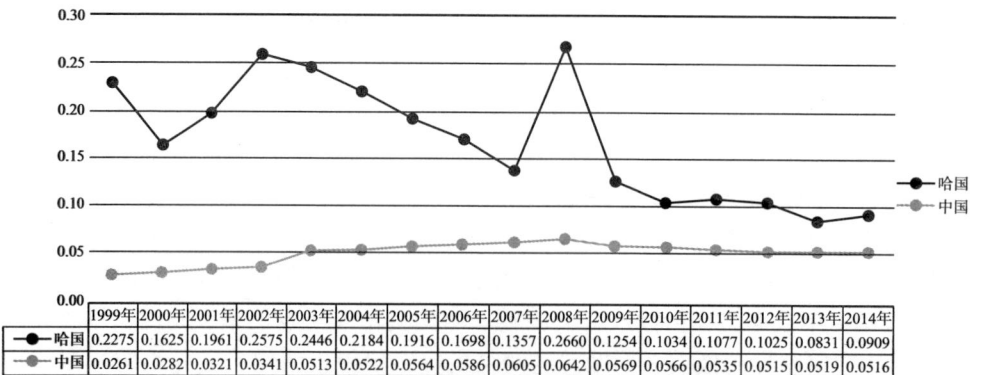

	1999年	2000年	2001年	2002年	2003年	2004年	2005年	2006年	2007年	2008年	2009年	2010年	2011年	2012年	2013年	2014年
哈国	0.2275	0.1625	0.1961	0.2575	0.2446	0.2184	0.1916	0.1698	0.1357	0.2660	0.1254	0.1034	0.1077	0.1025	0.0831	0.0909
中国	0.0261	0.0282	0.0321	0.0341	0.0513	0.0522	0.0564	0.0586	0.0605	0.0642	0.0569	0.0566	0.0535	0.0515	0.0519	0.0516

图 3 - 29　中国与哈萨克斯坦行业收入泰尔指数

以上数据研究发现，我国与哈萨克斯坦的行业收入差距存在明显不同：**总体来说，哈国各项指标数据均高于我国，行业收入差距问题较我国更为突出，但是哈国行业收入差距正在不断缩小，而我国却在不断扩大**。

4.1.1 行业收入差距极值比

2014 年两国行业收入极值比均徘徊在 3.7 左右，说明两国最高行业收入与最低行业收入间的相对差距情况大体相同，但仍超过发展中国家行业工资差距 2~3 倍的平均水平，更与发达国家 1.5 倍的数值相去甚远。

中哈两国间最高与最低收入间的差别也是十分明显的。哈萨克斯坦由 1999 年的 7.26 减至 2014 年的 3.77，缩小 3.49 倍，2014 年的行业收入极值比仅占到 1999 年的一半左右，且表现出平稳、渐进式的下降趋势，而我国的行业收入极值比则由 1999 年的 2.49 增至 2014 年的 3.56，2003~2009 年还一直处于 4 倍以上，虽然部分年份出现下滑，但总体来说仍然显现上升趋势，行业收入两极分化现象已十分明显。

4.1.2 行业收入差距变异系数

近年来，中哈两国行业收入发展都呈现平稳发展态势，变化幅度相对较小。但是，哈国行业收入变异系数由 1999 年的 0.8579 降至 2014 年的 0.4341，下降幅度十分显著，虽在 2001 年、2002 年出现较大反弹，但在 2002 年达到峰值后至 2008 年，一直呈现较快下降趋势，由 0.9391 下降至 0.5191，下降 44.7%；随后又由 2008 年的 0.5191 震荡下降至 2014 年的 0.4342，再次下降 16.4%。

就我国来说，虽然在数值上较哈国小，且发展也较为平稳，但总体不断上升，由 1999 年的 0.2143 增加至 2014 年的 0.3265，上升 52.4%。

4.1.3 行业收入差距泰尔指数

能较好反映两国行业收入差距水平的泰尔指数，同样呈现出与极值比、变异系数相似的变化趋势。哈国行业收入的泰尔指数变化趋势在个别年份出现剧烈上升，如 2001 年、2002 年、2008 年，但排除上述年份之后，泰尔指数整体呈现下降趋势，由 1999 年的 0.2275 下降至 2014 年的 0.0909，下降 0.1346，幅度较大。与之对比，我国行业收入的泰尔指数由 1999 年的 0.0261 增加至 2014 年的 0.0516，在 2003 年之后泰尔指数一直处于较高水平，在 2007 年、2008 年甚至还高于 0.6，总体更是显现上升态势，这说明我国的行业收入差距正呈现扩大趋势。

4.2 中哈具体行业收入比较

虽然目前哈国统计数据对行业的划分有 20 个门类，而我国仅有 19 个门类，且行业名称上存在些许差距，但总体来说行业名称划分上仍保持了相对一致性，便于对比分析。就中哈具体行业的收入及其在全行业中所处位置来说，两国也存在异同点（2014 年中哈两国行业月均收入排序情况见表 3 -57）。

表 3 -57　　　　　　　　2014 年中哈两国行业月均收入排序情况

序号	哈国行业分类	月均收入（坚戈）	中国行业分类	月均收入（元）
1	涉外组织活动	284586	金融业	9023
2	采矿及加工业	251686	信息传输、软件和信息技术服务业	8404
3	科研技术行业	250816	科学研究和技术服务业	6855
4	金融保险业	220803	电力、热力、燃气及水生产和供应业	6112
5	信息通信业	173887	租赁和商务服务业	5594
6	其他服务业	160392	文化、体育和娱乐业	5365
7	运输仓储业	160007	交通运输、仓储和邮政业	5285
8	建筑业	140321	卫生和社会工作	5272
9	制造业	127473	采矿业	5140
10	全国平均月收入	121021	教育	4715
11	批发和零售业；车辆修理	117186	全行业月均收入	4697
12	电气暖等的供应	116733	批发和零售业	4653
13	房地产	108066	房地产业	4631
14	公共管理和国防；强制性社会保障	106000	公共管理、社会保障和社会组织	4426
15	住宿餐饮业	104410	制造业	4281
16	行政管理及辅助业	94895	建筑业	3817
17	文化娱乐业	91713	居民服务、修理和其他服务业	3490
18	医疗卫生和社会活动	88779	水利、环境和公共设施管理业	3267
19	供水、污水处理、废弃物管理及污染防治	78360	住宿和餐饮业	3105
20	教育	74756	农林牧渔业	2363
21	农林渔业	66483		

4.2.1　中哈具体行业收入的相同点

一般来说，垄断程度较高、资本密集、人力资本水平较高、与新兴产业相关的行业，其行业收入相对较高，而弱质型产业、竞争性较大的行业收入则较少，这些行业之间的收入差距则较为显著。中哈两国的行业收入同样遵循上述特征。

自然垄断和行政性垄断的行业，或因其初始投资巨大，或因其特殊的行政准入限制，往往伴随着高收入。哈国采矿业受益于丰富的自然资源，自然垄断十分明显，同时政府的行政垄断也起着非常重要的作用；中国的采矿业收入也高于平均水平，信息通信业以及电力、热力、燃气及水生产和供应业等，多为国企运作，民间资本受到一定程度限制。科学技术含量较高、所需教育水平较高的行业，如科研技术行业、金融保险业等，在两国也均体现出高收入的特点。

弱质型产业及行业，其产品的附加值较低，在从业人员素质及能力等方面均不占优势，故劳动者的收入也较少，如农林牧渔业劳动者的收入在两国行业收入排名中几乎均处在末位，其收入的增长幅度也较其他产业慢。哈国在农林牧渔业的统计名称上虽存在些许变化，但从 1999 年以来的收入情况看，其一直为收入最低行业，行业月平均收入仅从 1999 年的 4600 坚戈增加至 2014 年的 66483 坚戈，虽是 1999 年的 14.5 倍，但与最高行业收入的比值却也一直未低于 3.7。中国农林牧渔业的月平均收入从 1999 年的 403 元增加至 2014 年的 2363 元，仅增长4.9 倍，但与最高行业收入间的差距也已达到 3.56，且持续扩大。

4.2.2　中哈行业收入差距的不同点

两国同一行业的收入在其行业中所处的位置也存在较大不同，中国某些高收入行业在哈国收入却较低，而哈国的一些收入较高的行业在我国的收入却未必如此。

人力资本投入较高的行业应该会带来高收入，如教育等行业，中国的行业基本体现出人力资本投入与收入的这种正相关关系，但哈国的行业收入却与中国存在较大差异。就教育行业来说，中国教育行业的收入一直较为稳定地处于全行业平均水平以上；哈国的教育行业却是低收入行业，且也一直保持较高的稳定性，从 2014 年的行业收入可见一斑，仅占到平均水平的 60% 左右。

医疗卫生行业、文化体育娱乐业的行业收入也体现出上述特征，两国在这些行业收入上的差别是相当明显的。此外，电力、热力、燃气及水生产和供应业（哈国为电气暖等的供应）收入在两国也存在较大不同，中国电力、热力、燃气及水生产和供应业具有行政垄断色彩，多为国企进行经营，为高收入行业。哈国电气暖等的供应行业，其收入却多低于全行业的平均水平。

两国经济发展水平以及行业发展重点的不同，使得两国行业收入也存在一定差异。对于制造业、建筑业这些在我国发展已经较为成熟的行业，其行业收入并不是太高，多与平均水平有一定差距，而哈国的制造业收入水平几乎与行业平均收入相一致，建筑业也处于中上等行业收入水平。哈国现阶段仍以工业为发展重点，重工业发达，采矿业、工业、制造业、建筑业等行业均为支撑国民经济发展的重要行业，而我国经济转型成果也已显现，在进入新常态发展阶段后，为促进经济平稳较快发展，在保持制造业、建筑业等基础产业地位的同时，将在很大程度上以促进第三产业发展为主。

5. 研究结论及对我国的启示

合理的行业收入差距，利于各行业的协调发展，也对我国全面建成小康社会起着重要作用。通过对哈国行业收入差距情况及中哈对比分析中，得出本文的研究结论，并从其不断缩小的行业收入差距中寻找原因，得到合理控制我国行业收入差距的一些启示。

5.1　研究结论

通过对哈国行业收入差距和影响因素的研究，以及中哈两国情况的比较分析，得出哈国行业收入差距研究的一些结论：

5.1.1　经济发展模式以粗放型的资本和要素依赖为主

资本密集程度的高低是影响哈国行业收入差距的重要因素。哈国经济增长很大程度上依赖廉价的劳动力、外资及固定资本投入、丰富的自然资源等，以油气、有色金属开采及加工业为主的经济发展模较为粗放。虽然在一定时期粗放型的发展模式对哈国经济发展起到了促进作用，但随着经济全球化的深入发展以及市场经济体系的不断完善，市场竞争程度不断增加，要素规模驱动力减弱，资本拉动能力变小，传统的资本和要素驱动型发展模式已越来越不适应哈国经济的可持续发展。要想促进经济结构调整、增强经济发展动力，就必须更多依靠人力资本积累和技术进步，由要素依赖型经济向效率驱动型、创新驱动型经济发展，让创新成为驱动发展的新引擎。

5.1.2　经济发展对外依赖度过高

外资企业参与程度与哈国行业收入差距存在正相关关系，说明哈国经济发展在一定程度上依赖外资企业与大量外来资金的流入，而哈国油气出口与国内经济发展之间的关系更凸显出对外依赖度过高的问题。

哈国因其丰富的油气、矿产资源，在成立之初就确立了"资源立国"的发展战略，油气出口占到哈国出口额的 60% ~ 70%。在 2004 年国际油价猛升时期，哈国经济及各行业因此受益、发展迅速，各行业收入也稳步提升，行业收入差距过大状况也得以缓解。但是，这样的发展方式会使得国家财政和经济平稳发展很大程度上依赖于国际油价走势，一旦油价走低，过度依赖油气出口的弊端就会对化工经济发展带来较大压力，2008 年、2014 年国际油价暴跌就使得这一问题凸显，国内经济遭受重创，相关行业也发展不振，从业人员收入因此受挫，国内行业收入差距也因此发生波动。对外依赖度过高的经济发展方式不利于经济的长远发展，因此急需转变哈国经济发展过分依赖原料出口的局面，促进经济的可持续发展。

5.1.3   行业收入差距正不断缩小但问题依然严峻

合理的行业收入差距，利于各产业及行业的平稳有序发展，有利于促进社会稳定和社会和谐。近年来哈国相关产业和行业扶持政策的纷纷出台，经济企稳快速发展，行业收入差距不断缩小。虽然这与其特殊的经济社会背景、国家政策等密不可分，但哈国经济社会的平稳运行、多元化的发展战略、市场竞争程度的提高、政府社会保障等福利政策的出台等，为其行业收入差距的缩小带来了积极影响。虽然行业收入差距状况不断改善，但是泰尔指数等指标数值仍然较大，表明哈国仍然面临着行业收入差距过大的问题，缩小贫富差距、提高低收入者收入水平道路依然任重而道远。

5.2   对我国缩小行业收入差距的启示

5.2.1   避免经济结构失衡，以多元化视角促进行业协调发展

经济结构的失衡在行业收入不平衡上也会得到一定体现，合理的经济结构能够促进各行业的平稳协调发展，行业收入差距也会保持在合理范围内。哈国轻重失衡的经济结构一定程度上导致了行业收入差距的拉大，但经济结构的不断调整、多元化经济发展策略，为促进行业协调发展、缩小行业收入差距带来积极影响。

以投资主体多元化、运营模式多元化理念，促进各行业竞争活力的充分展现。促进投资主体多元化，为行业发展增添活力。在原本一些具备完全垄断地位的行业，应适应市场发展形势，适当允许民间资本的进入。如在固定资产投资数额较大的基础设施投资领域，积极遵循多元化投资主体、多样化融资方式、多渠道资金来源等原则，在原有银行信贷、专项拨款等既有融资渠道下，积极支持民间资本的进入，做活行业发展。创新运营模式，促进各行业多元化转型发展。在市场经济、信息经济迅速发展的今天，积极运用网络等新媒体创新行业发展模式。针对行业发展特点，积极运用网上银行等资金运作模式，拓宽融资渠道。

以高收入行业带动低收入行业，构建创新驱动发展的行业共享体系，促进各行业间的协调互动发展。以政府政策为突破口，着力促进各行业及其企业间的互换性和相互依存性，努力创新行业合作方式，尤其是促进高低收入行业间的联动

发展模式，促进高收入行业中的高科技和人才与低收入行业的合作途径。将高收入行业中的高科技成果适时运用到低收入行业，在拓展并延长高收入行业产业链条的同时，积极发挥高收入行业对低收入行业发展的溢出效应、网络效应和孵化加速效应，带动低收入行业的发展。

5.2.2　积极发挥政府宏观调控作用

哈国经济的平稳运行，为各行业的稳定发展提供了良好的外部环境，这与政府宏观调控作用的发挥密切相关。现阶段我国行业收入差距呈现不断扩大的趋势，这固然与各个行业的特点紧密关系，但过大的行业收入差距会影响经济社会的平稳运行，合理的收入分配格局也是我国建设和谐社会、全面建成小康社会的应有之义，这就需要政府积极发挥宏观调控的作用。

首先，在经济发展新常态形势下，针对不同行业发展特点，采取税收和信贷政策等政策，保障行业稳定发展，以行业发展带动收入水平的提高，尤其是保证低收入行业的发展。如对农业等弱质型行业等，应加大科技对农业的带动力度，加大投资强度，保障农产品市场价格。对建筑业、住宿和餐饮业等行业采取简化行政手续、税收优惠等措施，刺激行业快速发展。

其次，完善相关法律法规，营造公平合理的收入分配环境。现阶段某些行业收入畸高导致行业收入差距扩大的出现，多与法律法规不健全、行政执法不严等存在密切关系，某些行业存在较高的隐性收入，如以权谋私、行政管理乱收费等现象会带来灰色收入，假冒伪劣经营带来的违法利润，税收漏洞导致的企业虚增成本少缴税款等，只有加强法律法规的建设，加强对权力寻租等行为的打击力度，以制度的笼子彻底严格打击各种非法收入，制止各种不合理收入，规范正常的收入分配秩序，控制不合理的行业收入差距。

最后，积极完善税收体系，发挥税收在调节高低行业收入差距的作用。完善企业所得税、增值税税目及税率，充分发挥其在调节企业及行业间收入差距上的作用。建立健全个人税收征收体系，制定并完善社会保障税、遗产税、社会税、社会保障税、职工社会义务保险税等税种，积极发挥消费税、财产税在调节过高收入职工的作用。完善税收征收体系，简化税收征收程序，努力发挥税收在调节行业收入及个人收入差距的作用。

5.2.3　发挥市场主体地位，实现政企分开、促进市场竞争

哈国积极加强市场经济建设，促进市场竞争，很大程度上放开了国家对相关行业企业的干预，打破垄断，各行业领域中的国有企业数量明显减少。因此，应充分发挥市场在经济发展中的主体作用，创造公平的市场竞争环境，构建垄断行业的有效竞争格局，降低行业的垄断水平，加强市场经济体系建设。以市场的手

段打破垄断行业高收入，促进正常收入分配机制的形成。

打破行政垄断，实现政企分开，形成合理的垄断行业收入分配格局。要从根本上控制垄断行业的过高收入，就必须分割行业垄断势力，加大竞争机制的引入力度。拆分原有垄断行业，打破原来垂直一体化的垄断格局，在改制的基础上创新运营模式，以法律或经济的手段来实现对诸类行业的控制；针对某些不涉及国家安全的领域，适当放宽市场准入条件，创造公平进入退出机制，增加行业内部竞争力度。逐步减少对民间资本的行业进入限制，鼓励并为某些实力雄厚的民营企业参与原来垄断行业经营提供有利条件，在此基础上积极扶植、培育新的竞争实体，用新型企业的创新活力刺激原有垄断行业僵化的发展模式。

5.2.4 促进社会保障体系建设，保障低收入行业收入水平

日渐的社会保障机制为哈国保障低收入行业收入水平、合理行业收入差距提供了有力保障。在经济转轨、社会转型时期，建立健全完善的社会保障体系网，扩大社会保障覆盖面，以完善的社会保障体系建设深化收入分配制度改革，是保障低收入行业从业人员生活的重要制度措施。

建立健全我国的社会保障体系，必须完善社会保障管理机构，统一运营模式、简化办理程序，加强对专项资金运作、使用的监管力度，坚决杜绝管理漏洞的出现，防止各种社会保障形式参与者受损。进一步创新费用缴纳模式，可以税收等形式完善征纳程序和交费方式、征收社会保障税等。鼓励发展各种形式的社会救助事业，加强对弱势群体支持力度，使得老有所依。扩大社会保障覆盖面，完善社会保障体系网，有力解决我国的行业收入差距进一步扩大的难题。

参考文献

［1］ Shuang Li, Zhongbo Wang. Correlation between Employment and Income Distribution in China ［J］. China & World Economy，2005（5）：68 – 75.

［2］ HUANG Yan-dong, YAO Xian-guo. Journal of Contemporary Finance and Economics ［J］. Journal of Contemporary Finance and Economics，2013：18 – 27.

［3］ Paul G. Hare; Alexander Naumov. A Study of Changing Income Distribution in Kazakhstan Using a New Social Accounting Matrix and Household Survey Data ［J］. Discussion Paper of Heriot-Watt University ，http：//www. doc88. com/p – 3157683853377. html，2008 – 07 – 01.

［4］ Yerzhan Zhatkanbayev. Industry of the Republic of Kazakhstan and problems of its development ［DB/OL］. http：//wenku. baidu. com/link? url = iic2CabOuFcb3ETXSZ4kd5OEDHazzHwJMZ 7eOPfw7oeGxR9jySLZuUITEM6RPyf1diIcrMcvFhsPDTsKXsY5CYwHGlEtClYd_2hhpPkpLBu，2011 – 01 – 30.

［5］ Liefert, W. M, Serova, E, Liefert, O. The growing importance of the former USSR countries in world agricultural markets ［J］. Agricultural Economics，2010（41）.

［6］Ericson, R. Eurasian natural gas: Significance and recent developments ［J］. Eurasian Geography and Economics, 2012, 53（5）.

［7］Мустафина Алма Сабитовна. Межотраслевая дифференциация заработной платы и её динамика в Казахстане ［J］. Вестник Челябинского государственного университета, 2010（№06）: 158 - 164.

［8］Колос Е. А. Тенденции и пути развития человеческого капитала и интеллектуального потенциала казахстанского общества ［J］. Основы экономики, управления и права, 2014（№4（16））: 123 - 127.

［9］Курмангалиева А. К. АсаУбаева З. Н. Современная система налогообложения доходов предприятий ［J］. Экономика и управление в XXI веке: тенденции развития, 2015（№25）: 153 - 159.

［10］Валильева Наталия Алексеевна, Лагутина Мария Львовна. Проект Евразийский экономический союз в оценках экспертного сообщества ［J］. Вестник международной организации, 2013（4）: 229 - 242.

［11］Давиденко Л. М. Интеграционные процессы в рамках таможенного союза: проблема, пути их решения ［J］. Сибирский торгово-экономический журнал, 2013, 1（17）: 127 - 132.

［12］徐淑娟. 我国经济发展中的行业收入差距问题研究 ［D］. 武汉大学, 2013.

［13］魏军. 中国行业收入差距研究综述 ［J］. 湖南文理学院学报（社会科学版）, 2006, 31（2）: 113 - 116.

［14］武鹏. 中国行业收入差距研究述评 ［J］. 上海经济研究, 2010（8）: 60 - 70.

［15］陈涛, 臧志彭. 中国行业收入差距问题研究综述 ［J］. 青海社会科学, 2010（6）: 23 - 26.

［16］任国强, 尚金燕. 中国行业收入差距文献综述 ［J］. 华东经济管理, 2011, 25（12）: 129 - 134.

［17］武鹏, 周云波. 行业收入差距细分与演进轨迹: 1990 - 2008 ［J］. 财政金融, 2011（1）: 52 - 59.

［18］陈钊, 孙永智. 中国改革以来行业收入差距变迁——模式、成因与展望 ［J］. 学习与探索, 2011, 196（5）: 124 - 128.

［19］夏华. 泰尔指数及其在我国行业收入差距中的应用 ［J］. 生产力研究, 2007（7）: 10 - 11.

［20］孙敬水, 黄媛媛. 行业收入差距适度性测度研究 ［J］. 中国工业经济, 2012, 287（2）: 149 - 158.

［21］刘扬, 梁峰. 我国行业收入差距及其影响因素 ［J］. 数理统计与管理, 2014, 33（4）: 705 - 713.

［22］孙敬水, 于思源. 行业收入差距影响因素及其贡献率研究 ［J］. 山西财经大学学报, 2014, 36（2）: 16 - 26.

［23］陈涛. 不同分类下行业收入差距影响因素分析 ［J］. 科技与经济, 2014（2）: 101 - 105.

［24］李军, 宋善炎. 中国行业收入差距的影响因素分析 ［J］. 湖南大学学报, 2015, 29

(3)：90－94.

　　[25] 孔庆洋. 外资进入缩小了行业收入差距吗？［J］. 当代经济研究，2013（2）：61－67.

　　[26] 程宝良. 基于 ISM 模型的行业收入差距成因分析［J］. 生产力研究，2010（1）：164－166.

　　[27] 薛继亮，李录堂. 基于 MLD 指数的转型期中国行业收入差距及其影响因素研究［J］. 中国人口科学，2010（4）：46－53.

　　[28] 郭平，刘志海，洪源. 财政政策调节行业收入差距的实证研究［J］. 湖湘论坛，2015，162（3）：85－91.

　　[29] 邱兆林. 行业收入差距扩大的原因分析——基于人力资本异质性的视角［J］. 经济体制改革，2015（2）：21－25.

　　[30] 黄莉莉. 中美行业收入的差别研究［D］. 华中科技大学，2007.

　　[31] 黄晓龙. 天津市行业收入差距的实证研究［D］. 天津财经大学，2012.

　　[32] 高新艳. 山西省行业工资差距问题的研究［D］. 山西财经大学，2014.

　　[33] 王丽芳. 吉林省行业收入差距实证研究［D］. 吉林财经大学，2014.

　　[34] 黄石. 广东省行业收入差距实证研究［D］. 暨南大学，2014.

　　[35] 王怀民，詹春龙. 加工贸易与行业间收入差距［J］. 世界经济研究，2011（8）：44－48.

　　[36] 钟晓君，刘德学. 服务业 FDI、职工工资与行业收入差距［J］. 国际经贸探索，2013，29（3），48－60.

　　[37] 宋晶，彭琴燕，国肖娜，李会敏. 基于制造业和金融业面板数据的行业收入差距影响因素实证分析［J］. 宏观经济研究，2013（2）：49－55.

　　[38] 金玉国. 工资行业差异的制度诠释［J］. 统计研究，2005（4）：10－15.

　　[39] 武鹏. 我国行业收入差距问题研究［D］. 南开大学，2011.

　　[40] 甘小霞. 我国行业收入差距实证研究［D］. 浙江大学，2010.

　　[41] 陈钊，万广华，陆铭. 行业间不平等：日益重要的城镇收入差距成因［J］. 中国社会科学，2010（3）：65－76.

　　[42] 王文静. 我国城市内部行业工资差异研究［D］. 东北师范大学，2008.

　　[43] 高远. 我国行业间收入差距的实证分析——基于基尼系数及其分解的视角［D］. 西南财经大学，2013.

　　[44] 梁裕. 我国行业收入差距及其对经济的影响研究［D］. 吉林大学，2015.

　　[45] 杜栩. 我国行业工资收入差距的成因与经济效应分析［D］. 暨南大学，2014.

　　[46] 董小燕. 我国行业收入差距变动研究［D］. 陕西师范大学，2011.

　　[47] 张盼. "后危机时代"哈萨克斯坦经济结构转型研究［D］. 华东师范大学，2013.

　　[48] 王童. 改革发展中的哈萨克斯坦［D］. 中央民族大学，2007.

　　[49] 郑国富，张养志. 哈萨克斯坦经济体制转轨的模式与绩效［J］. 俄罗斯中亚东欧市场，2006（4）：21－26.

　　[50] 黄燕东，姚先国. 中国行业收入不平等问题的解析［J］. 当代财经，2012（2）：24－32.

[51] 黄济生，孔庆洋．中国行业收入差距：研究现状及方向 [J]．经济论坛，2012 (1)：70 - 73.

[52] 龚超．基于基尼系数分解的行业垄断与居民收入差距关系的研究 [D]．山东财经大学，2013.

[53] 李冬梅．我国行业间收入不平等与收入变动分析 [D]．辽宁大学，2011.

[54] 刘学良．中国收入差距的分解 [J]．经济科学，2008 (3)：5 - 19.

[55] 史先诚．行业间工资差异和垄断资金分享 [J]．上海财经大学学报，2007，9 (2)：66 - 73.

[56] 金玉国．从回归分析到结构方程模型：线性因果关系的建模方法论 [J]．山东经济，2008，145 (2)：19 - 24.

（执笔：贾瑞卿）

"丝绸之路经济带"背景下中国新疆与哈萨克斯坦经贸合作发展研究

1. 引　言

1.1　研究背景

2013 年 9 月，习近平在哈国纳扎尔巴耶夫大学初次提出共建"丝绸之路经济带"的战略构想，并与哈国共同签订了有关进一步深化双方全面战略伙伴关系的联合宣言。2014 年 11 月，哈国推出"光明之路"新经济政策，该政策是对中国"丝绸之路经济带"战略构想的补充说明，主要内容是完善哈国基础设施建设，以期达到激发国内经济活力、促进就业的目的。2015 年 12 月，两国共同签订政府联合公报，在政治、经贸、能源、交通、金融、科技、人文等多个领域达成合作共识，积极致力于加强政策沟通，为深入开展经贸合作奠定坚实基础。

哈国依托地缘、经济、政治优势以及丰富的资源优势，其发展规模、对外开放程度、金融业和服务业发展水平已是中亚国家的经济领头羊，也发展成为"丝绸之路经济带"上的主要参与者。2015 年 11 月底，哈国正式成为世界贸易组织第 162 个成员，结束了入世 19 年的谈判历程，并首次跻身世界出口总值的前 50 强行列，位列第 43 位。

哈国与中国新疆（简称新疆）的边境线长达 1735 公里，成为与新疆边境线最长的国家，且在新疆 15 个陆地口岸中有 5 个处于中国与哈国边境。依托相似的民族文化风俗和边境效应，新疆在中国与哈国开展经贸合作中的主导地位也日益凸显。2015 年 3 月底，中国中央相关部门联合发布共建"一带一路"政府文件①，其中新疆被正式定位为"丝绸之路经济带核心区"。

---

① 即 2015 年 3 月底，国家发改委、外交部、商务部联合发布的《推动共建丝绸之路经济带和 21 世纪海上丝绸之路的愿景与行动》。

1.2　研究目的和意义

中央已从战略层面将新疆确立为"丝绸之路经济带"核心区，这就要求新疆经济发展要不断加强与中亚国家的紧密合作，构筑全方位对外开放新格局，努力发展成为我国向西开放的桥头堡。而哈国正是我国实现向西开放的重要合作伙伴，因而有必要对当前新疆与哈国的经贸合作发展进行深入研究，挖掘双方的合作潜力，促进贸易结构优化和贸易方式多样化，不断提升贸易投资水平，确保未来的经贸合作能提质扩容，尽早完成"丝绸之路经济带"战略构想和"光明之路"新经济政策的对接联合，实现经贸合作的有效契合。

"丝绸之路经济带"为新疆与哈国开展经贸合作营造了更好的周边政治、经济和国防环境，这不仅有利于中国构筑以开放促西部大开发，打造中国东部再改革的倒逼格局，而且可使中国西部地区更快发展，培育新疆新的经济增长极。哈国成为 WTO 的成员国，也将为哈国国内的出口商和国外投资者带来新的合作机会，有助于双方实现经贸合作发展的全面提升。因此，积极关注和跟踪研究新疆和哈国的经贸合作发展状况，对准确把握双方贸易发展趋势，加快构建"丝绸之路经济带"，具有重要的理论意义与现实意义。

1.2.1　理论意义

哈国是我国境外段"丝绸之路经济带"建设的起点，故也成为短期建设的核心区，新疆是境内段"丝绸之路经济带"建设重点推进的核心区。本文分析新疆与哈国经贸合作面临的发展机遇与挑战，深入研究双方当前经贸合作的发展历程、发展现状以及存在的主要问题，在此分析的基础上提出相应的发展建议。这不仅将新疆和哈国等中亚国家更紧密地联系在一起，而且可为政府制定新疆对外经贸发展政策、实现新疆经贸合作的长远发展奠定理论基础。

1.2.2　现实意义

（1）推进实施丝路发展战略

新疆作为我国境内段"丝绸之路经济带"的核心区，哈国作为中亚地区经济规模发展的领先者，也是我国向西开放的重要门户，双方在地理、人文、语言、民族、宗教、经济等方面具有国内其他省份无法比拟的亲缘优势。本文在明确"丝绸之路经济带"战略内涵的基础上，对新疆与哈国的经贸合作发展作深入研究，能更好地把握新疆经济发展的历史机遇，努力打造新疆"丝绸之路经济带"核心区，推动新疆与哈国在经贸、人文等领域深入合作，有效构建"丝绸之路经济带"。

（2）发挥双方经贸合作的示范作用

哈国发展形势良好，在中亚地区经济发展中具有越来越重要的作用。哈国已成为新疆的主要贸易伙伴，双方在资源、产业以及贸易方面具有较强的互补性，贸易额也在新疆与中亚五国贸易额中占据领先地位。积极与哈国开展经贸合作，对新疆与中亚其他四国开展经贸合作有一定的引领和示范作用，有利于新疆尽快打开"丝绸之路经济带"向西开放的大通道。哈国也迫切地希望中国、特别是新疆成为自己步入亚洲、迈向世界的东进门户。

2. "丝绸之路经济带"研究背景分析

2.1 "丝绸之路经济带"战略内涵

"丝绸之路经济带"是在古丝绸之路基础上形成的一个新经济发展区域，东边系着亚太经济圈，西边挨着欧洲经济圈，成为当前世界上最长且最具发展潜力的经济发展大走廊。"丝绸之路经济带"是要依托国际大通道，以沿线中心城市为支撑，以经贸产业合作为重点，创新合作发展思路，促进经济带上各城市之间协调发展，共同打造新亚欧大陆桥、中蒙俄、中国—中亚—西亚等国际经济合作走廊。"丝绸之路经济带"五大支柱包括政策沟通、道路联通、贸易畅通、货币流通、民心相通，其中道路联通是基础条件，贸易畅通是本质内容。

2.2 新疆和哈国的战略定位

2.2.1 空间定位

"丝绸之路经济带"境内段是依托我国国内已有的交通干线，分别以我国东部经济最发达的3个经济圈为出发点，联通沿线重要节点城市，途经新疆通向中亚、西亚、南亚等，形成东西走向的北、中、南三大境内通道。

其中，北通道起始于环渤海经济圈，自京津唐经山西、内蒙古，由伊吾进入新疆，途经北屯、吉木乃西出哈国至俄罗斯；中通道起始于长三角经济圈，以上海为出发点，横穿我国中原和西北的诸多省区，从哈密进入新疆，途经乌鲁木齐至精河，再从阿拉山口和霍尔果斯分别出境通达中亚乃至欧洲；南通道起始于珠三角经济圈，以广东为出发点，途经湖南、重庆、四川等省区，从若羌进入新疆，再途经新疆的和田、喀什，终南下至印度洋沿岸的瓜达尔港。

在构建"丝绸之路经济带"核心区的过程中，新疆拥有着天时地利人和的优势。新疆不仅是这三大境内通道的交汇地，更将成为亚太与欧洲两大经济圈的重要枢纽，一旦三条大通道打通，可将疆内现有的主要贸易口岸连接起来，形成全面对外开放格局。

"丝绸之路经济带"境外段线路为：西安—乌鲁木齐—霍尔果斯—哈国（阿拉木图）—乌兹别克斯坦（撒马尔罕）—塔吉克斯坦（杜尚别）—伊朗（德黑兰）—土耳其（伊斯坦布尔）。哈国作为"丝绸之路经济带"向西开放的第一站，与新疆有着密切的贸易往来关系。哈国的旧首都阿拉木图，距离新疆伊犁的霍尔果斯口岸仅 400 公里，民俗文化相近，阿拉木图当地设有许多企业、银行，仍是辐射中亚的金融、科技中心，中国对其认知度也较高。2014 年 6 月，在国务院批准下，新疆霍尔果斯市成立，更有利于推进新疆与哈国经贸合作。

2.2.2 功能定位

以构建"丝绸之路经济带"为发展契机，新疆将建设成"丝绸之路经济带"上向西开放的"五中心、三基地、一通道"①，打造联通中亚经贸市场的"丝绸之路经济带"核心区。哈国将打造中亚地区最大的商业过境运输枢纽、连接欧亚的特殊桥梁，建立包含贸易物流、金融商务、创新技术和旅游在内的国际枢纽综合体。

2.3 新疆与哈国开展经贸合作的机遇和挑战

2.3.1 发展机遇

（1）获得政府政策的大力支持

我国首次正式提出"丝绸之路经济带"战略构想，就获得了哈国总统的积极回应。在双方政府的大力支持下，两国之间的经贸合作已取得突破进展，截至 2014 年 12 月共敲定了 100 多亿美元的产能协议，开创出国与国之间经济合作的新模式、新亮点。双方的产能合作已聚焦于铁路、电力、通信、建材、工程机械等具有比较优势的多个领域，签署了 28 项协议，投资总额超过 230 亿美元。

无论是从地理位置上讲，还是从决策战略上讲，新疆都是"丝绸之路经济带"的重要节点。2015 年新疆维吾尔自治区成立了 60 周年，结合国家欲将新疆打造成"丝绸之路经济带"核心区的重要战略，中央将不断给予新疆一系列优惠发展政策。

---

① 五中心：交通枢纽中心、商贸物流中心、金融中心、文化科技中心、医疗服务中心；三基地：国家大型油气生产加工和储备基地、大型煤炭煤电煤化工基地、大型风电基地；一通道：国家能源资源陆上大通道。

新疆已先后建设了面向哈国的霍尔果斯和喀什两大经济特区，成功举办过四届高规格、高水平的亚欧博览会，这些都成为新疆走出国门、走向世界的一张名片，有利于新疆与哈国在政治、经济、社会与文化等多领域的交流合作全方位展开。

（2）配合丝路建设的金融平台已设立

2014年10月24日，由中国主导创办的亚洲基础设施投资银行（简称亚投行）成立，该行的宗旨是要重点支持亚洲基础设施建设，促进区域建设的互联互通和经济一体化。亚投行的成立将弥补丝路沿线国家自身金融资源的不足，为新疆与哈国加快道路联通建设提供有效的金融支撑。哈国作为亚投行意向创始成员方之一，在银行筹建过程中也发挥着积极作用。2014年12月，由中国发起的丝路基金成立。2015年12月，丝路基金设立首个专项基金，即丝路基金出资20亿美元，建立中国与哈国产能合作专项基金，重点支持两国产能合作及相关领域的项目投资。两国银行还将依托中哈霍尔果斯国际边境合作中心，积极开展全方位、多方面的业务合作，支持新疆与哈国经贸合作发展。

2.3.2　面临挑战

（1）新疆自身存有发展瓶颈

新疆自身经济发展水平较低，发展质量落后，普遍存在经济发展结构不合理、产业规模小、产业层次低等问题。比如，农业发展以种植业为主，劳动生产率偏低、农产品附加值低；工业生产总量小，发展速度相对滞后，轻重工业发展脱节；服务业发展结构不合理，整体发展水平较低。当前新疆无法形成明显的优势发展产业，缺少大中型优秀骨干企业，缺乏打开国际市场的经济技术实力，这些将滞碍新疆打造"丝绸之路经济带"核心区。

新疆是多民族、多宗教、多文化的融会区，具有特殊的民族风情。由于境内外"三股势力"的分裂破坏活动，使新疆与境内外分裂势力的斗争将长期存在，这在一定程度上也制约着新疆对外经济发展。

（2）哈国政治经济形势复杂

从俄白哈关税同盟到欧亚经济联盟，再到俄罗斯倡议在欧亚经济联盟、上海合作组织与东盟各国之间创建大规模经济伙伴关系，俄罗斯重视中亚地区在其经济发展中的战略地位，特别积极与哈国建立紧密的经济关系。同时，美国也看中哈国丰富的油气资源和重要的安全战略地位，美国为确保自身在中亚地区的发展地位，先后提出过"大中亚计划"和"新丝绸之路计划"，目的就是要利用各种机会影响哈国的能源流向，争夺哈国的能源资源。

为加快构建"丝绸之路经济带"，中国将从经贸合作便利化入手，逐步在农业、能源、交通、信息等领域与哈国开展合作，拓宽双方经贸合作的广度和深度。而美国与俄罗斯已在哈国形成明显的矛盾与利益冲突，造成哈国政治经济形势复杂多变,增加新疆与哈国开展经贸合作难度。

(3) 双方合作发展机制不协调

在政策方面,哈国的海关、税收、投资、货币等政策措施存在多变性,法律仲裁带有随意性,以及办理工作签证制度存在程序复杂、费用高、限制多和周期长等问题,无形中增加新疆与哈国的合作成本,影响工程建设的进度,阻碍双方企业实体的交流与合作。比如,哈国曾对《地下资源与地下资源利用法》《石油法》等法规进行多次修订,提出"战略标的物"和"战略资源区块"的概念,目的是突出其国家优先权,即在能源合作中威胁到国家安全或影响到经济利益时,法规明文规定哈国政府有权单方面终止合同①。

在道路方面,基于复杂的地缘形势和政治环境,新疆与哈国的交通通信网络建设尚未完成,一些正在推进的交通项目迟迟没有实现。要推进经贸合作,双方需要尊重现实差异,创新合作理念,这对制定发展道路规划提出更高要求,加大体制机制协调难度,滞碍尽快实现道路联通,制约"丝绸之路经济带"交通便利化的实践和落实。

在贸易方面,双方的投资环境有待改善,相关保障机制、纠纷协调解决机制以及法律合作机制尚待有效建立,政府主管部门的职能没有充分发挥,市场变化的信息交换渠道不畅,这些都是双方共同面临亟须协调解决的问题。新疆与哈国以边境贸易合作为主,但关税同盟的成立让哈国取消了原来边境贸易的简化清关制度,提高了计税标准,这些都增加了新疆与哈国的贸易合作风险,阻碍实现贸易便利化合作。

在货币方面,由于双方经济发展利益不同,金融市场发展水平不同,对金融合作的具体诉求也不同,金融机构的差异扩大了金融合作难度,影响双方投资合作。哈国在对外经贸合作中还存在银行结算方式不规范、出口信用保险运行诚信度低、换汇程序烦琐等问题,增加经贸合作流转成本,影响企业发展利益。

3. 中国新疆和哈萨克斯坦经贸合作概况

3.1 经贸合作发展历程

3.1.1 独立适应期 (1991 ~ 1997 年)

1991 年 12 月,哈国宣布独立。自 1992 年 1 月,中国与哈国正式建交。自

---

① 李琪. 中国与中亚创新合作模式、共建"丝绸之路经济带"的地缘战略意涵和实践 [J]. 陕西师范大学学报 (哲学社会科学版), 2013, 7 (4).

1992 年起，我国开始实施沿边开发发展战略，新疆也颁布了诸多鼓励发展边贸合作的优惠政策，目的就是促进新疆与哈国的贸易往来。但苏联解体后，哈国国内的物资供应匮乏，经济陷入全面危机，导致大部分双方优惠经贸合作政策仅停留在纸面，实施效果无法显现。哈国开始在卢布区条件下进行经济改革，直到 1994 年哈国建立独立货币体系后，开始推行保持财政稳定和达到经济增长的方针，才使国内经济形势略有好转，从 1996 年中期开始至 1997 年，国内经济开始呈现良好发展态势。

3.1.2　改革发展期（1998~2012 年）

1998 年以后，哈国经济持续复苏，且经济收入主要依赖于石油、天然气等能源资源的出口。2005 年 7 月，中国与哈国正式建立战略伙伴关系。为满足国内日益增长的能源需求，进一步拓展国家对外开放的发展战略，中国与哈国的贸易往来开始日益频繁。2006 年 7 月至 2009 年 2 月中哈石油管道实现累计进口原油 1252.8 万吨。

2007 年，我国政府要求加强贸易口岸建设，扩大边境贸易往来，积极开展中哈霍尔果斯铁路口岸建设，突出新疆作为打开哈国贸易市场的桥头堡作用。2011 年 5 月底，中央政府批复设立阿拉山口综合保税区，同年 10 月又颁布了关于支持喀什霍尔果斯经济开发区建设的指导文件。2011 年 6 月 13 日，两国共同签订了双方关于发展全面战略伙伴关系的联合声明。中国与哈国通过不断进行政策沟通，使双方政治互信不断加强，新疆与哈国的经贸合作呈现出良好发展势头。

在双方经贸合作的改革发展期，也出现了制约因素。受世界金融危机的影响，新疆与哈国的贸易额从 2008 年的 90.71 亿美元大幅下降至 2009 年的 68.98 亿美元。2010 年关税同盟成立后，哈国不仅效仿俄罗斯严格的产品检验标准，而且也提高了部分贸易产品的进口关税，这些无疑增加了新疆产品的出口成本，阻碍双方经贸合作的持续稳步发展。

3.1.3　全面提升期（2013 年至今）

2013 年，我国在哈国提出"丝绸之路经济带"战略构想后，经贸合作发展以贸易、交通、投资领域为主，引进产业、聚集人口，加快中国西部地区发展，这为新疆机电产品、特色农产品、特色食品等货物向西出口创造了难得的发展机遇。2015 年是"丝绸之路经济带"战略构想从倡议转变为实际行动的首年，也将真正开启新疆与哈国经贸合作的全面提升期。

"丝绸之路经济带"提出的诸多发展理念不仅符合新疆与哈国的发展需求，而且可以为双方创造更大的合作发展空间。在中央政府全局谋划和顶层设计的引导下，新疆与哈国的经贸合作将在巩固传统领域的基础上，开启新的经贸合作领域，即双方可用好现有的基础条件，积极寻找更好的新合作机会。2015 年 12 月初，为了更好地推动霍尔果斯国际边境合作中心的建设发展，打造中国与哈国开展经贸合作的新平台，哈国霍尔果斯自由贸易园区项目在哈国区域合作中心正式开工建设。

3.2　经贸合作发展现状

3.2.1　互为重要贸易伙伴

新疆与哈国依托地缘优势、资源优势，彼此已发展成为重要的贸易伙伴。从表 3 - 58 中可以看出，除 2009 年受国际金融危机的影响，新疆与哈国的贸易总额出现明显下降外，2002 ~ 2013 年间双方的贸易额呈现出稳步上升的趋势。2003 年往后，新疆与哈国的贸易顺差态势表现为先稳步上升后有所下滑，2011 年以后又呈现出明显的上升态势。2013 年，双方贸易额达到 122.55 亿美元，实现贸易顺差额 44.84 亿美元，持续保持增长态势。

表 3 - 58　　　　　　　2002 ~ 2014 年新疆与哈国进出口额及贸易差额一览

年份	出口		进口		贸易总额		贸易差额
	金额（亿美元）	同比（%）	金额（亿美元）	同比（%）	金额（亿美元）	同比（%）	（ + / - ）
2002	4.42	—	9.24	—	13.66	—	- 4.82
2003	12.73	188.05	12.73	37.85	25.46	86.46	0
2004	17.82	39.97	15.04	18.16	32.86	29.06	2.78
2005	3.42	70.74	19.74	31.19	50.17	52.63	10.68
2006	37.08	21.88	13.07	- 33.77	50.15	- 0.02	24.00
2007	56.25	51.71	13.49	3.21	69.74	39.07	42.75
2008	71.70	27.48	19.00	40.86	90.71	30.07	52.70
2009	52.47	- 26.83	16.51	- 13.13	68.98	- 23.96	35.96
2010	68.28	30.14	24.31	47.26	92.59	34.24	43.97
2011	66.65	- 2.39	39.32	61.73	105.97	14.44	27.33
2012	71.39	7.12	40.28	2.45	111.67	5.39	31.11
2013	83.69	17.23	38.86	- 3.54	122.55	9.74	44.84
2014	87.86	5.00	13.42	- 65.46	101.30	- 17.34	74.46

资料来源：根据《新疆统计年鉴（2003 ~ 2015 年）》相关数据整理而得。

哈国与俄罗斯有密切经贸关系，国内经济发展长期依赖原油出口。2014 年，受国际油价暴跌以及俄罗斯卢布持续贬值的影响，哈国的能源型经济结构失衡，对外贸易发展的推动力不足，与新疆的贸易总额也出现明显下滑。2014 年新疆与哈国之间贸易总额下降为 101.3 亿美元，同比下降 17.3%[①]，其中进口额13.42 亿美元，出口额 87.88 亿美元，仍表现为明显的贸易顺差。

　　由表 3－59 可得，2002～2014 年间，新疆与哈国的贸易总额占中国与哈萨克斯贸易总额的比例始终保持在 42% 以上；占新疆与中亚五国贸易总额的比例除去 2008 年不到 50% 以外均保持在 60% 左右，最高比例近 90%；占新疆贸易总额的比例除 2014 年略有下滑外均保持在 40% 以上。在推进"丝绸之路经济带"建设过程中，新疆与哈国之间的经贸联系将更为密切，双方将继续加深合作伙伴关系。

表 3－59　　　　　　　中国、哈国、新疆相互贸易总额比较[②]

年份	中国—哈国		新疆—中亚五国		新疆的贸易总额	
	金额（亿美元）	占比（%）	金额（亿美元）	占比（%）	金额（亿美元）	占比（%）
2002	19.55	69.87	15.53	87.95	26.92	50.75
2003	32.92	77.34	28.48	89.39	47.72	53.35
2004	44.98	73.05	38.68	84.95	56.36	58.31
2005	68.06	73.71	60.44	83.00	79.42	63.17
2006	83.58	60.00	74.00	67.77	91.03	55.09
2007	138.78	50.25	109.76	63.54	137.16	50.84
2008	175.52	51.68	188.12	48.22	222.17	40.83
2009	141.29	48.82	111.96	61.61	138.28	49.89
2010	204.48	45.28	137.42	67.38	171.28	54.06
2011	249.61	42.45	169.84	62.39	228.22	46.43
2012	256.82	43.48	175.83	63.51	251.71	44.36
2013	285.96	42.86	190.43	64.36	275.62	44.46
2014	224.52	45.12	171.37	59.11	276.69	36.61

资料来源：根据《新疆统计年鉴（2003～2015 年）》和国家统计局相关数据整理而得。

3.2.2　贸易便利化进程加快

　　为加快双方贸易便利化进程，新疆不仅重视道路基础设施建设，提高区域内的交通便利化程度，而且积极建立电子海关系统，加强海关信息化建设。依托南北疆的中心城市和边境口岸，新疆已初步形成以乌鲁木齐市为中心，辐射到周边

---

① 数据来源于中国乌鲁木齐海关网，http://urumqi.customs.gov.cn/.
② 表中占比数据等于新疆与哈国贸易额占对应贸易总额的比例.

及中亚国家的多层次、全方位过境运输网络。中国发起成立的亚投行和丝路基金，也为加快贸易便利化提供了有力的资金支撑。霍尔果斯市还将配套建设 220公顷以上的工业园区，通过招商引资，引进先进的原料加工业、食品制造业等企业，让霍尔果斯市发展成为哈国最重要的经济特区之一。

哈国为改善基础设施落后、货运设备缺乏等问题，也开始加速投资修建霍尔果斯—东大门经济特区等国际运输通道。哈国计划在 2016 年扩建霍尔果斯口岸，为铁路运输建设 225 公顷的集装箱堆放区和近 130 公顷的集装箱装卸区，使霍尔果斯铁路口岸的货物吞吐能力提升至每年 440 万吨以上。

3.2.3 贸易合作方式优化

近年来，双方通过互派政府、专家、企业代表团，互派技术人员、教师和留学生访问，互办产品展销会、经济技术合作洽谈会等多种形式，使双方贸易额不断增加。由表 3 - 60 可以看出，新疆与哈国的贸易合作方式主要以边境小额贸易运输形势为主，边境小额贸易额由 2004 年的 37.08 亿美元提高到 2014 年的142.26 亿美元，增长额实现近翻两番，但边境小额贸易额占到全疆进出口总额的比例由 2004 年的 65.80% 下降为 51.41%。新疆的一般贸易额不断增加，占全疆进出口总额的比例表现为先略有下降后稳步上升的趋势，而加工贸易方式的比例却逐步下降。

表 3 - 60   按贸易方式分的新疆贸易进出口额

年份	一般贸易		加工贸易		边境小额贸易		其他贸易	
	金额（亿美元）	占比（%）	金额（亿美元）	占比（%）	金额（亿美元）	占比（%）	金额（亿美元）	占比（%）
2004	15.17	26.92	3.18	5.65	37.08	65.80	0.92	1.62
2005	19.69	24.80	3.18	4.01	55.39	69.74	1.15	1.45
2006	22.08	24.25	3.18	3.49	64.85	71.23	0.93	1.02
2007	36.94	26.93	3.96	2.88	9.42	68.65	2.10	1.53
2008	38.25	17.22	4.61	2.07	176.42	79.41	2.89	1.30
2009	29.68	21.46	3.47	2.51	91.16	65.93	13.97	10.10
2010	36.35	21.22	3.27	1.91	100.42	58.63	31.24	18.24
2011	64.77	28.38	2.65	1.16	128.36	56.24	32.34	14.22
2012	84.53	33.58	2.59	1.03	130.04	51.66	34.55	13.73
2013	95.12	34.51	5.10	1.85	143.58	52.09	31.82	11.55
2014	110.00	39.75	4.51	1.63	142.26	51.41	19.93	7.20

资料来源：《新疆统计年鉴（2015 年)》。

除了边境小额贸易、一般贸易和加工贸易外，近年来包括对外工程承包出口货物、租赁贸易、旅游购物商品等其他贸易方式在新疆进出口贸易中的比例变化明显。2004 年至 2008 年其他贸易方式占新疆进出口额的比例不到 2%，2009 年新疆其他贸易方式产生的贸易额提高至 13.97 亿美元，占比达到了 10.10%，至 2010 年该比例达到最大，为 18.42%。截至 2014 年，新疆一般贸易、加工贸易、边境小额贸易和其他贸易的占比分别为 39.75%、1.63%、51.41%、7.20%，与 2004 年相比，贸易方式呈现出优化趋势。

3.2.4 贸易主体日益强大

当前双方的贸易主体已从边贸小公司、个体户，拓展到以国有企业和私营企业为主。目前，新疆国有企业已达 300 多家，私营企业在逐步增多，并开始涉入能源开发、钢铁、电力、汽车服务、金融、房产置业等多个领域。2015 年中国企业 500 强中有 4 家新疆企业，分别是新疆广汇实业投资集团、特变电工集团、兵团建工集团和新疆天业集团。其中，最具代表性的新疆广汇实业投资集团是新疆中国企业 500 强中的领军企业，已成为西北地区唯一一家总资产、经营收入均突破千亿元的私营企业。

从表 3-61 中可以看到，2004 年国有经济、集体经济和私营经济占新疆进出口贸易额的比例分别为 43.15%、14.25%、39.43%，贸易往来以国有企业为主体。随着新疆经济的快速发展，大中型企业积极在种植业、畜牧业、食品工业、交通运输、石油勘探和机械制造等领域与哈国开展投资合作，积极兴办合资、独资企业，使新疆私营企业发展数目和发展实力不断壮大，其主体地位日益凸显。到 2014 年，国有经济、集体经济和私营经济占新疆进出口贸易额的比例变化为 19.96%、0.74%、78.54%，私营企业引领双方贸易发展。

表 3-61　　　　　　　　按登记注册类型分的新疆贸易进出口额

年份	国有经济		集体经济		私营经济		三资企业		其他经济	
	进出口 (亿美元)	占比 (%)	进出口 (亿美元)	占比 (%)	进出口 (亿美元)	占比 (%)	进出口 (亿美元)	占比 (%)	进出口 (亿美元)	占比 (%)
2004	24.32	43.15	8.03	14.25	22.22	39.43	1.78	3.16	0.0059	0.0105
2005	30.74	38.70	13.28	16.72	33.54	42.23	1.86	2.34	0.0068	0.0086
2006	33.76	37.09	7.64	8.39	47.8	52.51	1.82	2.00	0.0125	0.0137
2007	42.65	31.09	3.74	2.73	87.96	64.1	2.81	2.05	0.0034	0.0025
2008	49.72	22.38	6.63	2.98	162.7	73.23	3.12	1.40	0.0022	0.0010
2009	39.42	28.51	3.2	2.31	92.92	67.20	2.73	1.97	0.0005	0.0004
2010	47.02	27.45	2.71	1.58	118	68.89	3.55	2.07	0.0057	0.0033
2011	68.74	30.12	2.2	0.96	153.96	67.46	3.33	1.46	0.0005	0.0002
2012	68.82	27.34	2.74	1.09	177.7	70.60	2.44	0.97	0	0.0000
2013	71.89	26.08	1.17	0.42	200.04	72.58	2.52	0.91	0.0015	0.0005
2014	55.22	19.96	2.04	0.74	217.31	78.54	2.12	0.77	0.0007	0.0003

资料来源：《新疆统计年鉴（2015 年）》。

3.3　经贸合作中存在的问题

3.3.1　产业合作拓展空间小

哈国油气资源总量高，以出口石油、天然气以及矿物资源为主，而作为中国西部能源战略通道的新疆，以能源疏通作为其经济发展的支柱。因此新疆与哈国经贸合作主要集中于能源资源领域，而其他领域的产业合作都还是处于起步发展阶段。

双方有开展农业合作的优越条件，已涉及农业、农村、农产品贸易等领域，但多属于传统合作形式。哈国独立后，打破旧的农业生产模式，建立新的农业发展机制，但仍存在农牧机械设备陈旧、发展体制机制不完善、缺乏农业科学技术创新能力等问题，这些都严重阻碍新疆和哈国进一步开展农业贸易合作。

双方工业贸易合作主要集中于轻纺制品、机电设备、生活用品等，难以形成规模化的发展模式。新疆工业发展以油气开采业、石油加工、炼焦及核燃料加工业和传统机械制造业为主，但普遍存在产业升级慢、人才优化难的困境，使新疆的工业发展滞后。而哈国基于丰富的油气资源，工业发展也以油气开采业、石油加工、炼焦及核燃料加工业为主，但资源的不可持续性成为阻碍哈国工业发展的重要因素。以上工业发展瓶颈增加了双方工业贸易合作的难度，导致双方工业企业之间沟通少，合作主体实力弱，大型合作项目少，无法形成规模效益。

双方服务业贸易合作发展滞后，银行和保险等金融配套服务较少，普遍存在服务贸易体制机制不健全、不完善等问题。与其他中亚国家相比，哈国服务业发展规模大、增长速度快，但是其传统产业支撑服务业发展的质量不高，金融业、交通运输业、通信业等新型行业的发展有限。新疆服务业发展以旅游业、交通运输业、金融业等为主，如何利用新疆的旅游优势资源，创新服务业合作模式，搭建中哈旅游贸易的便利通道，促进产业合作，有待探究。

3.3.2　贸易商品结构较为单一

若将新疆和哈国的货物贸易分为农业原材料、食品、燃料、矿物和金属、制成品、其他六大类来进行分析研究，可发现在新疆与哈国的进口商品结构中，主要以原油燃料为主，占新疆进口商品额的 50% 以上，新疆自哈国的进口商品相对单一（新疆与哈国的进口与出口商品结构见图 3 - 30）。除进口原油、成品油、液化石油气及其他烃类气等燃料外，新疆还从哈国进口农业原材料、铁铜铝矿砂及其精矿，以及纺织纱线和织物、牛（马）皮革、部分机械及零件等制成品。而在新疆与哈国的出口商品结构中，以建材、鞋类、家电、食品机械及零件、石油机械及零件等制成品为主，占新疆出口商品总额的比例近90%。

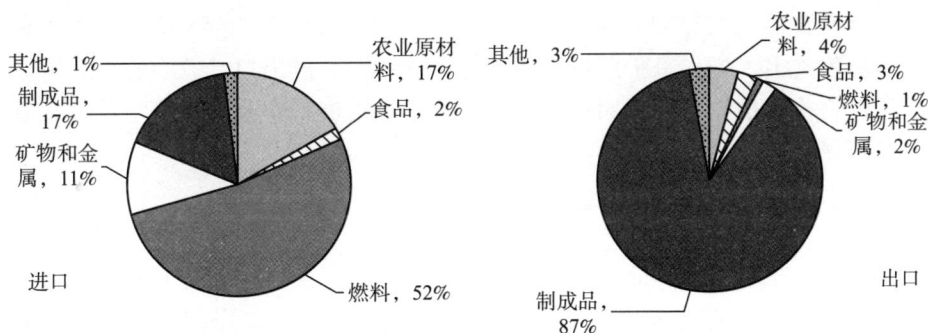

图3－30　2014年新疆与哈国的进口与出口商品结构

资料来源：根据中国乌鲁木齐海关网（http：//urumqi.customs.gov.cn/）的相关数据，以各分类产品占新疆与哈进（出）口额的比例和新疆与哈的进（出）口额占新疆进（出）口总额的比例相同为假设前提，并整理而得。

虽然新疆正在提升贸易产品档次，提高产品质量和贸易多样化，但新疆与哈国的进出口商品结构仍过于单一。随着双方经济发展和国民消费水平的普遍提高，且新疆具有一定技术含量的机电产品表现出明显的发展潜力，新疆应积极调整进出口商品格局，增加高技术、高附加值商品的进出口比重。

3.3.3　口岸综合管理职能弱化

口岸综合管理部门的职能主要体现为对口岸事务进行协调、管理、服务和仲裁，协调海关、国检、边防检查等执法部门保持通关顺畅。但目前国家还没有对口岸综合管理进行立法，导致口岸综合管理部门协调、管理、服务、仲裁缺乏有力的法律依据。另外，虽然中国与哈国签署的海关合作协议是建立在多种合作形式之上，但多数相关协议还未付诸实施，造成双方海关信息化水平较低，经贸合作进程缓慢。

新疆通过阿拉山口口岸和霍尔果斯口岸运输出境的集散货物还没有货运班列，货运车皮编组需要消耗大量的时间，限制了新疆铁路货运效率的提高。哈国有的口岸联检设施也较为落后，无法满足对接口岸货运量的增长需求。比如，阿拉山口哈国铁路口岸一侧的换装场站数量少，霍尔果斯哈国口岸一侧待检车场的联检设施陈旧，都极大地影响着双方贸易通关率。

3.3.4　检验检疫标准不明确

2010年以前，哈国口岸出入境的7项职能分由4个国家部门承担，其中农业部承担动植物检验检疫，卫生部承担卫生检疫，交通部承担交通检查。2010年初交通部的交通检查职能移交海关，2011 下半年卫生部的卫生检疫职能移交海关。2015 年 2 月农业部的动植物检验检疫职能移交海关，同年 12 月动植物检验检疫职能又转移至财政部海关。至此，哈国口岸管理部门最终确定为边防和海关，边防负责出入境人员护照检查，海关负责运输、进出口、放射检查、卫生检疫、动植物检验检疫等。然而，由于动植物检验检疫工作具有较高专业性和复杂性，目前该检验检疫工作实际仍由农业部进行。

3.3.5　贸易政策的不确定性

2004 年 12 月、2007 年 10 月，哈国在没有提前公告的情况下，独自修改了清关方式和货车载货标准，将不符合新规定的车辆滞留口岸，被迫延长通关时间，这使中国企业难以适应。2013 年初，哈国又调整了汽车进口税，15 吨以下由 1600 美元/辆提高到 2300 美元/辆；15 吨以上由 1900 美元/辆提高到 2600 美元/辆。从 2013 年 7 月起，哈国开始禁止欧 3 标准及以下汽车进入哈国境内或在哈国注册，哈国进口企业找种种理由拒绝接收欧 3 标准的汽车。2014 年 7 月 15 日，哈国又开始实施汽车欧 4 尾气排放标准，导致中国汽车出口受阻，出口每辆重型汽车的车改造成本平均增加 3 万元人民币。此外，中国与哈国边民互市建设开放以来，哈国一直禁止我国边民进入哈国互市贸易，还以种种理由禁止我国涉外运输企业司乘人员和车辆进入哈国实施跨境运输，违背了双方的运输协定。

4. 中国新疆和哈萨克斯坦经贸互补性分析

4.1　资源互补性分析

新疆蕴藏着丰富的煤、石油、天然气，其中煤炭预测储量达 2.19 万亿吨，占全国的 40%；石油储量为 208.6 亿吨，占到全国陆上石油资源量的 30%；天然气储量为 10.3 万亿立方米，占到全国陆上天然气资源量的 34%。新疆矿产资源种类丰富，仅发现的矿产近 140 种，占中国已发现矿产种类的 81.6%，其中 9 种矿产储量居全国首位，32 种矿产储量居西北地区首位。

哈国的煤、石油、天然气储量也较丰富，已探明的煤储量达 39.4 亿吨，石油储量达 100 亿吨，天然气储量达 11700 万亿立方米。哈国矿产资源丰富，截至 2014 年已探明的矿藏有 90 多种，其中钨储量位居世界第一，铬和磷矿石储量位居世界第二，铜、锌、铅、磷和钼储量位居亚洲第一。

通过对比表 3-62 中的资源可发现，新疆和哈国都拥有丰富的油气资源和矿产资源，但新疆与哈国的资源储量有一定差距。而我国是能源消费大国，若将新疆的资源储量纳入全国考虑，则人均资源储量较低，无法满足国内消费要求。哈国的矿产资源和油气资源正是新疆实现经济快速发展所急需的，双方的资源互补性将有利于双方发展特色经济，形成新的经济增长极。

表 3-62　　　　　　　　　　　　新疆与哈国的资源比较

国家（地区）	能源资源（储量）	矿产资源
新疆	煤（2.19 万亿吨）、石油（208.6 亿吨）、天然气（10.3 万亿立方米）	金、铬、铜、镍、稀有金属、盐类矿产、建材非金属等
哈国	煤（39.4 亿吨）、石油（100 亿吨）、天然气（11700 万亿立方米）	钨、锰、铁、铜、铅、锌、钼、磷、铬、磷矿石等

4.2　产业互补性分析

4.2.1　农业互补性

从新疆南疆的帕米尔高原到北疆的阿勒泰草原，新疆共拥有 331 万公顷耕种土地，1000 多万公顷可垦种荒地，为新疆发展种植业和畜牧业提供了广阔的资源背景，其中种植业以种植粮食、棉花等特殊产品为主，是我国举足轻重的棉花产区，畜牧业则以饲养牛、羊为主。

哈国农业发展以植棉业、养蚕业和畜牧业为主，可耕种面积 2400 多万公顷，人均耕种面积为 23 亩。哈国是原苏联的粮仓，以耕地种植春小麦粮食作物为主，还种植甜菜、棉花、烟草等其他农作物。哈国拥有 1.88 亿公顷牧场，面积占世界第五位，以放牧牛羊为主，牛奶产量和羊毛产量在农业经济发展中占有重要地位。

从表 3-63 中可以看出，虽然新疆和哈国有相似的农业发展结构，但二者的农业发展基础有一定差距，发展趋势也有很大的区别。新疆是我国重要的粮食生产区之一，但我国基于人口基数庞大，对粮食有很大的市场需求，而哈国地广人稀，是中亚地区主要的粮食产地，可提供满足粮食出口的市场供给。在分别满足国内市场需求的基础上，双方的棉花产量也存有经济合作空间。同时，双方还可在肉类、牛奶以及羊毛等畜牧业的发展差距中寻找进行农业互补合作的契合点。

表 3 - 63　　　　　　　2014 年新疆与哈国农业产值和部分农产品产量的对比

国家 （地区）	农业产值 （亿元）	粮食产量 （万吨）	棉花产量 （万吨）	肉类产量 （万吨）	牛奶产量 （万吨）	羊毛产量 （万吨）
新疆	2744.0 （+8.1%）	1390.8 （+2.2%）	451.0 （+28.2%）	149.1 （+7.1%）	147.5 （+9.3%）	9.7 （+0%）
哈国	872.8 （+0.8%）	1890.0 （-9.1%）	320.7 （-19.1%）	89.9 （+3.2%）	502.0 （+2.6%）	13.0 （+7.4%）

资料来源：根据《新疆统计年鉴（2015 年）》和中国驻哈萨克斯坦经商参赞处数据整理而得。

4.2.2　工业互补性

新疆工业发展以油气开采、石油加工、炼焦及核燃料加工业为主。从表 3 - 64 中可以看出，2014 年新疆工业总产值达 9431.8 亿元，同比上升 8.7%。基于资源的有限性，2012~2014 年，油气开采业、石油加工、炼焦及核燃料加工业产值增幅下降，黑色金属冶炼及压延加工业产值逐年下降，而电热力的生产和供应业、纺织业、农副产品加工业等其他重点行业呈现一定的发展优势。

表 3 - 64　　　　　　　2010~2014 年新疆重点行业的工业产值　　　　　单位：亿元

年份	石油和 天然气 开采业	石油加工、 炼焦及核 燃料加工业	黑色金属 冶炼及压 延加工业	电力、热力 的生产和 供应业	化学原料 及化学制 品制造业	纺织业	农副产品 加工业	工业 总产值
2010	1144.3	1245.1	553.1	338.6	316.7	120.5	237.2	5341.9
2011	1413.1	1572.0	679.6	459.4	454.9	121.8	268.9	6720.8
2012	1373.6	1673.1	741.8	619.3	515.5	130.7	320.8	7532.7
2013	1384.7	1731.1	728.2	789.2	616.3	125.8	395.0	8680.0
2014	1400.4	1768.7	661.0	996.3	684.2	136.8	474.3	9431.8

资料来源：《新疆统计年鉴（2011~2015 年）》。

哈国 2014 年实现工业产值 3847.4 亿元，约占新疆工业总产值的 40.8%，新疆工业领先发展的优势逐步显现。2014 年，哈国的石油、煤炭和铜矿开采有所下降，矿山开采和原料加工业下降 0.3%[①]，天然气、铀矿和有色金属出现不同程度增长。基于丰富的油气资源和矿产资源，哈国亟须发展石油加工、油气开采业、黑色金属冶炼及压延加工业等，对发展畜牧业的仪器设备、生产设施、加工机械以及新能源装备等也有较大需求。

---

①　中国驻哈萨克斯坦经商参处，国际文传 2015 年 1 月 13 日阿斯塔纳讯，2014 年哈工业生产规模扩大 0.2%，http：//kz.mofcom.gov.cn/article/jmxw/201501/20150100870576.shtml，2015 - 01 - 19。

而新疆已拥有一批行业技术创新先进企业，在自治区内有雄厚的实力和影响力；大型风力发电机组、光伏产品的研发和制造在国内处于领先水平；大型农牧机械、节能抽油机、新能源装备等在国内具有一定影响力和知名度。双方在工业领域开展经贸合作，不仅符合哈国的利益和需求，也有利于加强双方合作深度，实现双方的互利双赢。

4.2.3 服务业互补性

新疆与哈国均面临服务业发展滞后的问题，信息化建设尚处于起步阶段，覆盖面小。双方以交通运输业、批发零售业为主，金融业、旅游业、房地产业、信息技术产业等现代服务业起步较晚，电子商务、现代物流、中介咨询等新兴服务业发展滞后。

双方的批发零售业已形成一定发展规模，且存在有限的合作空间。仅 2014 年，新疆按规模划分，限额以上批发零售企业零售额 966.02 亿元，增长 5.9%，限额以下批发零售企业零售额 1091.52 亿元，增长 17.9%[①]，批发零售业总规模为 2057.54 亿元；哈国批发零售业总规模达 1254.40 亿元，增长 12.1%[②]。

但双方的交通运输业发展存在较大差距，且发展形势不尽如人意。由表 3 - 65 可得，2014 年新疆全年实现货运周转量 2777.28 亿吨公里，同比上升 11.5%，除了铁路货运周转量有下降趋势外，铁路、海运、空运、管道的运输量均同比上升。而哈国全年货运周转量为 4873.76 亿吨公里，同比下降 4.8%，除了公路周转量有上升趋势外，铁路、海运、空运、管道的运输量均同比下降[③]。

表 3 - 65	2014 年新疆与哈国的货运周转量			单位：亿吨公里
国家（地区）	铁路	公路	空运	管道
新疆	970.46 （-2.6%）	1156.40 （+9.6%）	1.73 （+8.1%）	648.69 （+48.5%）
哈国	2141.11 （-6.6%）	1550.70 （+6.8%）	0.49 （-22.1%）	1156.51 （-0.4%）

资料来源：根据《新疆统计年鉴（2015 年）》和中国驻哈萨克斯坦经商参处相关数据整理而得。

---

① 资料来源于新疆维吾尔自治区 2014 年国民经济和社会发展统计公报。

② 中国驻哈萨克斯坦经商参处，国际文传 2015 年 1 月 13 日阿拉木图讯，2014 年哈萨克斯坦内零售业规模增长 12.1%，http://kz.mofcom.gov.cn/article/jmxw/201501/20150100870564.shtml，2015 - 01 - 19.

③ 中国驻哈国经商参处，国际文传电讯社阿拉木图 2015 年 1 月 13 日讯，2014 年哈国货运周转量同比下降 4.8%，http://kz.mofcom.gov.cn/article/jmxw/201501/20150100870560.shtml，2015 - 01 - 19.

4.3　贸易互补性分析

4.3.1　贸易结合度

贸易结合度指数是 1947 年由美国经济学家布朗（A. J. Brown）提出，后于 1958 年经日本经济学家小岛清等人的研究得到完善，主要用来衡量两国或地区间贸易关系的紧密程度，其计算公式可表示为：

$$D_{ab} = (E_{ab}/E_a)/(I_b/I_w)$$

其中，a、b 表示两个国家或地区，D_{ab} 表示 a 对 b 的贸易结合度，E_{ab} 表示 a 对 b 的出口额，E_a 表示 a 的出口总额，I_b 表示 b 的进口总额，I_w 表示世界进口总额。若 $D_{ab} < 1$，说明两地间是疏远的贸易关系；若 $D_{ab} = 1$，两地间贸易表现为平均水平；若 $D_{ab} > 1$，则说明两地间有紧密的贸易关系。D_{ab} 数值越大，说明两地区间的贸易关系越密切。

从表 3 - 66 可以看出，2000 ~ 2014 年，中国对哈国的贸易结合度呈现下降趋势，但该指数均大于 2，说明两国仍有紧密的贸易关系。而新疆对哈国的贸易结合度数值很大，说明新疆与哈国之间有着非常紧密的贸易关系。即使新疆与哈国的贸易结合度指数明显下降，但哈国在新疆与中亚五国的贸易关系中仍然占据主要地位。2014 年，新疆与哈国的贸易额为 101.3 亿美元，占到新疆与中亚五国贸易总额的近 60%（新疆与中亚五国的贸易总额比较见图 3 - 31）。

表 3 - 66　　　　　　　　　　　**新疆对哈国的贸易结合度**

年份	2000	2005	2010	2011	2012	2013	2014
中国对哈国	3.23	3.19	2.94	2.45	2.15	2.19	2.07
新疆对哈国	568.5	376.71	261.77	192.67	147.98	145.05	143.11

资料来源：根据《新疆统计年鉴（2015 年）》和《国际统计年鉴（2015 年）》相关数据整理而得。

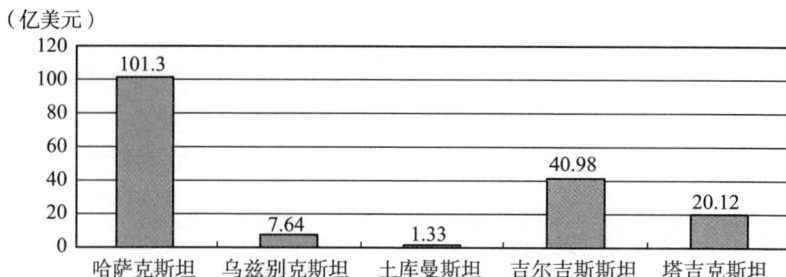

图 3 - 31　2014 年新疆与中亚五国的贸易总额比较

资料来源：中国乌鲁木齐海关，http://urumqi.customs.gov.cn/.

4.3.2　显性比较优势

显性比较优势指数（RCA）是 1965 年美国经济学家贝拉·巴拉萨（Bela Balassa）在测算部分国际贸易比较优势时采用的方法，又可称为出口效绩指数。该指数研究方法剔除了国家总量波动和世界总量波动的影响，通过某种出口产品在该国或地区出口总额中所占的份额与世界贸易中该产品占世界贸易总额的份额之比，来衡量一个国家或地区某种出口产品的国际竞争力。其计算公式表示为：

$$RCA_{Eak} = (E_{ak}/E_a)/(E_{wk}/E_w)$$

其中，a 表示一个国家或地区，k 表示产品类别，RCA_{ak} 表示 a 地在 k 类产品上的显性比较优势，E_{ak} 表示 a 地 k 类产品的出口额，E_a 表示 a 地的出口贸易总额，E_{wk} 表示在世界中 k 类产品的出口额，E_k 表示世界出口贸易总额。若 $RCA_{ak} > 2.5$，则表示 a 地的 k 类产品具有明显的比较优势，表现为极强的出口竞争力；若 $1.25 < RCA_{ak} < 2.5$，k 类产品表现为较强的出口竞争力；若 $0.8 < RCA_{ak} < 1.25$，k 类产品表现为中等的出口竞争力；若 $RCA_{ak} < 0.8$，k 类产品表现为较弱的出口竞争力。

将中国、新疆和哈国的货物贸易分为农业原材料、食品、燃料、矿物和金属、制成品、其他六大类来进行分析研究，分别计算中国、新疆和哈国的 RCA（比较优势指数）。由表 3－67 可得，新疆的农业原材料具有明显的出口比较优势，制成品具有较强的出口竞争力，其他类具有中等的出口竞争力，而食品、燃料、矿物和金属具有较弱的出口竞争力；哈国的燃料、矿物和金属具有明显的出口优势，而农业原材料、食品、制成品和其他类具有较弱的出口竞争力。

表 3－67　　　　　　　　　2012 年中国和哈国显性比较优势指数

国别或地区	农业原材料	食品	燃料	矿物和金属	制成品	其他
中国	0.29	0.31	0.11	0.29	1.39	0.03
新疆	2.56	0.39	0.02	0.50	1.26	1.22
哈国	0.06	0.4	5.04	2.89	0.19	0

资料来源：根据世界银行 WDI 数据库和中国乌鲁木齐海关网相关数据整理而得。

4.3.3　贸易互补性指数

贸易互补性指数是衡量国家之间或地区之间贸易互补关系紧密程度的指标。国家或地区 a 出口与国家或地区 b 进口之间的贸易互补指数用 C_{ab} 表示，其计算公式表示为：

$$C_{abk} = \sum_{i=1}^{k} \left[(RCA_{Eak} * RCA_{Ibk}) * (W_k/W) \right]$$

$$RCA_{Iak} = (I_{ak}/I_a)/(I_{wk}/I_w)$$

其中，C_{abk} 表 a 地区与 b 地区在 k 类产品上的贸易互补性指数，RCA_{Eak} 表示用出口来衡量的 a 地区在产品 k 上的比较优势；RCA_{Ibk} 表示用进口来衡量的 b 地区在产品 k 上的比较优势，又称显性比较劣势指数（见表 3 – 68）；W_k 表示 k 类产品的国际贸易总额；W 表示世界所有产品的国际贸易额。若 a 地区的主要出口产品类别与 b 地区的主要进口产品类别相对应，两地区间的贸易互补性指数就越大，反之，两地区间的贸易互补性指数就越小。

表 3 – 68　　　　　　　2012 年中国和哈国显性比较劣势指数

国别或地区	农业原材料	食品	燃料	矿物和金属	制成品	其他
中国	2.79	0.71	0.98	3.10	0.85	1.37
新疆	13.38	0.08	3.04	3.95	0.10	0.21
哈国	0.43	1.24	0.58	0.50	1.18	0.13

资料来源：根据世界银行 WDI 数据库和中国乌鲁木齐海关网相关数据整理而得。

由表 3 – 69 可以得出，新疆和哈国在燃料、矿物和金属、制成品方面具有较强的贸易互补性。其中，燃料、矿物和金属的新疆进口与哈国出口贸易互补性指数大于或等于 1，表明哈国的燃料、矿物和金属在新疆具有较好的市场需求；而制成品的新疆出口与哈国进口贸易互补指数大于 1，表明新疆出口的制成品在哈国具有较好的市场需求。总的来看，新疆与哈国的主要贸易品具有较强的互补性。

表 3 – 69　　　　　　2012 年新疆与哈国主要商品的贸易互补性指数

商品类别	新疆出口与哈国进口的贸易互补性	新疆进口与哈国出口的贸易互补性
农业原材料	0.03	0.02
食品	0.08	0.01
燃料	0.01	5.01
矿物和金属	0.02	1.00
制成品	1.97	0.03
其他	0.01	0

资料来源：根据中国乌鲁木齐海关网相关数据整理而得。

5. 基于贸易引力模型的中国新疆与哈萨克斯坦贸易流量实证研究

5.1 引力模型构建

5.1.1 模型设定及变量说明

贸易引力模型的思路来源于牛顿万有引力定律，即国家或地区间的进出口贸易流量与它们自身的经济规模成正比，与相互之间的距离成反比。其基本模型形式可表示为：

$$T_{ij} = AGDP_i GDP_j / D_{ij}$$

其中，T_{ij} 表示 i 国与 j 国之间的进出口总额；GDP_i 和 GDP_j 分别表示 i 国和 j 国的 GDP；D_{ij} 表示 i 国与 j 国间的距离，通常用 i 国与 j 国的首都或经济中心之间的距离来表示。为了避免多重共线性和异方差问题，对模型两边取自然对数，则可得贸易引力模型的线性形式为：

$$\ln T_{ij} = A + \beta_1 \ln GDP_i + \beta_2 \ln GDP_j + \beta_3 \ln D_{ij} + u_{ij}$$

本文主要分析研究新疆进出口贸易流量的影响因素，故可在考虑了时间因素后，以新疆的进出口贸易额为被解释变量，以贸易合作国的 GDP 总量和距离为核心解释变量，引入经济实力差距、人均 GDP、人均收入水平差距、制度质量、制度距离、边境效应、土地面积等其他相关解释变量。根据以上各相关变量，可构建的拓展贸易引力模型为：

$$\ln T_{ijt} = \beta_0 + \beta_1 \ln GDP_{jt} + \beta_2 \ln D_{ij} + \beta_3 \ln dGDP_{ijt} + \beta_4 \ln pGDP_{jt} + \beta_5 \ln dpGDP_{ijt}$$
$$+ \beta_6 \ln iq_{jt} + \beta_7 \ln id_{ijt} + \beta_8 BJ_{ij} + \beta_9 \ln land_j + u_{ijt} \tag{1}$$

其中，下标 t 表示时间因素，下标 j 表示贸易合作国的相关变量，下标 ij 表示新疆与贸易合作国之间的相互变量，u_{ijt} 为随机干扰项。模型中各变量的相关说明、预期效果以及理论含义见表 3–70。

表 3–70 模型中变量的解释说明和预期符号

变量	解释说明	预期符号
T_{ijt}	被解释变量，单位亿美元，表示 t 时期新疆与 j 国的进出口贸易总额	
GDP_{jt}	单位亿美元，反映 t 时期 j 国的经济发展规模	+
D_{ij}	单位公里，表示新疆与 j 国的运输距离，反映贸易成本	–

续表

变量	解释说明	预期符号
$dGDP_{ijt}$	单位亿美元，表示 t 时期新疆与 j 国 GDP 差额的绝对值，反映双方的经济实力差距	－
$pGDP_{jt}$	单位美元，表示 t 时期 j 国的人均 GDP，涵盖了 j 国的收入和人口情况，反映其消费能力和生产能力。人均 GDP 越大，双方贸易流量越大，而一国国内分工的深化又逐步减少双方贸易量	＋／－
$dpGDP_{ijt}$	单位美元，表示 t 时期新疆与 j 国人均 GDP 差额的绝对值，反映双方的人均收入水平差距	－
iq_{jt}	表示 t 时期 j 国的制度质量水平。国家或地区的制度质量越高，越能促进贸易合作	＋
id_{ijt}	表示 t 时期新疆与 j 国制度质量差额的绝对值。国家或地区的制度差异越大，会使双方贸易总额下降	－
BJ_{ij}	虚拟变量，新疆与 j 国接壤时取"1"，反之取"0"，反映边境效应	＋
$land_j$	单位万平方公里，表示 j 国的土地面积，代表 j 国的资源禀赋，通常资源禀赋越高，对内越能自给自足，对外依赖程度越低	－

5.1.2 数据来源

面板数据，亦可称为平行数据，它包含横截面、时间和变量指标三个维度，能提供较少的共线性，体现出更多的信息变化、更多的自由度以及更好的估计效率，故与单独使用横截面数据或时间序列数据相比，利用面板数据可构造出更为真实的回归方程。

哈国作为"丝绸之路经济带"向西开放的核心区国家之一，已连续 23 年成为中国新疆的主要贸易伙伴，并且一直在新疆与中亚五国的贸易往来中保持主导地位。故本文选取了新疆与中亚五国的相关面板数据，样本截面个数为 5，样本观测时期为 13，引入 9 个相关解释变量，试图运用 EViews 7.2 计量软件，考察研究影响新疆与哈国贸易流量的主要因素。

其中，新疆与中亚五国的进出口贸易流量、新疆的 GDP、人均 GDP 数据均来源于《新疆统计年鉴（2003～2015 年）》，中亚五国的 GDP、人均 GDP 数据均来源于世界银行数据库（http：//www. worldbank. org. cn/）；运输距离 D 主要是采用 GCD 方法[①]（great circle distance），测算起点乌鲁木齐至中亚各国首都之间的距离，其中哈国以乌鲁木齐和现在的经济中心，即首都阿斯塔纳为准进行测算；中亚五国的制度质量来源于 2002～2014 年世界银行发布的全球治理指数，

[①] $GCD = R * \arccos\ (\cos\alpha * \cos\beta * \cos |c| + \sin\alpha\sin\beta)$，$R$ 为地球半径 6371 公里，α 和 β 是两地的纬度，c 是两地的经度之差。

新疆与中亚五国的制度距离通过双方制度质量水平差距的绝对值来衡量[①]。由于新疆区域治理指数获取的局限性，本文参照 2002～2014 年世界银行发布的中国全球治理指数来反映新疆的治理制度质量；中亚各国的土地面积数据来源于世界银行数据库（以上相关数据见附件表 3-71）。

5.2　计量检验

5.2.1　单位根检验

为实现本文的研究目的，需要先运用 EViews 7.2 对选取的面板序列进行单位根检验，来判断面板数据序列的平稳性和单整性。面板数据的单位根检验通常有6 种方法，其中 LLC 检验、布赖通（Breitung）检验和哈德里（Hadri）检验都假定各截面序列有相同的单位根过程，前两种检验的原假设是"各截面序列具有单个相同的单位根"，而哈德里检验的原假设是"各截面序列均没有相同的单位根"；IPS 检验、ADF-Fisher 检验和 PP-Fisher 检验都假定各截面序列具有不同的单位根过程。

表 3-71 中所示为面板数据的 3 种单位根检验结果，从表中可得面板序列的原始数据是非平稳的，序列存在单位根，而面板数据的一阶差分序列是平稳的，则需要在进行模型回归之前检验变量之间的协整性。各变量序列均为一阶单整，符合进行协整检验的前提条件。

表 3-71　　　　　　　　　　面板数据单位根检验结果

变量	检验方法	水平值	一阶差分值	结论
$\ln T_{ijt}$	Levin，Lin&Chu t*	-7.0025（0.0000）	-4.7880（0.0000）	I（1）
	Im，Pesaran and Shin W-stat	-3.0700（0.0011）	-3.3144（0.0005）	I（1）
	ADF-Fisher Chi-square	28.5397（0.0015）	28.5800（0.0015）	I（1）
$\ln GDP_{jt}$	Levin，Lin&Chu t*	-4.8253（0.0000）	-5.0725（0.0000）	I（1）
	Im，Pesaran and Shin W-stat	-1.1141（0.1326）	-3.1112（0.0009）	I（1）
	ADF-Fisher Chi-square	14.4439（0.1537）	26.5254（0.0031）	I（1）
$\ln dGDP_{ijt}$	Levin，Lin&Chu t*	-2.0819（0.0187）	-5.4768（0.0000）	I（1）
	Im，Pesaran and Shin W-stat	0.3487（0.6364）	-3.4950（0.0002）	I（1）
	ADF-Fisher Chi-square	9.8787（0.4512）	29.4716（0.0010）	I（1）

---

① 魏浩，何晓琳，赵春明. 制度水平、制度差距与发展中国家的对外贸易发展——来自全球 31 个发展中国家的国际经验［J］. 南开经济研究，2010（5）.

续表

变量	检验方法	水平值	一阶差分值	结论
$\ln pGDP_{jt}$	Levin，Lin&Chu t*	−5.0217（0.0000）	−4.8891（0.0000）	I（1）
	Im，Pesaran and Shin W − stat	−1.2930（0.0980）	−2.9579（0.0015）	I（1）
	ADF − Fisher Chi − square	15.4510（0.1165）	25.4773（0.0045）	I（1）
$\ln dpGDP_{ijt}$	Levin，Lin&Chu t*	−1.6014（0.0546）	−4.7785（0.0000）	I（1）
	Im，Pesaran and Shin W − stat	0.7691（0.7791）	−3.3470（0.0004）	I（1）
	ADF − Fisher Chi − square	8.2400（0.6054）	28.1894（0.0017）	I（1）
$\ln iq_{jt}$	Levin，Lin&Chu t*	−1.2757（0.1012）	−3.7994（0.0001）	I（1）
	Im，Pesaran and Shin W − stat	−1.4483（0.0738）	−3.4633（0.0003）	I（1）
	ADF − Fisher Chi − square	18.2604（0.0507）	28.9804（0.0013）	I（1）
$\ln id_{ijt}$	Levin，Lin&Chu t*	−4.8830（0.0000）	−6.2424（0.0000）	I（1）
	Im，Pesaran and Shin W − stat	−3.3562（0.0004）	−4.7886（0.0000）	I（1）
	ADF − Fisher Chi − square	29.4028（0.0011）	38.6988（0.0000）	I（1）

注：（）内为伴随概率。

5.2.2　协整检验

　　面板数据协整检验是检验同阶单整的各变量间是否具有长期稳定的均衡关系，避免出现伪回归现象。面板协整检验若按基本检验思路划分，可分为两种：一种是对面板数据协整回归检验的残差数据进行单位根检验的协整检验，即恩格尔 – 格兰杰（Engle – Granger）两步法；另一种是以推广约翰森（Johansen）检验法为方向而发展得到的面板数据协整检验。其中，基于残差的恩格尔 – 格兰杰协整检验法又可分为高（Kao）检验法和佩德罗尼（Pedroni）检验法。

　　本文采用佩德罗尼（Pedroni）（Engle – Granger）检验法对面板数据进行协整检验，该方法是在回归残差的基础上构造 7 个面板协整的检验统计量，即用 Panel v-stat、Panel rho-stat、Panel PP – stat、Panel ADF – stat 来描述联合组内尺度，用 Group rho-stat、Group PP – stat、Group ADF – stat 来描述组间尺度。佩德罗尼（1999）[①] 指出，在不同的样本容量下这 7 个统计量会表现出不同的相对优势，当样本观察期较长时（如 $T > 100$），7 个统计量的偏误会较小且效能也较高。但当样本观察期较短时（如 $T \leqslant 20$），只有 Panel ADF – stat 和 Group ADF – stat 两个统计量会有较好的效能，其余统计量的效能表现较差。本文所研究的时间跨度为 2002 ~ 2014 年（$T = 13$），故本文的实证分析主要依据 Panel ADF – stat 和 Group ADF – stat 两个统计量的检验结果来判断协整关系，其余统计量仅作为

----

① 卢方元，靳丹丹. 我国 R&D 投入对经济增长的影响——基于面板数据的实证分析 [J]. 中国工业经济，2011（3）.

参考。

由表 3 – 72 可得，除了 $\ln T_{ijt}$ 与 $\ln iq_{jt}$、$\ln T_{ijt}$ 与 $\ln id_{ijt}$ 外，$\ln T_{ijt}$ 与 $\ln GDP_{jt}$、$\ln T_{ijt}$ 与 $\ln dGDP_{ijt}$、$\ln T_{ijt}$ 与 $\ln pGDP_{jt}$、$\ln T_{ijt}$ 与 $\ln dpGDP_{ijt}$ 的 Panel ADF – stat 和 Group ADF – stata 统计量均能通过 5% 和 10% 的显著性水平检验，则拒绝原假设接受存在协整关系的备择假设，$\ln T_{ijt}$ 与 $\ln GDP_{jt}$、$\ln T_{ijt}$ 与 $\ln dGDP_{ijt}$、$\ln T_{ijt}$ 与 $\ln pGDP_{jt}$、$\ln T_{ijt}$ 与 $\ln dpGDP_{ijt}$ 之间存在长期稳定的协整关系。

表 3 – 72　　　　　　　　　面板数据佩德罗尼协整检验结果

统计量	Panel v-stat	Panel rho-stat	Panel PP – stat	Panel ADF – stat	Group rho-stat	Group PP – stat	Group ADF – stat
$\ln T_{ijt}$ 与 $\ln GDP_{jt}$	– 0.0950	– 1.0167	– 2.8127 **	– 4.9658 **	– 0.2511	– 3.0492 **	3.9521 **
$\ln T_{ijt}$ 与 $\ln dGDP_{ijt}$	– 0.1435	– 0.6479	– 1.9352 *	– 2.9064 **	– 0.2704	– 2.1678 *	– 2.3739 *
$\ln T_{ijt}$ 与 $\ln pGDP_{jt}$	0.0115	– 1.1570	– 3.1505 **	– 5.0156 **	– 0.3153	– 3.3821 **	– 4.7516 **
$\ln T_{ijt}$ 与 $\ln dpGDP_{ijt}$	– 0.0472	– 0.2427	– 1.8503 *	– 3.5875 **	– 0.0823	– 5.3493 **	– 3.6845 **
$\ln T_{ijt}$ 与 $\ln iq_{jt}$	– 1.1212	0.7773	– 0.8931	– 0.4784	1.3883	– 0.7736	– 0.9063
$\ln T_{ijt}$ 与 $\ln id_{ijt}$	– 1.1234	0.4684	– 1.1272	– 0.3951	1.2553	– 1.5271	– 0.1176

注：* 表示在 10% 水平上显著，** 表示在 5% 水平上显著，*** 表示在 1% 水平上显著。

由于 $\ln T_{ijt}$ 与 $\ln iq_{jt}$、$\ln T_{ijt}$ 与 $\ln id_{ijt}$ 之间不能通过 5% 和 10% 的显著性水平检验，$\ln T_{ijt}$ 与 $\ln iq_{jt}$、$\ln T_{ijt}$ 与 $\ln id_{ijt}$ 之间不存在协整关系，故在模型方程（1）的设定中，无法准确判断出制度质量、制度距离对双边贸易流量的影响。将制度质量和制度距离两个解释变量剔除后，得到可进行回归分析的拓展贸易引力模型应为：

$$\ln T_{ijt} = \beta_0 + \beta_1 \ln GDP_{jt} + \beta_2 \ln D_{ij} + \beta_3 \ln dGDP_{ijt} + \beta_4 \ln pGDP_{jt}$$
$$+ \beta_5 \ln dpGDP_{ijt} + \beta_6 BJ_{ij} + \beta_7 \ln land_j + u_{ijt} \tag{2}$$

5.2.3　模型回归估计

依据对截距项和解释变量系数的不同限制，通常可将面板数据模型分为混合回归模型、变截距模型和变系数模型三种类型。本文是将 5 个截面成员的时间序列数据混合在一起作为统计分析样本数据，假定截距项 β_0 和解释变量系数 β_1、β_2，…，β_7 对于所有的截面个体成员都是相同的，即建立面板数据的混合回归模型，如表 3 – 72 所示即为对模型（2）进行逐步回归的估计结果。

从表 3 – 73 可以看出，由回归方程（1）到回归方程（2），R^2 值略有下降，可调整 R^2 略有上升，F 检验值也很高，说明回归方程（1）和回归方程（2）对样本的拟合很好，且各解释变量联合起来对新疆与中亚五国的贸易流量有显著影响。但与回归方程（1）相比，回归方程（2）的 SC（施瓦茨准则）值和 AIC

（赤池信息准则）值均有所下降，说明回归方程（2）所得模型的解释能力增加，故回归方程（2）的估计效率优于回归方程（1）。

表 3 - 73　　　　　　　　　　　拓展引力模型回归结果

变量	方程（1）	方程（2）	方程（3）
c	36. 09352 *** (5. 9212)	33. 9744 *** (6. 5435)	34. 7073 *** (6. 6109)
$\ln GDP_{jt}$	2. 5053 *** (4. 5826)	2. 3392 *** (4. 8196)	2. 7844 *** (6. 7793)
$\ln D_{ij}$	- 3. 1627 *** (- 8. 1865)	- 3. 0692 *** (- 8. 5568)	- 2. 9549 *** (- 8. 2712)
$\ln dGDP_{ijt}$	- 0. 3211 (- 0. 6721)	—	—
$\ln pGDP_{jt}$	0. 5167 * (1. 4525)	0. 3146 * (1. 6621)	—
$\ln dpGDP_{ijt}$	- 0. 7986 ** (- 2. 4145)	- 0. 7901 ** (- 2. 4018)	- 0. 9746 *** (- 3. 1017)
BJ_{ij}	3. 3863 *** (5. 8835)	3. 2110 *** (6. 2876)	3. 5964 *** (7. 7883)
$\ln land_j$	- 2. 3666 *** (- 3. 2714)	- 1. 9808 *** (- 4. 5193)	- 2. 1945 *** (- 5. 1607)
R^2	0. 9070	0. 9063	0. 9018
可调 R^2	0. 8956	0. 8966	0. 8935
SC 值	2. 4607	2. 4043	2. 3866
AIC 值	2. 1931	2. 1702	2. 1859
F 值	79. 4070	93. 4496	108. 3503

注：( ) 内为 t 检验值，* 表示在 10% 水平上显著，** 表示在 5% 水平上显著，*** 表示在 1% 水平上显著。

由回归方程（2）到回归方程（3），R^2 值和可调整 R^2 值均出现小幅下降，但仍表现出较好的拟合优度。在回归方程（3）中，SC 值略有下降，AIC 值小幅上升，模型具有较强的解释能力，且各个解释变量均能通过 1% 的显著性水平检验，F 值也较高说明相关解释变量的联合作用更为显著，故可以认为回归方程（3）的估计效率优于回归方程（2）。最终得到回归模型方程为：

$$\ln T_{ijt} = 34.7073 + 2.7844 \ln GDP_{jt} - 2.9549 \ln D_{ij} - 0.9746 \ln dpGDP_{ijt} +$$
$$3.5964 BJ_{ij} - 2.1945 \ln land_j \tag{3}$$

5.3　实证结果分析

从模型（3）中的测算结果可以看出，在其他解释变量保持不变的情况下，中亚五国的 GDP 总量和边境效应对新疆与其的贸易流量分别产生 2.78%、3.60% 的正效应，而与中亚五国的运输距离、人均收入差距以及土地面积对新疆与其的贸易流量分别产生 2.95%、0.97%、2.19% 的负效应，这些解释变量对双边贸易流量的影响作用与预期效果相符。由于哈国一直占据新疆与中亚五国贸易流量的主导地位，故该回归结果分析间接反映了各个解释变量对新疆与哈国贸易流量的影响作用。

①哈国 GDP 总量和人均 GDP 的增加，会引起新疆与其贸易流量的增加。从表 3 – 73 中可以看出，反映国家经济发展规模的 GDP 总量在统计上与贸易流量正相关且高度显著，而反映国家收入水平的人均 GDP 在统计上与贸易流量正相关，但无法通过 5% 的显著性水平检验，影响效果有限。

②新疆与哈国经济实力差距、人均收入差距的加大会减少双方的贸易流量。从表 3 – 73 中可以看出，双方经济实力的发展差距对贸易流量的影响不显著，而人均收入水平的差距对贸易流量的影响高度显著，说明双方具有重叠性的贸易需求。双方可通过适当调整贸易商品结构，减少重叠性的贸易需求，来增加彼此的贸易流量。

③边境效应对新疆与中亚国家贸易流量表现为正相关且影响效果显著，这说明新疆与哈国的陆地口岸将会对双方的贸易流量产生明显的积极影响。而运输距离则会增加贸易成本，减少双方的贸易流量，这就要求新疆与哈国要积极完善交通运输通道，促进经贸合作。

④通常认为土地面积越大，资源越丰富，基本能实现资源的自给自足，降低了对外的依赖程度，阻碍贸易往来。从表 3 – 73 中可以看出，土地面积的大小与新疆与中亚国家的贸易流量负相关且影响效果显著。哈国作为中亚国家中资源丰富的大国，其在中亚国家贸易发展中主导地位凸显，因此新疆亟须加大双方的经贸合作。

⑤高制度质量可减少贸易成本，促进国际贸易往来，而制度差距越大，会增加交易成本，增加发生贸易摩擦纠纷的可能性，阻碍双方的贸易往来。在新疆打造"丝绸之路经济带"核心区的发展过程中，新疆通过不断提高自身的制度质量，将会深化内部分工，促进内部产业层次提高，促进新疆进出口结构的调整，对与哈国的贸易往来也会产生影响。

由于新疆治理指数数据获取的局限性，本文参照中国的全球治理指数计算新疆与中亚五国的制度距离，试图以此来分析判断制度距离对新疆与中亚国家贸易流量的影响。同时，由于包括哈国在内的中亚国家贸易政策具有多变性，制度质量变化方向具有不确定性，导致面板数据中的制度质量、制度距离与贸易流量无法通过佩德罗尼协整检验，相互之间不存在长期稳定的均衡发展关系。故本文的实证研究未能发现制度质量、制度距离对新疆与中亚国家贸易流量的影响效果，这是本文的不足之处。

6. 中国新疆和哈萨克斯坦深化经贸合作关系的发展建议

为深化新疆与哈国的经贸合作，中国政府要通过配套资金和政策、强化政府主导功能、搭建交流平台等措施，简化和协调贸易程序，加速要素的跨境流通，加快建设新疆"丝绸之路经济带"核心区。新疆要审时度势，积极借助建设"丝绸之路经济带"核心区这一发展机遇，认真研究贯彻落实具体举措，加强与哈国的互联互通。企业要结合本地经济发展情况，关注哈国的经济发展，充分把握双方经贸合作趋势，有效利用现有机制，及时作出调整，实现共同进步、共同发展。

6.1　国家层面

6.1.1　发挥上海合作组织的作用

借助上海合作组织服务平台，中国政府加强与哈国之间的政治互信和安全合作，对营造融洽的经贸合作关系，推动新疆与哈国的经贸合作有着重大意义。

（1）完善上海合作组织职能

积极完善上海合作组织职能，启动在交通、能源、科技等领域的大型多边经济项目，建立为项目活动提供财政支持的优化机制。推动该组织发展成为中业地区具有较大影响力的区域组织，为新疆和哈国经贸合作提供更多的便利。

（2）强化上海合作组织的协调作用

建立常设性的能源、经贸合作协调机构，举办制度化的能源、经贸合作论坛，通过协调机构和合作论坛，坚持求同存异的基本原则，深化合作内容和策略，加大政府部门间的协调沟通，处理好统筹协调关系，增进相互信任，密切合作关系。

（3）完善会晤机制和对话机制

定期完成与成员国之间的合作对话，加强民间的沟通交流，巩固合作发展的社会基础、民意基础；构筑解决经贸合作问题的便捷通道，有效处理并解决贸易政策壁垒、检验检疫合作、跨境运输、专用通道建设、边民互市等问题。

（4）定期举行反恐军事演习

持续打击国际恐怖势力、宗教极端势力、民族分裂势力等"三股势力"，遏制贩毒、武器走私等跨国犯罪活动，营造和平友好的国际发展环境，消除哈国和中国西北地区的困扰。

6.1.2　加快建设新疆"丝绸之路经济带"核心区

丝路战略提出后，国家通过积极部署，不断为新疆经济提供多项优惠发展政策，让具备特殊地缘优势和资源优势的新疆站在构建"丝绸之路经济带"的最前沿。

（1）继续举全国之力支援新疆建设

高度重视和大力推动中央部署的19省市对口援疆工作，加快推进对口援疆建设工作，改善新疆各族群众的生活水平，努力实现全面建成小康社会的发展目标；深入实施西部大开发战略，围绕特色优势产业，积极实施产业援疆项目，培育新的经济增长点，让新疆的政策优势和后发优势充分发挥。

（2）加快发展新疆国际物流业

利用对接口岸培育面向中亚、迈向欧洲市场的国际铁路联运物流服务，利用乌鲁木齐、喀什国际机场培育直航欧洲市场的高货值国际航空物流服务；推动阿拉山口、霍尔果斯铁路口岸开通货运班列，要求班列定时、定点、定线作业，提高铁路货运效率。

（3）建立制度化经贸合作发展协调机制

依托地方中心城市，以新疆乌鲁木齐为发展核心区，联通周边国家的口岸城市，与哈国共同建立经贸合作发展协调机制，延伸经济合作范围，实现基础设施与经济布局的有效结合，拓宽合作发展广度。

6.1.3　授予新疆地方政府适当的自主权

随着政策沟通、道路联通等措施的逐步实施，其他省份地区与哈国经贸合作的交易成本会大大降低。新疆只有不断增强自身经济实力，才能避免其承担的重要过境运输功能被弱化。借助构建"丝绸之路经济带"的发展契机，国家需要赋予新疆地方政府适当且必要的经贸合作自主权，鼓励新疆完善对外经济合作机制，积极开展对外经贸合作。

（1）授予新疆对哈国的投资审批权

给予新疆有关基础道路设施、机场扩建等投资项目的审批或核准权；支持新疆加快企业工商登记等制度改革，鼓励优秀骨干企业对外实施投资项目；深化简政放权审批改革，简化企业境外投资手续，逐步实现由审批制度向登记备案制度的转变。

（2）授予新疆与哈国交流磋商权

给予新疆与哈国及时沟通经贸合作问题的磋商权，诸如针对如何设立正规的边境贸易结汇机构，如何规范跨境运输收费标准、检验检疫标准和边民互市建设，以及如何提高口岸的通关效益等问题，双方要及时谈判交流。

（3）授予新疆适当的制度设立权

鼓励新疆尽快出台口岸管理法规，制定实施细则，便于衔接和协调；建议实行更便利的边境通行证制度，扩大边境通行证的使用范围，让我国公民能够持边境通行证组团赴哈国旅游。

（4）授予新疆口岸综合管理职能强化权

鼓励新疆建立有效的口岸综合管理部门协调、管理、服务、仲裁等相关法律体系，理顺口岸管理层次和协调机制，尽快启动电子口岸实体平台建设，提高海关合作效率。

6.2　新疆层面

6.2.1　加快基础设施项目建设

新疆与哈国现有的基础设施建设滞后，不足以支撑扩大双方的合作空间，亟须加快完善铁路、公路、口岸、管道等基础设施建设，使相关项目建设和规划相互配套，实现交通运输的有机衔接。

（1）重点完善交通运输通道

积极实施道路、桥梁、管道等基础设施投资项目，加强改善国际铁路、公路和口岸通道建设，提升道路服务标准，形成以乌鲁木齐为枢纽中心，联通周边各国的国际现代化运输通道；推进中哈油气管道扩建工程，改善相应配套设施的建设，使新疆铁路、公路以及管道运输网树立良好的国际形象。

（2）保障口岸物流顺畅

加强乌鲁木齐海关进出口监管，强化口岸各项管理职能部门的服务意识，改善口岸联检、仓储、停车、通信、食宿等服务设施；尽快推广使用"口岸电子执法系统"，简化企业进出关手续，缩短货物口岸滞港时间，提高口岸通关效率。

（3）加大基础设施财政投入

借助亚投行和丝路基金融资平台，扩大招商引资力度，提高对铁路、公路、口岸等基础设施的投入比例，改善贸易口岸的交通条件，确保口岸运输顺畅，打造开展经贸合作的坚实基础。

6.2.2　提升亚欧博览会影响力

亚欧博览会是对乌鲁木齐对外经济贸易洽谈会的继承和升华，将乌洽会升格为亚欧博览会，有助于加强新疆与国家各相关部门、相关省区的合作交流，尽早将新疆建设成为"丝绸之路经济带"核心区和对外开放的重要门户。

（1）完善新疆国际会展中心的服务保障

积极主动地做好各项筹备和服务工作，按时保质保量做好新疆国际会展中心建设工作，为亚欧博览会的举办提供良好的软硬件条件；细化安保措施，规范服务内容，做好会务管理和服务保障工作。

（2）巩固扩大招商招展和组展成果

有效搭建新疆招商引资和区域经济发展平台，鼓励本土企业积极参与，吸引国内外知名企业参会，壮大参会企业和团体数量；邀请社会团体和学者参会，积极听取专家学者的可行性建议，使新疆各族人民和中外广大客商切实感到实在的利益；努力争取国家政要参会，多举办高质量、高层次的专题活动。

（3）坚持"一会一展"举办模式

坚持"一会一展"①举办模式的长远发展，保持业已建立的境内外经贸关系和客商资源，维持亚欧博览会展览的内在连续性，积极探索专业化、市场化的办展方式，举办专业商品展，促进新疆产业发展、民生建设和对外开放。

（4）大力推广宣传亚欧博览会

通过中央媒体、新疆媒体以及专业媒体，及时组织举行新闻发布会，全方位宣传亚欧博览会的背景、定位、展位设置和招商组展进展情况，积极宣传亚欧博览会的筹办、举办情况，主动办好亚欧博览会，提升国际影响力，将乌鲁木齐建成国际知名会展中心。

6.2.3　扶持发展优势产业

新疆与哈国应结合自身经济发展状况，充分发挥经济互补优势，深化油气资源领域的合作，落实好已有的合作项目，积极拓展产业合作范围，完善产业合作配套服务设施，挖掘非资源领域的合作潜力，推进高新技术产业、服务业等其他领域的合作。

（1）优化贸易商品结构，改造提升传统产业

新疆与哈国的贸易往来以原油、成品油、液化石油气等燃料为主，在矿物和金属、制成品等方面也具有较强的互补性。为优化双方的贸易商品结构，要加快改造石油化工、煤炭、纺织加工、钢铁、电力、建材、机械等传统产业，淘汰落

---

①　结合新疆发展需要和产业发展特点，已形成"逢双年以国家名义举办中国—亚欧博览会，逢单年以新疆国际博览事务局及自治区相关厅局名义举办专业性商品展"的"一会一展"模式。

后的工业技术和生产力，提高传统产业新产品的科技开发和创新能力。

（2）发挥特色产业优势，加强非资源领域合作

巩固与哈国的资源合作，及时了解哈国工业创新发展的市场需求，掌握哈国非资源领域的投资方向，推进新疆与哈国合作产业结构调整。加快开发有色金属资源，积极培育有色金属工业、特色农产品深加工工业等优势产业，重点投资农业生产、原料加工、机械设备制造、交通运输等非资源性产业合作项目。

（3）加快工业现代化进程，培育发展高新技术产业

立足于国内外的发展资源，瞄准国际科技前沿领域，大力发展高新技术产业、战略性新兴产业。以突破核心技术和掌握自主知识产权作为推进工业现代化进程的根本着力点，完善政府资金投入管理模式，采取基金、股权、贷款贴息等多种方式，引导企业和社会资金积极投入技术创新；提高新兴产业发展专项资金使用管理效率，重点支持战略性新兴产业的布局发展、关键技术的自主创新、高新技术项目产业化等，形成一批具有自主知识产权、技术含量高、市场竞争力强的高新技术产业。

（4）开展加工物流贸易，努力培育口岸经济

鼓励内地企业到新疆投资建设高新技术产业集聚园区、高水平工业园区以及现代物流中心，鼓励东中部地区的国家级或省级开发区对口支持新疆产业集聚园区，鼓励东部沿海地区的劳动密集型产业向新疆战略转移。新疆更要发挥阿拉山口综合保税区和霍尔果斯跨境合作区口岸在承接转移方面的优势，主动吸引加工和物流贸易企业落户口岸，培育口岸经济。

6.2.4　培养优秀技术人才

新疆与哈国经贸合作领域正探索从传统产业向新兴产业转变，而人才成为双方开展经贸合作的短缺资源。为使双方在劳务输入输出过程中取得双赢，亟须制定高技术人才培养计划，为经贸往来提供便利化、一体化的技术服务，促进经贸合作产业结构有效调整。

（1）做好劳务市场调研，摸清人才需求类别

面对哈国产业结构转型期，及时对哈国劳务市场进行调查研究，摸清经贸合作发展的人才需求，建立乌鲁木齐人才技术培训基地，积极引导哈国相关劳务人员到新疆进行职业技术学习。

（2）推行人才强市战略，培养高技术人才

利用自治区及乌鲁木齐市已有的各类英才工程政策，积极推行人才强市战略，发挥企业、产业园区、科技孵化园区的"创业园"作用，实施"企业青年科技人才创新计划"，扶持基层年轻科研人才，鼓励科技人才开展技术创新研究，重视培养年纪轻、素质高且适应未来的高新技术人才。

（3）壮大人才组织队伍，实现产学研协调创新

通过国家支援新疆的各项人才计划、东西部合作机制和对口援疆机制，鼓励国内外大企业、大集团在新疆优势产业领域建立研发基地，形成人才集聚优势；鼓励企业参与人才培养计划，建立企校联合人才培养机制，培养应用型、创新型和复合型人才，为持续创新提供人才保证和组织保证。

6.3　企业层面

6.3.1　制定企业发展战略

（1）谨慎进入中亚，制定发展战略

受地缘政治的影响，哈国目前的经济发展水平受限，市场容量不足，这无疑会成为影响新疆企业在哈国的可持续性发展。新疆企业需要与政府密切合作，必须对其投资、税收等相关政策法规密切关注，在进入哈国市场前进行风险评估，对哈国市场进行深入的调查研究，制定周密的发展战略。

（2）定位经营产品，提升企业包容度

为应对哈国居民贫富差距的不断扩大，新疆企业可采取分层定位的经营模式，针对不同的消费群体，同一系列产品可以实行不同价位、不同档次，制定出高端、中端、低端的产品发展战略，扩容企业的延伸产品和销售范围，提升企业包容度和市场应对能力。

（3）挖掘合作潜力，扩大市场份额

新疆企业要挖掘地区间的潜在生产力，降低生产成本，使效益最大化，提高从事进出口贸易的积极性。比如，哈国发展基础设施需要钢铁、水泥、平板玻璃、电厂等，新疆企业在钢铁、水泥、平板玻璃、电厂建设方面则有着较强的装备制造能力，可以在哈国就地建钢铁厂、水泥厂、平板玻璃厂等，积极开拓市场份额，实现企业的可持续发展。

6.3.2　注重企业在当地的形象

（1）维护企业形象，打造社会基础

新疆企业应在产品研发、生产、销售和售后服务等方面努力做到高标准、严要求，在哈国树立新疆企业健康、积极的形象，为企业的未来发展奠定良好的社会基础，静心打造高起点的跨国企业。

（2）注重改善民生，造福当地群众

新疆企业要注重改善当地民生，积极为当地群众造福，如：为当地建造幼儿园、建设医院、修桥铺路等；重视培养当地的优秀员工，使当地居民能参与企业

的生产、销售和管理，解决当地一定数量的就业问题，实现新疆企业与哈国社会的共赢发展。

（3）积极沟通协作，完善合作链条

新疆企业要积极组织员工到哈国学习参观，掌握当地产业发展状况，挖掘产业合作潜能，沟通企业发展理念，有效拓展产业合作链。

6.3.3 拓展投资合作领域

（1）巩固现有市场基础，扩大制造业份额

依托自身丰富的资源优势和国内中国制造的发展态势，以创新思路拓展合作深度，巩固已有的能源资源市场合作基础，扩大日常消费品制造业、塑料制品业、食品工业、轻纺业等制造业的市场份额，更新制造设备和产品档次。

（2）凸显产业优势，创造品牌效应

新疆企业发挥在食品制造业、轻纺工业等产业方面的发展优势，在哈国食品市场打出"清真牌"，继续培育"蝶王"、"天山"、"芳婷"等纺织品牌在哈国的市场效应。

（3）积极开拓市场，探索更多合作可能性

新疆企业可与哈国加强旅游业、金融业、房地产业、信息技术产业等现代服务业的合作沟通，积极探寻现代服务业的创新合作。比如，随着口岸发展跨境旅游服务贸易的条件日渐成熟，来新疆口岸旅游的人数越来越多，新疆企业可先选择在阿拉山口、霍尔果斯、吉木乃等口岸试点，采取团进团出的旅游形式，边试点边完善管理办法，之后进行推广，带动旅游服务贸易发展。

附件

表 3-74   拓展引力模型中的相关数据

年份	新疆			哈萨克斯坦			乌兹别克斯坦		
	GDP（亿美元）	人均 GDP（美元）	制度质量	GDP（亿美元）	人均 GDP（美元）	制度质量	GDP（亿美元）	人均 GDP（美元）	制度质量
2002	195	1022	199.81	246	1658	139.72	97	383	51.85
2003	228	1187	218.42	308	2068	166.08	101	396	51.33
2004	267	1370	216.93	432	2874	154.01	120	465	48.47
2005	318	1600	212.11	571	3771	191.37	143	547	36.88
2006	382	1882	214.61	810	5292	187.11	170	643	47.59
2007	463	2236	218.98	1049	6771	195.49	223	830	58.47
2008	602	2850	226.74	1334	8514	213.66	279	1023	68.61

续表

年份	新疆			哈萨克斯坦			乌兹别克斯坦		
	GDP（亿美元）	人均GDP（美元）	制度质量	GDP（亿美元）	人均GDP（美元）	制度质量	GDP（亿美元）	人均GDP（美元）	制度质量
2009	626	2919	220.75	1153	7165	227.54	328	1182	69.13
2010	803	3698	210.48	1480	9071	208.14	393	1377	67.51
2011	1023	4658	215.51	1880	11358	188.93	453	1545	68.53
2012	1189	5354	210.32	2035	12120	179.60	512	1719	68.05
2013	1350	6004	217.01	2319	13610	171.01	568	1878	69.95
2014	1443	6325	236.47	2122	12276	221.98	626	2037	92.72
	—			运输距离：73139.1公里土地面积：272.49万平方公里			运输距离：80711.7公里土地面积：44.74万平方公里		

年份	土库曼斯坦			塔吉克斯坦			吉尔吉斯斯坦		
	GDP（亿美元）	人均GDP（美元）	制度质量	GDP（亿美元）	人均GDP（美元）	制度质量	GDP（亿美元）	人均GDP（美元）	制度质量
2002	45	970	65.52	12	191	74.93	16	322	173.70
2003	60	1286	65.09	16	238	85.11	19	380	151.78
2004	68	1456	54.91	21	312	79.89	22	433	137.31
2005	81	1707	60.20	23	340	81.84	25	476	107.53
2006	103	2140	49.62	28	407	80.99	28	543	105.75
2007	127	2607	67.39	37	523	90.31	38	722	116.02
2008	193	3919	82.02	52	709	79.64	51	966	123.65
2009	202	4060	76.86	50	669	73.80	47	871	115.78
2010	221	4393	68.05	56	740	83.24	48	880	131.03
2011	292	5725	67.94	65	835	85.02	62	1124	136.06
2012	352	6798	77.85	76	953	79.58	66	1178	141.53
2013	410	7827	75.49	85	1048	70.51	73	1282	143.43
2014	479	9031	84.12	92	1114	98.96	74	1269	133.15
	运输距离：144535.7公里土地面积：49.12万平方公里			运输距离：101040.5公里土地面积：14.31万平方公里			运输距离：47790.5公里土地面积：19.99万平方公里		

参考文献

［1］迈克尔·波特.国家竞争优势［M］.北京：中信出版社，2007.

［2］罗伯特.C.芬斯特拉.国际贸易［M］.北京：中国人民大学出版社，2011.

［3］贺金社.经济学［M］.上海：上海人民出版社，2010，1.

［4］庞浩.计量经济学（第三版）［M］.北京：科学出版社，2014，6.

［5］樊欢欢，刘荣等.Eviews统计分析与应用（第2版）［M］.北京：机械工业出版社，2014，2.

［6］Robert Guang Tian. Xin jiang and the Greater Central Asia Regional Economic Cooperation, Paraphrased from United Nations Development Program ［J］. Central Asia Human Development and Human Security, 2005.

［7］Erik J. Lundback, Johan Torstensson. Demand, comparative advantage and economic geography in international trade: Evidence from the OECD ［J］. Weltwirtschaftliches Archiv, 1998（2）: 230 – 249.

［8］Faye Duchin. A world trade model based on comparative advantage with m regions, n goods, and k factors ［J］. Economic Systems Research, 2005, 17（2）.

［9］Jie Zhang. Comparative advantage ［J］. Annals of Tourism Research, 2006, 34（1）: 223 – 243.

［10］Wang Qi, Xiang Xiao. Two Major Relative Comparative Advantages of China in International Trade ［J］. China Population, Resources and Environment, 2008, 17（5）: 33 – 37.

［11］Gonuguntla, Satya. New Zealand wine industry: a study of changing comparative advantage and competitiveness ［J］. World Review of Entrepreneurship, Management and Sustainable Development, 2009（2）: 182 – 192.

［12］Thomson, Elspeth and Nobuhiro Horii. China's Eenrgy Security: Challenges and Priorities ［J］. Eurasian Geography and Economies, 2009, 6: 643 – 664.

［13］Liping Wang. Empirical Study on the Effect of Trade Protection on Chinese Textiles Exporting based on Trade Gravity Model ［J］. Journal of Computers, 2010（8）: 1227 – 1234.

［14］Fabien Candau, Serge Rey. The effect of the Euro on aeronautic trade: A French regional analysis ［J］. Economic Modelling, 2014.

［15］Malik, Ishfaq Ahamd. India's trade potential with Central Asia: an application of gravity model analysis ［J］. International Journal on World Peace, 2014, 31（3）: 53 – 69.

［16］王海燕. 中亚五国与中国新疆经济合作的互补性分析 ［J］. 东欧中亚市场研究, 2002（2）.

［17］盛斌, 廖明忠. 中国的贸易流量与贸易潜力: 引力模型研究 ［J］. 世界经济, 2004（2）.

［18］胡毅. 新疆与哈萨克斯坦工业结构差异对双边贸易的影响 ［J］. 新疆社科论坛, 2004（6）.

［19］高志刚. 中国新疆与中亚区域经济合作的经济技术对接 ［J］. 俄罗斯中亚东欧市场, 2005（3）.

［20］李柏师. 中国新疆与上海合作组织国家经济互补性分析 ［J］. 农村经济与科技, 2007（6）.

［21］张新疆. 中国（新疆）与中亚国家周边地区经济互补的思考 ［J］. 新疆金融, 2007（5）.

［22］新疆金融学会秘书处课题组. 中国（新疆）与中亚国家经济互补性的领域项目及金融配套支持研究 ［J］. 新疆金融, 2008（S1）.

［23］王连伟, 曲媛媛. 新疆与哈萨克斯坦产业结构比较分析 ［J］. 新疆金融, 2008, 7.

［24］李钦. 贸易引力模型对中国新疆与中亚四国贸易流量的实证检验及出口潜力分析

[J]．改革与战略，2008（11）．

[25] 王维然．哈萨克斯坦对外贸易的贸易引力模型实证研究［J］．俄罗斯研究，2009（2）．

[26] 程晓丽，龚新蜀．中国新疆与哈萨克斯坦的经济互补性实证分析［J］．市场论坛，2010（01）．

[27] 毕燕茹，师博．中国与中亚五国贸易潜力测算及分析——贸易互补性指数与引力模型研究［J］．亚太经济，2010（3）．

[28] 魏浩，何晓琳，赵春明．制度水平、制度差距与发展中国家的对外贸易发展——来自全球31个发展中国家的国际经验［J］．南开经济研究，2010（5）．

[29] 王乾星．中国新疆与哈萨克斯坦相邻主要陆路口岸发展状况及对策探讨——以霍尔果斯和阿拉山口口岸为例［J］．特区经济，2010，08．

[30] 卢方元，靳丹丹．我国 R&D 投入对经济增长的影响——基于面板数据的实证分析［J］．中国工业经济，2011（3）．

[31] 任群罗，文亚妮．中国新疆与中亚五国对外经济发展水平比较［J］．新疆财经，2011（2）．

[32] 高志刚，韩延玲．基于层次分析的中国新疆与中亚区域竞争力比较研究［J］．新疆师范大学学报（哲学社会科学版），2012（1）．

[33] 张双杰，周登龙．基于中亚区域经贸合作的新疆经济开放度与经济增长关系研究［J］．武汉商业服务学院学报，2013（2）．

[34] 何伦志．东西协同　立足新疆　直面中亚　走向世界——对构建"丝绸之路经济带"战略的认知［J］．新疆大学学报（哲学人文社会科学版），2013，11（6）．

[35] 李金叶，舒鑫．"丝绸之路经济带"构建中新疆经济定位的相关思考［J］．新疆大学学报（哲学人文社会科学版），2013，11（6）．

[36] 徐海燕．机遇与挑战：新疆在向西开放战略中的 SWOT 分析［J］．陕西学前师范学院学报，2013（3）．

[37] 王海燕．金融危机前后中亚国家经济形势对比与前景分析［J］．新疆师范大学学报（哲学社会科学版），2013，7（4）．

[38] 李琪．中国与中亚创新合作模式、共建"丝绸之路经济带"的地缘战略意涵和实践［J］．陕西师范大学学报（哲学社会科学版），2013，7（4）．

[39] 胡鞍钢，马伟等．"丝绸之路经济带"：战略内涵、定位和实现路径［J］．新疆师范大学学报（哲学社会科学版），2014（4）．

[40] 张银山，秦放鸣．"丝绸之路经济带"背景下加快推进中国—中亚自由贸易区建设的思考［J］．经济研究参考，2014（55）．

[41] 秦重庆．"丝绸之路经济带"建设对新疆经济社会发展的影响［J］．现代经济信息，2014（18）．

[42] 霍伟东，路晓静．中国与上海合作组织成员贸易竞争性、互补性比较研究——基于 RCA、GL、ES、TI 指数的实证分析［J］．西南民族大学学报（人文社会科学版），2014（3）．

[43] 马慧兰，李凤，叶雨晴．中国新疆与上合组织国家农产品贸易潜力研究——基于贸易潜力模型的实证分析［J］．农业技术经济，2014（6）．

［44］孟新月．中国农产品出口哈萨克斯坦贸易潜力测算与前景预测——基于拓展引力模型的实证研究［J］．经济研究，2014（10）．

［45］热依汗吾甫尔．中国新疆企业面向中亚区域投资问题研究［J］．欧亚经济，2014（3）．

［46］高志刚．"丝绸之路经济带"框架下中国（新疆）与周边国家能源与贸易互联互通研究构想［J］．开发研究，2014（1）．

［47］蒙永胜，李跃．比较优势战略选择对新疆经济发展的影响分析［J］．开发研究，2014（2）．

［48］张辛雨．"一带一路"战略下中国新疆与哈国跨边界区域经济合作［J］．长春金融高等专科学校学报，2015（2）．

［49］任华．我国新疆面向中亚物流发展存在的障碍与对策［J］．对外经贸实务，2015（5）．

［50］哈里木拉提．中国新疆与哈萨克斯坦产业的互补性与竞争性研究［D］．新疆师范大学硕士学位论文，2011．

［51］负霄．中国新疆与哈萨克斯坦产业比较分析［D］．新疆财经大学硕士学位论文，2013．

［52］阿克米亚提·朱马拜．新疆与哈萨克斯坦的经贸合作研究［D］．兰州大学硕士学位论文，2014．

（执笔：孙景兵、杜梅）

第四篇
中亚俄罗斯 2015 年经济大事记

哈萨克斯坦经济大事记

1. 1月1日，由俄罗斯、白俄罗斯和哈萨克斯坦组成的欧亚经济联盟正式启动。亚美尼亚于2014年10月10日、吉尔吉斯斯坦于2014年12月23日签署加入欧亚经济联盟的条约。目前，亚美尼亚入盟的条约已经被其他三个国家所同意，自2015年1月2日起，其成为欧亚经济联盟的正式成员国。尽管吉尔吉斯斯坦入盟的条约已经得到批准，但直到2015年5月才能生效，但这并不妨碍吉作为入盟国所享有的自欧亚经济联盟成立之日起的参与权。

2. 2月25日，哈萨克斯坦连续28个月增加黄金储备，从2015年1月的191.8吨增加至193.5吨，乌克兰自2014年8月首次增持黄金储备，由23.6吨增加至23.9吨，俄罗斯自2014年3月以来首次削减黄金资产储备，由1208.2吨下调至1207.7吨。2014年12月欧元区黄金持有量由10784.1吨增加至10791.5吨，而上年同期仅为10787吨。

3. 3月11日，哈萨克斯坦总统纳扎尔巴耶夫在举行的祖国之光会议上提出建立现代化的国家委员会，同时他还提出五项制度改革，旨在促进国家进一步发展。第一项改革：建立现代化、专业化和自主化的国家，以确保高质量地实施经济计划并提供公共服务。第二项改革：确保法治、保障产权、创造创业条件、保护合同权益，最终为经济增长创造基础。第三次项改革：注重工业化，促进多元化经济增长。第四项改革：创建一个拥有共同未来的国家。第五项改革：建立透明和负责的国家。

4. 4月1日，世界银行集团执行董事会批准一项1亿美元的贷款，用于发展哈萨克斯坦技能和就业项目，以改善目前哈萨克斯坦劳动力的就业结果和技能，增加劳动力技能和职业教育以及培训和高等教育课程之间的关联性。该项目旨在提高公共就业服务、增加培训中心和机构的数量，从而按照市场需求提供技能发展计划。该项目将有利于提升相关机构改善技能与职业教育、高等教育以及劳动力培训之间关联性的能力。

5. 5月24日，第八届阿斯塔纳经济论坛上，哈总统纳扎尔巴耶夫提议创建连接欧洲和亚洲的高速洲际走廊，该提议对哈经济发展无疑极为重要。哈萨克斯坦没有海上航线，不发展运输走廊，哈国将不会成为欧亚大陆的未来中心。同时，鉴于其位于欧亚两洲的十字路口，必要的基础设施可吸引从中国运往欧洲巨大货物运输，并有机会打开南北方向的贸易。

6. 6 月 5 日，欧洲复兴开发银行表示其在哈萨克斯坦的项目贷款再创新高，达到 10 亿美元，以助其多元化发展以石油为基础的经济。受国际油价下跌和俄罗斯经济衰退影响，哈萨克斯坦去年遭受重大打击，其正积极寻找新的经济增长点。哈总统纳扎尔巴耶夫还下令政府发展绿色能源项目、农业企业及中小型企业项目。

7. 7 月 22 日，哈萨克斯坦计划在曼格斯套州建设第四个炼油厂，该炼油厂将与伊朗一同进行建设。过去伊朗通过阿克套港口出口原油共计 500 万吨，当时掉期交易对两国均有益，现在我们也已提出共同建立一家炼油厂，且炼油厂位于曼格斯套州（哈萨克斯坦西部）。从曼格斯套出发，石油将被运往伊朗北部港口，而南部地区将向曼格斯套炼油厂以及全国供应石油，这将是一种双赢局面。

8. 8 月 24 日，国际货币基金组织（IMF）表示，哈萨克斯坦 7 月提高其黄金储备，这是哈第 34 个月提高黄金储备。国际货币基金组织网站显示，7 月哈萨克斯坦购买黄金约 2.49 吨，总持有量达 208.14 吨。上月黄金下跌至五年最低点，8 月份美联储表示需要更多的黄金储备来支持美国经济，从而更好地应对加剧的通货膨胀后，黄金价格反弹，价格将在 12 月份而不是下个月上涨。

9. 9 月 2 日，哈央行宣布将基准利率确定为 12%。央行将根据目标基准利率利用货币政策工具支持货币市场流动性。在货币史上流动性出现过剩的情况下央行将推出，在流动性不足时将以拍卖的形式提供流动性。此外，央行将长期允许各家银行以 12% ~5% 的利息获得流动性和以 12% ~5% 的利息无限额吸收存款。该基准利率有助于实现 6% ~8% 的中期范围内的通胀目标。

10. 9 月 3 日，哈萨克斯坦政治分析师穆拉特·阿布加兹里（Murat Abulga-zin）接受采访时表示，国家政府和商务界打算从根本上改变哈萨克斯坦油气出口战略。尽管可以通过政治或国家经济利益、当地人口和各类组织解决部分问题，但哈萨克斯坦南部安全问题通常被认为是制约该地区能源发展主要因素，更为重要的是，需要一步步为石油和天然气工业发展前景创造条件，油气出口到印度的新路径能够为石油和天然气工业发展奠定基础。

11. 10 月 12 日，根据世界银行数据，哈萨克斯坦国家银行投资 17.14 亿美元对本国货币进行干预措施，旨在维持坚戈汇率稳定。10 月 12 日官方汇率为 1 美元兑 274.41 坚戈。哈国家银行于 9 月 16 日开始采取干预措施，9 月 16 ~30 日，货币干预投资共计 11.58 亿美元。

12. 10 月 15 日，经过对哈萨克斯坦财产保险和人身保险行业和国家风险评估，标准普尔评级服务机构得出结论：尽管国家风险增加，其保险业温和发展。哈萨克斯坦保险公司经营环境变得更具挑战性，这是哈国负面经济趋势的反应，另外，也和哈银行部门风险增加有关。但是面对动荡的宏观经济环境，哈保险公司仍然保持一定弹性。

13. 11 月 2 日，惠誉评级机构表示，哈萨克斯坦的长期外币和本币发行人违约评级（IDR）分别为"BBB +"和"A –"。由于石油价格大幅下跌，俄罗斯经济衰退及其关键的贸易伙伴—中国经济的弱增长，哈萨克斯坦经历着持续严重的冲击。政策反应，包括汇率急剧下降、收紧财政和货币政策，从而有助于维持"BBB +"的评级。

14. 12 月 8 日，哈萨克斯坦能源部副部长表示，在里海沿岸的卡沙甘油田到 2020 年将生产原油 1300 万吨/年。卡沙甘油田管道更换提前完成，2016 年年底将重新启动生产计划，到 2020 年，每年将生产 1300 万吨原油。2016 ～ 2018 年能源部重要任务是保持能源部门发展的积极动力。

乌兹别克斯坦经济大事记

1. 1月5日，乌兹别克斯坦中央银行为了进一步推动经济高速增长和增加实体经济投资，自1月1日起将再融资利率从10%降到9%。

2. 2月16日，中国驻乌兹别克斯坦大使孙立杰表示，乌兹别克斯坦和中国间贸易额达50亿美元，该国已成功实施了乌兹别克斯坦—中国管道建设等多个战略性项目，双方投资合作的规模不断壮大。

3. 3月2日，乌兹别克总统卡里莫夫批准了关于发展和深化2015～2019年与俄罗斯经济合作主要方向的协议。该文件提出了今后一个时期两国合作的重点。

4. 4月16日，乌兹别克斯坦总统批准实施价值71亿美元的石油和天然气项目，包括价值8亿美元的中亚天然气管道四线乌兹别克斯坦段。

5. 5月18日，乌兹别克斯坦第一季度以283亿苏姆的价格向私人部门出售55个国有企业。

6. 6月30日，中国举办第三届乌兹别克斯坦—中国政府间能源部门合作委员会小组会议，双方深入讨论了双边能源合作、进一步扩大互惠互利合作的前景并签署了一份加强能源领域合作的协议。

7. 7月6日，根据世界银行排名，乌兹别克斯坦购买力平价为1562.56亿美元，GDP世界排名64位，较2013年排名上升2位。

8. 8月4日，乌鲁木齐举办第二届丝绸之路国际食品展，乌兹别克斯坦首次参加并签署14个出口合同，价值1.1亿美元。

9. 9月30日，保利科技公司就在乌兹别克斯坦兴建橡胶厂举行奠基仪式。橡胶生产设施是国家主席习近平正式访问期间与乌兹别克斯坦签署的合作协议的关键项目之一，该设施对乌兹别克的经济发展具有重要意义。

10. 10月21日，乌兹别克斯坦宣布今年上半年该国国内生产总值增长了8%。消费品增长10.1%，零售贸易增长15%，服务业增长12.9%，农业生产增长6.6%。

11. 11月23日，乌兹别克斯坦总统卡里莫夫签署"塔什干国际投资论坛期间达成协议的实施举措"决议。根据决议，该国将在2016～2017年实施包括中亚—中国天然气管道四线乌兹别克斯坦段建设在内的价值 169 亿美元的投资项目。

12. 12 月 26 日，中国技术进出口总公司和中国北车集团大连机车研究所向乌兹别克斯坦铁路公司供应 11 辆货运电力机车。该供应合同价值 4500 万美元，由中国进出口银行提供的 4200 万美元贷款及乌兹别克斯坦铁路公司自有资金构成。

土库曼斯坦经济大事记

1. 1月1日，美元兑土库曼马纳特上涨23%，即1美元兑换3.5马纳特而不是以前的2.84马纳特。

2. 1月1日，土库曼斯坦汽油价格上涨60%，1升95号汽油为1马纳特（92号汽油为94坚戈），目前1美元等于2.84马纳特。

3. 1月25日，土库曼斯坦总统别尔德穆哈梅多夫签署相关政令，通过2015～2020年国家公民性别平等计划，规定女性和男性可以平等参与国家政治、社会经济、文化生活，以展示土履行国际条约义务、保证性别平等、提高妇女权益的承诺。

4. 2月6日，土库曼斯坦总统别尔德穆哈梅多夫签署政令，允许企业法人、私人业主出口生皮、皮革和秋剪羊毛，以从根本上扩大出口产品的品种和数量。

5. 3月14日，土库曼斯坦总统别尔德穆哈梅多夫赴日本参加第三届联合国减灾国际大会，在仙台市与日本首相安倍晋三举行了会谈，并会见了日本明仁天皇。双方就土日伙伴关系前景及其优先发展方向交换了意见。

6. 4月18日，土总统别尔德穆哈梅多夫在政府工作会议上签署政令，批准第15期阿什哈巴德城市建设项目清单及实施期限。

7. 4月28日，在美国佛罗里达州卡纳维拉尔角宇宙发射场，成功发射了土库曼斯坦第一颗通信卫星，该卫星由法国泰雷兹阿莱尼亚宇航公司制造，由"猎鹰9号"运载火箭发射。

8. 5月27日，土库曼斯坦政府为增加向阿富汗出口电力，正在建设500千伏的架空输电线，工程目前已进入收尾阶段。

9. 6月20日，在澳大利亚悉尼召开的国际组织GS1大会上，111个成员代表一致通过决议，吸纳土库曼斯坦国家编码组织为成员，土库曼斯坦生产制造的产品获得相应的条形编码，以483开头。

10. 7月21日报道，世界卫生组织总干事陈冯富珍在阿什哈巴德召开的土库曼斯坦国家"健康"计划20周年国际医学论坛上表示，不久前公布的世卫组织报告称，土库曼斯坦居民吸烟者只占8%，为全世界最低比例。

11. 8月1日，土库曼斯坦禁止进口低于1300m³的小排量汽车，同时禁止进口德国奥迪、宝马、奔驰汽车。

12. 9 月 26 日，土库曼斯坦总统别尔德穆哈梅多夫与联合国秘书长潘基文会面并举行会谈。潘基文赞扬总统别尔德穆哈梅多夫的开放与和平的政策，并强调了土库曼斯坦的中立地位的重要性。

13. 10 月 23 日，日本首相安倍晋三正式到访土库曼斯坦，在首都阿什哈巴德与土库曼斯坦总统举行了会谈。双方就建设天然气化工项目与火力发电站等总额价值 180 亿美元的项目达成了协议，并由日本国际协力银行（JBIC）提供融资贷款。

14. 11 月 9 日，土库曼斯坦内阁主管油气领域的副总理、中土合作委员会土方主席霍贾穆哈梅多夫因身体健康原因请求辞去职务，土总统已批准其请求，并任命土库曼斯坦油气署署长卡卡耶夫继任副总理。

15. 12 月 5 日，国际监测机构数据显示，土库曼斯坦已进入吸引直接外国投资指数世界前 10 名国家，20 年吸引外资 1172 亿美元。

吉尔吉斯斯坦经济大事记

1. 1月15日，吉尔吉斯斯坦总统阿坦巴耶夫宣布2015年为"巩固国民经济年"。

2. 2月10日，美元升值导致吉尔吉斯斯坦商业银行纷纷提高索姆存款利率。

3. 3月31日，吉尔吉斯斯坦政府拟采取多种措施打击"影子经济"。

4. 4月13日，国际货币基金组织批准对吉尔吉斯斯坦9240万美元的三年支持计划。

5. 5月5日，吉尔吉斯斯坦总统阿塔姆巴耶夫任命萨里耶夫为新一届政府总理。

6. 6月10日，吉尔吉斯斯坦3个自由经济区和6个保税库可免关税进口加工用商品。

7. 7月17日，2015年上半年吉尔吉斯斯坦国内生产总值增长7.3%。

8. 8月12日，吉尔吉斯斯坦成为欧亚经济联盟全权成员国。

9. 9月2日，吉尔吉斯斯坦总统阿坦巴耶夫宣布吉尔吉斯历史上首次实现电力独立。

10. 10月16日，吉尔吉斯斯坦议会选举结果公布，最终社会民主党、共和国—故乡党、吉尔吉斯斯坦党、进步党、共同党和祖国党6个政党进入议会。

11. 11月10日，2015年吉尔吉斯斯坦主要农业作物收成增长。

12. 12月18日，外国贷款和本币贬值导致吉尔吉斯斯坦外债占GDP比例提高到55%。

塔吉克斯坦经济大事记

1. 1 月 27 日，塔工业新技术部与国际贸易中心共同协商，为塔国 2015 ~ 2020 年纺织服装产业发展制定战略计划。相关政府机构、国际组织和私营部门于 1 月 27 ~ 28 日在杜尚别举行第一次咨询技术研讨会，该项倡议由瑞士政府在塔吉克斯坦的贸易合作项目投资上提出的。

2. 2 月 23 日，塔吉克斯坦国家电力公司宣布，塔吉克斯坦 2014 年 10 月推出的电力供应限制自 2 月 27 日开始完全取消。电力消费者可一天 24 小时享受用电。国会下议院和地方立法机构选举将于 3 月 1 日举行，所以在此前两天取消限制能源消耗的规定。在塔吉克斯坦每年限制能源消耗主要是出于节能的目的。

3. 3 月 13 日，塔吉克斯坦外长和日本国际协力机构负责人在杜尚别签署了一项关于实现对哈特隆州地区饮用水供应工程的协议。双方就供水合作与卫生基础设施问题交换了意见，并对 2005 ~ 2015 年"生命之水"国际行动十年的任务完成情况进行汇总，以迎接 2015 年 6 月 9 ~ 11 日将于杜尚别举行的"生命之水"高级别对话会议。

4. 4 月 1 日，塔吉克总统拉赫蒙会见了俄罗斯外长拉夫罗夫，双方讨论了两国相关事宜，以及进一步扩大双边合作的前景，重点在政治、军事、科技、社会发展以及人道主义合作等方面展开讨论。在劳动移民问题上，塔俄准备签订 4 项新的协议。

5. 5 月 4 日，塔吉克斯坦驻欧盟大使会见了欧洲商会秘书长。双方讨论了合作关系的建立及塔吉克与欧盟各成员国之间如何更好地扩大经济联系等相关事宜。

6. 6 月 15 日，塔吉克斯坦决定成立"贸易程序简化委员会"，这是根据 WTO 的要求，塔吉克斯坦必须完成的义务，该委员会将成为 WTO 和塔政府之间的纽带，制定塔贸易程序简化政策，协助政府确定优先支持领域，进行信息交流，改善塔贸易环境等。

7. 6 月 24 日，塔吉克斯坦统计局宣布已经启用了一套新标准用来衡量贫困程度（以下简称贫困新国标），这是塔吉克斯坦独立以来自主减少贫困历程中具有重大意义的里程碑。贫困新国标于 2015 年 4 月由经济发展与贸易部下属的扶贫委员会批准。据世界银行驻杜尚别办公室称，贫困新国标基于国际经验并且将在世界银行和英国国际发展署资金的协助和支持下实施。

8. 7 月 15 日，塔吉克斯坦总统拉赫蒙称，塔吉克斯坦各领域发展都十分依赖于大小水电站，尤其是罗贡水电站的建设对于塔意义重大，并表示近期应加快罗贡水电站的建设。

9. 8 月 7 日，塔吉克斯坦首都杜尚别举行了投资环境改善会议。会议提出改善国家生产制造业行业的投资环境，并起草了投资方面的新法律草案，旨在实现塔总统与会见的企业家、投资者之间的协议及建议。会议还提出要改善能源领域投资环境，以确保电力的持续生产。

10. 9 月 1 日，中国人民银行行长周小川应邀访问了塔吉克斯坦央行，并与塔央行行长努尔马赫马德佐达签署了规模为 30 亿元人民币/30 亿索莫尼的双边本币互换协议，旨在促进双边贸易和投资，维护区域金融稳定。互换协议有效期为三年，经双方同意可展期。这给双方提供了合作的新体系，意味着双方可以用本国货币直接结算，消除了贸易壁垒。

11. 10 月 12 日，塔吉克斯坦第一家证券交易所——中亚证券交易所（CASE）于杜尚别正式举行成立仪式。该交易所将于 2016 年正式开始交易，其参与者将享有五年免税期，为国内外企业创建一个更好的平台，使得它们能通过买卖塔吉克公司股票方式来投资塔吉克斯坦实体经济领域。

12. 11 月 6 日，中国陕西西安举行标准联通 "一带一路" 国际合作交流会，旨在加强 "一带一路" 沿线国家技术标准体系对接，深化标准化双多边合作，发挥标准互联互通作用，促进投资贸易便利化。塔吉克斯坦、哈萨克斯坦、新加坡、亚美尼亚等 "一带一路" 沿线国家与中国国家标准委标准化机构签署了标准化合作协议。

13. 12 月 2 日，塔吉克斯坦议会下院正式批准与亚洲基础设施投资银行签署的协议。亚投行将于 2016 年 1 月正式对外放贷。

2015 年俄罗斯经济大事记

1. 1 月 12 日，莫斯科交易所的欧元汇率升至 75 卢布；美元仍维持在 63 卢布。从 2015 年初美元升值 8 卢布，增长约 13%，欧元升值 7 卢布，增长超过 9%。

2. 1 月 16 日，俄国际储备从 1 月 1 日的 3862 亿美元降至 3794 亿美元，减少 68 亿美元。

3. 1 月 30 日，俄央行董事会通过决定，将关键利率从 17% 下调为 15%，以控制经济下滑的风险。

4. 2 月 1 日，为稳定国内市场，俄政府决定对小麦征收出口关税，税率为 15% 外加 7.5 欧元，同时每吨不少于 35 欧元。

5. 2 月 3 日，由于布伦特原油价格回升至 55 美元/桶以上，加之俄央行降低关键利率。俄国债市场中期联邦公债收益率下降，降至 14.67%。12 年长期联邦公债收益率降至 12.9%。

6. 2 月 16 日，受伦敦布伦特原油期货价涨至每桶 60.61 美元的影响，俄莫斯科证券交易所美元兑卢布汇率为 1 比 62.7 卢布，欧元兑卢布为 1 比 71.73 卢布，美元兑卢布汇价自 1 月初以来首度跌至 1 比 63 卢布以下。

7. 3 月 23 日，俄总理梅德韦杰夫签署 255 号政府令，把政府补贴的住房抵押贷款利率从 13% 降至 12%。降低政策性房贷利率主要因为俄央行降低了发挥基准利率作用的关键利率至 14%。

8. 4 月 27 日，俄联邦动植物检验检疫局允许进口朝鲜果蔬、农作物。

9. 5 月 1 日，俄石油出口关税从 130.8 美元/吨降低至 116.5 美元/吨，但产自东西伯利亚、里海油田和普里拉兹洛姆油田的石油出口关税从 5 月 1 日起仍为零；超稠油的出口关税从 16.7 美元/吨降低至 14.7 美元/吨。

10. 6 月 1 日，俄罗斯天然气工业公司参加世界能源大会，本届（即第 26 届）主题是稳定发展与世界环保。

11. 6 月 10 日，受近期卢布贬值影响，俄国际机票上涨 6%~8%，调整幅度即近期卢布汇率贬值幅度。

12. 7 月 1 日，莫斯科至圣彼得堡的 M11 高速公路的 15~58 公里开始收费，所得款项将用于道路日常维护。

13. 8 月 3 日，自然人可以携带用于家庭自用的反制裁清单所列食品进入俄境，最高重量不得超过 50 千克。食品禁运目前并不针对普通公民。公民乘坐飞机进入俄境，其随身所带物品总价不得超过 10000 美元；乘坐汽车、火车和轮船进入俄境，其随身携带物品总价不得超过 1500 欧元。如果超过上述标准，则需要缴纳物品总价的 30% 或每千克不少于 4 欧元的海关税。

14. 9 月 15 日，俄政府出台法律禁止非法集资行为。规定对数额较大的非法集资行为，当事人应被处以 100 万卢布（约合 1.5 万美元）的罚款，或强制劳动4 年，以及同等期限的监禁处罚。对数额特别巨大的非法集资行为，当事人应处以罚款 150 万卢布（约合 2.2 万美元），或强制劳动 5 年，以及监禁 6 年的处罚。

15. 10 月 12 日，俄央行数据显示，今年前三季度俄外债总额降至 5216.1 亿美元，环比减少 6.1%。其中，前三季度非银行部门外债总额 3399.54 亿美元，较年初减少了 9.4%；前三季度银行业外债总额 1386.03 亿美元，较年初减少19.2%；国家管理机构（央行）外债总额 321.35 亿美元，较年初减少 22.8%。当前俄外债规模处于 4 年半以来最低值。

16. 11 月 14 日，以色列投资 600 万美元吸引俄旅游者，该资金的 15% 将用于与俄旅游经营者合作。

17. 12 月 22 日，根据世界银行统计数据，俄已成为世界第三大侨汇来源国。2015 年，在俄移民工作者为自己国家的家人汇款 330 亿美元。世界前两大侨汇来源国为美国和沙特，对外侨汇分别为 560 亿美元和 370 亿美元。

18. 12 月 25 日，俄储蓄银行行长格列夫表示，2016 年俄卢布将进一步走弱。目前，世界石油价格与美联储的政策密切相关。美元未来很可能进一步走强，美联储也将实行从紧的货币政策。大量的美元将离开石油市场，油价将因此而下跌。因此，俄卢布也将进一步走低。